trans und katholisch

Ursula Wollasch

trans und katholisch

Für eine Kirche,
in der trans Menschen dazugehören

Patmos Verlag

VERLAGSGRUPPE PATMOS

PATMOS
ESCHBACH
GRÜNEWALD
THORBECKE
SCHWABEN
VER SACRUM

Die Verlagsgruppe
mit Sinn für das Leben

Die Verlagsgruppe Patmos ist sich ihrer Verantwortung gegenüber unserer Umwelt bewusst. Wir folgen dem Prinzip der Nachhaltigkeit und streben den Einklang von wirtschaftlicher Entwicklung, sozialer Sicherheit und Erhaltung unserer natürlichen Lebensgrundlagen an. Näheres zur Nachhaltigkeitsstrategie der Verlagsgruppe Patmos auf unserer Website www.verlagsgruppe-patmos.de/nachhaltig-gut-leben

Verlagsgruppe Patmos in der Schwabenverlag AG, Ostfildern
www.verlagsgruppe-patmos.de

Umschlaggestaltung: Finken & Bumiller, Stuttgart
Gestaltung, Satz und Repro: Schwabenverlag AG, Ostfildern
Druck: CPI books GmbH, Leck
Hergestellt in Deutschland
ISBN 978-3-8436-1536-5

„I hope it changed us."

Fr. Timothy Radcliffe OP

Inhalt

Ein Wort auf den Weg

Aktuelle Diskussionen und Gespräche darüber, wie unsere Gesellschaft gegenwärtig und in Zukunft mit Menschen aus der LSBTIQ-Community umgeht und umgehen soll, haben auch die katholische Kirche erreicht. In diesem Zusammenhang kommen auch besonders transgeschlechtliche Menschen in den Blick. Sie verdienen unsere Aufmerksamkeit, denn sie sind allzu oft von Diskriminierung, verbaler, seelischer und physischer Gewalt betroffen. Ihre lebensweltlichen Erfahrungen sind dabei meist nicht gefragt. In dieser Situation muss die Kirche ins Gespräch gehen und sich zu Wort melden. Will sie glaubwürdig und überzeugend sein, muss sie dabei ihr eigenes Verhältnis zum Thema Transidentität klären.

Die katholische Theologin und Sozialethikerin Ursula Wollasch stellt sich mit dem vorliegenden Buch dieser alles andere als einfachen Aufgabe. Es ist das Ergebnis ihrer Erfahrungen, die sie als „Unabhängige Ansprechpartnerin für transgeschlechtliche Menschen" in der Diözese Rottenburg-Stuttgart im Verlauf eines Jahres gesammelt hat. Frau Wollasch beschreibt, wie es zu diesem Projekt kam und wie sie sich nach und nach mit den Lebenslagen von transgeschlechtlichen Menschen vertraut gemacht hat. Sie schildert bewegende Erlebnisse und intensive Begegnungen, nicht nur mit transgeschlechtlichen Personen, sondern auch mit Menschen, die sich in kirchlichen Bildungseinrichtungen, in Diensten und Einrichtungen der Caritas und in der Seelsorge für diese Personen engagieren.

Ursula Wollasch bringt darüber hinaus lehramtliche kirchliche Positionen in einer differenzierten Analyse ins Spiel und erkundet Möglichkeiten und Wege, wie die Kirche transgeschlechtlichen Menschen in Zukunft besser Zugehörigkeit und Gemeinschaft schenken kann.

Der beziehungsethische Ansatz, den Frau Wollasch in dem inzwischen vielbeachteten Buch „Ethik in Beziehung. Profilbildung für soziale Organisationen" (Lambertus-Verlag, 2023) ausführlich und hoch kompetent vorstellt und reflektiert, bildet eine angemessene und hilfreiche Grundlage für Gespräche, Diskussionen und Handlungsoptionen. Nicht nur auf transgeschlechtliche, sondern auch auf alle sich als queer verstehende Menschen hin könnte so die Kirche wieder neu sprach- und handlungsfähig werden.

Ich empfehle das vorliegende Buch, das sich als Beitrag zur aktuellen Reformdiskussion in der Kirche versteht, gerne der Lektüre und einer intensiven Beschäftigung.

Schließlich danke ich all jenen ganz herzlich, die durch ihre Gesprächsbereitschaft zum Entstehen dieses Buches beigetragen haben und die hier anonym bleiben müssen. Gott begleite sie in ihrem Dienst mit seinem reichen Segen.

Bischof Dr. Gebhard Fürst
Diözese Rottenburg-Stuttgart

Rottenburg, im November 2023

1 Einleitung

Dieses Buch konnte nur geschrieben werden, weil mir Menschen ihre ganz persönlichen Geschichten erzählt haben und mir damit Einblicke in die Höhen und Tiefen ihres Lebens gaben. Sie sprachen über Erfahrungen, die sie nur mit sehr wenigen Menschen teilen. Sie bekamen dafür weder Geld noch öffentliche Aufmerksamkeit. Es wurde ihnen kein Honorar gezahlt und sie bleiben in diesem Buch anonym. Diese Menschen haben von sich erzählt, weil es immer noch gefährlich ist, als trans Mensch in unserer Gesellschaft zu leben, weil es immer noch Staaten gibt, die trans Menschen diskriminieren und verfolgen und weil auch die katholische Kirche kein „sicherer Ort" ist. Sie haben von ihren persönlichen Erfahrungen gesprochen, weil sich dies alles ändern muss – und damit es sich ändern kann.

Eine Vision

Im Gespräch mit ihnen und mit vielen Menschen in der Pastoral, dem kirchlichen Bildungswesen und in der Caritas ist die Vision von einer Kirche entstanden, die für trans Menschen ein stabiles Netz und ein sicherer Halt ist. Von dieser Vision der Zugehörigkeit und Gemeinschaft erzählt das Buch. Allen, die daran mitgewirkt haben und die aus guten Gründen ebenfalls anonym bleiben, sei an dieser Stelle ganz herzlich gedankt. Ihr Engagement an der Seite von trans Menschen, das bisher in Kirche und Öffentlichkeit so gut wie gar nicht wahrgenommen wird, hat mich ermutigt, dieses Buch zu schreiben. Durch sie ist die Vision einer anderen Kirche schon ein Stück weit Wirklichkeit.

Danksagung

Mein herzlicher Dank gilt auch dem Bischof der Diözese Rottenburg-Stuttgart, Dr. Gebhard Fürst, der das Projekt „Transsexuelle Menschen pastoral und ethisch begleiten" im Jahr 2022 initiiert hat. Als „Unabhängige Ansprechpartnerin" für transgeschlechtliche Menschen im engeren Sinne und darüber hinaus für alle Menschen, die sich der queeren Community zugehörig fühlen, schenkte er mir sein vollstes Vertrauen. Er ermöglichte mir damit, neue Wege zu denken, wie trans Menschen in Zukunft in der Kirche nicht nur vor Diskriminierung und Gewalterfahrungen verschont bleiben, sondern Anerkennung ihrer Würde und echtes Angenommensein erfahren.

Die Beschreibung einer Reise

Das Projekt erstreckte sich über die Jahre 2022/2023. Ich war in dieser Zeit an vielen Orten in der Diözese Rottenburg-Stuttgart und in anderen Diözesen unterwegs. Das Projekt ist für mich damit zu einer Reise geworden. Was ich auf dem Weg gesehen und gehört habe, was ich verstanden habe und was für mich offengeblieben ist, was mir Sorgen macht und hoffen lässt, das alles habe ich in diesem Buch beschrieben. Es ist eine Einladung und Ermutigung, in der Begegnung mit trans Menschen Kirche neu und anders erlebbar zu machen. Ich schreibe über persönliche Begegnungen mit trans Menschen und den Versuch, diese Eindrücke in die aktuelle gesellschaftliche Diskussion um die Rechte von LSBTIQ-Menschen[1] einzuordnen. Es geht um die Haltung der katholischen Kirche zu queeren Menschen im Allgemeinen und zu trans Personen im Besonderen. Am Ende steht die Vision einer Kirche, die diese Menschen in ihrer Mitte willkommen heißt, ihnen nicht nur einen „sicheren Ort" anbietet, sondern eine existentielle und spirituelle Beheimatung. Wenn trans Menschen künftig ganz selbstverständlich und unhinterfragt dazugehören sollen, muss sich die Kirche weiterentwickeln. Lehramt und Leben müssen sich verändern. Worin die Reise gehen könnte, möchte dieses Buch aufzeigen.

Ein Thema, das stört und verstört

„Das ist ja interessant, aber ehrlich gesagt, wir haben ganz andere Sorgen." Mit diesen Worten reagierte eine gute Bekannte, als ich ihr im letzten Jahr von meinem Projekt für transgeschlechtliche Menschen erzählte. Wir haben früher viele Jahre im Kita-Bereich eng zusammengearbeitet, von daher wusste ich sofort, was sie meinte – Pandemiefolgen, Ukraine-Krieg, Fachkräftemangel, Kinderschutz, Sprachförderung und vieles mehr. Die Bemerkung war nicht unfreundlich gemeint, sondern einfach nur ehrlich. Ich machte eine Erfahrung, die sich später noch öfter wiederholen sollte. Selbst Menschen, die zunächst aufgeschlossen und interessiert reagierten, zogen sich schnell wieder in ihr Tagesgeschäft zurück und es trat Funkstille ein. Das Thema „trans" ist störend und verstörend. Die meisten machen darum, wenn sie können, einen großen Bogen. Mir selbst ging es am Anfang ge-

1 Die Abkürzung LSBTIQ steht für lesbisch, schwul, bisexuell, transgeschlechtlich, intergeschlechtlich, queer, wobei der Begriff alle weiteren geschlechtlichen Identitäten und sexuellen Orientierungen umfasst, z.B. nonbinär, pansexuell, asexuell etc. Die Aufzählung wird in der LSBTIQ-Communitiy als absichtlich *nicht* abgeschlossen verstanden.

nauso. Was ist aber, wenn man dem Thema nicht ausweichen kann? Was mache ich, wenn es mich plötzlich ganz unmittelbar betrifft?

Wen dieses Buch ansprechen möchte

Das Buch richtet sich an alle Menschen, die – an welchem Ort auch immer – dazu beitragen können und wollen, eine Kirche mitzugestalten, in der trans Menschen dazugehören. Menschen, die schon heute in kirchlichen Bildungseinrichtungen, Organisationen der Caritas und im pastoralen Bereich für und mit trans Menschen unterwegs sind, möchte ich in ihrem Tun würdigen, bestätigen und stärken. Verantwortliche in der Leitung der Institutionen werden ermutigt und unterstützt, dieses Arbeitsfeld nicht nur im Bereich ihrer eigenen Zuständigkeit auszubauen und weiterzuentwickeln, sondern auch die Chancen einer vielfältigen Vernetzung innerhalb der Kirche und darüber hinaus zu nutzen. Inklusion, Vielfalt, Partizipation und Teilhabe sind Leitprinzipien der Arbeit für und mit trans Menschen im Bildungsbereich und in der Caritas, aber auch in der Pastoral. In allen drei Feldern finden bereits Prozesse der Konzeptentwicklung statt. Das vorliegende Buch möchte denen, die dafür Verantwortung tragen, Impulse geben, wie man das spannungsreiche Verhältnis von „trans“ und „katholisch“ zusammendenken kann. Verantwortliche in den Diözesanleitungen werden eingeladen, sich konsequent auf die Personalität als Grundprinzip der Katholischen Soziallehre und allen kirchlichen Handelns einzulassen. Wo lehramtliche Äußerungen zur sogenannten „Gender-Ideologie“ schier unüberwindliche Barrieren zu errichten scheinen, kann die unmittelbare Begegnung mit trans Menschen Wege zu einem wohlwollenden und wertschätzenden Miteinander in der Kirche eröffnen und zu einer geschlechtersensiblen Bildung, Caritas und Pastoral beitragen. In der individuellen Auseinandersetzung mit den betroffenen Menschen liegt die Chance für eine geschlechtergerechtere Kirche. In diesem Sinne möchte das Buch keine Streitschrift, sondern eher ein Weckruf sein.

Sehen – Urteilen – Handeln

Das Thema Transgeschlechtlichkeit berührt sehr persönliche, intime Fragen. Auch wenn die Sexualität dabei keineswegs im Vordergrund steht, spielt sie doch eine bedeutsame Rolle. Über sie offen zu sprechen, ist für viele Menschen ungewohnt, unangenehm, ja peinlich. Wenn dann noch psychische Belastungen, Konflikte in der Familie und im sozialen Umfeld, Probleme in der Schule oder am Arbeitsplatz hinzukommen, ist irgendwann eine Komplexität erreicht, die für alle Beteiligten extrem herausfordernd ist. Die öffentliche Gender-Debatte, die in den Medien höchst kontrovers, lautstark und mit vielen Emotionen, bisweilen auch Aggressionen geführt wird, macht es ebenfalls nicht leicht, sich der Thematik unvoreingenommen, sachlich und empathisch zu nähern. Oft werden Vorurteile und Klischees bedient und dabei Ressentiments und Ängste geschürt. Insbesondere im beruflichen Kontext stellt sich daher die Frage, wie ich mich einem solchen Problemkomplex inhaltlich und methodisch angemessen zuwenden kann. Wie gehe ich professionell vor? Was macht mich sprachfähig? Wie gelingt es mir, eine Haltung zu entwickeln, die ich auch noch überzeugend kommunizieren kann? Als Theologin und Sozialethikerin hilft mir in dieser Situation der Dreischritt Sehen – Urteilen – Handeln.[2]

Hinschauen und Hinhören

Sehen bedeutet, dass ich mich bewusst für das Hinschauen entscheide. Ich schaue nicht länger weg, blende das Problem nicht aus, versuche nicht es zu relativieren oder zu bagatellisieren. Ich versuche mir ein Bild zu machen, das die trans Person und ihre Geschichte, ihre Lebensbedingungen und ihren Alltag in den Mittelpunkt stellt. Im Hinschauen und Hinhören erfahre ich von den Licht- und Schattenseiten einer Transition und bekomme eine Vorstellung davon, was es bedeutet, mit dieser Identität in unserer Gesellschaft zu leben.

Partei ergreifen für den Menschen

Das Urteilen fragt nach den Bedingungen, die lebensfreundlich und -förderlich sind, und identifiziert zugleich die Faktoren, die ein gutes, gelingendes, glückliches Leben verhindern. Konkurrierende Menschen- und Weltbilder geben Auskunft darüber, was für den Einzelnen und die Gesellschaft das Beste ist, wie die Welt von morgen aussehen soll und wie die Zukunft gelingt. Das Thema Transgeschlechtlichkeit spaltet wie wenige andere Themen die Gesellschaft auf allen Ebenen, vom privaten Bereich angefangen bis hin zur sogenannten großen Politik. Hier ist eine Urteilsfähigkeit gefragt, die sich weder konservativ noch progressiv vereinnahmen lässt, die sich nicht mit schlichten Schwarz-Weiß-Schemata begnügt, sondern differenziert, dabei Vorzüge und Nachteile abwägt, sich an scheinbar unlösbaren Aporien abarbeitet und trotzdem immer weiter nach Auswegen und

2 Vgl. Wollasch, Ethik in Beziehung, 29-31.

Lösungen sucht. Der Kompass ist bei allen diesen Suchbewegungen das Personwohl. Urteilen heißt von daher immer, für den Menschen Partei zu ergreifen, besonders dann, wenn Strukturen, Ideologien oder auch Dogmen ihn zu ersticken drohen.

Weder Moralismus noch Aktionismus

Was ist geeignet, die Situation von trans Menschen in der Gesellschaft und in der Kirche wirksam zu verbessern? Mit seinem dritten Schritt verhindert der Dreischritt das Steckenbleiben in einem endlosen Moralisieren, das keine Veränderungen hervorbringt und die Situation der Menschen nicht wirklich verbessert. Zugleich wird ein ungebremster Aktionismus ausgeschlossen, der seine Vorhaben ohne Rücksicht auf Sinn und Zweck, Ziele und Ressourcen verfolgt. Handeln im Sinne des Dreischritts erfordert zum einen eine Klärung des Handlungsbedarfs und zum anderen die Sicherung der Handlungsfähigkeit der beteiligten Akteure. Wenn beides gewährleistet ist, haben Veränderungen Aussicht auf Erfolg. Auch hier ist die Person und ihr Wohl der höchste ethische Maßstab, den keine noch so vielversprechende Utopie ersetzen kann.

Unverzichtbar – die Standortbestimmung

Der Dreischritt Sehen – Urteilen – Handeln führt dazu, dass man sich beim Sehen zunächst ganz bewusst den Menschen und ihrer Lebenswirklichkeit zuwendet und nicht vorgegebenen Wertvorstellungen und Normen. Ihnen ist der zweite Schritt, das Urteilen, gewidmet. Der Abgleich der vorfindlichen Realität mit der gewünschten und erhofften Wirklichkeit gibt Hinweise darauf, was in Zukunft zu tun ist. Dies alles bedeutet jedoch nicht, dass das Sehen völlig wertneutral wäre. Es ist unvermeidlich von Vorstellungen und Haltungen geprägt, die sich aus der Geschichte, Sozialisation, Religion und Kultur der Sehenden ergeben. Individuelle persönliche Ansichten, Wahrnehmungen und Erwartungen, aber auch Gefühle und Intuitionen spielen dabei eine Rolle. Man muss diese Voreinstellungen nicht verleugnen, vielmehr kommt es darauf an, sie sich selbst bewusst zu machen und gegenüber anderen offenzulegen. Manchmal liegt darin bereits der Ansatzpunkt für eine gemeinsame Lösung.

Eine Entdeckungsreise

Der Dreischritt Sehen – Urteilen – Handeln ist ein Prozess der Annäherung und des Verstehens. Er spiegelt meinen Erkenntnisprozess im Verlauf des zwölf Monate dauernden Projekts. Transgeschlechtlichkeit war für mich am Anfang ein nahezu völlig neues Thema. Ich musste mir zunächst einen Überblick verschaffen. In der Auseinandersetzung mit vielen widersprüchlichen Eindrücken und Meinungen musste ich meine eigenen Wertvorstellungen überprüfen und klären. Nach und nach wurde mir bewusst, dass der Aufruf zur Nicht-Diskriminierung von trans Menschen für eine Kirche, die sich der Humanisierung der Gesellschaft verschrieben hat, nicht ausreicht. Der Appell zur Unterlassung von benachteiligenden und entwürdigenden Handlungen und Verhaltensweisen ist allenfalls ein ethisches Minimum. Er ist noch keine Aufforderung, im Interesse der Benachteiligten aktiv zu werden. Der moralische Anspruch des Dreischritts Sehen – Urteilen – Handeln begnügt sich aber nicht mit Indifferenz, sondern zielt auf die Herstellung von gerechteren Lebensbedingungen für alle. Im kirchlichen Bildungswesen, in Einrichtungen der Caritas und in der Pastoral fand ich Menschen, die bereits auf dieser Spur unterwegs sind. Auf diese Weise wurde das Projekt für mich zu einer Entdeckungsreise. Dieses Buch folgt dem Dreischritt Sehen – Urteilen – Handeln und damit den Etappen des Weges, den ich im Zeitraum des Projektes zurückgelegt habe.

Ich bin vielen Menschen begegnet, die mich persönlich tief beeindruckt haben und deren Engagement ich von daher gern auch öffentlich würdigen würde. Aus guten Gründen wird das nicht geschehen. Alle Personen wurden anonymisiert bzw. ihre Namen wurde geändert, um sie vor aggressiven Angriffen zu schützen. Die aktuelle Debatte des Themas Transidentität in den Medien ist geprägt von Polarisierung und Polemik bis hin zu offenem Hass. Davor möchte ich meine Kooperationspartnerinnen und -partner schützen. Es ist bedauerlich, dass dies notwendig ist, aber es ist unvermeidlich.

Standortbestimmung: Wo stehe ich?

Nach der Einleitung werde ich im zweiten Kapitel von der Vorgeschichte des Projekts erzählen, von beeindruckenden Begegnungen mit trans Menschen in meiner Rolle als „Unabhängige Ansprechpartnerin“ und davon, wie diese Menschen meinen Blick auf die aktuellen gesellschaftlichen Konflikte geprägt haben.

Eine besondere Bedeutung hat in diesem Zusammenhang die Geschichte von Stephanie, die bereit war, mir von ihrer Transition mit allen ihren Höhen und Tiefen zu berichten. Auf diese Weise ist eine sehr intensive, vertrauensvolle Beziehung entstanden. Stephanie ist für mich zu einer Dialogpartnerin geworden, die mich während des Schreibens ständig begleitet hat und zwar in Gesprächen, aber auch in Gedanken. Ihre Geschichte ist für mich zum Roten Faden dieses Buches geworden und aus diesem Grund werde ich auch im weiteren Verlauf immer wieder auf den Austausch mit ihr und das, was ich daraus gelernt habe, zurückkommen.

Stephanies Erfahrungen haben mich angeregt, meine eigene biographische Entwicklung anzuschauen und mich zu fragen, wie ich eigentlich meine geschlechtliche Identität definiere, was mich geprägt hat und wie ich mich – als Frau – erlebe. Es sind sehr persönliche Reflexionen, aber auch über sie gebe ich in diesem Buch bewusst Auskunft. Die Transidentität eines anderen Menschen ist eine Herausforderung, vielleicht sogar eine Zumutung, aber sie ist auch eine Chance, nicht nur ihn, sondern auch uns selber klarer zu sehen und besser kennenzulernen. Erst wenn wir bereit sind, uns der Frage nach unserer eigenen geschlechtlichen Identität zu stellen, sind wir in der Lage, einer trans Person auf Augenhöhe zu begegnen und ihr als Person wirklich gerecht zu werden.

Sehen: Lebenslagen von trans Menschen

Das dritte Kapitel behandelt Lebenslagen von trans Menschen, die sich je nach Lebensalter ganz spezifisch unterscheiden. Die Lebenslage von Kita-Kindern, Jugendlichen in der Pubertät und erwachsenen Menschen bringt jeweils eigene Fragen und Herausforderungen mit sich. An Reizthemen wie Früh-Sexualisierung, Pubertätsblocker und Kinderwunsch lässt sich exemplarisch zeigen, wie das Thema zurzeit in den Medien und in der Politik verhandelt wird und welche Fragen im Unterschied dazu den Alltag von trans Menschen bestimmen.

Nicht zuletzt der Kinderwunsch von trans Menschen sorgt in der Presse neuerdings regelmäßig für Schlagzeilen. Der „schwangere Mann“ ist jedoch mehr als ein Kuriosum, das man kopfschüttelnd zur Kenntnis nehmen kann, um es dann schnell wieder zu vergessen. Mit dem Wunsch von trans Menschen nach Ehe und Familie sind schwerwiegende medizinische, rechtliche und ethische Fragen verbunden, die nicht als Skandalmeldungen taugen, sondern eine differenzierte, sachbezogene und faire Auseinandersetzung erfordern.

Urteilen: Eine Kirche für alle

Die Polarisierung in der Öffentlichkeit nicht nur in Deutschland, sondern weltweit, hat Parallelen in der innerkirchlichen Debatte, die ebenfalls von völlig konträren Positionen bestimmt ist. Die Weltsynode in Rom im Oktober 2023 hat ausdrücklich auf diese Differenzen hingewiesen.[3] Diese lehramtlichen Positionen sind unter der Überschrift „Urteilen" das Thema des vierten Kapitels.

Während sich die Bischofskonferenz Australiens aufgeschlossen und wohlwollend zeigt, vertreten die Bischöfe in der USA eine strenge Linie der Ab- und Ausgrenzung von Menschen mit transgeschlechtlicher Identität. Sie können sich damit auf lehramtliche Positionen und das geltende Kirchenrecht stützen. Diese wiederum halten Papst Franziskus nicht davon ab, immer wieder zu betonen, dass trans Menschen ein Recht auf Anerkennung und liebevolle Zuwendung haben. Diese Widersprüchlichkeit macht auf ein Dilemma zwischen Lehramt und Pastoral aufmerksam. Es könnte, wie sich zeigen wird, aufgelöst werden und zwar theologisch überzeugend und zugleich ethisch verantwortlich.

Es gibt Auswege aus der Sackgasse der katholischen Sexualmoral, deren Menschenbild keine geschlechtliche und sexuelle Vielfalt kennt und keine alternativen Lebensformen duldet, sondern die stattdessen entgegen der gesellschaftlichen Realität an ihrem exklusiven Ideal von Ehe und Familie festhält. Für trans Menschen ist in einem solchen theologischen Denken und pastoralen Handeln kein Platz. Sie gehören in der Kirche erst dann dazu, wenn man an die Stelle einer strikten Verbotsmoral ein beziehungsethisches Denken treten lässt, wenn Menschenrechte, Freiheit und Verantwortung die Grundlage eines humanen und christlichen Miteinanders sein dürfen.

Handeln: Gelebte Beziehungsethik

Die kirchliche Praxis kann es sich nicht leisten, auf eine theologisch korrekte Lösung zu warten. Sie ist der lehramtlichen Theoriebildung inzwischen weit voraus. Die kirchliche Praxis ist inzwischen zu einer Lehrmeisterin geworden für die unbedingte Orientierung an der Person, d.h. am einzelnen Menschen und seiner Würde. Dass der Menschen als Person *Ursprung, Träger und Ziel aller gesellschaftlichen Institutionen* ist, hat das II. Vatikanische Konzil mit seiner Pastoralkonstitution *Gaudium et spes* eindrücklich in Erinnerung gerufen (GS 25). Was hier im Hinblick auf die Gestaltung der

3 Vgl. Weltsynode 2023/26. *Generalversammlung der Bischofssynode*. Erste Sitzung vom 4.–29. Oktober 2023, *Zusammenfassende Synthese* vom 28.10.2023, die Ausführungen zu den „offenen Fragen" in Teil III, Kap. 15 (g). Zur Zeit der Abfassung dieses Buches lag nur die italienische Originalfassung des Abschlussdokuments vor.

gesellschaftlichen Verhältnisse formuliert wurde, gilt ebenso und wohl noch mehr für die Kirche selbst. Darum geht es im fünften Kapitel.

Die pastorale Begleitung von trans Menschen ist schon heute kein Zukunftsprojekt der Kirche mehr. In den Gemeinden findet sie bereits statt. Trans Menschen sind aber auch in den kirchlichen Jugendverbänden zu finden und sie werden in den Einrichtungen der Jugendhilfe begleitet. Kitas und Schulen sowie Berufsbildungswerke bieten ihnen ihre spezifischen Angebote. Kirchliche Krankenhäuser führen geschlechtsangleichende Operationen durch und nehmen auch Hormontherapien vor. Die Krankenhausseelsorge betreut diese Patientinnen und Patienten genauso selbstverständlich wie die Gefängnisseelsorge, die sich inhaftierten Frauen und Männern mit trans Identität widmet. Dies alles passiert bereits, aber leise, stillschweigend – genauso unsichtbar wie die Menschen, um die es geht. Nein, eine Kirche, die sich um die leiblichen, geistigen und seelischen Belange von trans Menschen kümmert, muss nicht erst erfunden werden. Sie existiert bereits. Sie sollte sichtbar werden, indem die Beteiligten einander wahrnehmen und Kontakt aufnehmen, ihre Ressourcen und Kompetenzen teilen und somit als ein starkes Netzwerk erkennbar werden, das trans Menschen und ihr soziales Umfeld in jeder Lebenslage auffangen kann. Darin könnte ein klares und glaubwürdiges Zeugnis liegen, dass sich die Kirche zu trans Menschen bekennt und ihre „Freude und Hoffnung, Trauer und Angst" (GS 1) teilen will. Mit dieser Vision endet im sechsten Kapitel dieses Buch.

„Alles wirkliche Leben ist Begegnung" (Martin Buber)

Der Dreischritt Sehen – Urteilen – Handeln regt an, sich selber ein Bild zu machen, sich ein eigenes Urteil zu bilden und aktiv zu werden. Diese drei Stichworte beschreiben die Zielsetzung des vorliegenden Buches.

Leserinnen und Leser finden grundlegende Informationen zum Thema Transidentität. Sie erhalten einen Überblick über kirchliche, lehramtliche Positionen, der kritische Reflexionen mit konstruktiven und zukunftsweisenden Impulsen für eine menschenfreundliche Pastoral verbindet. Und sie können sich von gelingenden Initiativen und Aktivitäten in Diensten und Einrichtungen für ihr eigenes Handeln anregen und inspirieren lassen. Damit leistet das Buch Vorarbeiten auf einem durchaus unübersichtlichen und konfliktreichen Feld, das die Kirche dennoch nicht sich selbst überlassen kann. Um ihrer eigenen Glaubwürdigkeit willen ist sie aufgefordert, sich für und mit trans Menschen zu engagieren.

Das Buch ist von daher als eine Einladung gedacht, sich auf Begegnungen mit transgeschlechtlichen Menschen einzulassen. Es möchte Ängste nehmen, Hemmschwellen abbauen und Mut machen, sich von diesen Menschen und ihrer Sicht auf das Leben bereichern zu lassen. Es sind Menschen, die Leid erfahren haben und immer noch erfahren, die mehr als andere biographische Brüche kennen, die tiefer schauen, weil sie selber an einem Tiefpunkt waren, die gelernt haben, radikal ehrlich zu sein, mit sich selber und mit anderen. Es sind Menschen, durch die ich gelernt habe, was der Satz von Martin Buber bedeutet: „Alles wirkliche Leben ist Begegnung."[4]

Keine Gewalt!

Martin Buber war ein Jude. Er kannte aus eigener Erfahrung Diskriminierung, Gewalt und Verfolgung. Er hat aus dem Exil heraus miterlebt, wie in Deutschland die Nationalsozialisten die Juden in ihren Vernichtungslagern nahezu völlig ausgelöscht haben. Andere Volksgruppen wie Sinti und Roma und Menschen mit „unerwünschter" sexueller Orientierung oder geschlechtlicher Identität teilten dieses Schicksal. Vor dem Hintergrund dieser Geschichte müssen Christen wachsam sein, wenn auch heute wieder ganze Bevölkerungsgruppen zu Opfern von verbaler, psychischer und körperlicher Gewalt werden. Christen müssen Partei ergreifen, wenn trans Menschen als krankhaft veranlagt oder psychisch gestört abgewertet werden, wenn man sie für tendenziell kriminell erklärt und fragwürdige Verbrechensstatistiken entwirft, wenn man sie dämonisiert oder zu Sündenböcken macht, wenn man ihnen die Existenzberechtigung abspricht und zur Hexenjagd aufruft. Transgeschlechtliche Menschen erleben dies weltweit und auch in Deutschland. Es passiert in den sozialen Netzwerken im Internet, aber auch in ihrem unmittelbaren persönlichen Umfeld. Für Christen kann es in diesem Zusammenhang nur eine Botschaft geben und die heißt: Keine verbale, psychische und körperliche Gewalt!

Trans ist ein Adjektiv

Das Projekt startete unter der Überschrift „Transsexuelle Menschen pastoral und ethisch begleiten". Ich hatte nicht erwartet, dass dieser Titel irgendwelche Irritationen auslösen würde. Ich war ahnungslos, bis ein durchaus wohlmeinender Kollege aus dem Kreis der diözesanen Beauftragten für die queere Pastoral zu mir sagte: „Ihnen ist aber schon bewusst, welche Hypo-

4 Vgl. Kuschel, Martin Buber, 33.

thek dieser Titel bedeutet?" Die Frage markiert das Risiko, das man eingeht, wenn man in ein Land kommt, dessen Sprache man erst lernen muss.

Der Begriff „transsexuell" wird als Zuschreibung inzwischen von vielen Betroffenen abgelehnt und gilt als fachlich überholt. Er lenkt die Aufmerksamkeit vorrangig auf die sexuelle Orientierung, die sehr vielfältig sein kann. Mit dem Wort „transgeschlechtlich" oder „transgender" wird demgegenüber die ganze Person mit ihren unterschiedlichen Facetten erfasst. Körper, Geist und Gefühl werden in einem ganzheitlichen Sinn verstanden. Die Identität steht im Vordergrund und dementsprechend spricht man von „transident". In diesem Sinne wird das Wort auch in diesem Buch verwendet.

Die Internationale Klassifizierung von Krankheiten und verwandten Gesundheitsproblemen ICD-10 der Weltgesundheitsorganisation (WHO) zählte „Transsexualismus" als Geschlechtsidentitätsstörung zu den Persönlichkeits- und Verhaltensstörungen. Die darauffolgende Version ersetzte den Begriff 2018 durch Genderinkongruenz. Sie wird von der WHO nicht mehr als Krankheit bzw. psychische Störung eingeordnet.

In der Fachwelt versteht man unter Geschlechtsidentität das subjektive Erleben des eigenen Geschlechts. In der persönlichen Wahrnehmung können das biologische Geschlecht (sex) und das soziale oder auch gefühlte Geschlecht (gender) einander entsprechen oder auseinanderfallen. Wenn beides nicht als zusammengehörig und stimmig erlebt wird, spricht man von einer Geschlechtsinkongruenz bzw. Genderinkongruenz. Das Leiden darunter, das mehr oder weniger stark ausgeprägt sein kann, bezeichnet man als Geschlechtsdysphorie (Genderdysphorie).

Transident, transgender und transgeschlechtlich haben unterschiedliche inhaltliche Nuancen, die hier in diesem Buch unterschieden werden, wo es notwendig ist. Ansonsten werde ich einfach von „trans" sprechen. Trans ist ein Adjektiv, das ein Merkmal einer Person bezeichnet, ein wichtiges, aber nur eines unter vielen. Ich denke, es geht darum, diesen Aspekt einer Person wahrzunehmen und sich darauf einzulassen, sie aber gleichzeitig nicht darauf zu reduzieren. Aus diesem Grund gibt es in diesem Buch auch keine „Transmenschen". Menschen können trans sein, aber sie sind und bleiben zuerst einmal Menschen. Aber auch diese Lektion musste ich erst einmal lernen. Eine E-Mail, die ich ganz am Anfang des Projekts bekommen habe, gab dazu den Anstoß.[5]

---

5 Vgl. die begrifflichen Erläuterungen im LSBTIQ-Lexikon: https://www.bpb.de/themen/gender-diversitaet/geschlechtliche-vielfalt-trans/245426/lsbtiq-lexikon/

„Ich bin eine trans Frau"

Anna arbeitet ehrenamtlich in einer Kirchengemeinde mit queeren Jugendlichen. Sie ist katholisch sozialisiert und hat sich immer schon kirchlich engagiert. Sie möchte, dass die Kirche für junge Menschen „ein sicherer Ort" ist. Sie wünscht sich die Kirche als einen Rückzugsort, der Gemeinschaft und Zugehörigkeit vermittelt. Gewalt und Diskriminierung hat sie am eigenen Leibe erleben müssen. Ihre Vergangenheit, die sie selbst als „ganz normale trans Geschichte" bezeichnet hat, begleitete mich während des Projekts. Der Mensch, von dem wir als Kirche so gerne sagen, dass er im Mittelpunkt stehe, ist immer der individuelle Mensch mit seiner ganz besonderen, unverwechselbaren Geschichte.

„Ich bin eine trans Frau." Mit diesem Satz stellte sich Anna in einer der ersten E-Mails, die ich bekam, vor und dieser Satz elektrisierte mich. Gefühlt hat damit das Projekt begonnen. Trans ist ein Adjektiv und nur ein Adjektiv! Sie gibt mir damit ein Signal, dass sie sich in erster Linie als Frau versteht und nicht auf ihre Transidentität und erst Recht nicht auf ihre Geschlechtsmerkmale reduziert werden möchte. Ihre Geschichte ist vom Leiden an ihrem Körper geprägt, aber sie ist keine immerwährende Krankheitsgeschichte.

Ich bin eine Frau!

Anna sagt „Ich bin eine Frau." Nehme ich ihr das ab? Kann ich ihr das abnehmen? Bin ich dazu bereit? Kann man sich sein Mann-Sein oder Frau-Sein aussuchen? Hat man die freie Wahl? Oder geht es um Geschick? Schicksal? Ist der Wechsel des Geschlechts ein Akt der Willkür? Ist die hormonelle und operative Geschlechtsangleichung eine Manipulation? Oder ist sie ein unausweichlicher Schritt, um den Körper nicht länger als Fremd-Körper, sondern als den zu mir gehörigen Leib zu erfahren? Ich habe viele Fragen. Aber bevor ich sie Anna stellen kann, muss ich mich fragen: Kann ich es akzeptieren, dass sie sagt „Ich bin ..."? Ich muss eine Entscheidung treffen.

In diesem „Ich bin" verbirgt sich ihre ganze Existenz, das Unausweichliche und die Freiheit, es anzunehmen. In unseren Gesprächen wird mir klar, dass sie sich die Transidentität nicht ausgesucht hat. Sie hatte nur eine Wahl, sich ihr als einer zwingenden Gewissheit zu stellen und sie dann anzunehmen. Sie erzählt aus ihrer Kindheit und Jugend, spricht von ihren Interessen und Hobbys, von ihrem beruflichen Werdegang und von ihrer Familie, die an der Transition zerbricht. Da ist Schmerz, Verzweiflung und völlige Ausweglosigkeit angesichts einer inneren Gewissheit, die stärker ist als alles, die sich nicht verdrängen lässt, die sich nicht mit Argumenten widerlegen und mit guten Vorsätzen zum Schweigen bringen lässt. Ich erfahre, wie der Entschluss zur Transition langsam reift, und nehme den immens hohen Preis wahr, den Anna dafür zahlen muss. Im Spiegel ihrer Geschichte lerne ich, was es für sie bedeutet, eine Frau zu sein, und das ist weit mehr als Kleider, Schuhe und Lippenstift. Sie sind nicht unwichtig für ein Erscheinungsbild, das dem inneren Wesen angemessen Ausdruck verleihen soll, aber sie bezeichnen letztlich doch nur die äußerliche Seite. Mich beeindruckt ihr Wunsch: „Ich will mich weiterentwickeln!" Die Transition ist keine Endlosschleife. Sie ist ein Übergang, an dessen Ende ein neues, anderes Leben steht – ein Leben, wo trans am besten kein Thema mehr ist.

„Ich bin, der ich bin" (Ex 3,7)

Warum das Ganze? Ich frage sie, ob sie mit Gott gehadert hat. Wurde er ihr fremd? Hat sie ihm die Frage nach dem Warum gestellt? Ihre Antwort überraschte mich und hat mich tief berührt. Nein, sie hat ihn nicht gefragt „Warum?", sondern „Warum jetzt?" Die Frage ist für sie offen.

An dieser Stelle musste ich an einen Bibelvers denken, der mich schon längere Zeit immer wieder beschäftigt. „Ich bin, der ich bin." (Ex 3,7) Mit diesen Worten offenbart sich Jahwe gegenüber Moses im brennenden Dornbusch. In diesem Strauch, der nicht von den Flammen verzehrt wird, stellt sich Gott seinem Gesandten auf geheimnisvolle Weise vor. Sein Auftrag an Moses, das Volk Israel aus der Sklaverei in Ägypten zu befreien, verbindet er mit der Zusage seiner Gegenwart. Er bleibt verborgen. Moses kann ihn hören, aber nicht sehen. Er versteht seinen Auftrag, aber er wird immer wieder neu um ihn ringen müssen. Am Ende wird Moses zu einem „Freund Jahwes" (Ex 33,11), aber auch dann bleibt Jahwe für Moses immer noch geheimnisvoll und unverfügbar. Wir Menschen sind Geschöpf Gottes, wir sind sein Kind und Ebenbild. Jede und jeder von uns trägt ein Stück von diesem Geheimnis in sich.

Eine „Reisewarnung"

Die Entdeckungsreise der letzten Monate hat mich vor viele völlig neue Fragen gestellt und zugleich Gewissheiten genommen. Manche Gedanken sind für mich auch jetzt noch neu und ungewohnt. Ich habe mich um größtmögliche Sachlichkeit bemüht und versucht, auch in meiner Kritik offen und ehrlich, aber nicht verletzend zu sein. Vielleicht hätte die eine oder andere Aussage trotzdem sensibler und behutsamer ausfallen können. Es kann sein, dass ich in diesem Buch Einschätzungen oder Bewertungen formuliere, durch die sich Lesende missverstanden oder auch verletzt fühlen. Wenn das passiert sein sollte, dann bedauere ich das zutiefst und erkläre hiermit ausdrücklich, dass dies nicht meine Absicht war. Mein Wunsch ist es, zu einer wertschätzenden und achtsamen und zugleich sachlichen und differenzierenden Diskussion beizutragen. Wenn mir dies nicht immer gelungen sein sollte, tut mir das sehr leid und bitte ich um Nachsicht.

2 Die Frage nach dem Ausgangspunkt – der „moral point of view"

Den „moral point of view" nennt man in der Ethik den Blickwinkel, von dem aus eine Situation oder ein Problem betrachtet wird. Er bestimmt ganz unvermeidlich die Perspektive, die ich einnehme und die sich auf den ganzen weiteren Prozess der Reflexion auswirkt. Wenn ich nach meinem moral point of view gefragt werde, sage ich, dass ich katholische Theologin bin und mein Schwerpunkt auf der Christlichen Sozialethik liegt. „Welche Ethik braucht die Gesellschaft?" könnte man ihr Hauptanliegen in aller Kürze zusammenfassen. Die Würde der Person, Freiheit, Gleichheit, Solidarität und Gerechtigkeit sind sozusagen das „Handwerkszeug", um sich Themen wie der sexuellen Orientierung und geschlechtlichen Vielfalt zu nähern.

Wer bin ich? Woher komme und wo stehe ich?

Ich fühlte mich für das Thema gut ausgestattet, zumal ich mich in mehr als zwanzig Jahren in der verbandlichen Arbeit der Caritas viel mit den Menschenrechten, Fragen der Inklusion und Partizipation, aber auch mit Ausgrenzung und Stigmatisierung beschäftigt hatte. Sehr schnell wurde mir allerdings klar, dass mir die Rolle als „Unabhängige Ansprechpartnerin" für trans Menschen im engeren Sinne, grundsätzlich aber auch für solche, die sich als „queer" betrachten, mehr abverlangen würde als eine rein theologisch-ethische Standortbestimmung. Ich war nicht nur Sozialethikerin, sondern als Person gefragt.

Meine eigene Geschichte, meine Erfahrungen, Interessen, Wünsche, Vorlieben und Abneigungen spielten von nun an eine Rolle. Ich musste mich mit meinem Frau-Sein auseinandersetzen. Ich bin in diesem Jahr sechzig Jahre geworden, im Rheinland katholisch sozialisiert, 35 Jahre verheiratet, kinderlos. Ich bin das, was man einen „sportlichen Typ" nennt, trage am liebsten Hosen und flache Schuhe. Meine Hobbys sind Wandern, Radfahren, Schwimmen. Und, und, und ...

Alles das wurde auf einmal relevant. Ich konnte mich nicht auf die Rolle der Expertin zurückziehen. Wer sich an der Grenze von Mann- und Frau-Sein bewegt, kann der Frage nach der eigenen geschlechtlichen Identität nicht ausweichen. Erst als ich dazu wirklich bereit war, konnte das Projekt starten. Aber bis dahin war noch ein langer Weg.

Queere Pastoral – auf welcher Grundlage?

Im Frühjahr 2022 plante die Diözese Rottenburg-Stuttgart unter dem Oberbegriff „Diversität" die Einrichtung einer Stelle, die sich mit der Pastoral für queere Menschen befassen sollte. Im Vordergrund standen dabei Menschen mit einer gleichgeschlechtlichen sexuellen Orientierung und trans Menschen. Das Stellenprofil verknüpfte unterschiedliche Aufgabenfelder von der persönlichen Beratung und Begleitung über Information, Aufklärung und Fortbildung bis zur Öffentlichkeitsarbeit. Man hatte also vor, nach dem Vorbild der Krankenhausseelsorge und der Seelsorge für Menschen mit Behinderung und vieler anderer Seelsorge-Angeboten eine neue Sparte zu eröffnen – die queere Seelsorge.

Als ich um eine Einschätzung aus ethischer Sicht gebeten wurde, fragte ich mich, auf welcher theologischen Grundlage die Person künftig arbeiten würde. Der heftige Streit um die Zulässigkeit von Segnungen für homosexuelle Paare hatte mehr als deutlich gemacht, dass die grundsätzliche Ablehnung vielfältiger sexueller Neigungen im Katechismus der Katholischen Kirche für die römische Kurie nicht zur Diskussion stand.[6] Unter diesem nicht gerade einladenden Vorzeichen würde also die Arbeit dieser Stelle stehen.

Inklusive Pastoral

Mehr noch als diese lehramtlichen Erwägungen beschäftigte mich aber eine ganz andere Frage: Brauchen Menschen mit einer lesbischen oder homosexuellen Orientierung überhaupt eine spezifische pastorale Betreuung? Wollen sie als eine besondere pastorale Zielgruppe behandelt werden? Geht es ihnen nicht vielmehr darum, in ihrer Gemeinde, in Vereinen und Verbänden oder auch als Mitarbeitende im kirchlichen Dienst dazuzugehören – wie alle anderen auch? Lenkt die Schaffung einer eigenen Stelle für „queere Pastoral" nicht letztlich davon ab, dass sich die Pastoral insgesamt ändern muss. Musste also die Stoßrichtung des Vorhabens nicht in die genau entgegengesetzte Richtung gehen? Statt einer neuen Schublade,

---

6 Zum Umgang mit der Homosexualität vgl. im Katechismus der Katholischen Kirche (KKK) die Ziffern 2357–2359. – An dieser Einschätzung ändert auch die Tatsache nichts, dass die Glaubenskongregation am 18. Dezember 2023 die Segnung homosexueller Paarer unter bestimmten, sehr eigeschränkten Bedingungen gebilligt hat. Vgl. https://www.vatican.va/roman_curia/congregations/cfaith/documents/rc_ddf_doc_20231218_fiducia-supplicans_ge.html

in die wir die queeren Menschen stecken können, brauchen wir eine ganz andere – eine queersensible, geschlechtergerechte, inklusive – Pastoral!

Die Stelle war nicht inklusiv gedacht. Davon war ich zu diesem Zeitpunkt fest überzeugt. Mit Inklusion kannte ich mich aus. Viele Jahre hatte ich in der Behindertenhilfe und Psychiatrie der Caritas gearbeitet und mich dabei fachlich und politisch für Inklusion eingesetzt. Man müsste die ganze Aus-, Fort- und Weiterbildung von Priestern und Laien, von Haupt- und Ehrenamtlichen ändern. Man müsste die Erwachsenenbildung und die katholischen Akademien einbeziehen, kurz man bräuchte ein Vorgehen auf ganz breiter Front. Hatte im Übrigen die Initiative #OutInChurch, die nur wenige Wochen zurücklag, nicht zur Genüge gezeigt, dass neue Projekte und Stellen alleine nicht ausreichen, damit sich die Kirche für queere Menschen öffnet und sie in ihrer Mitte willkommen heißt?

Mit dieser Einschätzung war der Fall für mich erledigt. Eine Frage war allerdings offengeblieben: Was soll mit den Menschen geschehen, die hier und heute in den Gemeinden und Dekanaten oder auch im Ordinariat der Diözese nach Personen suchen, die sie fragen und um Rat bitten können? Kann man sie auf die ferne Zukunft einer inklusiven Kirche vertrösten? Wohl kaum. Aber als Sozialethikerin durfte ich die Antwort darauf den Verantwortlichen für die Pastoral überlassen. Ich fühlte mich nicht zuständig.

Im Schwimmbad

Mit meiner sozialethischen Expertise war das Thema „queere Pastoral" für mich jedoch noch nicht vorbei. Der Grund dafür war eine persönliche Begegnung im August 2023. An einem späten Sonntagnachmittag ziehe ich im Schwimmbad meine Bahnen. Das Becken hat sich schon geleert. Es ist die Zeit, wo man ganz ungestört vor sich hin schwimmen kann. Ich habe einen neuen Badeanzug an, einen ganz normalen Sportbadeanzug, schwarz, unauffällig. Es hatte eine Weile gedauert, bis ich ihn endlich im Internet gefunden habe. Ich bin ganz entspannt und denke an nichts Besonderes, als eine Person am Beckenrand meine Aufmerksamkeit auf sich zieht. Sie trägt den gleichen Badeanzug wie ich, schwarz, schlicht, mit dem kleinen Emblem. Die Person hat eine Bademütze und eine Taucherbrille auf. Ich kann ihr Gesichts nicht sehen, ich sehe nur – ihren Vollbart. Einige Male läuft sie am Beckenrand auf und ab. Sucht sie etwas? Oder erwartet sie jemanden? Sie wirkt unruhig, ziemlich nervös. Geht es ihr nicht gut? Dann, mit einem Sprung ist sie plötzlich im Wasser verschwunden.

Was war das? Eine Frau? Ein Mann? Das Bild lässt mich nicht los. In den nächsten Tag kommt mir die Erinnerung immer wieder in den Sinn. Bis zu diesem Zeitpunkt war queere Pastoral für mich ein Thema, ein theoretisches Problem, dem ich mich sachlich nähern konnte. Mit mir persönlich hatte es nichts zu tun. In meinem Leben kam es nicht vor und ich war darüber nicht unglücklich. Aber war das Ganze wirklich so einfach?

In meiner Stellungnahme zum geplanten Projekt der Diözese hatte ich empfohlen, die gleichgeschlechtliche sexuelle Orientierung und die Frage nach der transgeschlechtlichen Identität zu trennen. Ich hatte den Eindruck gewonnen, dass sowohl hier pastoral als auch ethisch gesehen ganz unterschiedliche Bedürfnisse und Erwartungen berücksichtigt werden müssten. Ich sah die Gefahr, dass die spezifischen Fragen von transgeschlechtlichen Menschen in der Fülle der Projektaufgaben untergehen könnten. Es gab darüber hinaus für mich keinen Grund, das Thema weiter zu vertiefen.

Nun war es mir plötzlich nähergekommen, als mir lieb war. Es war in meinem Leben angekommen und zwar in einem Moment, wo ich es nicht erwartet hatte. Ich brauchte einige Tage, bis mir klar war, ich wollte über diese Begegnung nicht einfach hinweggehen. An dieser Realität würde ich mich nicht vorbeidrücken. Wenn es wirklich Menschen gab, die von der Kirche Begleitung, Beratung oder auch nur eine Auskunft erwarteten, dann würde ich mich ihnen zur Verfügung stellen. Sie sollten ein offenes Ohr finden.

Die Erscheinung am Beckenrand hatte mich völlig unvorbereitet getroffen. Sie war für mich überraschend und verstörend. Auf der Suche nach einer Erklärung habe ich später erfahren, dass in der Psychotherapie von Klientinnen und Klienten mitunter verlangt wird, dass sie „probeweise" die Kleidung des anderen Geschlechts tragen, quasi als Bedingung für den Zugang zu einer Hormontherapie. Im Internet tauschen sich Betroffene aus, ob und wie das Tragen eines Badeanzugs für einen Mann im Schwimmbad möglich ist. Die Frage ist im Hausrecht geregelt. Inzwischen frage ich mich, was wäre gewesen, wenn ich die Person nicht am Beckenrand, sondern nackt unter der Damen-Dusche gesehen hätte? Das Szenario ist nicht unmöglich. Mit dem geplanten Selbstbestimmungsgesetz ist die öffentliche Diskussion darüber bereits voll entbrannt.[7] Heute weiß ich, dass ein Schwimmbadbesuch für viele trans Menschen eine der schwierigsten Situ-

7 Vgl. *Bundesministerium für Familie, Senioren, Frauen und Jugend und Bundesministerium der Justiz, Entwurf eines Gesetzes über die Selbstbestimmung in Bezug auf den Geschlechtseintrag und zur Änderung weiterer Vorschriften*, Referentenentwurf vom 23. August 2023.

ationen überhaupt ist und dass sich manche scheuen, überhaupt ein öffentliches Bad zu betreten. Städte wie Berlin, Köln und Nürnberg haben daher für trans Menschen und ihre Freunde und Verwandten inzwischen besondere Badezeiten ausgewiesen. Von all diesen Dingen hatte ich im August 2022 jedoch noch überhaupt keine Ahnung.

„Unabhängige Ansprechpartnerin"

Das diözesane Projekt hatte in der Zwischenzeit „auf Eis" gelegen. Nun ging es darum, eine Konzeption für die Arbeit mit trans Menschen zu entwerfen und parallel dazu ein Angebot für homosexuelle und lesbische Menschen. Ich hatte die Absicht, mich auf die Transgeschlechtlichkeit zu konzentrieren, und mir schwebte ein zweigleisiges Vorgehen vor. Es sollte ein Gesprächsangebot geben, das in einem „geschützten Raum" stattfindet, streng vertraulich und auch auf Wunsch anonym. Parallel dazu wollte ich ein Buch schreiben. Beides musste strikt getrennt werden. Wer sich melden würde, musste sich auf absolute Diskretion verlassen können. Einen geeigneten Raum für Gespräche fand ich am Rande von Stuttgart-Bad Cannstatt im Gemeindezentrum St. Peter. Der großzügige Gebäudekomplex in der Nachbarschaft einer Einrichtung der Behindertenhilfe beherbergt ein Familienzentrum. Er ist großzügig, hell und freundlich und erschien mir als ein einladender Ort.

Die Zweigleisigkeit des Vorgehens gab mir die Möglichkeit, selbst aktiv zu werden. Ich würde mich als Ansprechpartnerin bereithalten und parallel Grundlagenforschung betreiben und Erfahrungen recherchieren. Für die Theologie insgesamt und besonders die Pastoral war und ist das Thema Neuland. Von wenigen Verlautbarungen aus Kreisen der römischen Kurie abgesehen gibt es so gut wie keine theologische Literatur. Mir war bewusst, dass die Kirche zuvor eher durch negative Signale und kritische Botschaften aufgefallen war. Ihre teilweise scharfe Kritik an der sogenannten „Gender-Ideologie" hatte in der Öffentlichkeit ihre Wirkung nicht verfehlt. Wie konnte vor diesem Hintergrund ein wertschätzendes und glaubwürdiges Angebot vermittelt werden? Ja, welchen Sinn kann eine „queere Pastoral" unter diesem Vorzeichen überhaupt haben?

Das galt es also herauszufinden und zwar ergebnisoffen. Menschen mit einem Dienstauftrag sind selbst dann, wenn sie einen großen Handlungsspielraum haben, im Rahmen des kirchlichen Dienstes weisungsgebunden. Ich arbeitete frei, ohne einen vorgegebenen Auftrag und ohne Weisungsgebundenheit – als „Unabhängige Ansprechpartnerin".

Es bleibt ruhig

Zum Projektstart am 1. Dezember 2022 veröffentlichte die Diözese eine Pressemeldung, die wenige Tage später bundesweit Verbreitung fand.[8] In einem Internet-Forum für trans Menschen wurde sie registriert und auch kommentiert.[9] Es folgten einige freundliche Reaktionen, Glückwünsche und Einladungen zur Zusammenarbeit, aber ansonsten blieb es ruhig. Über die Gründe habe ich viel nachgedacht.

Ganz unterschiedliche Erklärungen kamen mir dabei in den Sinn. Ist die Zielgruppe – statistisch gesehen – zu klein? Muss man die öffentlichen Medien und Kommunikationskanäle stärker bedienen? Bin ich ausreichend als eine Person erkennbar, der man sich anvertrauen kann? Ist die Kirche als Institution ausreichend glaubwürdig und vertrauenerweckend? Setzt das Gesprächsangebot nicht genau genommen bei den Menschen ein Vertrauen voraus, das die Kirche erst einmal aufbauen muss? Alle diese Fragen hängen vermutlich zusammen. Mir wurde zunehmend deutlich, dass die vorgesehene pastorale Komm-Struktur im Hinblick auf diese besondere Zielgruppe nicht passte. Ich würde auf sie zugehen, sie aufsuchen und ihnen zuhören. Ich hatte die Absicht, ihre Lebenswelt kennenzulernen und ihre Themen zu erkunden. Es würde ein „learning by doing“ werden.

Pastoral nicht neu erfinden

Auf die Pressemeldung zum Projektstart reagierten Menschen, die bereits in der Seelsorge tätig sind und bereits mit trans Menschen arbeiten. Eine Gefängnisseelsorgerin berichtete mir von den Bedingungen in Haftanstalten, die gerade für trans Menschen mitunter extrem belastend sind. Eine Jugendseelsorgerin erzählte von ihrer Arbeit mit queeren Jugendlichen im Rahmen eines ökumenischen Projekts, das Kirche zu einem „sicheren Ort“ gerade auch für transgeschlechtliche junge Menschen machen will. Eine pastorale Mitarbeiterin, die heute in der Behindertenseelsorge arbeitet, hat den Lebensweg einer Frau über längere Zeit begleitet und sie gerade auch im Prozess der Transition unterstützt.

Im März 2023 traf ich mich mit einer Gruppe von Menschen, die in der Diözese Rottenburg-Stuttgart die Bewegung #OutInChurch vertreten.[10] Sie setzt sich nicht nur für homosexuelle und lesbische Mitarbeiterinnen und

8 Vgl. https://www.katholisch.de/artikel/42604-rottenburg-stuttgart-beauftragt-ansprechpartnerin-fuer-trans-personen

9 Vgl. https://www.crossdresser-forum.de/phpBB3/viewtopic.php?p=360390

10 Vgl. https://www.outinchurch.de/

Mitarbeiter im kirchlichen Dienst ein, sondern auch für die Rechte von nonbinären und trans Menschen. Da ihre Zahl geringer ist, werden sie bisher noch weniger wahrgenommen. Nur sehr langsam wird man in der Kirche auf ihre besonderen Fragen und Bedürfnisse, aber auch auf ihre Erfahrungen und ihre Expertise aufmerksam.

Kurze Zeit später nahm ich erstmals an der *Bundeskonferenz der diözesanen Beauftragten für queere Pastoral* in Münster teil.[11] Ich war neugierig auf den Austausch mit Kolleginnen und Kollegen aus über 20 deutschen Diözesen, auch wenn ich mir mit meinem Projekt etwas exotisch vorkam. Die vorrangige Aufmerksamkeit der Verantwortlichen für die LSBTIQ-Pastoral gilt Menschen mit einer gleichgeschlechtlichen sexuellen Orientierung, aber transgeschlechtliche Menschen kamen durchaus vor. Und sie engagieren sich, wenn Kirchengemeinden die notwendige Aufgeschlossenheit besitzen. Ich lernte aus diesen ersten Kontakten, dass man die Seelsorge für und mit trans Menschen nicht neu erfinden muss. Sie findet bereits statt, wenn auch bisher sehr vereinzelt. Es geht darum, sie wahrzunehmen, wertzuschätzen und sichtbar zu machen.

Ein Thema für Betreuung, Erziehung und Bildung

Die ersten Kontakte in die Pastoral hatten mir gezeigt, dass Transgeschlechtlichkeit alle Altersstufen betrifft. Rein statistisch gesehen musste es in kirchlichen Schulen Schülerinnen und Schüler mit Transidentität geben. In der Diözese Rottenburg-Stuttgart gibt es über neunzig Schulen in kirchlicher Trägerschaft. Mit Unterstützung der Stiftung Katholische Freie Schule startete ich eine Anfrage.[12] Da sich Transidentität mitunter schon vor dem Schuleintritt zeigt, interessierte mich auch der Kita-Bereich und ich nahm Kontakt zur Fachberatung des Landesverbandes Katholischer Kindertagesstätten der Diözese Rottenburg-Stuttgart auf.[13] Kinder, aber auch Familien oder Fachkräfte in Kita-Teams konnten persönlich betroffen sein. Ich hatte zuvor von einer katholischen Kita in Hamburg gehört, die sich auf die Begleitung von sogenannten „Regenbogenfamilien“ konzentrierte. Wie wurde die geschlechtliche Vielfalt von den Trägern im Südwesten aufgenommen? Und wie positionierte sich der Bundesverband der katholischen Kita KTK zu dieser Frage?[14] Meine Initiativen wurden zwar durchweg

11 Vgl. https://queerpastoral.de/bistuemerkarte/
12 Vgl. https://www.schulstiftung.de/
13 Vgl. https://www.lvkita.de/
14 Vgl. https://www.ktk-bundesverband.de/

freundlich beantwortet, aber insgesamt fiel das Ergebnis doch eher mager aus. „Es sind Einzelfälle." Mit dieser Einschätzung, die man mir mal knapp und mal wortreich mitteilte, musste ich mich vorerst begnügen.

Caritas: Not sehen und handeln

Noch vor dem offiziellen Projektbeginn bin ich eher durch Zufall auf eine Einrichtung der Jugendhilfe in der Diözese Mainz gestoßen. Von der Leiterin erfuhr ich von einem jungen Mann, der vor einiger Zeit in einer Wohngruppe gelebt hat. Nach seinem Outing wurde er während des ganzen Prozesses vom Team der Einrichtung begleitet. Für die Fachkräfte war diese Situation eine völlig neue Herausforderung, auf die sie sich mit Inhouse-Fortbildungen und Team-Supervision intensiv vorbereiteten.

Bei einem Treffen der *Theologinnen und Theologen in Einrichtungen der Caritas* in Ellwangen erkundigte ich mich bei den Kolleginnen und Kollegen gezielt nach Erfahrungen in stationären Einrichtungen, aber auch in ambulanten Diensten. Es stellte sich heraus, dass das Thema zwar nicht gerade alltäglich ist, aber es ist denen, die in der Praxis tätig sind, auch nicht fremd. Insbesondere in der Jugendhilfe, im Berufsbildungsbereich, in Wohneinrichtungen und in Krankenhäusern setzt man sich damit auseinander. Mit Unterstützung des Diözesancaritasverbandes der Diözese Rottenburg-Stuttgart konnte ich hier ebenfalls eine Kontaktanfrage an Träger- und Leitungsverantwortliche starten.[15] Auch hier war die Resonanz in Gänze überschaubar, aber sie ermöglichte mir immerhin Einblicke in einige Einrichtungen, die mich wieder ein Stück weiterführten.

Junge Menschen fragen nach ihrer Identität

An der Schnittstelle von Caritas und Pastoral stehen die Jugendverbandsarbeit des BDKJ[16] und die Freiwilligendienste der Diözese.[17] In diesen Bereichen ist Transgeschlechtlichkeit nicht nur eine Frage einiger weniger Personen, es ist ein Thema, das die Zielgruppe insgesamt beschäftigt. Für junge Menschen hat die Frage nach der eigenen Identität von Natur aus eine ganz wichtige Bedeutung. Durch die mediale Präsenz der Transidentität im Internet und in sozialen Medien setzt sich diese Gruppe damit besonders intensiv auseinander. Sie dabei wertschätzend und sensibel zu begleiten, ist zu einer ganz besonderen Herausforderung für die Gruppenleitungen, die

15 Vgl. https://www.caritas-rottenburg-stuttgart.de/
16 Vgl. https://www.bdkj.info/themen-projekte/vielfalt
17 Vgl. https://freiwilligendienste-rs.de/aktuelles/freiwilligendienst-outinchurch

Seelsorgerinnen und Seelsorger und die Verantwortlichen in den Verbänden geworden.

Ein Netzwerk

An dieser Stelle hat sich für mich der Kreis geschlossen. Pastoral, kirchliche Bildungsinstitutionen sowie Dienste und Einrichtungen der Caritas haben sehr unterschiedliche Zugänge zum Thema Transidentität. Was sie aber verbindet, ist ein individueller Zugang zu den Menschen, die in einer bestimmten Lebenslage Unterstützung und Begleitung brauchen. Jeder der drei Bereiche hat besondere Stärken, von denen der andere profitieren könnte. Schulen könnten beispielsweise mit Beratungsdiensten der Caritas kooperieren oder Krankenhäuser auf spezifische Angebote der Pastoral zurückgreifen. Wenn trans Menschen bereits heute in der Kirche in ihren unterschiedlichen Bereichen professionelle Hilfe finden können, dann kommt es eigentlich nur darauf an, diese Akteure zusammenzubringen, damit sie sich vernetzen und ihre Erfahrungen austauschen können. Ein solches Netzwerk könnte nicht nur diejenigen entlasten und stärken, die bereits heute für und mit trans Menschen arbeiten. Auch für all jene, die sich in Zukunft damit auseinandersetzen werden, kann ein solches Netzwerk eine wertvolle erste Anlaufstelle sein.

Öffentliche Aufmerksamkeit

Parallel zur meinen Gesprächen und Recherchen fand das Projekt immer mehr öffentliche Aufmerksamkeit. Am Weißen Sonntag strahlte der Südwestrundfunk ein Radio-Interview aus.[18] Das Stadtdekanat Stuttgart stellte im Juni ein Interview mit mir auf seine Homepage.[19] Die Internetplattform katholisch.de verbreitete kurze Zeit später bundesweit ebenfalls ein Interview.[20]

Ich bekam Einladungen zu öffentlichen Veranstaltungen. Bei einem Diskussionsabend der Katholischen Erwachsenenbildung Stuttgart ging es einmal um die Haltung der katholischen Kirche zu Regenbogen-Familien.[21] Der *Talk am Dom* drehte sich um die Frage, wie sich queer und katholisch

---

18 Vgl. https://www.swr.de/swr1/swr1-sonntagmorgen-am-160423-100.html

19 Vgl. https://www.kath-kirche-stuttgart.de/service/journal/detail/das-thema-trans-stiftet-maximale-verunsicherung

20 Vgl. https://www.katholisch.de/artikel/46163-theologin-kirche-darf-transidente-menschen-nicht-im-stich-lassen

21 Vgl. https://100mensch.de/event/queere-theke-hdkk-2023-03/

überhaupt zusammendenken lassen.[22] Der KTK Bundesverband, den ich im Frühjahr um eine Stellungnahme gebeten hatte, wünschte sich nun umgekehrt von mir ein Statement zur sexuellen bzw. geschlechtlichen Vielfalt in Kitas und zwar im Kontext der reformierten Grundordnung des kirchlichen Dienstes vom November 2022.[23] Im Marienwallfahrtsort Laudenbach im Norden der Diözese durfte ich eine „Bergpredigt" halten.[24] Ein Podiumsgespräch, das vom Berliner Institut für christliche Ethik und Politik im Auftrag der Familienkommission der Deutschen Bischofskonferenz durchgeführt wurde, bot mir Ende 2023 die Möglichkeit, Ergebnisse des Projekts einem pädagogischen Fachpublikum vorzustellen.[25]

„Sind Sie trans?"

Bei den Interviews, auf dem Podium oder in der Talkrunde, immer wieder werde ich gefragt, was ich persönlich denke. Man wünscht sich keine theoretischen Abhandlungen, sondern ist an persönlichen Erfahrungen interessiert. „Hat es sie gewundert, dass ausgerechnet die katholische Kirche Stellen für queere Pastoral ausschreibt?" Die Zweifel an der römischen Kirche waren in dieser Frage unüberhörbar. Oder: „Wie sind Sie zu dem Thema gekommen?" Es interessiert die Menschen, was mich eigentlich für die Aufgabe qualifiziert. Sie möchten wissen, was ich mitbringe, um den Auftrag zu erfüllen. Und schließlich: „Sind Sie trans?" So klar und offen wurde ich nur ein einziges Mal gefragt. Ich bin mir jedoch sicher, dass meine Gesprächspartnerin nicht die einzige war, die sich diese Frage gestellt hat. Andere wird sie unausgesprochen ebenfalls beschäftigt haben.

Nein, ich bin nicht trans. Ich bin eine Frau, immer gewesen. Ich hatte nie diesen spezifischen Zweifel an mir, von dem trans Menschen immer wieder erzählen. Aber ich durfte mein Frausein auch immer so leben, wie ich es wollte, wie es mir passte und wie es zu mir passte. Ich hatte früh meinen eigenen Stil. Lange Haare, kurze Röcke, hohe Schuhe – das waren nie die Attribute, die ich gebraucht habe, um meine Weiblichkeit zu leben. Ich fand das alles schön, aber nicht für mich. Hätte man mich gedrängt, doch bitte etwas „weiblicher" zu sein, ich hätte dagegen rebelliert. Manchmal frage ich mich, warum sich viele Babyboom-Mütter der 60er Jahre von

22 Vgl. https://www.drs.de/ansicht/artikel/nicht-nur-mann-und-frau.html

23 Vgl. https://www.ktk-bundesverband.de/cms/contents/ktk-bundesverband.de/medien/dokumente/2023-rpj/rpj-programm-neu/rpj_jahrestagung_2023_programm_stand_01.08.23.pdf

24 Vgl. https://www.drs.de/service/veranstaltungen/ansicht/Veranstaltung/Day/show/2023-10-13_1900/laudenbacher-bergpredigt-geschlechtersensible-pastoral-und-ethik.html

25 Vgl. https://www.icep-berlin.de/themen-und-projekte.html

rosa Kleidchen und hellblauen Höschen für ihre Kinder verabschiedet haben und warum die optische Unterscheidung zwischen Mädchen und Jungen heute wieder so populär ist. Wie kam es zu der Renaissance von rosa und hellblau? Warum müssen Kleidung, Spielsachen und selbst Duschgel für Mädchen heute wieder rosa sein und am besten noch glitzern? Ist das „brave“ Mädchen und der „wilde“ Junge in den Köpfen vieler Erziehenden immer noch oder gerade wieder das pädagogisch erstrebenswerte Ideal? Ich war auf jeden Fall ein wildes Kind. Und das hat niemanden gestört.

Ehe und Familie – was sonst?

Für nostalgische Verklärung der Vergangenheit besteht trotzdem kein Anlass. Eine kleine Episode kann das verdeutlichen. Am Ende meiner Grundschulzeit gab meine Klassenlehrerin meiner Mutter den Rat, mich auf ein Gymnasium zu schicken. Meine Mutter stammte aus einfachen, eher bildungsfernen Verhältnissen. Sie kam aus einem kleinen Dorf im Sauerland. Sie war sich unsicher und suchte Rat in der Familie. Was sie zu hören bekam, ließ an Klarheit nichts zu wünschen übrig. „Wozu denn das, die heiratet ja doch!“ In dieser katholischen Welt waren Gymnasium, Abitur und Studium für eine Frau nicht vorgesehen. Heiraten, Kinder großziehen und pflegebedürftige Angehörige versorgen, das war der Plan. Das „Hausmütterchen“ war das Ideal, an dem die Frau gemessen wurde. Ich war geschockt. Am Ende durfte ich trotzdem aufs Gymnasium gehen. Aber was wäre gewesen, wenn meine Mutter dem familiären Druck nicht widerstanden hätte?

Anzug oder Abendkleid?

Ich habe mich gefragt, wie sehr meine Familie mein Körpergefühl, meine Geschlechterrolle und Sexualität geprägt hat. Mein Vater war ein Herrenschneider. Seine Maßanzüge wurden den Kunden „auf den Leib geschneidert“. Figurprobleme gab es für ihn nicht. Der Körper, ob mit Bauch oder ohne, wurde von ihm perfekt in Szene gesetzt. Es faszinierte mich, wenn ich beobachten durfte, wie er Schnitte anfertigte, die genau zur Größe und Statur der Leute passten.

Ich trug immer schon gern Hosen, flache Schuhe und dazu kurze Haare. Ich war auf einer Mädchenschule. Zur Abiturfeier sollten wir im langen Kleid erscheinen. Undenkbar! Ich bat meinem Vater, mir einen Hosenanzug zu schneidern. Er meinte: „Einen Herrenanzug kann ich dir nicht machen, aber ich nähe dir eine schöne Weste mit langen Ärmeln und dazu eine Nadelstreifenhose.“ Man nannte das damals „Liftboy-Stil“. Es war in

Ordnung, für mich – und auch für die anderen. So etwas ging damals in den 80er Jahren. Ich bin mir nicht sicher, ob das heute immer noch so einfach wäre. Immerhin habe ich eine gewisse Ahnung, warum Kleidung für trans Menschen so ein wichtiges Thema ist. Sie ist Ausdruck unserer Persönlichkeit, Kostüm bei unseren Rollenspielen und Schutzhülle bei Angriffen von außen, also keineswegs nebensächlich.

Keusch oder unkeusch?

Ich erinnere mich auch an meine „streng katholische" Großmutter, die meiner Schwester und mir schon früh und sehr eindeutig zu verstehen gab, was sich für ein Mädchen gehörte und was nicht. Um uns herum trug man Hot Pants und Miniröcke, für uns waren Hosen nicht vorgesehen und der Rock endete eine Handbreit über dem Knie. Alles andere wäre „unkeusch" gewesen. Meine Schwester, die drei Jahre älter war als ich, dabei aber eher klein und zierlich, war ihre Lieblingsenkelin. Für mich hatte sie wenig Sympathie. Ich war für sie einfach „das Dicke". Meine Schwester liebte ihre Puppen, ihre Puppenstube und ihre Puppenküche über alles. Das gefiel meiner Oma. Ich hatte auch Puppen, aber ich mochte lieber Tiere, Pflanzen und Bücher.

Eine gewisse Zwiespältigkeit

Für meine Mutter war das glücklicherweise kein Problem. Sie erkrankte an Brustkrebs, als ich sieben Jahre alt war. Die Brust wurde einseitig „amputiert". So nannte man das damals ziemlich schonungslos. Ich muss daran denken, wenn ich heute im Kontext einer Transition das Wort „Mastektomie" höre. Meine Mutter bekam damals eine Prothese. Sie hat darunter sehr gelitten, aber sie war stark genug, um damit sogar ins Schwimmbad zu gehen. Am Ende hat sie Kampf gegen die Krankheit jedoch verloren. Als ich vierzehn war, ist sie gestorben. Ich musste lernen, dass vielleicht auch meine Brust ein tödliches Risiko beherbergt.

Kleidung, Keuschheit und Krankheit, diese Themen waren in meiner Kindheit ständig präsent. Heute ist mir klar, wie sehr sie mich in meinem Körper-Erleben geprägt haben. Ich habe meinen Körper nie als „falsch" erlebt, aber mir wurde schon früh eine gewisse Zwiespältigkeit vermittelt. In der Begegnung mit trans Menschen habe ich erfahren, wie wertvoll es ist, zu seinem Körper trotz allem Ja sagen zu können.

Ich durfte meinen eigenen Weg gehen, aber die Vorstellungen meines Milieus haben mich natürlich geprägt. Vor diesem Hintergrund fragte ich mich also: Was bedeutet trans für mich? Was verbinde ich damit? Ich hätte das Projekt nicht machen können, wenn ich mich diesen Fragen nicht gestellt hätte. Sie waren die Voraussetzung dafür, mit trans Menschen nicht nur in Kontakt zu treten, sondern Beziehungen zu ihnen aufzubauen. Mein Anspruch an mich war, sie nicht für meine Forschungszwecke zu gebrauchen, sondern ihnen als Menschen gerecht zu werden.

Unter dieser Voraussetzung konnte und durfte ich meine Fragen stellen. Wie leben trans Menschen? Was erwarten sie von der Kirche? Was brauchen sie? Was möchten sie einbringen? Kann ich nachempfinden, was in ihnen vorgeht? Kann ich mich in sie hineinversetzen? Habe ich den Mut, auch nur für einen Augenblick die Rolle zu tauschen?

Stephanie: Eine (Über-)Lebens-Geschichte

Mit einer trans Frau konnte ich über diese Fragen sprechen. Sie hat mich an ihrer Geschichte teilhaben lassen. Durch sie hat das abstrakte Thema für mich ein menschliches, individuelles Gesicht bekommen: Stephanie. (Diesen Namen haben wir gemeinsam für dieses Buch ausgesucht.) Auch Stephanie kam nicht zu mir, um mich um Beratung und Begleitung zu bitten, sondern sie hat mich beraten und begleitet. Ich hatte sie zuvor angefragt, ob sie mir für das Buch einige Fragen beantworten würde. Sie sagte sofort zu. Wenn sie mit ihren Erfahrungen helfen könne, anderen ihren Weg leichter zu machen, dann würde sie gern an diesem Projekt mitwirken. Stephanie hat mir ihre ganze Geschichte anvertraut und dadurch konnte ich lernen und zumindest ansatzweise verstehen, was die Gewissheit „Ich bin trans" für einen Menschen bedeutet.

Sie erzählte mir von ihrer Kindheit und Schulzeit, von den Ahnungen, die sich immer weniger verdrängen ließen, von Konflikten mit Freunden und in der Familie, vom Rückzug in eine digitale Parallelwelt. Mit 18 unternimmt sie einen zaghaften Coming-Out-Versuch, erfolglos. Nochmals zehn Jahre wird sie die quälenden Gedanken verdrängen. Zuletzt werden Depressionen und Suizidgedanken übermächtig. Sie outet sich, fest entschlossen woanders ganz neu anzufangen, falls sie von ihrem Umfeld nicht akzeptiert werden sollte. Aber ihre Familie fängt sie auf. Freunde und Bekannte merken kurz auf, als sie ihren neuen Namen mitteilt, nehmen aber keinen Anstoß daran.

Alles ist einfacher als erwartet, aber neue Schwierigkeiten warten schon, der Kampf um einen Therapieplatz und endlose Verhandlungen mit der Krankenkasse. Sie berichtet von quälenden Erfahrungen im gerichtlichen Verfahren zur Namensänderung und von den Ängsten und Hoffnungen, die ihre Operationen begleiten. Heute, ein Jahr danach, sagt sie von sich, dass sie die Frau ist, die sie immer schon war.

Ein neues Leben – ein neuer Name

Stephanie ist eine selbstbewusste Frau, die ihr früheres Leben hinter sich gelassen hat. Man sieht ihr nichts an. Ihr Gesicht, die Haare und die Stimme sind die einer Frau. Sie spürt heute eine Lebensfreude und eine Energie, die sie früher nicht hatte. Das hat sie so nicht erwartet. Erst heute ist ihr klar, wie viel Lebenskraft der jahrelange Kampf um ihre Identität gekostet hat. Die Menschen um sie herum nehmen sie so, wie sie ist. In ihrem neuen Bekanntenkreis erzählt sie nichts von ihrer Transition. Warum auch?

Sie liebt ihren neuen Namen. Mit leuchtenden Augen erzählt sie, wie sie ihn gesucht und gefunden hat. Personalausweis, E-Mail-Adresse, Namensschilder, Unterschriften – im Alltag ist er überall präsent. Ihren früheren Namen will sie nicht mehr aussprechen. Wir hatten vereinbart, dass ich solche Grenzen respektiere. Es fällt mir nicht schwer. Im Gegenteil, ich bekomme eine Ahnung davon, wie schwer es Stephanie fallen muss, wenn der Name eher zufällig irgendwo genannt wird. Es ist ihr zum Glück nur ganz selten passiert. Schlimmer ist es, wenn der „deadname", der nicht zufällig so heißt, ganz bewusst genannt wird und zwar in der Absicht, die trans Person bloßzustellen und zu verletzen und das am besten auch noch öffentlich. Ich verstehe, dass man trans Menschen vor Deadnaming schützen muss.

Dass auch Stephanies neuer Name in diesem Buch nicht erscheinen wird, ist ebenfalls etwas, das wir sehr früh vereinbart haben. Die Anonymität schützt sie vor verbalen und sonstigen Angriffen, mit der jede trans Person rechnen muss. Damit steht ihre Geschichte zugleich stellvertretend für viele andere, die sie einmal ihre „trans Geschwister" genannt hat.

(K)eine Erfolgsgeschichte

Wenn man Stephanie erlebt, könnte man auf die Idee kommen, von einer „Erfolgsgeschichte" zu sprechen. Man würde damit aber den Schmerz und die Verzweiflung der Vergangenheit relativieren. Bis zuletzt kamen bei ihr immer wieder Zweifel auf. Der Weg war nicht eindeutig vorgezeichnet und auch heute hat Stephanie keine „Glücks-Garantie". Trans ist kein Projekt, das man sich erarbeiten kann. Es ist ein mühsames Suchen und Ringen um jeden einzelnen Schritt, eine ständige Zerreißprobe zwischen getrieben sein und blockiert werden. Trans ist keine Lebensform, die man wählt, oder ein Lebensentwurf, den man aus freien Stücken gestaltet. Es gibt kein einfaches: „Alles wird gut."

Für Stephanie ist klar, dass sie nie ein Kind gebären und ihr Leben lang auf Hormone angewiesen sein wird. Aber die Frage nach einer Alternative hat sich ihr nicht gestellt. Zwischen Verharmlosung und Dramatisierung ist ein schmaler Grat. Weder das eine noch das andere wird ihr und ihrer Geschichte gerecht. Ihr ist wichtig, dass man sie nicht darauf reduziert, dass sie „nur" eine trans Frau ist. Es verletzt sie, wenn beim Thema Transition zuerst von Genitalien und von Zeugungsfähigkeit oder -unfähigkeit die Rede ist. Sie kennt schamlose Witze, Neugier und Voyeurismus und dies alles ist ihr genauso zuwider wie anderen Menschen. Sie erwartet Respekt und Diskretion als etwas, das selbstverständlich ist und das sie nicht erst einfordern muss.

Die Namensänderung, die geschlechtsangleichenden Operationen und die begleitende Hormonbehandlung, die Frage nach dem äußeren Erscheinungsbild, das sich in Kleidung, Schuhen, Haarfrisur, Schmuck und vielem anderen mehr ausdrückt, sind einige, aber nicht alle Mosaiksteinchen eines Bildes. Es zeigt Stephanie als die, die sie heute ist und die sie die längste Zeit ihres Lebens nicht sein konnte. Darüber ist sie glücklich. Damit kann sie nicht nur hier und heute leben, sondern auch Pläne für die Zukunft machen. Sie wünscht sich eine Beziehung, mit einer Frau. Das sagt sie ganz entspannt. Sie ist sich sicher, der schwierigste Teil des Weges liegt hinter ihr.

Wozu Kirche?

Ich frage Stephanie, was sie in ihrer Situation von der Kirche erwartet. Sie ist in einer katholischen Familie aufgewachsen. Sie macht Musik und ist damit ziemlich verplant. Sie spielt in einer Band und in einem großen Orchester. Hier hat sie ihre Freunde und erlebt sie Gemeinschaft. Zu ihrer Kirchengemeinde hat sie kaum Kontakt. Der Glaube ist ihr wichtig, sie hat mit Menschen in der Pastoral gute Erfahrungen gemacht, aber ihre Bindung an die Kirche ist eher lose.

In unserem Gespräch sagt sie mir sehr klar, was sie nicht will. Idealvorstellungen, wie Beziehung, Ehe und Familie auszusehen haben, die für sie ohnehin nicht erreichbar sind, lehnt sie ebenso ab wie Forderungen oder Verbote, die an ihrem persönlichen Leben völlig vorbeigehen. Sie möchte aber auch keine mitleidige Behandlung „von oben", die ihr das Gefühl vermittelt, defizitär zu sein und Hilfe zu brauchen. Ganz vehement lehnt sie eine pastorale Betreuung ab, die sich mit ihr beschäftigt, „obwohl“ sie nicht den kirchlichen Moralvorstellungen entsprechend lebt. Den Versuch, sie auf den „rechten Weg zurückzuholen“, weist sie als unerträgliche Zumutung zurück. Würde sie aber eine Gemeinde finden, die sie akzeptiert und in die sie sich mit ihren Ideen und Möglichkeiten einbringen könnte, dann wäre sie dabei.

Sonja: Wenn aus dem Sohn eine Tochter wird

Sonja ist die Mutter von Stephanie. Sie nimmt unabhängig von Stephanie zu mir Kontakt auf. Für Stephanie ist das in Ordnung. Ich treffe mich mit Sonja und sie erzählt mir ihre Geschichte. Sie beschreibt alle Höhen und Tiefen und lässt nichts aus. Mit ihren Erfahrungen möchte sie anderen Mut machen und ihr ist klar, dass das nur dann gelingen kann, wenn man nichts beschönigt oder verklärt. Sie weiß, dass viele Familien an der Transition zerbrechen, aber sie durfte das Gegenteil erleben. Nach Jahren der Ohnmacht, in der die Angst um ihr Kind sie ständig begleitete, war das Outing wie eine Befreiung.

In der frühen Kindheit ist ihr an Stephanie nichts Besonderes aufgefallen. Erst mit dem Wechsel zum Gymnasium stellten sich Probleme ein. Stephanie zog sich völlig in ihre eigene Welt zurück und verbrachte ihre Zeit fast nur noch im Internet. Als der Schulabschluss in Gefahr war, erkämpfte Sonja für Stephanie eine zweite Chance – mit Erfolg. Stephanie konnte eine Ausbildung beginnen und von da an ging es wieder aufwärts. Aber der Aufschwung war nicht von Dauer. Irgendwann begannen bei Stephanie die Depressionen. Sie zog sich wieder zurück. In ihrer Verzweiflung ist sie kaum noch ansprechbar. Die Angst, dass sie „sich etwas antut“, wird in dieser Zeit unerträglich. Ohnmächtig muss Sonja zusehen, wie sie Stephanie immer weniger erreichen kann. Sie hatten immer ein gutes Verhältnis, aber auch das scheint jetzt nichts mehr zu bedeuten. In dieser Situation kommt es zum Outing. An das Gespräch hat Sonja nur noch bruchstückhafte Erinnerungen. Mit einem „Ich bin trans“ hatte sie nicht im Geringsten gerechnet, aber sie fühlte intuitiv, dass es „passte“.

Der quälende Schmerz dieser Jahre ist nicht vergessen. In unserem Gespräch werden die ganze Not und die Ausweglosigkeit, aber auch die Erleichterung, dass „es endlich raus ist“, wieder lebendig. Es fließen noch einmal Tränen.

Sonja hatte mit Stephanies Transidentität vom ersten Augenblick an kein Problem. Stephanie war ihr Kind und würde es auch bleiben. Und jetzt brauchte sie ihre Familie mehr als je zuvor. Es hat sie überrascht, dass in der Familie und im Freundeskreis die Nachricht „Ab jetzt nur noch Stephanie“

relativ gelassen aufgenommen wurde. Schwieriger erlebte sie die Verhandlungen mit Behörden, die die Familie viel Energie und Stehvermögen gekostet haben. Den von Amts wegen bestellten Psychologen fühlte man sich besonders ausgeliefert. Sie bestimmten das Verfahren und von ihnen hing jeder weitere Schritt ab. Das Gefühl, getrieben zu sein und sein Schicksal nicht selbst in der Hand zu haben, erzeugte Angst und wirkte zusätzlich lähmend.

In dieser Situation war für Sonja die seelsorgerische Begleitung durch Frau Michel ganz wichtig. Sie kannte die Familie schon seit langer Zeit und hatte sich insbesondere nach dem frühen Tod des Vaters viel um Stephanie und ihre Schwester gekümmert. Ihre Begleitung hat Sonja geholfen, zur Ruhe zu kommen. Durch Frau Michel spürte sie ein tiefes Geborgensein im Glauben trotz aller Verunsicherung. Nach dem Abschluss von Stephanies Transition gestaltete Frau Michel mit ihr, der Familie und allen Freunden eine Segensfeier. Es tat ihr gut, die Vergangenheit und die Zukunft unter den Segen Gottes stellen zu dürfen.

Nicht nur mit der Seelsorge, auch mit einer Familienberatungsstelle der Caritas hat die Familie zwischenzeitlich gute Erfahrungen gemacht. Die Situation hatte sich daraufhin entspannt. Für die Mitarbeitenden waren sie kein „Problemfall". Man hat sich ganz individuell auf sie eingelassen und das gab ihnen Mut und Selbstvertrauen.

Im Gespräch mit Sonja wird mir bewusst, dass die Transition eines Menschen kein „einsames Schicksal", sondern ein soziales Geschehen ist, in das insbesondere die Eltern und die Familienangehörigen einbezogen sind. Das gilt für die Kindheit und die Pubertät, aber auch noch im Erwachsenenalter. Was braucht die betroffene Person und was braucht die Familie? Man kann das eine nicht vom anderen trennen, sondern muss beides zusammensehen.

Frau Anders, die Lehrerin in der Grundschule

Stephanie hat sich schon als Kind als Mädchen gefühlt. Das war für sie nichts Besonderes. Sie dachte, das wäre bei allen Kindern so. Sie hat auch nie darüber gesprochen. Sie fühlte sich bis zur Pubertät völlig normal. Erst ab dieser Zeit spürte sie, dass „etwas nicht stimmt".

Stephanie möchte nicht über ihre Kindheit sprechen. Sie schlägt stattdessen vor, dass ich ein Gespräch mit ihrer Grundschullehrerin führe. Mit ihr hat Stephanie auch heute noch Kontakt. Frau Anders sagt zu und wir führen ein längeres Telefonat. Sie nennt Stephanie bei ihrem früheren Namen. Er ist in ihrer Erinnerung verankert und verbindet sich mit der Person, von der sie erzählen möchte.

Stephanie war kein auffallendes Kind, aber sie brauchte bewusste Aufmerksamkeit und Zuwendung. Sie war etwas vorsichtiger, vielleicht unnahbarer als die anderen Kinder, aber man konnte sie gut erreichen. Sie war sehr sensibel, man könnte sagen „dünnhäutig". Wenn sie sich angegriffen fühlte, konnte sie heftig reagieren, aber genauso konnte sie sich auch in die Gruppe einfügen. Vor einer Klassenfahrt hatte sie sich Sorgen gemacht, ob Stephanie es verkraften würde, ständig von den anderen Kindern umgeben zu sein. Sie brauchte offenkundig immer wieder den Rückzug in ihre eigene Welt. Aber die Sorgen erwiesen sich als unbegründet. Die Woche verlief völlig reibungslos. In Erinnerung geblieben ist Frau Anders ein „großer innerer Reichtum", in den sie hin und wieder einen Einblick gewährte. Als sie nach vier Jahren die Grundschule verließ, war sich Frau Anders sicher, Stephanie wird ihren Weg machen. Die Transidentität sieht Frau Anders ganz gelassen. Stephanie hat einen Frieden gefunden, den sie vorher nie hatte. Sie ist mit sich zufrieden und glücklich. Wer kann das schon von sich sagen?

Der Mensch – Ursprung und Ziel

Stephanie, Sonja, Frau Anders und Frau Michel haben mich begleitet und beraten. Sie haben mich an ihren Geschichten teilhaben lassen. Durch sie konnte ich lernen, was es bedeutet, mit einer Transidentität zu leben. Ihnen durfte ich im Sinne Martin Bubers wirklich „begegnen".

In diesen Gesprächen wurde mir bewusst, wo sich die Kirche heute schon in ihren Bildungseinrichtungen, ihren karitativen Diensten und in der Seelsorge für trans Menschen und ihre Angehörigen einsetzt. Hier entstand die Idee, dass die Kirche mit diesen verschiedenen Angeboten ein Netz sein kann, das trans Menschen auffängt und gerade dann trägt, wenn sie es am allernötigsten brauchen. Im Austausch mit Stephanie ist die Vision entstanden, die am Ende dieses Buches beschrieben wird.

Der Kirche muss es immer und in erster Linie um den einzelnen Menschen und seine einmalige und unverwechselbare Lebensgeschichte gehen. In diesem Sinne stellt *Gaudium et spes*, die Pastoralkonstitution des II. Vatikanischen Konzils, den Menschen in den Mittelpunkt allen gesellschaftlichen Handelns:

„Aus der gesellschaftlichen Natur des Menschen geht hervor, daß der Fortschritt der menschlichen Person und das Wachsen der Gesellschaft als solcher sich gegenseitig bedingen. Ursprung nämlich, Träger und Ziel aller gesellschaftlichen Institutionen ist und muß auch sein die menschliche Person, die ja von ihrem Wesen selbst her des gesellschaftlichen Lebens durchaus bedarf."[26]

Die Person, ihre Integrität und Identität, ist das Maß, mit dem die Kirche zu messen hat. Das ist ihr ganz besonderer moral point of view. Ganz gleich, wo sie sich gerade bewegt, ob in der Wirtschaft, im kulturellen Bereich oder in der Politik, ihre Frage wird immer sein: Was dient dem Menschen? Und was nicht? Wo dient der Mensch für irgendwelche Ziele? Wo wird er instrumentalisiert? Wo wird er gesellschaftlichen Interessen untergeordnet, die nicht die seinen sind? Die den seinen sogar widersprechen?

Ein Kompass im Richtungsstreit

Damit ist *Gaudium et spes* auch heute noch ein Kompass im Richtungsstreit der Ideologien von rechts und von links. Es geht dabei um eine Kritik an gesellschaftlichen Theorien und Modellen, die sich den Anschein der Menschenfreundlichkeit geben, diesen Anspruch aber nicht oder nur partiell einlösen. Sie setzen sich für ganz bestimmte Zielgruppen ein und orientieren sich an deren Interessen, verlieren dabei aber die anderen aus den Augen.

Die Universalität als Grundprinzip der Menschenrechte kommt dabei unter die Räder und das hat fatale Konsequenzen für den einzelnen Menschen und sein ganz persönliches Schicksal. Die Menschenwürde ist kein abstraktes Konstrukt, sondern hat immer ein Gesicht, einen Namen und eine Lebensgeschichte. Daran erinnert *Gaudium et spes* und das verbindet die Pastoralkonstitution des II. Vatikanums mit den weltweiten UN-Menschenrechtskonventionen.

Institutionen sind für die Menschen da und nicht die Menschen für die Institutionen, so könnte man in Anlehnung an das Markusevangelium (Mk 2,27) *Gaudium et spes* auf die heutige Zeit übertragen. Für die Kirche ist diese Formel Verpflichtung und Selbstverpflichtung zugleich. Im Einsatz für die Rechte von trans Frauen und trans Männern verfolgt die Kirche ihren ureigenen Auftrag.

---

26 *Gaudium et spes,* Über die Kirche in der Welt dieser Zeit, Pastoralkonstitution II. Vatikanisches Konzils vom 7. Dezember 1965, Ziffer 25.

Eine Haltung der Offenheit und des Dialogs

Nimmt sie diesen Auftrag ernst, kann sie Transidentität nicht als „Thema" unter vielen behandeln, das man am besten dem akademischen Diskurs überlässt. Sie ist auch kein „Problem", das man am besten möglichst effizient und geräuschlos löst, oder ein „Fall", den man nach standardisierten Verfahren der Hilfeplanung bearbeitet. Genauso verfehlt wäre es, im transidenten Menschen ein „Objekt" der Pastoral, Fürsorge, Beratung oder Begleitung zu sehen. Sie sind in erster Linie Menschen wie alle anderen auch, und erst danach Mann oder Frau oder beides (intersexuell) oder auch nichts von beidem (nonbinär).[27] Sie sind Menschen mit Gedanken, Gefühlen und Empfindungen, eine Einheit aus Körper, Geist und Seele. Sie leben ihre Freiheit und ihre Grenzen, sehnen sich nach Anerkennung, nach Autonomie und Zugehörigkeit. Die einzig angemessene Antwort darauf besteht in einer Haltung der Offenheit und des Dialogs:

Was willst du? Und was kannst du und was brauchst du? Was wünschst du dir von der Zukunft? Was bedeutet Glück für dich? Was gibt deinem Leben Sinn?

Und: Was ist zu tun – politisch, rechtlich, gesellschaftlich – damit sich alle Menschen individuell entfalten können? Was brauchen wir für ein Leben in Vielfalt und Unterschiedlichkeit? Was ist unsere Vision für die Gesellschaft von morgen?

„Der Mensch ist der Weg der Kirche"

Die Antwort auf diese Fragen darf die Kirche Menschen mit Transidentität nicht schuldig bleiben. Um ihrer eigenen Glaubwürdigkeit willen muss sie sich der Auseinandersetzung mit ihnen stellen. „Der Weg der Kirche ist der Mensch."[28] Diesen Leitsatz stellte Papst Johannes Paul II. im Jahr 1979 programmatisch an den Anfang seines Pontifikats. Er bezog sich dabei ausdrücklich auf *Gaudium et spes*. Bis heute hat dieser Satz nichts von seiner Aktualität verloren.

27 Zu den unterschiedlichen Begriffen vgl. auch: https://www.bpb.de/themen/gender-diversitaet/geschlechtliche-vielfalt-trans/245426/lsbtiq-lexikon/

28 Papst Johannes Paul II., *Redemptor hominis*, Ziffer 14.

3 Sehen: Trans Menschen sind (un-)sichtbar

Transidentität war in unserer Gesellschaft lange Zeit ein Tabu. Man ging davon aus, dass sie nur eine verschwindend kleine Gruppe von Menschen betrifft, eine Minderheit, die so klein ist, dass man sie eigentlich nicht wahrnehmen muss. Der Anteil der transidenten Menschen an der Gesamtbevölkerung liegt im Promillebereich. Bis heute liegen keine empirisch gesicherten Zahlen vor. Behördlich erfasste Namensänderungen oder die Anzahl von geschlechtsangleichenden Operationen geben Hinweise, liefern aber keine exakten Daten zur Gesamtsituation. Die deutsche Gesellschaft für Transidentität und Intersexualität e.V. nennt ihre quantitativen Auswertungen daher ganz bewusst „Zahlenspiele".[29]

Transidentität war ein Tabu, aber sie war paradoxerweise durchaus bekannt und präsent. Männer, die in Frauenkleidern unterwegs waren, kannte man als „Transvestiten". Toni Simon aus Kornwestheim, den seine Enkel in den sechziger Jahren „Oma" nannten, widmete die Stuttgarter Zeitung kürzlich einen längeren Beitrag. Diese Menschen, meistens Männer, fielen auf. Für die einen waren sie ein Ärgernis, für die anderen ein „Original". Geschlechterrollen waren für sie immer schon variabel, fließend und durchlässig – gegen alle konventionellen Normen.

Im Kulturbetrieb hatten transidente Menschen ebenfalls immer schon einen Platz. Das Spiel mit den Geschlechterrollen und der Reiz der Uneindeutigkeit inspirierte Maler wie den Expressionisten George Grosz, der in den zwanziger Jahren in Berlin lebte. Die Staatsgalerie Stuttgart widmete ihm kürzlich eine große Ausstellung.[30] Als Plakat für die Werbung wählte man sein Selbstportrait „Der Liebeskranke" von 1916. Es zeigt ihn allein in einem Kaffeehaus sitzend, kalkweiß gepudert, mit rot geschminkten Lippen.[31] Grosz war vermutlich nicht trans, aber die Zeitgenossen kannten an ihm diesen bewusst inszenierten Auftritt. Von seinem Erscheinungsbild geht offenkundig auch heute noch eine Faszination aus. Wenn Transidentität so fein dosiert angeboten wird, dass von ihr keine wirklich existenzielle Verunsicherung ausgeht, dann kann man sie gut aushalten, ja sogar als

29 Vgl. https://dgti.org/2021/08/12/zahlenspiele/
30 Vgl. https://www.swr.de/swr2/kunst-und-ausstellung/glitzer-und-gift-der-zwanzigerjahre-george-grosz-in-der-staatsgalerie-stuttgart-100.html
31 Vgl. https://www.kunstsammlung.de/de/collection/artists/george-grosz

Kunstgenuss goutieren. Die negativen Seiten des Themas, das für die Betroffenen in der Regel mit einer tiefgreifenden existenziellen Krise verbunden ist, kommen bei dieser Art der Wahrnehmung allerdings kaum in den Blick.

WE ARE PART OF CULTURE

Auf diesen Aspekt macht neuerdings ein eigenes Kunstprojekt aufmerksam. „WE ARE PART OF CULTURE" (WAPOC) ist der Titel einer Ausstellung, die queere Menschen würdigt, die die europäische Kultur von der Antike bis heute nachhaltig geprägt haben. Darunter sind auch eine ganze Reihe transidenter Menschen.[32] Seit 2020 ist die Ausstellung in Stuttgart an verschiedenen Standorten unterwegs, unter anderem auch im Haus der Katholischen Kirche.[33] Schauspielerinnen wie Greta Garbo und Zarah Leander, die mit ihrem androgynen Image virtuos spielen konnten, sind ebenso zu finden wie Lili Elbe, die Künstlerin, die sich in den dreißiger Jahren als eine der ersten Personen in Deutschland einer geschlechtsangleichenden Operation unterzog.[34]

Aufklärung – Empowerment – Sichtbarkeit

Träger von WAPOC ist die Organisation 100 % Mensch. Die Verantwortlichen verstehen die Ausstellung als einen Beitrag zu mehr Vielfalt, Respekt und Akzeptanz. Der Verein versteht sich als Menschenrechtsorganisation und unterstützt die LSBTIQ-Community. Seine Ziele beschreibt er auf seiner Homepage mit den drei Stichworten: Aufklärung – Empowerment – Sichtbarkeit. Er wendet sich gegen jede Form der Diskriminierung in geschlechtlicher und sexueller Hinsicht und engagiert sich für Liebe, Recht und Respekt. Unabhängig von der individuellen geschlechtlichen Identität oder sexuellen Orientierung tritt man ein für eine Sexualität, die in freier Selbstbestimmung sicher, bewusst und einvernehmlich gelebt wird. Mit seinen Haupt- und Ehrenamtlichen ist 100 % Mensch ist dort aktiv, wo Rechte von queeren Menschen eingeschränkt und unterdrückt werden. Die Forderung nach Respekt ist eine klare Absage an jegliche Form von unmittelbarer und indirekter Gewalt im öffentlichen Raum und im privaten Bereich, sei es durch Pathologisierung, Diskriminierung oder gezielte Ausgrenzung.

---

32 Vgl. https://wearepartofculture.de/ausstellung/
33 Vgl. https://www.hdkk-stuttgart.de/angebote/ausstellungen
34 Vgl. https://wearepartofculture.de/heroines/lili-elbe/

Selbsthilfe und Lobbyarbeit

100 % Mensch ist Teil eines Netzwerks unterschiedlicher Partnerorganisationen und damit beispielhaft für Initiativen der LSBTIQ-Community. Ihrer gezielten regionalen und globalen Vernetzung verdankt die Bewegung die große Aufmerksamkeit, die sie inzwischen in den Medien und in der Öffentlichkeit genießt.

In den USA gehörten trans Personen in den siebziger Jahren zu den ersten Aktivistinnen und Aktivisten für geschlechtliche und sexuelle Selbstbestimmung und für Gleichberechtigung. In Deutschland haben sie heute mit der Deutschen Gesellschaft für Transidentität und Intersexualität e.V.[35] und dem Bundesverband Trans* e.V.[36] eigene Lobby-Organisationen, die im Verbund mit Partnerinstitutionen als politische Interessenvertretungen arbeiten. Sie bieten darüber hinaus aktuelle Informationen, machen Beratungsangebote und stellen Bildungsangebote zur Verfügung. Als Selbsthilfeorganisationen bieten sie ihren Mitgliedern Möglichkeiten des persönlichen Erfahrungsaustauschs und der Vernetzung.

Abwehr und Aggression

Am 31. März ist der Internationale Tag der Trans*Sichtbarkeit. Der Aktionstag wurde 2009 von der Aktivistin Rachel Crandall-Crocker ausgerufen, um für die Situation von trans Personen zu sensibilisieren. Im Unterschied zum Tag der Erinnerung an die Opfer von Transfeindlichkeit am 20. November (Transgender Day of Remembrance) soll der 31. März trans Personen in ihrem Kampf für Selbstbestimmtheit würdigen und ihre vielfältigen Lebensrealitäten sichtbar machen.

Mehr Aufmerksamkeit bedeutet allerdings nicht mehr Sympathie für trans Menschen und mehr Sichtbarkeit führt auch nicht zwangsläufig zu mehr Akzeptanz. Betrachtet man aktuelle Zahlen von gewaltsamen Angriffen auf trans Personen, gewinnt man eher den gegenteiligen Eindruck. Mit der zunehmenden Sichtbarkeit sind trans Menschen in zunehmendem Maße der Gewalt ausgesetzt.[37]

Das Phänomen Transidentität kann grundsätzlich jede und jeden betreffen. Vielleicht werde ich mit meiner eigenen, verdrängten Geschichte konfrontiert, vielleicht sind aber auch mein Partner oder meine Partnerin,

---

35 Vgl. https://dgti.org/

36 Vgl. https://www.bundesverband-trans.de/

37 Vgl. https://www.regenbogenportal.de/informationen/diskriminierung-und-gewalt-gegen-transgeschlechtliche-menschen

ein Elternteil von mir oder mein Kind, Freunde, Bekannte oder Menschen an meinem Arbeitsplatz betroffen. Die tiefgreifende existenzielle Veränderung, ganz gleich ob sie in der Realität oder nur in der Phantasie erlebt wird, verwirrt und verunsichert. Das macht vielen Menschen Angst und wird von ihnen als Bedrohung empfunden. Sie reagieren mit Abwehr bis hin zur Aggression in Form von verbaler, psychischer und physischer Gewalt.

Auf den brutalen Überfall auf Kim de l'Horizon im Kontext der Verleihung des Deutschen Buchpreises im September 2022 reagierte die Öffentlichkeit erschrocken.[38] Der fast zeitgleiche, tragische Tod von Malte C. beim Christopher Street Day in Münster löste bundesweit Entsetzen aus.[39] Die vielen „kleinen“ Gewalterfahrungen, die trans Menschen im Alltag erleben, finden allerdings in den Medien keine besondere Aufmerksamkeit. Man vermutet eine hohe Dunkelziffer, zumal sich trans Menschen genau wie andere auch nicht gern in der Rolle des „Opfers“ wiederfinden und auch aus Selbstschutz mitunter lieber darauf verzichten, ihre Gewalterfahrungen öffentlich zu machen. So ist es nicht erstaunlich, dass die statistische Aufbereitung der Gewalt gegen trans Menschen noch immer ziemlich unzureichend ist.

Mediale Sichtbarkeit

Parallel dazu finden trans Menschen in den Medien ein zunehmendes Interesse. Im Vordergrund stehen dabei die Geschichten individueller Personen. Neben prominenten Personen beispielsweise aus der Modewelt, dem Sport, der Unterhaltungs- und Musikszene stehen völlig unbekannte Personen, die Einblick in ihr persönliches Leben geben. Es sieht so aus, als wäre gerade das „Storytelling“ besonders gut geeignet, trans Menschen Sichtbarkeit zu verleihen und ihnen eine Stimme zu geben.

Mit Storytelling Menschen gewinnen

Storytelling ist so alt wie die Menschheit. Das Grundmuster ist einfach und durchzieht jede Geschichte, sei sie am Ende auch noch so lang und verwi-

38 Vgl. https://www.nzz.ch/feuilleton/kim-de-lhorizon-fragt-ueli-maurer-warum-bekaempfen-sie-mich-ld.1707890

39 Vgl. https://www.sueddeutsche.de/meinung/muenster-csd-transmann-1.5650661?utm_source=pocket-newtab-global-de-DE

ckelt. Die Story braucht einen Helden oder eine Heldin, die ein Problem hat oder vor einer großen Herausforderung steht. Am Ende gelingt es ihm oder ihr, eine Lösung zu finden. Ihr Suchen und Kämpfen lässt sie innerlich und vielleicht auch äußerlich reifen und führt schließlich zum Erfolg. Storytelling lebt von der Spannung, ob die Hauptperson wohl ihr Ziel erreicht, und von der Hoffnung „Alles wird gut!"

Eigene Erinnerungen, Erfahrungen, Gefühle, Wünsche und Sehnsüchte werden lebendig. Sie bewirken eine emotionale Identifikation mit Menschen und ihren Themen, die mit theoretischer Reflexion nicht zu erzeugen ist. „Strategisches Storytelling" nutzt diesen Zusammenhang, wenn es darum geht, Menschen zu gewinnen und zu mobilisieren.[40] Man findet es heute in Wirtschaftsunternehmen, in der Politik oder eben in den Medien. Jenseits von komplizierten Strategiepapieren und Konzepten macht man mit schicksalhaften Geschichten von Einzelnen auf bestehende Handlungsbedarfe aufmerksam. Mühsame Überzeugungsarbeit wird damit ganz einfach oder erübrigt sich am Ende sogar ganz von selbst. Erfolgreiche Trans-Geschichten sind von daher für das Storytelling ideal geeignet.

Buch oder Blog, Film oder Clip – alles ist möglich

Trans Geschichten können ganz unterschiedliche medialen Formate annehmen. Ein Beispiel dafür ist die Malerin Lili Elbe, die in Dänemark geboren wurde, wo sie zunächst unter dem Namen Einar Wegener lebte. Sie hat eine Autobiographie geschrieben, die unter dem Titel „Ein Mensch wechselt sein Geschlecht" 1932 in Dresden erschienen ist, allerdings schnell in Vergessenheit geraten ist. Der kalifornische Autor David Ebershoff erzählt Anfang 2000 ihre Geschichte neu in seinem Buch „Das dänische Mädchen". Später erscheint die Verfilmung „The Danish Girl". Inzwischen ist Lili Elbe Namensgeberin für ein eigenes Internetportal für Bücher und Filme über Transidentität.[41] 2023 wurde in Dresden eine Straße nach ihr benannt, allerdings wurde das Straßenschild kurz nach der Einweihung gestohlen.[42]

Das trans Thema wird aktuell auf allen Kommunikationskanälen bespielt. Bücher, insbesondere Selbstbiographien, finden besonders große Aufmerksamkeit. Kürzlich hat der bekannte amerikanische Filmschauspieler Elliot Page ein Buch über seine Transition veröffentlicht, was die Sonn-

40 Vgl. https://www.strategisches-storytelling.de/was-ist-storytelling/
41 Vgl. https://lili-elbe.de/filme/
42 Vgl. https://www.mdr.de/nachrichten/sachsen/dresden/strassenschild-transfrau-lili-elbe-diebstahl-polizei-102.html

tagszeitung der FAZ zum Anlass nahm, ihn auf einer ganzen Seite zu seiner heutigen Lebenssituation zu interviewen.[43] Zugleich berichtete die Zeitung über zwei aktuelle Kinofilme,, die ebenfalls trans Menschen in den Mittelpunkt stellen. Printmedien, die ihre Beiträge auch im Internet veröffentlichen, verzichten heute nicht mehr darauf, gleichzeitig ein „Dossier" zum Thema Transidentität mitzuliefern. Offenkundig macht der Informationsbedarf der Öffentlichkeit solche Angebote marktfähig. Von wissenschaftlich fundierten Fachbeiträgen bis zu Promi-Plaudereien wird jede Nachfrage bedient. Die Nachfrage ist so groß, dass Interessenvertretungen von trans Menschen in der Schweiz inzwischen einen „Medienguide" entwickelt haben, der Medienschaffende zu einer gendergerechten Sprache anleitet.[44]

Große Medienevents machen das Thema trans zurzeit ganz bewusst populär. So konnte man mit Jolina Mennen im Frühjahr 2023 eine trans Frau im Dschungelcamp von RTL erleben.[45] Zeitgleich wirkte mit Mirella Janev eine trans Frau bei „Germany's Next Topmodel" mit.[46] Sucht man daneben in den Mediatheken der großen Radio- und Fernsehsender unter dem Stichwort „trans", wird man sehr schnell fündig. Man findet Portraits wie die Geschichte von Anna Roth im 23-minütigen Format[47] oder das Leben von Oberstleutnant Anastasia Biefang als eigenen Dokumentarfilm auf DVD.[48] Daneben gibt es Kleinformate, die anhand von vier Personen den, wie es im Titel heißt, „schwierigen Weg ins eigene Geschlecht" nachzeichnen.[49] Andere wiederum arbeiten schwerpunktartig und stellen beispielsweise Transgender-Kinder und ihre Eltern in den Mittelpunkt.[50] Die liebevolle Aufmerksamkeit der Eltern ist bemerkenswert, denn sie versteht sich keineswegs von selbst. Insgesamt ist auffallend, dass die Rolle der Eltern und Angehörigen in den meisten Dokumentationen keine besondere Rolle spielt. Angesichts der großen Rolle der Familie in den Transitions-Prozessen ist dieser „blinde Fleck" auffallend und regt zum Nachfragen an.

---

43 Vgl. Leid im falschen Körper. Schauspieler Elliot Page über sein Leben als Transmann, Interview mit Julia Schaaf, Frankfurter Allgemeine Sonntagszeitung, 25. Juni 2023, Nr. 25, 11.

44 Vgl. https://www.tgns.ch/de/medien/medienguide/

45 Vgl. https://www.swp.de/panorama/personen/jolina-mennen-dschungelcamp-2023-steckbrief-portraet-mann-florian-rtl-turmspringen-storytime-68329435.html

46 Vgl. https://www.queer.de/detail.php?article_id=45642

47 Vgl. https://www.swr.de/swraktuell/baden-wuerttemberg/mannheim/das-werden-der-anna-rot-100.html

48 Vgl. https://www.ich-bin-anastasia.de/

49 Vgl. https://www.youtube.com/watch?v=2t7U_CEoFrM

50 Vgl. https://www.youtube.com/watch?v=141CcfynjuM

Das Internet hat sich jedoch nicht nur als parallele Kommunikationsschiene etablierter Medien bewährt, es bietet auch Betroffenen selbst vielfältige Möglichkeiten, mit den eigenen Erfahrungen unmittelbar sichtbar und hörbar zu werden. So erklärt ein junger Mann in einem Clip auf YouTube nicht nur, wie die einzelnen Operationen seiner Frau-zu-Mann-Transition im Detail aussahen und welche Veränderungen an den Genitalien dabei vorgenommen wurden, er berichtet zugleich, welche Kosten von der Krankenkasse übernommen wurden und welche er selber zu tragen hatte.[51]

Foren wie queer.de[52] oder crossdresser.de[53] bieten Betroffenen neben aktuellen Informationen und Hintergründen die Möglichkeit zur Beratung, zum Erfahrungsaustausch und zur Vernetzung. Auf eigenen Homepages arbeiten trans Personen und in speziellen Blogs stellen trans Menschen wie Karu Grunwald-Delitz, Nora Dahmer oder Sabine Lange ihre Lebensgeschichte zur Verfügung. Sie unterstützen damit andere Betroffene bei der Klärung ihrer Identität und tragen zugleich zur Aufklärung über das Phänomen der Transidentität bei.

Die Themen – so vielfältig wie das Leben

So vielfältig wie die Medien sind die Themen, die durch sie transportiert werden. Im Vordergrund steht zumeist die Transition mit dem Outing, dem Namenswechsel, der psychologischen Begleitung, der medizinischen Behandlung und den Reaktionen im sozialen Umfeld. Aber die Transition ist kein Ereignis, das zu einem bestimmten Zeitpunkt beginnt und irgendwann vorbei ist. Sie ist ein lebenslanger Prozess, der die ganze Existenz in allen ihren Vollzügen betrifft. Thematisch geht es daher um die Kindheit, das Jugend- und das Erwachsenenalter. Es geht um die Betroffenen selber, aber auch um ihre Familien, Partnerinnen und Partner,[54] Eltern,[55] Geschwister[56] oder Kinder[57], die aus ihrer Perspektive schildern, wie sie mit der Transition konfrontiert waren und damit umgegangen sind.

---

51 Was kostet eine Geschlechtsangleichung? Vgl. https://www.youtube.com/watch?v=33DMMyhmaAE

52 Vgl. https://www.queer.de/

53 Vgl. https://www.crossdresser-forum.de/

54 Vgl. die Geschichte der evangelischen Pastorin Dorothea Zwölfer: https://www.sueddeutsche.de/muenchen/fuerstenfeldbruck/fuerstenfeldbruck-dorothea-zwoelfer-transsexualitaet-trans-frau-verein-kreuzweise-miteinander-1.5980821

55 Vgl. https://www.trans-kinder-netz.de/der-verein.html

56 Vgl. https://sz-magazin.sueddeutsche.de/mann-und-frau/der-neue-bruder-82114

57 Vgl. https://www.zeit.de/zett/queeres-leben/2022-07/transidentitaet-eltern-coming-out-kinder?utm_referrer=https%3A%2F%2Fwww.google.com%2F

Die Transition ist ein Weg von innen nach außen. Sie beschreibt den Prozess, wie Menschen ihr innerlich erlebtes Geschlecht auch äußerlich immer mehr leben und ausleben. Von daher ist auch der Begriff „Geschlechtsumwandlung" missverständlich. Er bezeichnet eine Art Wechsel oder auch Austausch, während für die Betroffenen genau umgekehrt die Kontinuität des Erlebens entscheidend ist. Sie suchen nach einer Kohärenz ihrer körperlichen, geistigen und seelischen Wirklichkeit und lehnen es daher auch ab, auf ihre Geschlechts-Merkmale wie Brüste oder Genitalien reduziert zu werden. Dahinter steht ein existenzielles Ringen um Ganzheitlich in der Selbst- und Fremdwahrnehmung. Dieses wird allerdings nur dann nachvollziehbar, wenn man sich nicht von vornherein auf die biologischen oder medizinischen Aspekte des Themas konzentriert. Oder wenn man zuerst an Kleider, Schuhe, Strümpfe, Schmuck und Haarfrisuren denkt. Sie sind für das äußere Erscheinungsbild sehr wichtig, aber sie beschreiben trotzdem nur einen sehr begrenzten Ausschnitt der Wirklichkeit von trans Menschen.

Ganz „normale" Alltagserfahrungen?

In dem Maße, wie die Betroffenen mehr und mehr zu sich selbst kommen, erleben die Menschen um sie herum eine Veränderung, die sie als Verwandlung und nicht selten als Entfremdung erleben. Sie spüren einen Zwang zum Abschiednehmen, einen zunehmenden Verlust, der oft mit Schmerz und Trauer einhergeht. Diese besondere Spannung wird mitunter explizit zum Thema gemacht, meistens bleibt sie aber im Hintergrund und wird nur latent spürbar. Sie begleitet die Schilderung von ganz normalen Alltagserlebnissen, die oftmals alles andere als „normal" sind. So kann die Suche nach einer Umkleidekabine bei einer Shopping-Tour schnell zum kritischen Ereignis werden. Der Kauf von Hygieneartikeln wie Tampons kann an der Kasse Irritationen auslösen. Im Restaurant kann das Aufsuchen der Toilette zum Problem werden. Und auch der Termin in der gynäkologischen oder urologischen Arztpraxis ist für trans Menschen alles andere als selbstverständlich. Alltagserfahrungen dieser Art finden sich in den Medien in vielen Varianten. Sie illustrieren den anstrengenden Kampf um Normalität und den Preis, der von trans Personen für sie zu zahlen ist.[58]

---

58 Vgl. *Antidiskriminierungsstelle des Bundes* (Hg.), *Benachteiligung* von Trans* Personen, insbesondere im Arbeitsleben, Expertise von Jannik Franzen und Arn Sauer, Berlin 2010. – Aktuell: *Antidiskriminierungsstelle des Bundes* (Hg.), Europaweite Umfrage zu Diskriminierungserfahrungen von LGBTI*-Personen vom 14. Mai 2020.

Sex und Sexualität

Die mediale Verarbeitung solcher Alltagserfahrungen braucht für die Zuschauenden einen besonderen Moment. Er garantiert die Spannung und sichert damit ihre Aufmerksamkeit. Das gilt für alle Themen, für Sex und Sexualität aber in besonderem Maße. Transidente Menschen haben wie alle anderen auch eine sexuelle Orientierung. Sie kann hetero- oder homosexuell, bi-, pan- oder asexuell sein. Das ganze Spektrum des möglichen sexuellen (Nicht-)Begehrens findet sich wieder und wird dementsprechend auch thematisch umgesetzt.

Nach wie vor wird dabei gern der Begriff „transsexuell" verwendet. Mehr und mehr vermeiden Betroffene diesen früher üblichen Begriff, der geschlechtliche Identität (Gender) und sexuelle Orientierung (Sex) zusammenfasst und damit dem Missverständnis Vorschub leistet, Transidentität betreffe in erster Linie oder ausschließlich die Frage der Partnerinnen- bzw. Partnerwahl. Die Medien verzichten aber nur ungern auf dieses Wort. Beispielsweise, wenn eine Fernsehmoderatorin, die sich in der BUNTEN „pansexuell" outet, von ihrer Beziehung zu einem „transsexuellen" Mann erzählt und dabei feststellt, dass er anders als ihre vorherigen Partner Verständnis für ihre Regelschmerzen habe.[59] Belanglosigkeiten dieser Art werden unter dem Vorzeichen der „Aufklärung" angeboten. Die wirklich klärungsbedürftige Information, dass der Partner nämlich zwanzig Operationen hinter sich hat, bleibt dabei unkommentiert. „Sex sells" und garantiert Auflagen, dieser Eindruck drängt sich bei der Lektüre solcher Artikel auf. Der wirklichen Bedeutung der Sexualität im Leben von trans Menschen werden sie nicht gerecht. Die Wirkung von gegengeschlechtlichen Hormonen, das Wachstum von Brüsten oder die Methoden ihrer operativen Entfernung, die Bildung einer Neo-Vagina oder der Penoid-Aufbau, die unterschiedlichen Behandlungen, ihre Vorbedingungen, Risiken und langfristigen Folgewirkungen sind klassische Themen für eine sachliche, seriöse Aufklärungsarbeit. Sie wird im Netz an vielen unterschiedlichen Stellen angeboten, aber gleichzeitig gerät das Thema immer wieder in den Sog des Spektakulären. Das ist zum Beispiel dann der Fall, wenn ein Fotomodell, das aus einer großen deutschen Casting-Show bekannt ist, erzählt, wie sich bei ihr als trans Frau ein Orgasmus anfühlt.[60]

---

59 Vgl. https://www.bunte.de/stars/stars-die-liebe/stars-frisch-verliebt/bella-lesnik-rtl-moderatorin-gesteht-ihr-neuer-freund-war-frueher-eine-frau.html

60 Vgl. https://k.at/entertainment/lucy-hellenbrecht-geschlechtsangleichung-orgasmus/401745729

Die Frage, ob und wie trans Menschen ihre sexuellen Aktivitäten gestalten, ist eine wesentliche Frage und zwar nicht nur für Menschen, die gerade am Beginn einer Beziehung stehen. Nähe, Zärtlichkeit und Intimität gehören zu einer beglückenden und glücklichen Beziehung dazu, sie können allerdings bei trans Menschen ganz eigene Ausdrucksformen finden. Die gelebte Sexualität kann sich unterscheiden, aber das Bedürfnis danach teilen sie mit allen anderen Menschen und zwar genauso wie den Wunsch nach dem Schutz ihrer Intimsphäre.

De-Transition

Neben zahlreichen Geschichten, die erfolgreiche oder zumindest hoffnungsvoll stimmende Transitionen dokumentieren, gibt es die Berichte von Menschen, die an einem bestimmten Punkt des Prozesses erkennen mussten, dass die Entscheidung für die Transition ein Fehler war.[61] Mal stellt sich diese Erkenntnis unmittelbar, beispielsweise nach einer Operation beim Aufwachen aus der Narkose ein, mal bleibt das befreiende neue Lebensgefühl aus und es wird deutlich, dass es andere Ursachen für das Leiden an einem selbst geben muss. Eine Transition löst nicht alle Probleme eines Menschen, sie macht es ihm im besten Falle leichter, sie zu lösen oder auch zu tragen bzw. zu ertragen.

Statistische Zahlen sind, wie bei Transitionen auch, sehr umstritten. Dass mit einer zunehmenden Offenheit in der Gesellschaft für trans Menschen auch die Outings zunehmen und künftig noch mehr zunehmen werden, liegt auf der Hand. Dass damit auch die De-Transitionen ansteigen werden, versteht sich fast von selbst.

In den Medien dienen die Geschichten von Menschen, die zu ihrer ursprünglichen Lebensweise zurückkehren, dazu, auf die Risiken aufmerksam zu machen. Die Irrtumsanfälligkeit und die Irreversibilität der Entscheidung für eine Geschlechtsangleichung wird dabei besonders betont und mitunter zu einem Argument gegen die Transition an sich gemacht. Die Vorwürfe der Betroffenen an die Adresse der Verantwortlichen im Bereich der Therapie, in der Medizin, bei den Krankenkassen, aber auch in ihrem persönlichen Umfeld wiegen schwer. Sie erinnern daran, dass die Entscheidungen, die im Kontext einer Transition zu treffen sind, im wahrsten Sinne des Wortes eine soziale Dimension haben. Man kann sie nicht

61 Vgl. Wie beginne ich eine Detransition: https://www.youtube.com/watch?v=VhoY8x-Vwa8

einfach unter die Überschrift „Selbstbestimmung“ stellen, um dann die Betroffenen damit allein zu lassen.

„Trans-Terrorismus“ – Diskriminierung durch Kriminalisierung

Storytelling braucht positive Heldinnen und Helden, denen unsere Sympathien zufliegen und die als Identifikationsfiguren tauglich sind. Aber es geht auch anders. Personen, die in Skandale verwickelt sind und für negative Schlagzeilen sorgen, finden ebenso die Aufmerksamkeit der Öffentlichkeit. In diesem Fall werden trans Personen nicht als diskriminierte Mitglieder einer marginalisierten gesellschaftlichen Gruppe vorgestellt, sondern als potenzielle Kriminelle und Gewalttäter, von denen Risiken und reale Bedrohungen ausgehen.

So wurde der Amoklauf in der Grundschule von Nashville am 28. März 2023 von transfeindlichen Kreisen in den USA für eine Kampagne instrumentalisiert. Nachdem berichtet wurde, dass der Amoklauf mutmaßlich von einer trans Person verübt wurde, wurden sogleich Stimmen laut, die vor generellen Gefahren durch trans Personen warnten.

Für die Community der trans Menschen machte Theo Schenkel darauf aufmerksam, dass die Mehrheit der Menschen, die einen Amoklauf verüben, cis und männlich sind.[62] Bisher sei allerdings noch niemand auf die Idee gekommen, deswegen cis Männer per se als Gewalttäter und Gefahr für die Sicherheit von Kindern zu deklarieren. Schenkel ist selbst ein trans Mann, der in der Erzdiözese Freiburg katholische Religionslehre unterrichtet und in der Bewegung #OutInChurch aktiv ist. Aus seiner Sicht wäre eher zu fragen, warum bei Minderheiten oft von einer Person auf die ganze Gruppe geschlossen wird, bei der Mehrheit jedoch nicht. Sich von dieser Tragödie dazu verleiten zu lassen, trans Personen das Leben schwer zu machen, wäre genau der falsche Weg. Der Waffenlobby in den USA kommt die Diskussion im Übrigen sehr gelegen. Wenn trans Menschen als potenzielle Bedrohung in den Fokus gerückt werden, kann sie im Hintergrund weiterhin ihre fragwürdige Politik betreiben.

Subtiler als die gezielte Kriminalisierung durch transfeindliche Gruppen wirken Botschaften, die durch Filme und Fernsehserien vermittelt werden. Wenn sie trans Personen als Verdächtige in Kriminalfällen unterwegs sein lassen, bedienen sie mitunter Stereotype, die für Respekt, Toleranz und gesellschaftliche Akzeptanz eher hinderlich sind. Das Format, das Spannung

62 Vgl. https://www.kath.ch/newsd/theo-schenkel-kritisiert-transbashing-beim-amoklauf-von-nashville/

und Unterhaltung in den Vordergrund stellt, erscheint nur bedingt geeignet, über die Lebenswelt von trans Menschen Auskunft zu geben.[63]

Aufklärung – und was noch?

Betrachtet man das Spektrum der Themen, die von den Medien und in sozialen Netzwerken angeboten werden, etwas genauer, dann wird deutlich, dass die Darstellungen von trans Menschen und ihren Erfahrungen nicht neutral sind, sondern von unterschiedlichen Interessen geleitet werden. Auf den ersten Blick geht es überall „nur" um Aufklärung; aber hält dieser Anspruch einer kritischen Überprüfung stand?

Während die einen für Toleranz, Gleichberechtigung und für den Verzicht auf jegliche Diskriminierung werben, warnen die anderen vor den unabsehbaren Risiken und Folgen, die sich mit einer Transition verbinden.

Während die einen geschlechtsangleichende Eingriffe verhindern, zumindest aber bremsen und reduzieren wollen, argumentieren die anderen mit dem Leiden von trans Menschen, treten für ihre Rechte ein und fordern Selbstbestimmung hinsichtlich der individuellen geschlechtlichen Identität.

Während die einen über Zahlen, Daten und Fakten informieren, bedienen die anderen den Wunsch der Medienkonsumenten nach Spaß, Grusel und Zeitvertreib.

Die Informationen, die von den Medien angeboten werden, können sachlich oder emotional, ausgewogen oder werbend, kritisch oder unterhaltsam sein. Zwischen Aufklärung und Voyeurismus öffnet sich ein breites Spektrum möglicher Botschaften. Welche Interessen verfolgen die Sender, und zwar nicht nur die öffentlich-rechtlichen, die im Augenblick zunehmend unter Druck geraten, weil sie sich scheinbar zu transfreundlich zeigen?[64]

Wer steht hinter der Botschaft? Ist das Ziel des Senders eher altruistisch oder opportunistisch? Will man versachlichen, entdramatisieren, entkriminalisieren und entpathologisieren? Oder verspricht man sich gerade von der Kriminalisierung und Pathologisierung maximale Breitenwirkung? Geht es um Erfolgsgeschichten, um Selbstdarstellung und Marketing in eigener Sache? Oder werden die Heldinnen und Helden der Story letztlich doch nur vorgeführt wie exotische Tiere in einem großen Tierpark?[65] Wer-

63 Vgl. die Kritik auf https://www.queer.de/detail.php?article_id=44701

64 Vgl. https://www.nzz.ch/international/ard-und-zdf-wissenschaftler-kritisieren-transgender-ideologie-ld.1687072?reduced=true

65 Vgl. https://daserste.ndr.de/panorama/archiv/2022/Menschenzoo-Das-dunkle-Erbe-des-Tierparks-Hagenbeck,hagenbeck1448.html

den sie zu Objekten der Unterhaltungsindustrie gemacht oder machen sie sich sogar selbst dazu? Wo bleiben die Verlierer und Niederlagen, die Misserfolge und Verlustgeschichten? Jeder mediale Beitrag, angefangen vom Dokumentarfilm bis hin zum YouTube-Clip, muss sich – im Interesse der trans Menschen, deren Schicksal er verarbeitet – diese Fragen gefallen lassen.

Storytelling geht „unter die Haut"

Storytelling steht auch am Anfang dieses Buches. Stephanie hat mir ihren Leidensweg in der Hoffnung geschildert, damit ihren „Trans-Geschwistern", so hat sie sie wörtlich genannt, bestimmte Erfahrungen erspart bleiben, die sie selber noch machen musste. Stephanie machte dies, weil sie hofft und glaubt, dass trans Menschen irgendwann in Kirche und Gesellschaft willkommen sind. Stephanies Geschichte verdankt dieses Buch nicht nur seinen Stoff, sondern seine ganze Ausrichtung.

Storytelling, das zeigt der Überblick über Formate, Themen und Zielsetzungen, hat für das Sichtbarwerden von trans Menschen in der gesellschaftlichen Öffentlichkeit viele Vorteile. Die präsentierten Geschichten sind individuell, konkret, realistisch, authentisch, persönlich und emotional. Sie sind sehr oft informativ und zugleich unterhaltsam. Viele von ihnen gehen „unter die Haut". Sie geben Betroffenen die Möglichkeit, sich selbst zu Wort zu melden und ihre Erfahrungen mit eigenen Worten zu formulieren. In diesem Sinne steht Storytelling für Partizipation und Selbstbehauptung im besten Sinne des Wortes.

Grenzen des Storytelling

Das Erzählen, das in den Medien und sozialen Netzwerken stattfindet, hat allerdings spezifische Grenzen, über die man sich nicht hinwegtäuschen sollte. Die mediale Präsentation ist genau genommen eine kommunikative „Einbahnstraße". Die Zuhörer lassen sich im Idealfall von der Geschichte in den Bann ziehen, aber sie bleiben Zuschauer. Die Distanz zwischen der Person, die erzählt, und der, die zuhört, wird nicht aufgehoben. Dialog, Begegnung oder Beziehung finden nicht statt. Anders gesagt, Storytelling kann den unmittelbaren Kontakt und die persönliche Begegnung nicht ersetzen. Es entbindet auch nicht davon, kritische Fragen nach den Interessen im Hintergrund zu stellen. Storytelling ist kein Ersatz für die Reflexion gesellschaftlicher Verhältnisse und für den mühsamen Versuch, ihre Komplexität analytisch zu durchdringen.

Genau das wird aber in der aktuellen öffentlichen Diskussion am meisten gebraucht. Das Leben der einzelnen trans Person spielt hier, wenn überhaupt, nur noch eine untergeordnete Rolle. Hier geht es zumeist um Politik, um die Vorherrschaft von Ideologien und um die Frage nach der Zukunft der Menschheit in der globalisierten Welt.

„Strategisches Storytelling" lässt die Fälle für sich sprechen. Aber Fälle ersetzen keine differenzierte Auseinandersetzung, keine Argumente und keine Diskussion. Sie machen Kritik nicht überflüssig. Diese muss allerdings begründet werden. Sie muss sachlich sein und sie darf niemals verletzend formuliert werden. Kritik und Skepsis sind nicht automatisch diskriminierend. Wer Zweifel an bestimmten Positionen äußert, ist nicht per se „rechts" oder „links". Wer sie so versteht, immunisiert sich gegen die Argumente der anderen Seite. Ein offener und ehrlicher, respektvoller Dialog kann so nicht entstehen. Angesichts der aktuellen gesellschaftspolitischen Debatte, die hochgradig polarisierend geführt wird, wo Begriffe wie „Trans-Terroristen" und „Faschisten" keine Seltenheit sind, wird Differenzierung mehr denn je gebraucht.

Zwischen Schwarz und Weiß gibt es viele Töne, aber der Meinungskampf um das Thema Transidentität kennt scheinbar nur „Freunde" und „Feinde". Dass manche, die sich dabei zum Sprachrohr machen, mit trans Personen nie gesprochen haben, sollte nachdenklich machen. Es wirft die Frage auf, für wen oder was sie eigentlich Partei ergreifen. Das Thema Transidentität spaltet die Gesellschaft und das kann weder im Interesse der trans Menschen noch aller anderen sein. Es reicht daher nicht aus, sich mit Storytelling allein zu begnügen, zumal dieses Instrument – man denke an die Frage der De-Transition – längst schon gegen die Transidentität zum Einsatz kommt.

Trans – ein Thema, das die Gesellschaft spaltet

Dabei könnte alles ganz einfach sein. Die Frage, was trans Menschen brauchen, lässt sich leicht beantworten, wenn man ihnen nur zuhört. Da ist zuerst eine Familie, die sie trägt, Eltern, Geschwister, Partnerinnen und Partner und Kinder, die sie verstehen und akzeptieren, so wie sie sind. Da sind Freunde und Bekannte oder Nachbarn, von denen Respekt und Toleranz erwartet werden darf. Arbeitskolleginnen und -kollegen, Vorgesetzte oder Mitarbeitende sind gefragt, in ihrer jeweiligen Rolle professionell zu handeln, d.h. die Arbeitsbeziehung sachlich, unvoreingenommen und wertschätzend zu gestalten. Professionelles Handeln, das die individuellen Belange der trans Person in den Mittelpunkt stellt, ist auch der Anspruch an Therapeutinnen und Therapeuten, Ärztinnen und Ärzte und Mitarbeitende in Behörden und Institutionen. Faktisch erleben trans Menschen oft das Gegenteil. Sie werden zum Spielball von gesellschaftlichen Interessen und werden verstrickt in Debatten, in denen ihre persönlichen Bedürfnisse nicht mehr vorkommen.

Alice Schwarzer: Trans ist Trend?

Ein Beispiel dafür, wie das Thema die Gesellschaft spaltet, ist das Buch „Transsexualität" von Alice Schwarzer, das nicht nur die Gegensätze und Konfliktlinien dokumentiert, sondern selber zum Gegenstand heftiger Auseinandersetzungen geworden ist.[66] Nicht nur die Presse, auch Schwulen- und Lesbenverbände bezogen unmittelbar nach dem Erscheinen Stellung gegen Schwarzers Positionen.[67] Der Bundesverband trans (bvt) brachte als Gegendarstellung eine eigene Broschüre heraus.[68] Mit dieser Wirkung hat die Autorin, die dem Buch bewusst den Untertitel „Eine Streitschrift" gegeben hat, eines ihrer erklärten Ziele erreicht.

Aber nicht nur der Untertitel lässt aufhorchen, auch der Titel des mit der Co-Autorin Chantal Louis herausgegebenen Buches, setzt ganz bewusst Akzente. Schwarzer stellt den Sammelband mit Beiträgen aus unterschiedlichen Bereichen unter die Überschrift „Transsexualität". Sie verwendet damit einen Begriff, der früher geläufig war, inzwischen aber mehr und mehr von „Transidentität" abgelöst wird. Sie knüpft bewusst an die siebziger Jahre an, in denen sie als Feministin gegen den Widerstand mancher ihrer „Schwestern" für die Gleichbehandlung von trans Frauen gekämpft hat. Dass diese keine „richtigen" Frauen sind, wollte sie damals nicht gelten lassen. Im Gegenteil, sie sah in ihnen vielmehr Verbündete im Kampf gegen die männliche, patriarchale Vorherrschaft und das Diktat der Geschlechterrollen, dem Frauen sich selbstverständlich zu unterwerfen hatten. Ihr Buch zeigt auf, wie aus der leidenschaftlichen Trans-Befürworterin von einst eine scharfe Trans-Kritikerin geworden ist. Was ist in der Zwischenzeit passiert?

---

66 Vgl. Schwarzer/Louis, Transsexualität.

67 Vgl. https://www.lsvd.de/de/ct/6772-alice-schwarzer-transsexualitaet

68 Vgl. https://www.bundesverband-trans.de/publikationen/soll-geschlecht-abgeschafft-werden/

Trans als Taktik?

Schwarzer und Louis setzen (leider ohne Quellenangabe) bei der Beobachtung an, dass sich die Zahl der Mädchen und jungen Frauen, die sich aufgrund einer Geschlechtsdysphorie in medizinischer Behandlung befinden, in den letzten Jahren in der westlichen Welt um den Faktor 40 gesteigert hat. Während früher vor allem Jungen den Wunsch äußerten, das Geschlecht zu wechseln, sind es heute überwiegend Mädchen. Auf einen Jungen kommen heute vier Mädchen, die von sich sagen, dass sie „trans" seien.[69]

Die Autorinnen führen diese Entwicklung auf eine gesellschaftliche Entwicklung zurück, die es jungen Frauen immer schwerer macht, die ihnen angebotene Rolle als Frau anzunehmen. Der Weg in die „Transsexualität" sei nichts anderes als eine Flucht in die gesellschaftlich privilegierte Männerrolle, die konsequenterweise eine hormonelle und operative Anpassung des biologischen Geschlechts an das gewünschte soziale nach sich ziehe. Das erscheint plausibel, wenn man bedenkt, dass Frau-Sein nicht nur eine, sondern viele Rollen umfasst. Liebevolle Mutter, perfekte Hausfrau, beruflich erfolgreich, dabei unvermindert attraktiv und begehrenswert, dieses Ideal mag für manches Mädchen von heute eher abschreckend wirken.

Aber wird man den jungen Frauen gerecht, wenn man ihnen vor allem ein biographisches Kalkül unterstellt? Ist Trans eine Taktik, um bestimmten Anforderungen und den damit verbundenen Zumutungen oder auch Überforderungen zu entgehen? Wenn dem so wäre, wäre der zu beobachtende Anstieg der Zahlen auch ein Signal für das Scheitern des Feminismus der 70er-Jahre und seiner Frontfrau Alice Schwarzer. Die heutige Generation junger Frauen braucht ihn nicht mehr, um sich Gleichberechtigung und Selbstentfaltung zu erstreiten. Sie wählt mit der Transition den kurzen Weg ins andere Geschlecht. Die Leidenschaft, mit der sich die heute Achtzigjährige das Thema nochmals zu eigen macht, könnte hier seinen Ursprung haben.

Problemanzeigen

Auch wenn man ihr Interesse und ihre einzelnen Einschätzungen nicht teilt, so bietet sie doch Problemanzeigen, die man im Augen behalten sollte, wenn man sich ein eigenes Bild machen will.

1. Das Selbstbestimmungs-Gesetz: Im Mittelpunkt steht bei ihr das geplante Selbstbestimmungsgesetz der Regierungskoalition. Es soll das Transsexuellen-Gesetz aus dem Jahr 1981 ersetzen. Damit setzt der Gesetzge-

69 Vgl. Schwarzer/Louis, Transsexualität, 30–34.

ber einen Auftrag um, der bereits 2011 vom Bundesverfassungsgericht erteilt, aber bisher nicht in Angriff genommen wurde. Dass die Ampel-Regierung angesichts der stetig steigenden Fallzahlen ein Gesetz plant, wodurch das rechtliche Verfahren einer Geschlechtsänderung stark vereinfacht wird, betrachtet Schwarzer als dramatische Fehlentwicklung, die dem Anstieg der „wechselwilligen" Mädchen weiter Vorschub leiste. Sie und ihre Co-Autorin kritisieren den geplanten Wegfall therapeutischer Gutachten, die Festsetzung der Altersgrenze für einen Antrag auf Namensänderung auf 14 Jahren und die deutlich eingeschränkten Elternrechte im gesamten Verfahren.[70]

2. Affirmative Therapien: Sie kritisieren Therapeutinnen und Therapeuten, die einen „affirmativen" Behandlungsansatz verfolgen und damit den ergebnisoffenen Ausgang einer Therapie verunmöglichen. Die Transition werde damit quasi zu einem Selbstläufer, der von allen Beteiligten unkritisch und unhinterfragt angenommen werde.[71]
3. Finanzielle Abhängigkeiten: Am Beispiel des Skandals um die Londoner Tavistock-Klinik werden Behandlungsmethoden angeprangert, die mehr am wirtschaftlichen Erfolg einer Klinik als am Wohlergehen der Patientinnen und Patienten orientiert sind. Ebenso wird der Einfluss der Pharma-Industrie, die als Sponsor von Kliniken und medizinischen Forschungseinrichtungen auftritt, kritisiert.[72]
4. Cancelling: Der Einfluss von Lobbygruppen auf die Gestaltung und personelle Besetzung von öffentlichen Veranstaltungen wird ausführlich beschrieben. Das Ein- und Ausladen von Personen, das inzwischen unter dem Stichwort „cancelling" oder „cancel culture" bekannt geworden ist, nehmen Schwarzer und Louis zum Anlass, auch mit eigenen feministischen Bewegung abzurechnen.[73]
5. TERF oder FLINTA: Die transfeindliche TERF-Fraktion (Trans-Exclusionary Radical Feminism) steht der transfreundlichen FLINTA-Fraktion (Frauen, Lesben, intergeschlechtliche, nonbinäre, transgeschlechtliche und agender Personen) unversöhnlich gegenüber. Diskussionen um spezielle Schutzräume für Frauen, den Zugang zu Ämtern und Gremien, die Mitwirkung an sportlichen Wettkämpfen und die Gender-Sprache spalten beide Lager.[74]

70 Vgl. ebd., 36.
71 Vgl. ebd., 38.
72 Vgl. ebd., 37.
73 Vgl. ebd., 54–60.
74 Vgl. ebd., 59.

6. Trans-Aktivismus: FLINTA-Aktivistinnen sind für Schwarzer und Louis letztlich Transaktivistinnen, die mit ihren Initiativen die treibende Kraft hinter den gesellschaftlichen (Fehl-)Entwicklungen sind, die in den einzelnen Beiträgen des Bandes beschrieben werden. Die sogenannte Trans-Lobby steht aus ihrer Sicht auch hinter dem geplanten Selbstbestimmungsgesetz.[75]

Verbündete am rechten Rand

Die Autorinnen wollen das geplante Gesetzesvorhaben, das SPD, Grüne und FDP beschließen wollen, noch im Vorfeld stoppen und zwar nach dem Vorbild Schwedens, wo im Sommer 2018 ein ähnliches Gesetzesvorhaben in letzter Minute zu Fall gebracht wurde. Eine 90-minütige Fernseh-Dokumentation hatte damals maßgeblichen Anteil daran, dass die öffentliche Meinung kippte und das Vorhaben auch im Parlament scheiterte. Louis schildert die Zusammenhänge in ihrem Buch sehr ausführlich und liefert damit fast schon ein Drehbuch für die bundesdeutschen Medien.[76]

Im Juli 2023 hat das rechte Internetportal Nius den Ball aufgenommen und unter dem Titel „Trans ist Trend. Wie eine Ideologie unser Land verändert“ ebenfalls eine Dokumentation gestartet.[77] Wer das Buch kennt, findet in der Dokumentation die passenden Bilder. Die Verantwortlichen nehmen für sich in Anspruch, die erste deutschsprachige Dokumentation zu bieten, „die sich kritisch mit dem Zeitgeist-Phänomen ‚Transsexualität‘ auseinandersetzt“. Ihr Fazit lautet: „Transaktivismus ist das vielleicht gefährlichste Zeitgeist-Phänomen, das noch immer komplett beschwichtigt wird.“ Man wolle selbstverständlich die Betroffenen nicht stigmatisieren, lässt die Moderatorin am Ende das Publikum wissen. Dass jedoch genau diese Wirkung faktisch erreicht wurde, kann man an den anschließend auf YouTube gesammelten Kommentaren unschwer erkennen.

Alice Schwarzer und Chantal Louis wollen aufklären, aber sie polarisieren. Ihr Buch ist nicht zufällig zum Gegenstand heftiger medialer Auseinandersetzungen geworden und auch die Unterstützung der Feministinnen durch das rechte Internetportal Nius kommt nicht überraschend. Ihre Kritik, so berechtigt sie in manchen Punkten ist, entbehrt der Differenzierung

75 Vgl. ebd., 29.

76 Vgl. ebd., 40–41.

77 Vgl. https://www.nius.de/episodes/trans-ist-trend-wie-eine-ideologie-unser-land-veraendert/d52a3e98-120b-41ad-8ced-2351258b3e16

und sachlichen Ausgewogenheit, die eine von heftiger Polemik geprägte, öffentliche Debatte dringend nötig hat.

Der schmale Grat der Aufklärung

Aufklärung, auch das zeigt das Buch von Schwarzer und Louis, ist ein ganz schmaler Grat. Sie umfasst zum einen das Werben um Anerkennung und Wertschätzung gegenüber trans Menschen und zum anderen das Warnen vor Risiken und Folgewirkungen von Transitionen. Werbung und Warnung bedingen einander und müssen zusammengesehen werden, wenn man nicht am Ende der Gefahr einer naiven Verharmlosung oder einer aggressiven Diffamierung erliegen will. Der Preis, den trans Menschen ihr Leben lang für die Transition zahlen müssen, ist viel zu hoch, als dass man diesen Eingriff verharmlosen, verklären oder gar glorifizieren dürfte. Realismus ist an dieser Stelle für alle Beteiligten die einzige ethisch verantwortbare Option. Genauso unzulässig wie die Verharmlosung sind Dramatisierung, Dämonisierung oder Verteufelung. Fälle von verbaler oder realer Hexenjagd sind eine traurige Realität. Die erwähnte Nius-Dokumentation liefert dafür ein aktuelles Beispiel.

Es gibt kein politisches oder sonstiges Kalkül, das es jemals rechtfertigt, die Würde der Person aufs Spiel zu setzen. Das gilt ohne Unterschied für alle, also auch für trans Menschen.

Lebenslagen von trans Personen

Schaut man genau hin, so gibt es für Schwarzer und Louis nur zwei Typen von trans Menschen, die sie wirklich interessieren. Es sind die Mädchen und jungen Frauen, die eine Frau-zu-Mann-Transition anstreben, und die erwachsenen trans Frauen, die eine Mann-zu-Frau-Transition hinter sich haben, dabei aber nach wie vor zeugungsfähig sind. Auf diese beiden Gruppen fokussiert sich das Buch und blendet damit viele Aspekte aus.

Wo bleiben die Jungen, die in der Pubertät erkennen, dass ihr Geschlecht nicht wirklich zu ihnen passt? Warum sind erwachsene trans Männer bei Schwarzer kein Thema? Es fehlen auch nonbinäre Personen, also Menschen, die sich weder dem einen noch dem anderen Geschlecht zugehörig fühlen. Daneben gibt es Menschen, die sich als „fluide" definieren, weil sie sich beiden Geschlechtern zugehörig fühlen. Bei ihnen ist mal diese, mal jene Seite stärker angesprochen. Manche leben ihr dokumentiertes Geschlecht im beruflichen Kontext und ihr gefühltes Geschlecht nur in der Freizeit bzw. im familiären Rahmen aus. Und es gibt trans Menschen, die keine Operationen durchführen lassen, aber infolge der Hormonbehandlung Merkmale beider Geschlechter entwickeln. Das wiederum wird von manchen Menschen als sexuell besonders attraktiv wahrgenommen. Transidentität hat ganz verschiedene Ausdrucksformen, mit denen sich zugleich ganz unterschiedliche Fragestellungen und Herausforderungen verbinden. Sie gilt es zuerst einmal wahrzunehmen, bevor man darangeht, sie zu bewerten.

Wenn man wirklich umfassend aufklären will, kommt man an den Lebenslagen von Kindern, Jugendlichen und Erwachsenen nicht vorbei. Die Altersstufen werfen ihrerseits ganz spezifische Probleme auf und zwar für die Betroffenen selbst, aber auch für ihr soziales Umfeld. Die Biographie von Stephanie spiegelt diese Themen. Sie ist für mich zum Roten Faden für die Annäherung an die Lebenslagen von trans Menschen geworden.

Geschlechtsinkongruenz im Kindesalter

Stephanie sagt von sich, sie habe sich immer als ein Mädchen gefühlt. Es war für sie so selbstverständlich, dass sie nicht darüber geredet habe, weder mit ihrer Mutter noch mit ihrer Schwester. Sie dachte, das ginge allen Kindern so. Die Probleme kamen erst später.

Im Unterschied zu Stephanie gibt es Kinder, die schon sehr früh ihr eigenes Geschlecht hinterfragen oder auch ganz ablehnen. Auf der Plattform trans-kinder-netz erzählt eine Mutter, wie ihr Sohn ihr mit vier Jahren erklärt: „Ich bin jetzt Belli." Von diesem Tag an lehnt er es konsequent ab, weiter seine Jungenkleider zu tragen.[78] Die Mutter von Kim berichtet, wie ihr Kind mit zwei Jahren zum ersten Mal zu ihr sagt: „Ich, Mädchen." Seit dieser Zeit gibt sich Kim phasenweise als Mädchen oder als Junge. Man spricht in diesem Fall von einem gendervarianten Kind. Aus Sicht der Mutter ist es ein Glück, dass der Vorname Kim sowohl für Mädchen als auch für Jungen gebräuchlich ist.[79] Durch die WDR Dokumentation „Transgender Kinder" erlangte die Geschichte von Philipp größere Bekanntheit. Nach einer Prinzessin aus einem Kinderbuch erklärte das Kind seinen Eltern: „Ich heiße Sophia." Von da an mussten die Haare wachsen, die Jungensachen wurden gegen Mädchenkleider ausgetauscht und das Zimmer musste rosa

78 Vgl. https://www.trans-kinder-netz.de/files/pdf%20Erfahrungsberichte/Erfahrungsbericht_Belli_MAi%202019.pdf

79 Vgl. https://www.trans-kinder-netz.de/files/pdf%20Erfahrungsberichte/Ich_Maedchen.pdf

eingerichtet werden.[80] Die Vehemenz hat die Eltern überrascht und gleichzeitig davon überzeugt, dass es hier nicht nur um etwas ging, „was irgendwann wieder vorbei ist".

Kinder fragen

Kinder fragen sich schon früh: Warum bin ich ein Junge/ein Mädchen? Wie will ich spielen? Und mit wem? Wie will ich aussehen? Wie will ich heißen? Und wie nicht? Hat mich meine Mama/mein Papa lieb und zwar so, wie ich bin? Was muss ich tun, damit ...? Fragen wie diese zielen auf das eigene Ich. Es geht um Selbstvergewisserung, um Selbsterfahrung in Beziehungen und damit letztlich um Identität.[81] Ein Kind lernt von Anfang an, dass sein Geschlecht etwas mit den Erwartungen der Menschen in seinem Umfeld zu tun hat. Es erfährt schmerzhaft, wenn die Eltern eigentlich lieber einen Sohn oder eine Tochter gehabt hätten. Die elterliche Enttäuschung kann eine lebenslange Belastung sein. Es spürt ebenso, ob es den Erwartungen der Erwachsenen an einen „richtigen" Jungen bzw. Mädchen entspricht oder ob irgendwas an ihm „falsch" ist. In solchen Zusammenhängen spüren Kinder das Unbehagen im Hinblick auf ihr eigenes Geschlecht. Ob sie es auch äußern oder lieber verbergen, ist von Fall zu Fall ganz verschieden.

Geschlecht – biologisch, sozial, gefühlt

Für viele Menschen ist nach wie vor völlig klar, dass mit dem Begriff „Geschlecht" das natürliche, biologische Geschlecht gemeint ist, das in der Regel nach männlich und weiblich unterschieden wird. Die Diskussion um das „dritte Geschlecht" hat die Aufmerksamkeit dafür geweckt, dass es Menschen gibt, die sich keinem von beiden zugehörig fühlen. Mit dem Geschlechtseintrag „divers" wird diesem Selbstverständnis seit 2018 auch rechtlich Rechnung getragen.[82] Auch die Geschlechtsinkongruenz sprengt die strenge Unterscheidung von männlich und weiblich. Mit dem Wechsel vom einen zum anderen wird die Grenze zwischen den Geschlechtern durchlässig. Dem biologischen Geschlecht, an dem sich von Anfang an beginnend mit der Geburt auch das soziale Geschlecht „Junge" oder „Mädchen" orientiert, wird das subjektiv wahrgenommene, empfundene bzw.

---

80 Vgl. https://www.youtube.com/watch?v=141CcfynjuM

81 Vgl. Pirker, fluide und fragil, 393–396.

82 Bereits seit 2013 ist ein offener Geschlechtseintrag möglich. Der Änderung im Personenstandsrecht war eine umfassende Untersuchung des Deutschen Ethikrates vorausgegangen. – Zur Abgrenzung zwischen inter- und transsexuell vgl. Deutscher Ethikrat, Stellungnahme, 26.

„gefühlte“ Geschlecht gegenübergestellt. Man kann von drei Dimensionen sprechen, die in der Mehrzahl der Fälle übereinstimmen.

Das äußerlich sichtbare, biologische Geschlecht ist die Vorgabe für den Eintrag in die Geburtsurkunde. Mit diesem Schritt werden die ersten entscheidenden Weichen im Hinblick auf das soziale Geschlecht gestellt. Über sein biologisch-soziales Geschlecht kann der Mensch zunächst einmal nicht bestimmen. Er wählt es sich nicht aus, sondern er findet es vor. Zu dem, was er vorfindet, kann er sich aber verhalten. Er kann es akzeptieren, es kann ihm gleichgültig sein oder er kann es ablehnen. In diesem Sinne entwickeln schon kleine Kinder ein Gefühl dafür, ob sie wirklich das Mädchen bzw. der Junge sind, für die sie von ihren Bezugspersonen und ihrer Umwelt gehalten werden.

Manche machen sich bemerkbar und sagen, dass das für sie nicht stimmt, andere verbergen dieses Wissen und behalten es auf Dauer für sich. Sie entscheiden, ob sie sich zu ihrem gefühlten Geschlecht äußern können und wollen. Vor allen Dingen nehmen sie an ihren Mitmenschen genau wahr, ob sie es denn dürfen oder ob es vielleicht besser ist, es nicht zu tun. Kinder kennen die Erwartungen der Erwachsenen sehr genau und können durchaus einschätzen, was sie sich im Wortsinne erlauben dürfen.

„Subjektives“ Geschlecht

Zur Abgrenzung des biologischen Geschlechts (sex) vom sozialen Geschlecht (gender) ist der Begriff „gefühlt“ üblich. Er wird auch genutzt, um sich von dem „bei der Geburt zugewiesenen“ Geschlecht zu distanzieren. Die Bezugnahme auf Gefühle, Empfindungen und Wahrnehmungen stellt jedoch genau genommen eine Verkürzung dar. Das „gefühlte“ Geschlecht anzumelden und einzufordern, ist Ausdruck von Selbsterkenntnis und Selbstbestimmung. Um das Zusammenspiel der unterschiedlichen emotionalen und rationalen, individuellen und sozialen Aspekte zutreffend auszudrücken, wäre es zutreffender, einfach vom „subjektiven“ Geschlecht zu sprechen.

Das eigene Geschlecht ist und bleibt von biologischen und sozialen Faktoren determiniert. Es ist nicht beliebig veränderbar und auch nicht der völligen Willkür unterworfen. Es ist kein Schicksal, sondern – in Grenzen – gestaltbar. Auf diese Weise wird aus dem Geschlecht eine Geschlechtsidentität. Der Prozess beginnt bereits im frühen Kindesalter.

Ein Rätsel für die Forschung

Woher die Geschlechtsinkongruenz kommt, kann die Forschung bisher heute nicht beantworten. Aus unterschiedlichen Richtungen wird dazu geforscht. So arbeitet die Biologie zwar grundsätzlich auf der Grundlage von zwei Geschlechtern, aber neben die strikt binäre Unterscheidung zwischen männlich und weiblich tritt inzwischen immer öfter die Vorstellung von einem bipolaren Kontinuum, auf dem sich die individuelle Geschlechtsidentität mehr oder weniger männlich bzw. weiblich ausprägt.[83] Die Psychoanalyse hat sich von Anfang an mit der Entwicklung der Sexualität im Säuglingsalter beschäftigt. Sie prägt bis heute mit ihrem Phasenmodell die Grundlagen der Sexualpädagogik.[84] Daneben arbeitet die Hirnforschung an der Frage, ob und wie sich männliche und weibliche Hirnfunktionen unterscheiden und was dies im Rahmen einer Transition bedeutet.[85] Die Identitätsforschung führt beide Stränge zusammen und stellt Überlegungen im Hinblick auf die therapeutische Praxis an.[86] Auch die Elementarpädagogik hat das Thema der Transidenität im Kindesalter inzwischen entdeckt und entwickelt erste Konzepte für die pädagogische Praxis.[87] Im Studiengang „Pädagogik der Kindheit (B.A.)“ an der evangelischen Hochschule in Nürnberg beschäftigen sich Tanja Brandl-Götz und Julia Heidingsfelder neuerdings mit dem Themenfeld der Entwicklung der Geschlechtsidentität und der Rolle der pädagogischen Fachkraft.

Weil die mögliche Ursache bzw. die Ursachen der Geschlechtsinkongruenz unbekannt sind, spielt die Selbstaussage der Betroffenen, in diesem Fall des Kindes, eine große Rolle. Empirische Untersuchungen sind der Frage nach dem Alter beim Bewusstwerden der eigenen geschlechtlichen Identität nachgegangen. Dabei zeigte sich, dass 27,9 % der Personen ihre geschlechtliche Identität schon immer klar war und 10,7 % der Befragten sich schon im Alter von unter 10 Jahren dazu explizit äußern konnten.

---

83 Vgl. Solms, Grundlagen, 3. – Vgl. Voß, Geschlechter der Geschöpfe, 12.

84 Vgl. Pirker, fluide und fragil, 184–188. – Vgl. Hierholzer, Frühpädagogik, 7.

85 Vgl. Swaab/Castellanos-Cruz/Bao, Gehirn, 23.

86 Vgl. aus praktisch-theologischer Sicht Pirker, fluide und fragil, 184, 196 und 242. – Vgl. auch Lintner, Beziehungsethik, 470–471.

87 Vgl. Brandl-Götz/Heidingsfelder, Kindesalter.

Die Klassifikation der WHO

Für die Geschlechtsinkongruenz im Kindesalter formuliert die WHO folgende Kriterien:

- starker Wunsch, ein anderes Geschlecht als das zugewiesene Geschlecht zu sein;
- starke Abneigung des Kindes gegen seine sexuelle Anatomie;
- erwartete sekundäre Geschlechtsmerkmale und/oder ein starkes Verlangen nach den primären und/oder sekundären Geschlechtsmerkmalen, die dem erlebten Geschlecht entsprechen;
- Spielverhalten, Freundschaften, Aktivitäten, die eher für das andere Geschlecht als für das biologisch zugewiesene Geschlecht typisch sind.

Wie für die Erwachsenen so gilt auch für Kinder, dass die Inkongruenz keine psychiatrische Diagnose mehr darstellt, sondern der Rubrik „Probleme/Zustände im Bereich der sexuellen Gesundheit" zuzuordnen ist (ICD-11). Im ICD-10 lag mit dem Begriff der „Störung" noch ein binäres Denkmuster bezüglich der Geschlechter und dem Geschlechterverhalten (Knabenhaftigkeit und mädchenhaftes Verhalten) zugrunde. Im ICD-11 dagegen wird von einer Inkongruenz zwischen dem zum Ausdruck gebrachten Geschlecht einer Person und dem zugewiesenen Geschlecht ausgegangen.[88]

Der Prozess der Weiterentwicklung der Klassifikation von ICD-10 zu ICD-11 macht einen Fortschritt hin zur Entpathologisierung deutlich. Ungeachtet der Vehemenz, mit der Kinder ihr „anderes" Geschlecht vertreten, liegt nicht zwingend krankheitsähnlicher Leidensdruck vor und ist auch nicht zwingend eine Therapie erforderlich. Trotzdem kann für das Kind und die Eltern eine Diagnose zum Abklären des Erscheinungsbildes hilfreich und notwendig sein.

Diagnostische Leitlinien

Geschlechtsinkongruenz bzw. -dysphorie im Kindesalter geht, wie bereits dargestellt, mit den Symptomen des dringlichen und anhaltenden Wunsches, dem Gegengeschlecht anzugehören, und dem dauerhaften Unbehagen mit dem eigenen Geschlecht einher. Wenn vier der fünf folgenden Kriterien zutreffend sein sollen, gilt die Diagnose als gesichert:

- Es wird wiederholt der Wunsch geäußert oder darauf beharrt, dem anderen Geschlecht anzugehören.

88 Ebd.

- Es wird bevorzugt Kleidung des anderen Geschlechts getragen oder es folgt eine Nachahmung im Erscheinungsbild des anderen Geschlechts.
- Im kindlichen Spiel wird die gegengeschlechtliche Rolle dringlich und andauernd bevorzugt oder es folgt ein anhaltendes Phantasieren, dass man dem anderen Geschlecht zugehörig ist.
- Es besteht der intensive Wunsch, an Spielen und Aktivitäten teilzunehmen, die für das andere Geschlecht eher typisch sind.
- Es werden gegengeschlechtliche Spielkameraden stark präferiert.

Eine Diagnose gibt den Eltern Sicherheit und versetzt sie in die Lage, sich gezielt zu informieren, Beratung in Anspruch zu nehmen, sich mit anderen betroffenen Eltern zu vernetzen und ihrerseits beispielsweise mit Fachkräften in der Kita ins Gespräch zu gehen.[89] Die Eltern haben an dieser Stelle eine Schlüsselrolle. Davon, ob und wie es ihnen gelingt, die Geschlechtsinkongruenz des Kindes anzunehmen und ihm im familiären Umfeld Sicherheit und Geborgenheit zu vermitteln, hängt das Wohlbefinden des Kindes im weiteren Verlauf seiner Biographie ganz entscheidend ab.

Kampfbegriff „Frühsexualisierung"

Unter dem Stichwort der „Frühsexualisierung" wird von rechtsextremer Seite der Vorwurf erhoben, dass das Thema Transidenität Kindern von Eltern und Fachkräften aufgedrängt, eingeredet und anerzogen werde. Anstatt sie zu indoktrinieren, müsse man nicht nur dieses Thema, sondern den ganzen Themenkomplex der sexuellen Bildung unbedingt von den Kindern fernhalten, um sie zu schützen.[90] Die AfD macht sich hier zum Sprachrohr für eine Sorge, die viele Eltern und nicht nur solche aus den eigenen Reihen umtreibt. Zudem ist das Thema auch für viele Fachkräfte in frühpädagogischen Einrichtungen immer noch Neuland und sie wehren sich mit Recht dagegen, das Thema in ihrer Alltagspraxis unnötig zu forcieren.

Ihre Skepsis, aber auch der Vorwurf der Kindeswohlgefährdung, der implizit im Kampfbegriff „Frühsexualisierung" mitschwingt, wiegt schwer und ist ernst zu nehmen. Die Frage, wie und warum gerade kleine Kinder mit dem Thema konfrontiert werden, muss pädagogisch beantwortet und verantwortet werden. Inwiefern war beispielsweise der Beitrag „Ich bin Katja", den der WDR in der Sendung mit der Maus ausgestrahlt hat und

89 Vgl. die Empfehlungen für Eltern: https://www.familie.de/familienleben/we-are-familiy/regenbogen-familie/transgender-kinder/

90 Vgl. https://www.zeit.de/gesellschaft/2016-11/sexualkunde-unterricht-afd-schule-kinder-homo sexualitaet-transsexualitaet

der viele Eltern in Aufregung versetzt hat, aus frühpädagogischer Sicht hilfreich? Was trägt er zu Respekt, Toleranz und Akzeptanz von Vielfalt bei?[91] Ist der Auftritt einer Draq Queen in einer Kita ein spannender Event, der ohne weitere Folgen bleibt?[92] Oder ist er eingebettet in ein Konzept der inklusiven, vorurteilsbewussten Erziehung? Die alles entscheidende Frage ist allerdings: Ist das Ganze für die Kinder gerade überhaupt ein Thema?

Vom Kind aus denken

Frühkindliche Pädagogik denkt vom Kind aus. Sie stülpt dem Kind keine Themen über, die es gerade nicht braucht. Aber sie hält es auch nicht von solchen Themen fern, die es gerade beschäftigen. Sie folgt den Fragen der Kinder und wird versuchen, sie altersgerecht und in angemessener Form zu beantworten.[93]

Dieses responsive Vorgehen ist auch im Hinblick auf die Transidentität geboten. Die Elementarpädagogik verfügt über ein breites Spektrum methodischer Zugänge zu diesem Thema. Es beginnt bei der klassischen Sexualpädagogik über die geschlechterbewusste (-gerechte, -sensible, -neutrale) Erziehung bis hin zur inklusiven, vielfaltsbewussten Erziehung. Sie alle sind auf ihre Weise in der UN-Kinderrechtskonvention (KRK) verankert. Als Schutz-, Förder- und Beteiligungsrechte sparen sie das Themenfeld Geschlecht und Sexualität nicht aus, sondern widmen ihm im Gegenteil besondere Aufmerksamkeit. Daraus folgt, das Recht auf Selbstbestimmung im Hinblick auf das eigene Geschlecht beginnt aus kinderrechtlicher Sicht nicht erst mit der Volljährigkeit, sondern bereits im Kindesalter.[94]

Die Frage nach der Kindeswohlgefährdung

Aus der Sicht der Kinderrechte sprechen somit gute Gründe dafür, Geschlecht und Sexualität im Allgemeinen und Transgeschlechtlichkeit im Besonderen im pädagogischen Handeln nicht von vorherein auszublenden. Ist damit auch der Vorwurf der Kindeswohlgefährdung vom Tisch? Die Antwort darauf erschließt sich, wenn man umgekehrt fragt: Was wäre denn eine Kindeswohlgefährdung? Die folgenden Verhaltensweisen können beispielhaft einen Eindruck davon vermitteln, was unter einem kindeswohlgefährdenden Vorgehen zu verstehen ist.

---

91 Vgl. https://www.youtube.com/watch?app=desktop&v=-sahbI8O7OA&cbrd=1

92 Vgl. https://www.herder.de/kiga-heute/leitungsheft/archiv/2021-14-jg/3-2021/geschlechter-stereotype-adieu-erfahrungsbericht-ueber-den-besuch-einer-dragqueen/

93 Vgl. die Gesamtdarstellung von Focks, Genderbewusste Pädagogik.

94 Vgl. Maywald, Kinderrechte, 142. – Ders., Sexualpädagogik, 28.

1. Erziehungsberechtigte unterdrücken die Selbstaussage des Kindes zu seinem geschlechtlichen Empfinden; verbieten das gegengeschlechtliche Spielen, Verkleiden usw.; bestrafen gegengeschlechtliche Wünsche und Verhaltensweisen; fordern ein, dass sich das Kind wie ein „richtiger" Junge/ein „richtiges" Mädchen zu verhalten habe.
2. Das Kind ist in seiner geschlechtlichen Selbstwahrnehmen völlig unauffällig; es gibt keinerlei Anzeichen einer Geschlechtsinkongruenz; weil die Erziehungsberechtigten jedoch Geschlechtsstereotypen vermeiden wollen, wird das Kind in seiner Wahrnehmung nicht bestätigt, sondern verunsichert.
3. Die Erziehungsberechtigten halten die Frage nach dem Geschlecht des Kindes offen in der Absicht, dass es „später" selber entscheiden kann, ob es als Mann oder Frau leben will. Analog zur Frage nach Glauben und Religion entscheidet man sich für Neutralität, enthält damit aber dem Kind damit eine wesentliche Dimension seiner Existenzsicherheit vor.
4. Erziehungsberechtigte geben einem Kind zu verstehen, dass es das „falsche" Geschlecht hat, weil man sich eigentlich einen Sohn oder eine Tochter gewünscht hat. Die Nichterfüllung dieses Wunsches wird dem Kind angelastet. Das Bewusstsein, nur die „zweite Wahl" und damit defizitär zu sein, kann eine lebenslange biographische Hypothek bedeuten.
5. Im Zuge einer Eltern-Kind-Entfremdung, wie sie im Fall von Trennungen mitunter vorkommt, wird das Kind vom erziehenden Elternteil „umgepolt". Liebesentzug und die Gewährung von Liebe werden als Hebel instrumentalisiert, dem Kind ein Verhalten abzuringen, das den Erwartungen des Elternteils entspricht. In einem realen Fall wurde aus einem Jungen sukzessive ein Mädchen und der getrenntlebende Vater konnte auf das Vorgehen seiner Ex-Frau keinerlei Einfluss nehmen.

Das Recht auf das eigene, subjektive Geschlecht, auch wenn es nicht mit dem biologischen und sozialen übereinstimmt, ist ein Kinderrecht. Auf diesen Grundsatz stützt sich die WHO mit ihrer Klassifikation und sie orientiert sich dabei an der UN-Kinderrechtskonvention.[95] Für Institutionen der Kinder- und Jugendhilfe ist damit ein Maßstab gesetzt, an dem sie sich orientieren können und müssen.[96]

95 Vgl. *Generalversammlung der Vereinten Nationen*, Übereinkommen über die Rechte des Kindes vom 20. November 1989. – Artikel 2 KRK (Recht auf Nichtdiskriminierung); Artikel 3 (Kindeswohl); Artikel 8 (Recht auf Identität); Artikel 12 (Recht des Kindes auf Gehör seiner Meinung); Artikel 16 (Schutz der Privatsphäre).

96 Vgl. dazu auch die Stellungnahme des Deutschen Instituts für Menschenrechte.

In der Lebenswelt der Familie helfen solche rechtlichen Kategorien allerdings nicht wirklich weiter. Hier ist eher pädagogische Pragmatik gefragt. Die Eltern können die Äußerungen ihrer Kinder „überhören" und verdrängen. Sie können auch versuchen, sie zu unterdrücken oder sogar unter Strafe zu stellen. Erfahrungsgemäß werden sie damit aber nicht auf Dauer glücklich. Spätestens mit Beginn der Pubertät kommen die Fragen zurück und zwar vehementer als zuvor.

Mädchen und Jungen in der Pubertät

Stephanie beschreibt ihre Kindheit als „normal", sagt aber zugleich, dass sie daran nur noch wenige Erinnerungen hat. Nach der Grundschule wechselt sie zum Gymnasium. Bis zum siebten Schuljahr verlief ihre Schullaufbahn völlig unauffällig. Mit dem Beginn der Pubertät, sagt sie, „passiert etwas mit mir, das war ich nicht. Das war mächtiger als ich. Das wollte ich nicht. Aber es war übermächtig." Sie zieht sich zurück. Sie verbringt viel Zeit mit Spielen im Internet, wo sie sich einen weiblichen Avatar gibt. Sie informiert sich, ebenfalls im Internet. Was sie dort erfährt, behält sie für sich und schottet sich noch mehr ab. Es gibt zunehmend Probleme in der Schule. Sie muss das Gymnasium verlassen. Der Schulabschluss steht auf dem Spiel. Mit achtzehn unternimmt sie den Versuch eines Outings – erfolglos. Die Therapie, die sie zu dieser Zeit begonnen hat, bricht sie ab. Sie versucht alles zu verdrängen. Fast zehn Jahre lang wird ihr das gelingen. Der Preis dafür sind Depressionen, die am Ende unerträglich werden. Sie ist sich selbst zu diesem Zeitpunkt nicht sicher, ob sie wirklich trans ist, sie weiß nur, dass sie so nicht länger leben kann. 2018 kommt es dann zum Outing. Mit 27 Jahren beginnt sie ihre Mann-zu-Frau-Transition.

„Früher Punk, heute trans!"

Eine Geschichte wie die von Stephanie hätte bis vor wenigen Jahren noch als typisch gelten können. Die inneren Turbulenzen, die im Zusammenhang mit der Pubertät auftraten, wurden verdrängt, manchmal jahrzehntelang bis ins hohe Alter. In den letzten Jahren wird eine Veränderung sichtbar. Immer mehr Kinder und Jugendliche äußern das Unbehagen, „im falschen Körper geboren" zu sein, und wünschen sich eine Anpassung der äußerlich sichtbaren Geschlechtsmerkmale an das von ihnen subjektiv empfundene Geschlecht. Dem Slogan „Trans ist Trend", den Alice Schwarzer für dieses Phänomen gefunden hat, entsprechen Beobachtungen bei meinen Recherchen. „Ja, ja, trans ist chic!", sagt mir die Mutter von zwei

Söhnen zwischen dreizehn und fünfzehn Jahren und erzählt, dass ihre Söhne genervt seien, dass sich in der Schule alles um die Mädchen und dieses Thema drehe. Eine Mutter erzählt von der Anmeldung ihres zehnjährigen Sohnes im Gymnasium, wo das Thema ebenfalls zur Sprache kam. „Früher Punk, heute trans!", erklärte lapidar eine Lehrerin der Schule und brachte damit auf den Punkt, dass Transgeschlechtlichkeit für sie nichts anderes als ein pubertäres Experiment ist, eine Art Selbsterfahrung, die irgendwann ihren Reiz verliert. Dass eine solche, wenig einfühlsame Haltung kaum geeignet ist, ein individuelles Outing aufmerksam und sensibel zu begleiten, versteht sich von selbst.

Trend, Mode, Hype – hinter diesen Begriffen steht ein auffallender Anstieg der Fallzahlen seit 2010, der insbesondere Mädchen zwischen 13 und 15 Jahren betrifft. Studien aus England und Schweden zeigen auf, dass sich ihre Zahlen um das 15- bis 35-Fache erhöht haben. Für Deutschland liegen keine gesicherten, statistischen Daten vor, aber auch hier melden die fachlich zuständigen Ambulanzen eine ständig steigende Nachfrage von Jugendlichen und Eltern. Während früher überwiegend Jungen vorgestellt wurden, hat das ärztliche und therapeutische Personal heute überwiegend mit Mädchen zu tun.[97]

Identität, Sexualität und Fertilität

Der empirische Befund ist unter anderem deswegen so brisant, weil die Frage nach der Transidentität bei Jugendlichen zu Beginn der Pubertät eine ganz andere Komplexität aufweist als bei präpubertären Kindern. Für sie steht die Frage nach dem eigenen Ich im Vordergrund. Sie fragen sich, ob sie „wirklich" Junge oder Mädchen sind. Es beschäftigt sie, ob sie „anders" sind als andere Mädchen oder Jungen und warum. Sie wollen ihren Penis unbedingt loswerden oder möchten unbedingt einen haben. Sie möchten gern die Kleidung für Mädchen oder Jungen tragen und aussehen wie sie. Kinder erkunden auf diese Weise sich selbst.

In der Pubertät kommt mit der geschlechtlichen Reife das sexuelle Interesse am anderen Geschlecht ins Spiel. Wen finde ich attraktiv? Wen finde ich begehrenswert? In wen könnte ich mich verlieben? Wer weckt mein Interesse, meine Lust? Mit wem möchte ich eine sexuelle Beziehung? Möchte ich mehr als das? Freundschaft? Eine Beziehung auf Dauer? Möchte ich Kinder? Eine Familie? Eine andere Lebensform? Kann ich mir mei-

97 Vgl. Korte, Geschlechtsdysphorie, 46–49. – Walter, Jugendliche, 113. – Streeck-Fischer, Transgendering, 134.

nen Partner als Vater vorstellen? Meine Partnerin als Mutter? Oder ist das alles für mich gar nicht relevant? Noch nicht? Der eigene körperliche und mentale Reifungsprozess konformiert mit solchen Fragen und zwar zu einem Zeitpunkt, wo die geschlechtliche Identitätsentwicklung ihrerseits in eine neue Phase eintritt. Die Frage „Wen finde ich attraktiv?“ korrespondiert mit der Frage „Bin ich als Frau attraktiv?“ Oder „Bin ich als Mann begehrenswert?“ „Was lässt mich begehrenswert erscheinen?“

Die Auseinandersetzung mit der eigenen geschlechtlichen Identität, mit der persönlichen sexuellen Orientierung und den körperlichen Prozessen im Kontext der Fruchtbarkeit (Fertilität) bilden zusammen ein komplexes Erleben, das für manche jungen Menschen irritierend, belastend oder sogar chaotisch ist. Die erste Menstruation, das Wachstum der Brust beim Mädchen oder der Stimmbruch und der erste Samenerguss beim Jungen sind für Jugendliche oft einschneidende Erfahrungen. Es ist wissenschaftlich erwiesen, dass Mädchen die Pubertät eher als Jungen krisenhaft erleben. Der Reifungsprozess fordert von ihnen eine Auseinandersetzung mit ihrer künftigen Rolle als Frau, Partnerin und Mutter, der sie sich kaum entziehen können. Nicht alle können darin erstrebenswerte Perspektiven für ihre biographische Zukunft erkennen. Sie reagieren daher mit Abwehr, Ekel bis hin zur Aggression gegen sich selbst.[98]

Kein Argument ohne Gegenargument

Es braucht nicht viel Phantasie, um in einer solchen Situation die Transidentität als Exit-Strategie zu entdecken. Aber reicht das als Erklärung für den deutlichen Anstieg der Fallzahlen in den letzten zwei Jahrzehnten wirklich aus? Eine Dokumentation des Kultursenders arte zeigt auf, wie weit die Interpretationen in der Fachwelt, aber auch in der Öffentlichkeit auseinandergehen.[99]

Was bedeutet der Anstieg?

Dass sich Jugendliche, besonders Mädchen, vermehrt outen, wird als Ausdruck ihrer Selbstbestimmung gesehen. Die Zuschreibung des Geschlechts ist nicht länger Naturgesetz oder blindes Schicksal. Das Geschlecht wurde „bei der Geburt zugewiesen“, also kann man es auch zurückweisen. Es ist

98 Vgl. Streeck-Fischer, Transgendering, 139.

99 Vgl. https://www.ardmediathek.de/video/mdr-wissen/sex-und-identitaet-eine-diverse-geschichte/mdr-fernsehen/Y3JpZDovL21kci5kZS9iZWlocmFnL2Ntcy9lYTMwZjI2Yy1hYjFlLTQzNWItOWQ5Zio5ZDJhMzhjNjUxZmQ (verfügbar bis 25.07.2026).

ein Akt der Autonomie, sich zu sagen, dass ich nicht (länger) Mädchen sein und auch nicht zwangsläufig eine Frau werden muss. Vor diesem Hintergrund ist die Geschlechtskongruenz weit davon entfernt, eine psychische Störung zu sein. Ihre Feststellung ist ein Willensakt, der Freiheit und Selbstbestimmung realisiert. Wenn möglichst viele Menschen von dieser Wahlmöglichkeit Gebrauch machen, ist dies keine Problemanzeige, sondern eher eine Erfolgsmeldung. Die Zunahme der jungen Frauen, die das Recht auf geschlechtliche Selbstbestimmung in Anspruch nehmen, ist außerdem ein Anzeichen für eine erfolgreiche gesellschaftliche Entpathologisierung des Themas.

Skeptiker teilen diesen Optimismus nicht, sondern vermuten hinter der Selbstauskunft „Ich bin trans“ vielleicht nicht sofort eine psychische Krankheit, aber zumindest eine Notlage. Sie geben zu bedenken, dass der dringende Wunsch nach dem Wechsel des Geschlechts ein Hilferuf sein kann, der in Wirklichkeit für einen ganz anderen biographischen Veränderungsbedarf besteht, der behutsam mit den Jugendlichen zusammen zu ermitteln ist. Das Outing muss nicht Ausdruck einer psychischen Störung sein, aber es schließt auch nicht aus, dass Störungen dieser Art im Hintergrund bestehen. Das gilt es aus medizinischer und psychologischer Sicht ernst zu nehmen und im Rahmen einer sorgfältigen Diagnose genauer zu erfassen.

Wo liegen die Ursachen?

Umstritten ist nicht nur die Deutung des Anstiegs, sondern auch die Ursache. Man kann ihn als ein Ergebnis von erfolgreicher Aufklärung sehen. Wir verfügen heute nicht nur über sehr viel mehr Wissen über das Thema Geschlechtsinkongruenz als früher, es ist in Zeiten digitaler Kommunikation auch viel einfacher zugänglich. Das Smartphone erlaubt einen Zugriff auf ganz unterschiedliche Informationen. Medizinische Details zu Hormonbehandlungen und Operationen sind genauso leicht greifbar wie die Geschichten von Popstars, Models und Kunstschaffenden. Unter dem Vorzeichen von Gender-Vielfalt ist das Thema Transidentität in der Mitte der Gesellschaft angekommen. Die zunehmende Akzeptanz der LSBTIQ-Bewegung bedeutet zugleich eine größere Aufmerksamkeit für trans Menschen und ihre besondere Situation.

Dazu steht jedoch im Widerspruch, dass trans Menschen zwar mehr öffentliche Aufmerksamkeit finden, dass dies aber keineswegs einen Zuwachs an Sympathie in der Bevölkerung bedeutet. Soziale Netzwerke, Rundfunk, Fernsehen und Printmedien haben das Thema zwar entdeckt, aber die Vermarktung des Themas allein erzeugt noch keine Bindewirkung. Die Rolle von Influencerinnen und Influencern sollte man zwar nicht unterschätzen, wichtiger sind jedoch digitale und reale Gruppen von Gleichgesinnten, die sich in Chats und Foren austauschen, gegenseitig informieren, bestätigen und bestärken. Die „soziale Ansteckung“ in solchen Gruppen, die häufig mit dem Rückzug aus familiären Zusammenhängen und aus bisherigen Freundeskreisen einhergeht, wird als ein bedeutsamer Grund für den Zuwachs an Fallzahlen gesehen. Seriöse empirische Untersuchungen gibt es dazu allerdings nicht.

Wie sollen Betroffene beraten werden?

Wenn sich betroffene Jugendliche in einer solchen Situation überhaupt bereit erklären, eine Beratung in Anspruch zu nehmen, stellt sich die Frage nach der Haltung und dem Grundverständnis der Beratenden.[100] Unter Therapeutinnen und Therapeuten wird zunehmend ein „transaffirmativer“ Ansatz bevorzugt. Er zielt darauf, die betroffene Person in ihrer Identität zu bestärken und im weiteren Verlauf des Prozesses zu unterstützen, sie keinesfalls durch kritische Rückfragen zu irritieren oder sogar zu verletzen. Man geht davon aus, dass Menschen, die selbst der LSBTIQ-Bewegung angehören, am besten geeignet und in der Lage sind, eine solche Beratung zu leisten. Therapeutinnen und Therapeuten, die im gesetzlich geregelten Rahmen von Krankenkassen und Behörden tätig sind und die damit auch einen öffentlichen Auftrag wahrnehmen, werden demgegenüber kritisch gesehen. Rückenwind erhält die affirmative Beratung durch das kürzlich beschlossene Gesetz zum Konversionsverbot.[101] Es war und ist dazu gedacht, Menschen davor zu schützen, ihre sexuelle Orientierung verleugnen zu müssen. Es verbietet pseudo-therapeutische, manipulative Methoden, die darauf abzielen, eine homosexuelle Neigung in eine heterosexuelle zu „verwandeln“. In Analogie dazu wird eine Beratungspraxis, die eine Geschlechtsinkongruenz in diagnostischer Absicht hinterfragt, als unzulässige Beeinflussung des von der Geschlechtsinkongruenz betroffenen Menschen abgelehnt.

Umgekehrt müssen sich die Vertreterinnen und Vertreter der affirmativen Beratung der Frage stellen, wo sie die Grenze ziehen zwischen einer Beratung, die unterstützt, und einer, die am Ende auf die Klientin oder den Klienten einladend, forcierend oder sogar auffordernd wirkt. Die Grenzen

100 Vgl. Korte, Geschlechtsdysphorie, 62.
101 Vgl. Schwarzer/Louis, Transsexualität, 32.

zwischen diesen Polen sind fließend und das muss für die Betroffenen nicht von Vorteil sein. Mit der Entscheidung für eine affirmative Beratung verzichten Therapeutinnen und Therapeuten auf notwendige professionelle Distanz zu der Person, die ihre Beratung in Anspruch nimmt. Diese ist aber eine unverzichtbare Voraussetzung für die Hilfeleistung, denn nur sie ermöglicht den Betroffenen einen Rollen- oder auch Perspektivenwechsel. Der Outside-In-Approach, der mich in die Lage versetzt, meine Situation zu erkennen, zu klären und ggf. zu verändern, setzt Distanz zu mir selbst voraus. Und wenn ich sie aus bestimmten Gründen (noch) nicht aufbringen kann, brauche ich eine beratende Person, die mich dazu anleiten kann, vorausgesetzt, dass sie selbst über diese Distanz verfügt – zu mir und zu sich selbst. Kurz gesagt, wenn mich alle bestätigen, besteht für Selbstreflexion, Klärung der weiteren Schritte und gegebenenfalls für eine Kurskorrektur kein Grund mehr.

Selbstverständlich muss auch eine nicht-affirmative, ergebnisoffene Beratung die zu beratende Person unbedingt ernst nehmen und zwar ganz unabhängig von ihrem Alter. Auch sie wird den Jugendlichen respektvoll, achtsam und einfühlsam begegnen, aber sie wird die Selbsteinschätzung „Ich bin trans“ nicht von vornherein bestätigen. Sie wird zwischen der Person und dem Problem, das die Person hat, unterscheiden. Sie wird den Betroffenen ihre Transidentität weder einreden noch ausreden, sondern versuchen, sich ein Bild von der Vorgeschichte der Person zu machen, und sie darüber aufklären, welche Folgen eine gesicherte Diagnose haben kann. Sie wird Wertschätzung gegenüber der Person zeigen, ohne den Problemcharakter ihrer Situation zu verharmlosen oder zu verschweigen. Sie nimmt der Klientin und dem Klienten nicht ab, sich selber Klarheit über die eigenen Gefühle, Empfindungen und Gedanken zu verschaffen. Sie liefert keine schnelle Lösungen, sondern bietet Begleitung auf einem Weg an, der am Ende offen ist. Die Offenheit beinhaltet unterschiedliche Optionen. Sie nicht von vornherein auf eine einzige zu reduzieren, gebietet unabhängig von Alter und Reifegrad der Respekt vor der Freiheit der Person und vor ihrer Verantwortung für sich selber.

Und wie sollte die Behandlung aussehen?

Hat der Leidensdruck bereits eine bestimmte Intensität erreicht, ist für die Jungen und Mädchen, aber auch oftmals für ihre Eltern schwierig einzusehen, warum gerade eine langwierige Therapie für sie in ihrer besonderen Situation hilfreich sein soll. Hinzu kommt der Eindruck, dass die „biologische Uhr tickt“ und unaufhaltsam voranschreitet. Die Jugendlichen beobachten an sich die körperlichen Veränderungen, die ihnen Angst machen oder sogar Panik hervorrufen. Eine Entlastung versprechen in diesem Moment pubertätsblockierende Medikamente. Die Jugendlichen und ihre Familien gewinnen dadurch Zeit. Pubertätsblocker können grundsätzlich wieder abgesetzt werden und die Pubertät setzt wieder ein. Sie können aber auch als Vorstufe einer gegengeschlechtlichen Hormonbehandlung eingesetzt werden und leiten damit den medizinischen Transitionsprozess ein. Letzteres ist in der Regel der dringende Wunsch der Betroffenen.

Die Kernfrage lautet: Soll man Jugendlichen die Pubertät überhaupt zumuten? Die Befürworter der Pubertätsblocker argumentieren mit dem aktuell hohen Leidensdruck der Betroffenen, der keinen Aufschub der Behandlung dulde. Die mit den Medikamenten verbundene emotionale und mentale Stabilisierung beuge darüber hinaus Depressionen vor und mindere zugleich das Suizidrisiko. Wird die Transition sehr früh eingeleitet, hat das auch optische und kosmetische Vorteile. Eine aufwändige Entfernung von Bart- und Körperhaaren beispielsweise entfällt, weil diese erst gar nicht wachsen.

Kritiker wenden ein, dass mit dem Einsatz der Pubertätsblocker bereits erste Weichen gestellt werden für einen Prozess, der insgesamt irreversibel ist. Je länger sie genommen werden, desto unwahrscheinlicher wird es, dass der Prozess nochmals in Frage gestellt wird. Die Pubertät als eine spezifische Phase im gesamten Verlauf der körperlichen, seelischen und kognitiven Reifung fällt aus bzw. wird quasi übersprungen. Was das für Folgen für die Persönlichkeitsentwicklung des Jungen bzw. des Mädchens hat, ist bisher noch nicht erforscht worden. Mit der Fokussierung auf die Geschlechtsdysphorie und ihre Behandlung durch Pubertätsblocker treten andere psychische Störungen und ihre diagnostische Erfassung bzw. Behandlung in den Hintergrund. Das können Begleiterscheinungen wie Angstzustände oder depressive Neigungen sein. Es können aber auch schwerwiegende Krankheitsbilder (Borderline-Symptome, Essstörungen) sein, die durch die Geschlechtsdysphorie verdeckt werden. In diesen Fällen ist aus medizinischer Sicht unbedingt zu klären, ob nicht die Geschlechtsdysphorie nicht letztlich stellvertretend für eines dieser Krankheitsbilder steht, weil andernfalls die Behandlung von vornherein an der wirklichen Ursache der Erkrankung vorbeigeht, was für die Betroffenen in jeder Hinsicht fatale Folgen hätte.

Ein medizinischer Blindflug?

In der Pubertät treffen junge Menschen mit einer noch nicht gefestigten Persönlichkeitsstruktur auf eine Medizin, die aufgrund von lückenhaftem Datenmaterial, mangelnder praktischer Erfahrung und fehlenden Forschungen mit ungesicherten Methoden arbeiten muss. Im Hinblick auf die Diagnose, aber auch auf Medikamente und ihre Folgen bestehen viele ungeklärte Fragen. Nationale und internationale Forschungsergebnisse sind oft kaum zu vergleichen, weil sie ganz unterschiedliche Parameter zugrunde legen oder auch weil sie interessegeleitet von der Pharma-Industrie, von der Politik oder von Interessengruppen in Auftrag gegeben werden. Die Behandlung pubertärer Jugendlicher gleicht damit streckenweise einem Blindflug mit Folgen, die für alle Beteiligten so gut wie gar nicht abzuschätzen sind.[102]

Wer braucht eigentlich was?

Empirische Untersuchungen zeigen, dass mit der Verabreichung von Pubertätsblockern eine Eigendynamik freigesetzt wird, die schon fast zwangsläufig zur anschließenden Hormonbehandlung und zu den weiterführenden geschlechtsangleichenden Operationen führt. Wurde der Weg einmal begonnen, setzen ihn nahezu 100 % der Betroffenen auch fort. Dieser Befund ist im Hinblick auf andere Forschungsergebnisse sehr brisant. Von Jugendlichen, die nicht von vornherein mit Pubertätsblockern behandelt wurden, kommt es bei 70 bis 80 % der Betroffenen im Verlauf der Pubertät zu einer Aussöhnung mit dem eigenen Geschlecht und nur 20 bis 30 % bleiben dabei, dem jeweils anderen Geschlecht anzugehören.[103] Was folgt daraus? Die Behandlung mit Pubertätsblockern, die in 20 bis 30 % der Fälle medizinisch angezeigt sein kann, wäre in 70 bis 80 % ein krasser Kunstfehler.

Die angesichts einer unsicheren Diagnostik fast unlösbare Frage lautet: Wer von den Jungen und Mädchen braucht welche Behandlung? Den einen pubertätsblockierende Medikamente vorzuenthalten, bedeutet, sie unnötigerweise mit den Zumutungen der Pubertät zu quälen und dabei Nebenfolgen wie Depressionen bis hin zum Suizid billigend in Kauf zu nehmen,

---

102 Vgl. Korte, Geschlechtsdysphorie, 65–70.

103 Zum Verhältnis von 80/20 vgl. Korte, Geschlechtsdysphorie, 53-56. – Von einem Verhältnis 70/30 spricht ebenso der Jugendpsychiater Professor Michael Schulte-Markwort von der Medical School of Hamburg (34. Min): https://www.ardmediathek.de/video/die-story/trans-der-schwierige-weg-ins-eigene-geschlecht/wdr/Y3JpZDovL3dkci5kZS9CZWlocmFnLWIwOGQ1ZGRjLTcyMTAtNDljZS1iMGEwLWVjOTk1NjIyNTMyNA

sodass man in der Tat an „unterlassene Hilfeleistung“ denken kann.[104] Sie den anderen zu verabreichen, läuft darauf hinaus, sie auf eine völlig falsche Spur zu setzen und in eine Situation zu treiben, aus der sie nur der leidvolle und mühsame Weg der De-Transition wieder herausführt. Dabei ist klar, dass der Weg zurück in das ursprüngliche Geschlecht niemals vollständig, sondern immer nur teilweise möglich ist.

Begleitung im Netzwerk!

Die einen wie die anderen brauchen Hilfe und haben ein Recht darauf, diese auch zu bekommen. Worin der individuelle Hilfebedarf jedoch besteht, lässt sich nur individuell beantworten und zwar im Zusammenwirken von möglichst vielen beteiligten Akteurinnen und Akteuren. Die Jugendlichen und ihre Familien, Beraterinnen und Berater, Therapeutinnen und Therapeuten, Ärztinnen und Ärzte müssen in einem Netzwerk zusammenarbeiten, weil niemand für sich allein die Komplexität der Situation überblickt, weil keiner allein die notwendigen Entscheidungen treffen und keiner allein die Verantwortung für die Folgen übernehmen kann.

Die Idee eines Netzwerks kann übrigens auch eine überzeugende Antwort auf die berechtigte Kritik an der Übermacht von Therapeuten und Medizinern im bestehenden System sein. Sie hat teilweise willkürliche und diskriminierende Züge und braucht dringend eine Korrektur.[105] Allerdings kann diese nicht darin bestehen, Diagnose, Therapie und Begutachtung komplett aus dem System zu verbannen. Im Interesse der Betroffenen geht es um eine Kooperation auf Augenhöhe in einem Verbund gleichberechtigter Partnerinnen und Partner. Aus dieser Perspektive ist es dann auch ein Gewinn, wenn Beratung nicht länger Pflicht oder Zwang, sondern als ein umfassendes Recht für alle Beteiligten verstanden wird. Die katholische Kirche und der Deutsche Caritasverband (DCV) haben dies in ihrer Stellungnahme zum geplanten Selbstbestimmungsgesetz ausdrücklich gefordert.[106]

104 Vgl. Schneider/Haufe, trans* Kinder, 114.
105 Vgl. dazu die Stellungnahme des Deutschen Instituts für Menschenrechte.
106 Vgl. *Kommissariat der Deutschen Bischöfe/Katholisches Büro Berlin, Stellungnahme des Kommissariats der Deutschen Bischöfe – Katholisches Büro Berlin zum Referentenentwurf eines Gesetzes über die Selbstbestimmung in Bezug auf den Geschlechtseintrag und zur Änderung weiterer Vorschriften* vom 30. Mai 2023.

Das geplante „Gesetz über die Selbstbestimmung in Bezug auf den Geschlechtseintrag" – Licht und Schatten

Das künftige Gesetz will trans Menschen und ihre Grundrechte stärken und sie zugleich vor Ungleichbehandlung und Diskriminierung schützen.[107] Das Verfahren zur personenstandsrechtlichen Änderung des Namens und des Geschlechtseintrages soll vereinfacht werden. Bisher ist dazu ein Gerichtsbeschluss notwendig. Er setzt zwei unabhängig voneinander erstellte Gutachten voraus, die von den Antragstellern beizubringen sind. Für die Betroffenen ist das Verfahren nicht nur sehr aufwändig und kostspielig, sie müssen zugleich Einblick in intimste Neigungen und Verhaltensweisen geben, um die Glaubwürdigkeit und Ernsthaftigkeit ihrer Absichten zu beweisen. Aus der Sicht erwachsener trans Menschen ist die Vereinfachung des Verfahrens von daher sehr zu begrüßen.

Im Hinblick auf Minderjährige und speziell die Rolle der Eltern ist der Gesetzesentwurf allerdings kritisch zu sehen. Bleibt es bei dem Gesetzesentwurf, können künftig Jugendliche ab 14 Jahren Änderungen ihres Namens und Geschlechtseintrags vornehmen lassen. Die Minderjährigen müssen dafür selbstständig eine Erklärung vor dem Standesamt abgeben. Sie benötigen die Zustimmung ihrer gesetzlichen Vertreterin oder des gesetzlichen Vertreters. Wenn diese nicht zustimmen, kann das Familiengericht die Zustimmung ersetzen, sofern die Änderung des Namens und des Geschlechtseintrags nicht dem Kindeswohl widerspricht.

Was aus kinderrechtlicher Perspektive konsequent durchdacht ist, trägt dem ohnehin spannungsreichen Alltag einer Familie mit einem trans Kind kaum angemessen Rechnung. Regelungen, die Kinder und Eltern isoliert betrachten, sind nicht zielführend. Will man an der vorgeschlagenen Regelung festhalten, sind dringend weitere familienunterstützende und -entlastende Maßnahmen notwendig. Bereits bestehende Systeme der Selbsthilfe von betroffenen Familien, aber auch der professionellen Beratung und Begleitung müssen dringend aufgebaut bzw. weiter ausgebaut werden. Trans Kinder sind keine isolierten Individuen. Sie brauchen ihre Eltern und den Rückhalt ihrer Familie nicht weniger, sondern eher mehr als andere Kinder. Davor sollte der Gesetzgeber die Augen nicht völlig verschließen.[108]

---

107 Vgl. *Bundesministerium für Familie, Senioren, Frauen und Jugend und Bundesministerium der Justiz, Entwurf eines Gesetzes über die Selbstbestimmung in Bezug auf den Geschlechtseintrag und zur Änderung weiterer Vorschriften*, Referentenentwurf vom 23. August 2023.

108 Vgl. dazu auch die Empfehlungen des Bundesrates vom 6. Oktober 2023.

Ja zu einer ergebnisoffenen Beratung

Für Jugendliche in der Pubertät können ein niederschwelliger Zugang zu Pubertätsblockern und eine transaffirmative Beratung im Zusammenspiel mit dem Einfluss sozialer Medien und dem neuen gesellschaftlichen Paradigma „Vielfalt" einen gefährlichen Sog entfalten. Von einem Verbot von Pubertätsblockern, wie es in populistischer Absicht hier und da gefordert wird, ist in dieser Situation allerdings keine Lösung zu erwarten. Was das eigene Gesundheitssystem nicht vorhält, lässt sich heutzutage unschwer im Ausland beschaffen. Zur sorgfältigen Prüfung des Einzelfalls, die sich aller Unsicherheiten und Unwägbarkeiten bewusst ist, gibt es weder in der Medizin noch in der Therapie, Beratung und Erziehung eine Alternative.

Wünschenswert wäre, dass diese Akteure jungen Menschen gemeinsam eine Alternative aufzeigen, wie man jenseits von festgefahrenen Geschlechter-Stereotypen selbstbestimmt leben kann. Es sind die Erwachsenen, die den Heranwachsenden vorleben können und müssen, wie man die Freiheit und den Mut gewinnt, vordefinierten Rollenerwartungen an „männlich" und „weiblich" nicht zu entsprechen, ohne eine lebenslange medizinische Hypothek auf sich laden zu müssen. Das wäre nicht nur eine ethisch verantwortliche Präventionsarbeit, das wäre vor allen Dingen ein Empowerment, das diesen Namen verdient.

Lebenslagen erwachsener Menschen

Stephanie ist in ihrem Leben als Frau angekommen. Wenn sie heute auf ihre Transition zurückblickt, wird ihr bewusst, wie viel Kraft sie im Kampf mit und um sich selbst gelassen hat. Sie spürt heute eine Energie, die sie früher nie hatte und durch die sie aufgeblüht ist. Beruf, Hobbys und persönliche Kontakte haben für sie eine ganz neue Bedeutung bekommen und sie kann in die Zukunft schauen. Nachdem sie sich selbst gefunden hat, wünscht sie sich eine Beziehung. Auf der Suche nach einer Frau ist sie auch auf Dating-Portalen unterwegs. Sie bezeichnet sich selbst als „lesbisch auf Umwegen". Ich frage sie, ob sie Kinder haben möchte, und sie erzählt mir, dass sie mit Sicherheit nie leibliche Kinder haben wird. Sie hat keine Konservierung ihrer Samenzellen vornehmen lassen. Es war für sie kein Thema. Im Rahmen der Therapien, während der Hormonbehandlung und vor allem im Vorfeld der geschlechtsangleichenden Operationen wurde ihre Unfruchtbarkeit immer wieder angesprochen. Irgendwann hat sie das Thema nur noch genervt. Heute berichtet sie darüber ganz gelassen. Sie hat auf ihrem Weg so viel an Le-

bensqualität gewonnen. Dass sie nicht alles haben kann, ist ihr klar. Sie will jetzt einfach ein ganz normales Leben führen.

Beruf, Familie, Freizeit – individuelle und strukturelle Diskriminierungen

Bleibt der Wunsch nach der Zugehörigkeit zum anderen Geschlecht über die Kindheit und die Pubertät hinaus bestehen, können junge Menschen mit 16 Jahren Hormone bekommen. Mit dem Erreichen der Volljährigkeit können geschlechtsangleichende Operationen vorgenommen werden. Wenn die Diagnose einer Geschlechtsdysphorie vorliegt und durch medizinische Gutachten bestätigt wird, werden die Kosten dafür von den Krankenkassen übernommen.[109] Die Transition, die phasenweise von Psychotherapie begleitet wird, ist auf jeden Fall ein Prozess, der sich über mehrere Jahre erstreckt. Während die äußere und innere Veränderung, die sich dabei vollzieht, relativ viel mediale Aufmerksamkeit findet, ist das Alltagsleben von trans Menschen bisher kaum erforscht worden.

Einen Einblick in die Lebenslage erwachsener trans Menschen in Deutschland gibt eine Expertise im Auftrag der Antidiskriminierungsstelle des Bundes aus dem Jahr 2010. Ihr Ausgangspunkt ist die Frage nach der Benachteiligung im Arbeitsleben, aber auch andere Lebensbereiche wie Wohnen, Gesundheit, Familie, Migration bzw. Asyl, Recht und Justiz werden mit dem Forschungsbericht in den Blick genommen.

Er bestätigt, was auch internationale Studien belegen, dass nämlich trans Personen in allen Bereichen des täglichen Lebens, insbesondere auch im Arbeitsleben, massiven Diskriminierungen ausgesetzt sind. Diese reichen von Benachteiligung beim Zugang zum Arbeitsmarkt und bei Karrierechancen über Ablehnung und Belästigungen bis hin zu Gewalt. Trans Personen sind überdurchschnittlich häufig von Arbeitsverlust, Arbeitslosigkeit sowie Armut betroffen und arbeiten sehr oft unter ihren Qualifikationen. Sie berichten von transfeindlichen Verhaltensweisen von Kolleginnen, Kollegen und Vorgesetzten sowie struktureller Benachteiligung durch den institutionalisierten medizinischen und juristischen Umgang mit Transgeschlechtlichkeit.[110] Die unmittelbare persönliche Diskriminierung geht mitunter mit struktureller Diskriminierung einher, aus der sie ihre Beweggründe und ihre Legitimation ableiten.

---

109 Ob dies auch in Zukunft so sein wird, ist nach einem Urteil des Bundessozialgerichts vom 19.10.2023 allerdings fraglich. Vgl. https://www.bsg.bund.de/SharedDocs/Pressemitteilungen/DE/2023/2023_34.html

110 Vgl. *Antidiskriminierungsstelle des Bundes* (Hg.), *Benachteiligung* von Trans* Personen, insbesondere im Arbeitsleben, Expertise von Jannik Franzen und Arn Sauer, Berlin 2010.

Das TSG – ein besonders schwerer Fall

Ein Beispiel dafür ist das „Gesetz über die Änderung der Vornamen und die Feststellung der Geschlechtszugehörigkeit in besonderen Fällen", das Transsexuellengesetz (TSG) aus dem Jahr 1981. Es ermöglicht trans Menschen einen Namenswechsel, wenn zwei Gutachten von bei Gericht zugelassenen Fachleuten belegen, dass seit mindestens drei Jahren ein „Zwang" besteht, entsprechend der „transsexuellen Prägung" zu leben. Und wenn diese darüber hinaus die Irreversibilität des Zugehörigkeitsempfindens zum „anderen Geschlecht" als gesichert prognostizieren („Kleine Lösung").

In der Fassung des TSG von 1981 setzte ein Wechsel des Personenstandes mit Änderung des Geschlechtseintrags im Personalausweis Ehelosigkeit und andauernde Fortpflanzungsunfähigkeit bzw. einen die äußeren Geschlechtsmerkmale ändernden operativen Eingriff voraus („Große Lösung"). Beide Voraussetzungen wurden zwischenzeitlich vom Bundesverfassungsgericht als verfassungswidrig eingestuft. Der mit der Ehelosigkeit verbundene Zwang zur Ehescheidung wurde bereits 2008 vom BVG aufgehoben und ein Jahr später im Gesetz geändert. Der Zwang zur körperlichen Angleichung, der sich aus der Regelung in § 8 Abs. 1 Nr. 3 ergibt, wurde 2011 als nicht anwendbar erklärt. Vor diesem Hintergrund bezweckt das geplante Selbstbestimmungsgesetz, diskriminierende und pathologisierende Elemente aus dem Verfahren zur Änderung des Personenstandsregisters zu entfernen, es insgesamt zu vereinfachen und künftig den Namenswechsel und den Geschlechtseintrag nur noch vom Geschlechtsempfinden der erklärenden Person abhängig zu machen.

Zu Beginn der achtziger Jahre wurde das TSG als ein Fortschritt gesehen, denn es eröffnete trans Menschen einen rechtssicheren Zugang zu geschlechtsangleichenden medizinischen Maßnahmen. Aus juristischer Sicht war zugleich sicherzustellen, dass eine gleichgeschlechtliche Ehe verhindert wurde. Die „Ehe für alle" war zu diesem Zeitpunkt in Deutschland rechtlich noch nicht möglich und auch gesellschaftlich noch kein Thema. Außerdem wurde rechtlich ausgeschlossen, dass trans Menschen Kinder zeugen oder gebären. Aus menschenrechtlicher Perspektive werden die erzwungene Ehescheidung und Unfruchtbarkeit heute als großes Unrecht bewertet. In einigen anderen europäischen Ländern, die ähnliche Gesetze hatten, wurden daher bereits Entschädigungsfonds für Betroffenen eingerichtet. Auch in Deutschland ist ein solcher Fonds in der politischen Diskussion. Bisher allerdings ohne ein greifbares Ergebnis. Immerhin haben sich durch die Interventionen des Bundesverfassungsgerichts für trans

Menschen in Deutschland neue Perspektiven ergeben, ihr Recht auf ihre geschlechtliche Identität zu realisieren.

Geschlechtliche Identität und sexuelle Orientierung

Unabhängig davon, ob sich trans Menschen einer operativen Behandlung unterziehen oder nicht, haben sie wie andere eine sexuelle Orientierung, und zwar selbst dann, wenn sie sich als asexuell definieren. Die Orientierung kann sich auf das eigene, das andere, beide Geschlechter oder keines beziehen. Neigungen, Begehren und Lustempfinden gehören für trans Menschen genauso dazu wie der Wunsch nach Liebe, Beziehung und Partnerschaft in ihren vielfältigen Formen. Die gängigen Kategorien von heterosexuell und homosexuell greifen hier allerdings nur noch bedingt. Bei einem nach außen als heterosexuell auftretenden Paar kann eine Person trans sein. Oder beide können trans sein, auch wenn sie beispielsweise nach außen weiblich und damit lesbisch erscheinen. Das äußere Erscheinungsbild gibt nur bedingt Auskunft über die geschlechtliche Identität und die sexuellen Präferenzen eines Menschen.

„All genders welcome"

Für Aufsehen sorgte vor einiger Zeit die trans Frau Anastasia Biefang. Als erste Frau in der Bundeswehr wurde sie eine Bataillonskommandeurin der Bundeswehr. Erstaunt nahm man in der Öffentlichkeit zur Kenntnis, dass eine Transition vom Mann zur Frau in der Bundeswehr möglich ist und allgemein akzeptiert wurde. Das Outing als trans war für die Karriere von Anastasia Biefang kein Hindernis. Konfliktstoff bot statt dessen ihre sexuelle Orientierung.[111]

Privat ist sie mit einer Frau verheiratet und lebt mit ihr eine offene Beziehung. Auf der Dating-Plattform Tinder veröffentlichte sie 2019 den Post „spontan, lustvoll, trans*, offene Beziehung auf der Suche nach Sex. All genders welcome." Mit dieser Botschaft gab sie zu verstehen, ich bin offen für jede geschlechtliche Identität und sexuelle Orientierung. Ihren Vorgesetzten bei der Bundeswehr ging dies zu weit. Sie sahen in dem Post eine unzulässige Grenzüberschreitung und erteilten Anastasia Biefang einen Verweis. Sie wehrte sich dagegen zunächst intern vor dem Truppendienstgericht und später beim Bundesverwaltungsgericht Leipzig. Beide bestätigten den Verweis der Vorgesetzten mit der Begründung, sie dürfe ihre Worte

111 Zur Dokumentation vgl. oben Anm. 48.

nicht so wählen, dass ihr Ansehen als Soldatin beschädigt werde. Die Formulierungen dürften keinen Zweifel an ihrer charakterlichen Integrität wecken. Der Post verstoße gegen die Wohlverhaltenspflicht von Soldatinnen und Soldaten außerhalb des Dienstes und sei außerdem unvereinbar mit ihrer Vorbildrolle als Bataillonskommandeurin. Diese nehme sie als Führungskraft und Vorgesetzte von ca. beschäftigten 1.000 Menschen besonders in die Pflicht.[112]

Auch gegen dieses Urteil hat Anastasia Biefang inzwischen geklagt. Sie besteht auf ihrem sexuellen Selbstbestimmungsrecht und auf dem Schutz ihrer Intimsphäre. Den Eindruck, mit ihrem Post erwecke sie den Eindruck eines ungezügelten und wahllosen Sexualverhaltens, weist sie als falsche Interpretation zurück. Der Vorwurf der Disziplinlosigkeit sei unhaltbar. Ihr Post sei für eine Dating-Plattform völlig normal. Etwas Anstößiges oder sogar eine Grenzverletzung kann sie darin nicht erkennen.[113]

An dieser Stelle zeigt sich, dass unter den beteiligten Personen völlig unterschiedliche Auffassungen bestehen, wie eine sexuelle Orientierung zu leben und welche Grenzen dabei einzuhalten sind. Die Positionen stehen sich unversöhnlich gegenüber und auch vor Gericht konnte darüber keine Einigung erzielt werden.

Was ist privat?

Seit dem Herbst 2022 befasst sich das Bundesverfassungsgericht mit der Frage, inwiefern die sexuelle Orientierung ausschließlich in die Privatsphäre gehört und damit arbeitsrechtlich nicht relevant ist. Wie der BVG entscheidet, ist zurzeit noch offen. Das zu erwartende Urteil dürfte aber nicht nur für die Bundeswehr, sondern auch für andere öffentliche Arbeitsgeber wie Behörden und Schulen Konsequenzen haben. Und auch für die Kirchen ist es dort, wo sie als Arbeitsgeber auftreten, durchaus von Bedeutung.

Im Kern geht es um die Frage, wie strikt man die Privatsphäre und die Öffentlichkeit voneinander trennen kann. Geschlechtliche Identität und sexuelle Orientierung gehören eindeutig in die Intimsphäre der Person und sind damit aus menschen- und verfassungsrechtlicher Sicht unbedingt zu schützen. Aber sie haben nicht nur eine individuelle, sondern zugleich eine soziale Dimension. Sie werden im persönlichen Umfeld und in der gesell-

112 Vgl. https://www.zdf.de/nachrichten/panorama/bundeswehr-kommandeurin-dating-bundesverfassungsgericht-100.html

113 Vgl. ihre Aussagen dazu in der Dokumentation „Der Fall", veröffentlicht von der öffentlich-rechtlichen Plattform von ARD/WDR Funk auf Youtube: https://www.youtube.com/watch?v=jD4iZqWURMA

schaftlichen Öffentlichkeit gelebt und ausgelebt. Wie auch immer sich das konkret gestaltet, die Person ist für ihr Verhalten gegenüber sich selbst und gegenüber ihren Mitmenschen verantwortlich.

Damit ist die moralische Seite der Sexualität angesprochen. Es geht um eine Ethik sexueller Beziehungen, die sich nicht mit dem begnügen kann, was die traditionelle – keineswegs nur kirchliche – Sexualmoral zum Verhältnis von Mann und Frau zu sagen wusste.[114] Heutige Beziehungskonstellationen sprengen die Logik der klassischen heterosexuellen Paarbeziehung, aber auch sie unterstehen dem Anspruch auf unbedingte, ganzheitliche Anerkennung des anderen als Person, jenseits von materieller oder sonstiger Verzweckung für eigene Interessen. Die Formel „sicher – bewusst – einvernehmlich" bringt einen ethischen Minimalkonsens zum Ausdruck, der für jede sexuelle Beziehung unverzichtbar ist.[115] Das Recht auf sexuelle Selbstbestimmung ist ein Menschenrecht. Es eröffnet Handlungsspielräume für die eigene Selbstentfaltung, aber es verpflichtet zugleich, die sexuelle Selbstbestimmung der anderen zu bewahren und zu schützen. Das schließt Glück, Faszination, Freude und Lust in der Beziehung nicht aus, sondern macht sie umgekehrt überhaupt erst möglich. Eine Beziehung, die nicht nur die eigene sexuelle Verwirklichung sucht, sondern das gemeinsame Glück in der Erfüllung des anderen findet, nennen wir Liebe.[116]

Vater, Mutter, Kind

Der Zwang zur Ehescheidung und Unfruchtbarkeit im TSG wurde vom Bundesverfassungsgericht aufgehoben, weil sie im Gegensatz zu verfassungsmäßig garantierten Grundrechten wie dem Recht auf körperliche Unversehrtheit oder dem Recht auf Ehe und Familie stehen. Trans Menschen sind heute nicht mehr ausgeschlossen, wenn es um Partnerschaft und den Wunsch nach einer gemeinsamen Zukunft mit dem geliebten Menschen geht. Auch der Wunsch, eigene Kinder zu haben, ist für sie nicht mehr grundsätzlich unmöglich. Das Aussetzen der entsprechenden Paragraphen im TSG (§ 8 Abs. 3) hat zur Folge, dass Personen mit einem männlichen Geschlechtseintrag Kinder gebären oder Personen mit einem weiblichen Geschlechtseintrag Kinder zeugen können. Das, was das TSG verhindern wollte und das BVG ermöglicht hat, stößt in der bundesdeutschen Öffentlichkeit weniger auf Sympathie als auf Skepsis und unverhohlene Ablehnung.

---

114 Vgl. Ammicht Quinn, Konkretion, 259. – Dinges, Lebensgemeinschaften, 97.
115 Vgl. dazu das Leitbild der LSBTIQ-Initiative 100 % Mensch: https://100mensch.de/leitbild/
116 Vgl. Lintner, Beziehungsethik, 539–549.

Die Zeugungsfähigkeit von weiblichen trans Personen wird im Rahmen der Debatte um das geplante Selbstbestimmungsgesetz unter dem Stichwort „Schutzräume" diskutiert. Dabei ist heftig umstritten, ob trans Frauen künftig ein uneingeschränkter Zugang zu Saunen, Duschen, Toiletten oder auch Frauenhäusern eingeräumt werden soll. Unter Hinweis auf Fälle von sexueller Belästigung in den USA werden trans Frauen als ein zunehmendes Sicherheitsrisiko dargestellt, dem das geplante Gesetz zusätzlich Vorschub leiste.[117] Der Gesetzes-Entwurf greift diese Vorbehalte auf und versucht sie unter Hinweis auf das geltende Hausrecht zu entkräften. Das Institut für Menschenrechte sieht genau diesen Hinweis kritisch und erklärt, der Gesetzgeber stelle, indem er die Debatte aufgreife, trans Menschen unter Generalverdacht und trage damit seinerseits zu ihrer Diskriminierung bei.[118]

Wie eine männliche trans Person ihre Schwangerschaft erlebt, schildert die WDR-Dokumentation „Der schwangere Mann".[119] Bis Freddy, der in einem Ort an der englischen Küste lebt, seine Tochter in die Arme nehmen kann, liegt ein langer Weg hinter ihm, der ihn nochmals mit allen Schwierigkeiten, Widersprüchen und Ängsten seiner Transition konfrontiert. Um schwanger zu werden, muss er den Weg praktisch nochmals zurückgehen. Mit dem Absetzen des Testosterons entwickelt er genau die Weiblichkeit, von der er glaubte, dass er sie für immer hinter sich gelassen habe, und die doch zugleich die unverzichtbare Voraussetzung dafür ist, ein eigenes Kind zur Welt zu bringen. Der Dokumentarfilm begleitet Freddy und seinen Partner bei der Auswahl des Samenspenders, in der Kinderwunschklinik und bei der Geburt. Sie zeigt die Höhen und Tiefen der Schwangerschaft und lässt keinen Zweifel daran, dass es sich bei seiner Tochter um ein Wunschkind handelt. Freddy befindet sich in einem familiären Umfeld, das nicht nur seiner Transition, sondern auch seinem Kinderwunsch positiv gegenübersteht.

Die Realität sieht allerdings anders aus.[120] Mit welchen Herausforderungen trans Männer und ihre Partner oder Partnerinnen umgehen müssen,

117 Insbesondere von Alice Schwarzer wurde dieses Thema stark hervorgehoben. Vgl. Schwarzer/ Louis, Transsexualität, 46.

118 Vgl. die Stellungnahme des Deutschen Instituts für Menschenrechte.

119 Vgl. „Ich will Vater sein": WDR-Dokumentation „Der schwangere Mann": https://www.youtube.com/watch?v=Euoqw-nssE4

120 Zu Diskriminierungs- und Gewalterfahrungen hat das *Gunda-Werner-Institut in Kooperation mit der Heinrich-Böll-Stiftung* das Policy Paper *„Queer und schwanger"* vorgelegt.

wenn sie ihren Kinderwunsch realisieren wollen, zeigt der Bundesverband Trans* in seiner Broschüre „Trans* mit Kind!"[121]

Kinderwunsch und Elternschaft

Die Broschüre empfiehlt, dass sich trans Menschen bereits im Vorfeld einer Hormontherapie mit der Frage nach einer möglichen Familiengründung auseinandersetzen und beraten lassen. Auch für die Frage nach Art und Umfang operativer Eingriffe ist die Frage der künftigen Fortpflanzungsfähigkeit relevant. Inwiefern eine Hormontherapie die Fruchtbarkeit verändert, ist umstritten. Wird eine Schwangerschaft angestrebt, ist sie auf jeden Fall abzusetzen. Mit einer Kryokonservierung können eigene Spermien oder Eizellen haltbar gemacht und für die Zukunft aufbewahrt werden. Werden fremde Spermien verwendet, stellt sich die Frage, ob eine private Samenspende zur Verfügung steht oder für die Spende eine Samenbank genutzt wird. Um die Schwangerschaft in die Wege zu leiten, stehen unterschiedliche Methoden der sogenannten künstlichen Befruchtung zur Verfügung. Die verschiedenen Methoden, die in der Broschüre vorgestellt werden, erhalten trotz der irreversiblen Folgen einer Transition die Fruchtbarkeit der betreffenden Person.

Je nachdem, ob dabei ärztliche Hilfe bzw. die Unterstützung von Kinderwunschzentren in Anspruch genommen wird, können die Kosten für eine Behandlung bei bis zu 5000.- € liegen. Sie werden unter bestimmten Bedingungen von der Krankenkasse übernommen. Da Embryonenspende und Leihmutterschaft in Deutschland verboten sind, klammert der bvt sie konsequenterweise in seiner Broschüre aus.

Professionelle Unterstützung

Schwangere trans Personen müssen davon ausgehen, dass sich ihre Geschlechtsdysphorie im Verlauf der Schwangerschaft möglicherweise verschärft. Ihnen wird daher geraten, sich frühzeitig auf diese neuerliche Auseinandersetzung mit ihrer Geschlechtsidentität einzustellen. Eine wichtige Rolle spielt dabei, eine eigene Sprache für die Erfahrungen während der Schwangerschaft und im Hinblick auf die künftige Rolle als Vater, der ein Kind geboren hat, zu finden.

Auf professionelle Unterstützung, dies beklagt der bvt, können schwangere trans Personen sich nur sehr begrenzt verlassen. Beim medizinischen

121 Vgl. *Bundesverband Trans** (Hg.), *Trans* mit Kind*! Tipps für trans* und nicht-binäre Personen mit Kind(ern) oder Kinderwunsch, 2. Auflage, Berlin 2022.

Personal in Arztpraxen und Kliniken fehlt nicht nur häufig das notwendige Knowhow, um trans Menschen angemessen behandeln zu können, es fehlt auch zudem auch oft genug an der Bereitschaft, sich auf ihre Bedürfnisse einzustellen. Aber nicht nur in medizinischer Hinsicht, auch aus rechtlicher Perspektive ist der Kinderwunsch von trans Personen mit erheblichen Hürden und Belastungen verbunden, die von den Betroffenen nicht selten als diskriminierend erlebt werden.

Rechtliche (Nicht-)Anerkennung

Grundlage für die rechtliche Elternschaft ist nach deutschem Recht § 1591 BGB mit der Festlegung: „Mutter eines Kindes ist die Frau, die es geboren hat." Die Geburt des Kindes begründet die Mutterschaft und nur sie. Geburt und Vaterschaft zusammenzudenken, ist rechtlich gesehen nicht möglich. Bei der Eintragung eines neugeborenen Kindes in das Geburtsregister und in die Geburtsurkunde wird daher grundsätzlich die gebärende Person als „Mutter" eingetragen und zwar unabhängig davon, ob es sich um einen trans Mann handelt, der seinen Namen und seinen Personenstand gewechselt hat. Gleiches gilt auch für eine trans Frau, die ein Kind gezeugt hat, und unter Rückgriff auf ihren ursprünglichen Geschlechtseintrag in der Geburtsurkunde des Kindes als „Vater" eingetragen wird, unabhängig von ihrem Namen und Personenstand. Sie als Mutter oder neutral als Elternteil zu bezeichnen, ist rechtlich nicht vorgesehen. Momentan sieht das Abstammungsrecht nach § 1592 BGB als zweiten Elternteil nur einen Vater vor (mit Ausnahme der Adoption).

Dass der rechtlich gültige vollzogene Namens- und Personenstandswechsel damit faktisch unterlaufen wird, empfinden die Betroffenen als schwerwiegende Diskriminierung. Mit dieser Praxis wird seitens des Staates ihr Grundrecht auf Anerkennung ihrer geschlechtlichen Identität ignoriert. Sie machen darüber hinaus darauf aufmerksam, dass unzutreffende Angaben in der Geburtsurkunde für das betroffene Kind mit unzumutbaren Härten verbunden sein können, beispielsweise wenn es um die Anmeldung in einer Kita oder einer Schule geht. Wenn gegenüber Fachkräften oder Lehrpersonen die unzutreffenden Angaben in einer Geburtsurkunde erläutert werden müssen, läuft dies faktisch auf ein Zwangsouting hinaus. Vor diesem Hintergrund haben Betroffene beim Europäischen Gerichtshof für Menschenrechte geklagt, allerdings ohne Erfolg.[122] Die Materie wird als

122 Vgl. die Stellungnahme des bvt: https://www.bundesverband-trans.de/urteil-egrm/

ein Gegenstand betrachtet, der im Rahmen nationaler Gesetzgebung zu regeln ist.

Die Notlösung: Stiefkind-Adoption

Die rechtliche Elternschaft ist nach deutschem Recht auf zwei Personen beschränkt, von denen die eine Mutter und die andere Vater ist. Nur der Umweg über die Stiefkind-Adoption eröffnet dem zweiten Elternteil die Eintragung im Identitätsgeschlecht. Das Verfahren wird in der Regel beim Vormundschaftsgericht beantragt, das dann das Jugendamt für die Begutachtung des adoptierenden Elternteils einsetzt. Während der Stiefkind-Adoption wird sowohl der adoptierende Elternteil (u. a. dessen Einkommen, Führungszeugnis, Beziehung zur Herkunftsfamilie) sowie die Beziehung der Eltern untereinander genau geprüft. Die Adoption wird in der Regel nicht vor Ende des ersten Lebensjahres durchgeführt. Obwohl das Verfahren langwierig und belastend ist, betont der bvt, „entscheiden sich manche trans* oder nicht-binäre zeugende Eltern, die biologische Verwandtschaft mit dem eigenen Kind zu verheimlichen und über das erheblich aufwändigere Verfahren einer Stiefkind-Adoption das Kind anzunehmen und so rechtlich als ‚Mutter' oder ‚Elternteil' anerkannt zu werden. Dieser enge gesetzliche Rahmen und die Verknüpfung der Elternrolle mit einem Geschlechtseintrag führt auch bei trans*weiblichen und nicht-binären Personen zu großen Herausforderungen bei der Anerkennung ihrer rechtlichen Elternschaft im Identitätsgeschlecht."[123]

Für viele sind diese Hürden, laut bvt, so abschreckend, dass sie auf ihren Kinderwunsch von vornherein verzichten.

Die Grenzen des Abstammungsrechts

Das Abstammungsrecht, das am traditionellen Verständnis von Ehe und Familie ausgerichtet ist, kommt bei der Elternschaft von trans Menschen an seine Grenzen. Nicht nur der Eintrag der Eltern in der Geburtsurkunde und die Notwendigkeit einer Stiefkind-Adoption sind rechtlich strittige Themen, auch die Frage nach Leihmutterschaft oder Mehrelternfamilien (Co-Parenting) – beides ist in Deutschland verboten – beschäftigen trans Menschen, die eine Familie gründen wollen. Sie stehen damit vor denselben Herausforderungen wie andere sogenannte „Regenbogenfamilien". Die Bundesvereinigung Regenbogenfamilien-Fachkräfte (BIG) hat in einem Of-

123 Vgl. bvt, Trans* mit Kind, 15–16.

fenen Brief an Bundesjustizminister Buschmann darauf aufmerksam gemacht, dass die gesellschaftliche Realität heute von einer großen Vielfalt familialer Lebensformen geprägt ist. Es wird moniert, dass das Familien- und Abstammungsrecht diese Entwicklung bisher nicht nachvollzogen hat.[124]

Neue Perspektiven – neue Konflikte

Überblickt man den Zeitraum seit dem Beginn der achtziger Jahre, dann kann man erkennen, wie sich mit den neuen Perspektiven für trans Menschen zugleich neue Probleme und Konflikte ergeben haben. Die gerichtlichen Auseinandersetzungen auf nationaler und europäischer Ebene sind wie ein Spiegelbild der gesellschaftlichen Konflikte um die Transidentität im engeren und das Thema „Vielfalt“ im weiteren Sinne.

Eine neue Sprache?

Die Definition der Elternschaft nach § 1591 BGB macht wie ein Brennglas zwei große Konfliktfelder deutlich. Wenn gebräuchliche Begriffe wie Mutter und Vater nicht mehr anwendbar sind, sondern neuen sprachlichen Umschreibungen wie „gebärende Person“ Platz machen müssen, ist das für viele Menschen verunsichernd und weckt Abwehr bis hin zu Aggressionen. Eine Wortschöpfung wie „Brustmilch“ statt Muttermilch kann für einen trans Mann, der ein Kind zur Welt gebracht hat, eine passende Vokabel sein, mit der er sein Erleben beim Stillen des Kindes zum Ausdruck bringt. Für viele Menschen wird das Wort zunächst einmal sehr ungewohnt und befremdend sein. Ist schon eine geschlechtergerechte Sprache, die Frauen und ihre Belange eigens erwähnt und nicht nur „mitgemeint“ sein lässt, für viele eine Herausforderung, so gilt dies noch viel mehr für die Binnensprache des politischen und gesellschaftlichen Aktivismus. Sie mündet nicht selten in die Forderung, Sprache müsse generell „entgendert“ werden, wenn man das binäre, heteronormative, paternalistische und patriarchalische Gesellschaftsverständnis zugunsten einer größeren Gerechtigkeit der Geschlechter überwinden wolle.[125]

Der zuletzt immer wieder beschworene „Kulturkampf“ zwischen konservativen und progressiven Kreisen wird daher nicht nur mit Worten ge-

---

124 Vgl. https://regenbogenfamilien-stuttgart.de/offener-brief-der-big-rbf-fachkraefte-zur-reform-des-abstammungsrechts/

125 Vgl. https://www.bpb.de/shop/zeitschriften/apuz/geschlechtergerechte-sprache-2022/346085/entgendern-nach-phettberg/

führt, er ist selbst ein Konflikt um Sprache, Begriffe und Wörter. Der Zusammenhang von Sprechen und Denken ist nicht neu, er rückt aber aktuell wieder ganz neu ins Bewusstsein. Sprache prägt unser Bewusstsein, unsere Art zu leben und unsere Beziehungen zu gestalten. Es ist somit kein Zufall, dass das Thema Familie den zweiten großen Konfliktherd darstellt.

Ein neues Familienmodell?

Solange das traditionelle, heteronormative Familienbild für Gesetzgebung, Rechtsprechung und Verwaltung maßgebend ist, sind insbesondere die Kinder in Regenbogenfamilien, die oft nur einen rechtlichen Elternteil haben, schwerwiegenden Rechtsunsicherheiten und Benachteiligungen ausgesetzt. Für die Bundesinteressensgemeinschaft Regenbogenfamilien (BIG) als Interessenvertretung ist klar, dass sie sich mittel- und langfristig nur dann überwinden lassen, wenn das traditionelle Familienbild überwunden und durch ein buntes, vielfältiges Modell von Familie ersetzt wird. Jenseits der Unterscheidungen von Mann und Frau, Vater und Mutter sollte eine neue Definition gelten: „Familie ist da, wo Kinder sind!"

Der politische Diskurs darüber ist voll im Gange. Parallel zum Selbstbestimmungsgesetz hat die Bundesregierung im November 2021 in ihrem Koalitionsvertrag die Revision des Abstammungsrechts angekündigt. Im Koalitionsvertrag heißt es: „Familien sind vielfältig. Sie sind überall dort, wo Menschen Verantwortung füreinander übernehmen, und brauchen Zeit und Anerkennung. Wir unterstützen Eltern dabei, Erwerbs- und Sorgearbeit gerechter untereinander aufzuteilen. Förderleistungen wollen wir leichter zugänglich machen. Da der Rechtsrahmen für die vielfältigen Familien der gesellschaftlichen Wirklichkeit noch hinterherhinkt, wollen wir ihn modernisieren."[126] Mit dieser Programmatik hat sich die Bundesregierung vom traditionellen Familienbild verabschiedet. Die soziale Elternschaft hat die biologische ersetzt. Die BIG nimmt darauf Bezug und verlangt, das geplante Vorhaben nun auch rechtlich umzusetzen.[127] Man beruft sich dabei auf das Kindeswohl, das für alles politische Handeln der letztverbindliche Maßstab ist. Es gilt für alle Kinder unabhängig von ihrer Herkunftsfamilie.

---

126 *Bundesregierung, Mehr Fortschritt wagen. Bündnis für Freiheit, Gerechtigkeit und Nachhaltigkeit,* Koalitionsvertrag 2021–2025 zwischen SPD, Bündnis 90/Die Grünen und FDP vom 24.11.2021.

127 Vgl. dazu den Offenen Brief der BIG an Bundesjustizminister Marco Buschmann: https://regenbogenfamilien-stuttgart.de/offener-brief-der-big-rbf-fachkraefte-zur-reform-des-abstammungsrechts/

Ein neuer Diskurs!

Die Formel „Familie ist da, wo Kinder sind!“ markiert die Grenzlinie in einer politischen Auseinandersetzung, die inzwischen in der Öffentlichkeit und in den Medien mit größter Schärfe geführt wird. Rechte und rechtsextreme Gruppierungen und Kräfte besetzen das traditionelle Familienbild für ihre Interessen und berufen sich dabei ebenfalls auf das Kindeswohl.[128] Derweil lässt die Reform des Abstammungsrechts auf sich warten. Es sieht so aus, als würden Kinder einmal mehr zum Spielball von politischen Interessen, die keine Rücksicht darauf nehmen, dass ihre wirklichen Nöte und Bedürfnisse dabei unter die Räder kommen.

Als Eltern sind trans Menschen davon unmittelbar und gleich mehrfach betroffen. Ressentiments, die darauf hinauslaufen, dass es wohl besser wäre, wenn trans Menschen keine Kinder hätten, sind in der Gesellschaft noch immer tief verwurzelt. Ihnen das Grundrecht auf Ehe und Familie zu verweigern, kann aber keine Lösung sein. Das hat das BVG bereits 2011 festgestellt. Politische Auseinandersetzungen, die nur ein Entweder-Oder zulassen und dann säuberlich zwischen „Freunden“ und „Feinden“ trennen, helfen an dieser Stelle nicht weiter. Notwendig ist ein Diskurs, der alle einbezieht und jenseits von Polemik und Panikmache Raum gibt für die gemeinsame Suche nach Zukunftsperspektiven für Kinder, Familien und die ganze Gesellschaft. Die Ablösung der biologischen und die Einführung der sozialen Elternschaft ist ein Thema, das auch und gerade die Kirchen auf den Plan ruft. Sie müssen sich dazu nicht nur positionieren, sondern auch Räume für den Diskurs anbieten.

Transidentität und gesellschaftlicher Wandel

Ich frage mich, wie die aufgeheizte öffentliche Debatte über Transidentität auf Stephanie wirkt. Wie geht sie mit dem Thema „Kulturkampf“ um? Als ich mit ihr darüber reden möchte, wehrt sie ab. Politik interessiert sie nicht und von Parteien verspricht sie sich nichts. Sie ist keine Aktivistin. Warum also sollte sie sich das antun? Sie kennt die großen und kleinen Diskriminierungen des Alltags nur zu gut. Damit hat sie schon genug zu tun. Sie will nicht im Rampenlicht stehen. Die aggressive Debatte in der Presse und den sozia-

128 Vgl. dazu das Interview mit dem niedersächsischen AfD-Fraktionschef Stefan Marzischewski-Drewes: https://www.queer.de/detail.php?article_id=46676

len Medien ist ihr natürlich bewusst, aber sie verfolgt sie nicht. Sie hat sich entschieden, sie nicht wahrzunehmen. Es ist ihr gutes Recht.

In den Lebensgeschichten von trans Menschen verdichtet sich in mehrfacher Hinsicht der gesellschaftliche Wandel der letzten Jahre. Das macht sie in den Augen der einen zu Hassobjekten, in den Augen der anderen zu Symbolfiguren von sexueller und reproduktiver Selbstbestimmung. Wer sich mit dem Thema Transidentität beschäftigt und zwar insbesondere im beruflichen Kontext kann daran nicht vorbeigehen. Aber bevor ich mich auf die eine oder andere Seite schlage oder auch auf keine von beiden, muss ich mich fragen, woher die extreme Polarisierung eigentlich kommt. Was steckt dahinter? Wer so fragt, wird sehr schnell feststellen, es geht hier nicht länger um einzelne Schicksale oder um die Probleme einer kleinen Minderheit, es geht um die Gesellschaft und ihre Zukunft.[129]

Vom Mädchen zur Frau und zur Mutter

Der Blick auf die Lebenslagen von trans Kindern, Jugendlichen und Erwachsenen macht deutlich, wie geschlechtliche Identität, Sexualität und Fertilität zusammenhängen. Aus der Sicht der Person gehören sie zusammen. Steht in der Kindheit mit dem Gefühl, „dass etwas mit mir nicht stimmt" zunächst die Frage nach der Identität im Vordergrund, kommt in der Pubertät die Auseinandersetzung mit der eigenen Sexualität hinzu. Das Thema Identität verschwindet nicht, sondern gewinnt eher nochmals an Intensität. Spätestens im Erwachsenenalter werden mit dem Kinderwunsch und der Familiengründung Fragen der Fruchtbarkeit relevant. Alle drei Dimensionen gehören anthropologisch gesehen zusammen, aber der gesellschaftliche Diskurs über ihr Zusammenspiel hat sich in den letzten Jahrzehnten auf charakteristische Weise verändert. Das tradierte gesellschaftliche Muster sieht vor,

- dass ein Kind, das als Mädchen geboren wird, „natürlich" ein Mädchen ist,
- dass sich in der Pubertät sein sexuelles Interesse und Begehren auf das männliche Geschlecht richtet und
- dass es im Rahmen einer rechtlich geschlossenen Ehe von seinem Ehemann ein oder mehrere Kinder empfängt, somit Mutter wird und in

129 So gehört der globale Gender Shift für das Zukunftsinstitut von Matthias Horx zu den 12 Megatrends, die die Zukunft der Menschheit bestimmen werden. https://www.zeitjung.de/megatrend-gender-shift/

gemeinsamer Elternschaft die Rechte und Pflichten in der Erziehung des Kindes oder der Kinder übernimmt.

Ausgehend vom biologischen Geschlecht ergibt sich ein spezifisches Verständnis von der Rolle und dem Verhalten eines Mädchens bzw. einer Frau, das kaum Alternativen zugelassen hat. Für einen Jungen bzw. einen Mann gilt dieses normative Modell, das ausgehend von den biologischen Gegebenheiten den rechtlichen Status und die soziale Rolle einer Person ableitet, analog. Der Zusammenhang von Identität, Sexualität und Fertilität ist biographisch und gesellschaftlich definiert und mehr noch determiniert. Wer sich die Freiheit nimmt, dem Muster nicht zu entsprechen, findet sich als „Exot“ oder „Außenseiter“ am Rande der Gesellschaft wieder, wird isoliert oder auch ganz ausgeschlossen.

Ein neues Paradigma: Vielfalt

In diesem Denken ist nicht vorgesehen, dass jede dieser drei Dimensionen einmal unterschiedliche Optionen bereithalten würde. Es ist nicht vorgesehen, dass sie irgendwann voneinander entkoppelt und zugleich entgrenzt sein würden. Genau dies ist aber seit den siebziger Jahren mit einer zunehmenden Geschwindigkeit passiert und führt heute zu einer Komplexität, die auf den ersten Blick kaum mehr zu erfassen ist. Im Stichwort „Vielfalt“ hat sie ihr neues Paradigma gefunden. Vielfalt funktioniert programmatisch, politisch und moralisch. Sie ist ein neues normatives Prinzip, das den tradierten hetero-normativ geprägten Diskurs überwindet.

Wenn im Kontext von Transidentität die Rede von geschlechtlicher Identität ist, wird häufig darauf verwiesen, dass es eine *Vielfalt von Geschlechtsidentitäten* gibt und zwar nicht nur zwischen unterschiedlichen Personen, sondern auch bei einer einzelnen Person. Fluide Identität bedeutet, dass Frau-Sein und Mann-Sein abwechselnd gelebt werden. Eine nonbinäre Person erlebt weder das Frau-Sein noch das Mann-Sein als einen stimmigen Ausdruck ihrer Identität. Manche Menschen entscheiden sich mit einer vollständigen Transition dafür, sich körperlich weitestgehend ihrem Identitätsgeschlecht anzugleichen. Andere verzichten auf hormonelle und operative Eingriffe und entziehen sich auf individuelle Weise geschlechtsspezifischen Zuschreibungen und Festlegungen. Das Spektrum möglicher Geschlechtsidentitäten ist sehr breit.

Die *Vielfalt der sexuellen Orientierungen* lässt neben der Zweierbeziehung von Mann und Frau, der gleichgeschlechtlichen Beziehung auch die Bisexualiät zu, die sich auf beide Geschlechter bezieht. Weitere Formen von sexuellen Präfenzen und speziellen Praktiken führen zu einer großen Bandbreite. So gehören auch Polyamorie, Pädophilie, Telefon-Sex, Sexroboter, Cyber-Sex und Sex mit Tieren oder Objekten in diesen Kontext.[130] Eine Gesellschaft, die sexuelle Vielfalt zum Leitprinzip des Zusammenlebens der Geschlechter erhebt, muss sich auch dazu verhalten.

Die *Vielfalt möglicher Methoden der Reproduktion* stellt dem Zeugungsakt in einer romantischen Liebesbeziehung sehr unterschiedliche Möglichkeiten und Methoden an die Seite, um einen Kinderwunsch zu erfüllen. Er beruht zwar nach wie vor auf der Verschmelzung einer weiblichen Eizelle mit einer männlichen Samenzelle, aber von wem sie stammen und wie sie zusammenkommen, ist nicht mehr durch Eheschließung und Elternschaft definiert. Eine Samenspende eröffnet einer allein lebenden Frau die Möglichkeit, ein Kind zu bekommen. Eine Samenspende begründet eine biologische Vaterschaft, aber keine rechtliche. In Regenbogenfamilien gibt es ganz unterschiedliche Konstellationen. Was sie verbindet, ist die Übernahme der Verantwortung für Kinder und auch diese geschieht wiederum in sehr unterschiedlicher Form. Entscheidend ist in diesen Konstellationen nicht länger die biologische, sondern die soziale Elternschaft. Sie hat faktisch die biologische abgelöst und deren bisherige Vorrangstellung eingenommen.

Entkoppelung und Entgrenzung

Geschlechtliche Identität, sexuelle Orientierung und familiale Lebensformen sind heute jeweils für sich genommen entgrenzt und zugleich voneinander entkoppelt.

Da Reproduktion mit technischer Unterstützung erfolgen kann, ist Sexualität bzw. Geschlechtsverkehr nicht länger Bedingung für die Reproduktion. Umgekehrt heißt das, Reproduktion ist nicht mehr von Sexualität abhängig, sondern nur von dem Vorhandensein bestimmter materieller und technischer Voraussetzungen. Technische Unterstützung wie die Kryokonservierung von Ei- und Samenzellen ermöglicht eine Reproduktion unabhängig von Sexualität und Geschlechtsidentität. Eine trans Identität ist somit kein Hindernis für Reproduktion, selbst dann nicht, wenn eine vollständige Transition vollzogen wurde. Sie ist ebenfalls kein Hindernis für unterschiedliche sexuelle Orientierungen.

130 Vgl. Schockenhoff, Kunst zu lieben, 59–69.

Mit der Entkoppelung von Geschlechtsidentität, Sexualität und Fertilität eröffnen sich für die einzelnen Personen sehr viele neue und unterschiedliche Optionen, das Leben und die Beziehungen zu gestalten. Für das gesellschaftliche Zusammenleben kann das allerdings zu einer Zerreißprobe werden. Die aggressive Grundstimmung der gesellschaftlichen Debatte ist dafür ein beunruhigendes und alarmierendes Signal. Was die einen unter dem Vorzeichen der Vielfalt als Befreiung und Zugewinn an Lebensqualität empfinden, wird von anderen als unberechenbar, verwirrend und beängstigend erlebt. Sie sehen einen Verlust an gesellschaftlicher und politischer Ordnung, wenn die Gleichung Frau/Eizelle/Mutter und parallel dazu Mann/Samenzelle/Vater nicht mehr stimmt. Auf sie wirkt verstörend, wenn Begriffe wie Ehe, Familie und Elternschaft ganz neu definiert werden. Für sie steht nicht nur das soziale Zusammenleben hier und jetzt auf dem Spiel, sondern auch die Zukunft der Gesellschaft.

„Die Zukunft ist nicht binär", heißt ein kürzlich erschienener Buchtitel programmatisch.[131] Bücher wie diese wirken polarisierend. In ihnen prallen die unterschiedlichen Bilder vom Menschen, von der Familie und der Gesellschaft direkt aufeinander.

Gender-Utopien

Dies gilt umso mehr, wenn politische Diskurse utopische Züge annehmen, wie beispielsweise bei einer Veranstaltung der Friedrich-Ebert-Stiftung, wo man über die „geschlechterlose Gesellschaft" im Jahr 2048 diskutierte[132], oder wenn an anderer Stelle über die „Abschaffung der Familie", über „Polymutterschaft" und „Schwangerschaftskommunismus" philosophiert wird.[133] Dass solche von linken Feministinnen formulierten Ideen auf der rechten Seite scharfe Kritik auf den Plan ruft, die das tradierte Familienideal früherer Zeiten beschwört, ist nicht überraschend.

Extreme Positionen wie diese heizen die Debatte nur weiter an. Zu einer Verständigung darüber, was Familie als moderne Lebensform heute und in Zukunft bedeuten soll, tragen sie nicht wirklich bei. Die Flucht in die Utopie ist keine Lösung. Sie muss sich den Vorwurf gefallen lassen, dass sie sich dem mühsamen Geschäft der Konsensfindung und des Kompromisses entzieht. Jede Utopie muss sich nicht an dem messen lassen, was sie künf-

131 Vgl. Meyer, Zukunft.

132 Vgl. https://www.fes.de/themenportal-gender-jugend-senioren/gender-matters/the-future-is-feminist-archive/artikelseite/reproduktive-gerechtigkeit-selbstbestimmung-fuer-alle

133 Vgl. https://www.zeit.de/kultur/2019-08/kapitalismuskritik-kindererziehung-familie-abschaffung-kommunismus/komplettansicht

tigen Generationen verspricht, sondern was sie bereits heute im Hinblick auf das Wohl der einzelnen Person und der Gesellschaft bewirkt.

„Reproduktive Selbstbestimmung"

Die Entkoppelung von Sexualität und Reproduktion war und ist ein Kernthema des Feminismus. Die Forderung nach einem ungehinderten Zugang zu Verhütungsmitteln und nach einer Legalisierung der Abtreibung gehört in diesen Kontext. Die Entkoppelung wurde in den siebziger Jahren in Deutschland als Befreiung der Frau aus der biologisch bedingten Abhängigkeit in einer patriarchalisch geprägten Geschlechterbeziehung verstanden. Sie steht heute wieder oder eher immer noch auf der politischen Agenda.

Das Programmwort ist jedoch nicht länger Emanzipation oder Befreiung, sondern „Reproduktive Selbstbestimmung". Die Heinrich-Böll-Stiftung hat sich dieses Thema in besonderer Weise zu eigen gemacht. Reproduktive Rechte, heißt es auf der Homepage der Stiftung, betreffen alle Aspekte reproduktiver Gesundheit auf der Basis des Grundrechts auf sexuelle Selbstbestimmung. Verhütung, Schwangerschaftsabbruch, Reproduktionstechnologien und weitere Themen werden unter dem Überbegriff „Sexuelle und reproduktive Gesundheit und Rechte" (abgekürzt mit SRGR) zusammengefasst.

„Reproduktive Rechte und Gesundheit beschreiben das Recht eine*r jede*n Einzelnen, selbstbestimmt und frei über den eigenen Körper und die eigene Sexualität zu entscheiden. Dies bedeutet vor allem die freie Entscheidung zu Elternschaft, das Recht über die Anzahl und den Zeitpunkt der Geburt der Kinder zu entscheiden, sowie über die dafür nötigen Informationen, Kenntnisse und Mittel zu verfügen. Diese als Menschenrechte verstandenen Rechte sind für Frauen* und Mädchen* besonders wichtig. Jede Frau* und jedes Mädchen* hat das Recht, selbst zu entscheiden, ob, wann und in welchen Abständen sie schwanger werden will. Sowohl erzwungene Schwangerschaftsabbrüche als auch das Verbot von Abtreibungen verletzen dieses Recht."[134]

Das Europäische Parlament ist dieser Auffassung mit seiner Entschließung 24.06.2021 gefolgt. Der „Bericht über die Lage im Hinblick auf die sexuelle und reproduktive Gesundheit und die damit verbundenen Rechte in der EU im Zusammenhang mit der Gesundheit von Frauen" (Matic-Bericht) wurde mit einer Mehrheit von 378 Ja-Stimmen, 255 Nein-Stimmen

134 Vgl. https://www.boell.de/de/2018/02/28/reproduktive-rechte

und 42 Enthaltungen angenommen.[135] Sie ist für die Mitgliedstaaten zwar keine verbindliche Vorgabe, aber eine Leitlinie für ihre Frauen- und Familienpolitik.[136] Die gesundheitlichen Belange von „transgender“ Personen einschließlich trans Männern, die schwanger werden können, werden darin ausdrücklich berücksichtigt.

Am 31. März 2023 hat die Bundesregierung eine „Kommission zur reproduktiven Selbstbestimmung und Fortpflanzungsmedizin“ eingesetzt. Die Kommission wird in zwei Arbeitsgruppen Möglichkeiten der Regulierungen für den Schwangerschaftsabbruch außerhalb des Strafgesetzbuches sowie Möglichkeiten zur Legalisierung der Eizellspende und der altruistischen Leihmutterschaft prüfen. Der Abschlussbericht der Kommission soll im Frühjahr 2024 vorgelegt werden. Für trans Menschen sind beide Fragen – die Eizellspende und die Leihmutterschaft – unmittelbar relevant.

Und wo steht die Kirche?

Bundesgesundheitsminister Prof. Karl Lauterbach betonte bei der Konstituierung des Gremiums: „Ethische Fragen in der Medizin müssen mit dem Fortschritt der Wissenschaft immer wieder neu gestellt und beantwortet werden. Deswegen haben wir eine Kommission berufen, die sich ergebnisoffen mit reproduktiver Selbstbestimmung und Fortpflanzungsmedizin befassen wird. Sie soll dazu Lösungsvorschläge erarbeiten, die gesellschaftlich konsensfähig sind.“ Kirchen sind in diesem Gremium nicht vertreten. Von ihrer Expertise verspricht man sich offenbar keinen substantiellen Beitrag zum gesellschaftlichen Konsens. Den Matic-Bericht und seine Forderung nach einer Legalisierung der Abtreibung hatten die katholischen Bischöfe unmittelbar nach der Entschließung durch das EP scharf kritisiert.[137] Haben sie sich damit für den weiteren politischen und ethischen Diskurs disqualifiziert? Das wirft die Frage auf: Wo steht die Kirche? Wie steht sie zur Frage der „Reproduktiven Selbstbestimmung“ und wie zum Thema Transidentität? Was sagt sie zur Abschaffung des TSG und zur Einführung des Selbstbestimmungsgesetzes?

---

135 Vgl. *Europäisches Parlament, Bericht über die Lage im Hinblick auf die sexuelle und reproduktive Gesundheit und die damit verbundenen Rechte in der EU im Zusammenhang mit der Gesundheit von* Frauen, Plenarsitzungsdokument A9-0169/2021 vom 21. Mai 2021.

136 Parallel dazu wird auf EU-Ebene auch bereits an der rechtlichen Gleichstellung aller Kinder, unabhängig von der biologischen Elternschaft, gearbeitet. Vgl. dazu https://www.europarl.europa.eu/news/de/press-room/20231208IPR15786/anerkennung-der-elternschaft-abgeordnete-fordern-gleiche-rechte-fur-kinder

137 Vgl. https://www.katholisch.de/artikel/30286-deutsche-bischoefe-kritisieren-matic-bericht-zu-frauen-und-abtreibung

4 Urteilen: Zwischen Tradition und Erneuerung

Als ich mich das erste Mal mit Stephanie treffe, bin ich ahnungslos, was es für einen trans Menschen in Deutschland heißt, nicht nur mit einem Körper, sondern auch mit einem Namen zu leben, der nicht zu seinem eigenen Selbstverständnis passt. Stephanie erzählt mir, wie sie auf der Suche nach einem neuen, wirklich passenden Namen für sich ihrer eigenen Identität nachspürte. Sie fragt ihre Schwester und ihre Mutter, welchen Namen sie sich vorstellen könnten. Es gibt viele Namen, aber nur wenige kommen in die engere Wahl. Am Ende bleiben noch zwei übrig, dann steht „ihr" Name fest. Ich verstehe, wie Name und Selbstbild zusammenhängen. Stephanie muss einen Namen finden, der ihrem Selbstbild entspricht. Es verdichtet sich in diesem neuen Namen. So wird es sichtbar, hörbar und aussprechbar. Der Name wird sie von nun an ständig, jederzeit und überall begleiten. Er ist das Symbol für ihr neues Leben, das ihr ermöglicht, auch in den Beziehungen zu ihren Mitmenschen die zu sein, die sie immer schon war.

Die Prozedur der gerichtlichen Namensänderung erlebte sie wie die meisten trans Menschen als quälend und entwürdigend. Ihr war klar, dass die Diagnose „Depressionen" für ihren Wunsch nach einer Transition das endgültige Aus bedeuten würde. Sie musste also taktisch vorgehen, was nichts anderes bedeutet, als den Therapeuten genau das zu erzählen, was sie in ihr Gutachten schreiben sollten. Sie musste es ihnen sozusagen „diktieren" und zwar so, dass sie das möglichst nicht merken, und wenn doch, das Spiel wenigstens mitspielen. Aber solche Gutachterinnen und Gutachter muss man erst einmal finden. Die Suche danach stellte sie in jeder Hinsicht auf eine harte Probe.

Ein Gesetz, das „dem Grundgesetz nie würdig war"

Am 23. August 2023 beschließt das Bundeskabinett die gemeinsam vom Justiz- und Familienministerium erarbeitete Vorlage des Selbstbestimmungsgesetzes, mit dem das Transsexuellen-Gesetz von 1981 endgültig Geschichte werden wird. Nur wenige Stunden nach dem Beschluss im Kabinett veröffentlicht das Zentralkomitee der deutschen Katholiken (ZDK) eine Pressemeldung.[138] Man begrüßt den Beschluss mit der Begründung, das TSG sei „dem Grundgesetz nie würdig" gewesen. Ohne es ausdrücklich

138 Vgl. https://www.zdk.de/veroeffentlichungen/pressemeldungen/detail/-Ein-guter-Tag-fuer-die-Menschenwuerde-ZdK-Praesidentin-begruesst-Entwurf-fuer-Selbstbestimmungsgesetz-1576H/

zu sagen, spielt man hier auf die Beschlüsse des BVG an, die den Zwang zur Ehescheidung und Sterilisierung als unvereinbar mit dem Geist des Grundgesetzes gekippt haben. Dass beide Vorschriften ebenso dem christlichen Menschenbild zutiefst widersprechen, ja durch das katholische Kirchenrecht sogar verboten sind, wirft die Frage auf, warum das Gesetz überhaupt zustande kommen konnte und nicht schon viel früher die Kirche auf den Plan gerufen hat.[139] Warum wurde ein solches Gesetz gut dreißig Jahre lang auch von der katholischen Kirche ohne großen Widerspruch hingenommen? Wo waren in der Zwischenzeit die „christlichen“ Parteien? Warum wird es erst jetzt geändert?

Sachkundige, ergebnisoffene, kostenlose Beratung

Die Revision wird vom ZDK ausdrücklich begrüßt, aber man macht zugleich darauf aufmerksam, dass sich mit dem neuen Gesetz ein großer Beratungsbedarf verbindet. Das gilt besonders im Hinblick auf die Minderjährigen, die ihren Namen ändern möchten. Es gelte nun, die Beratungsangebote auszubauen und nicht dem Diktat knapper Haushaltsmittel zu unterwerfen, heißt es in der Pressemitteilung. „Eine sachkundige, ergebnisoffene und kostenlose Beratung insbesondere für Minderjährige ist unerlässlich.“ Mit der Forderung nach Ergebnisoffenheit setzt sich das ZDK ganz klar vom Konzept der affirmativen Beratung des LSBTIQ-Aktivismus und seiner Lobby-Verbände ab.[140]

Vom Zwang zum Gutachten zum Recht auf Beratung

Schon in ihrer Stellungnahme zum Entwurf hatten sich die Deutsche Bischofskonferenz (DBK) und der Deutsche Caritasverband für ein breites Beratungsangebot eingesetzt.[141] Sie forderten ein unterstützendes Angebot nicht nur für Kinder und Jugendliche, sondern auch für Eltern bzw. Erziehungsberechtigte im Wissen darum, dass die Transidentität eines Kindes oder Heranwachsenden in der Pubertät selbst bei größtem Wohlwollen der Eltern und Geschwister für die Familie immer noch eine große Herausforderung, wenn nicht gar Belastung bedeutet. An die Stelle des Zwangs zu

139 Zum Verbot der Sterilisierung vgl. *Kongregation für die Glaubenslehre, Antworten bezüglich der Sterilisation in katholischen Krankenhäusern* vom 13. März 1975. – Zum Verbot der Ehescheidung vgl. canon 1141 des *Codex Iuris Canonici.*

140 Zur Forderung nach einer ergebnisoffenen Beratung vgl. auch die Stellungnahme des Bundesrates.

141 Vgl. dazu die Stellungnahme des Kommissariats der Deutschen Bischöfe/Katholisches Büro Berlin.

zwei Gutachten aus psychotherapeutischer Sicht als Grundlage für einen Gerichtsbeschluss soll nach der Vorstellung von Kirche und Caritas das Recht auf eine umfassende professionelle Beratung für die Betroffenen und die Menschen in ihrem Umfeld treten. Aber es sind noch viele Fragen offen.

Offene Fragen

Hat sich die katholische Kirche in Deutschland damit bereits endgültig zum Thema Transidentität positioniert? Wie verhalten sich zu diesem politischen Statement der DBK die Beratungsergebnisse des Synodalen Weges?[142] Wurde der Paradigmenwechsel, für den das Selbstbestimmungsgesetz laut ZDK steht, bereits vollzogen oder steht er der Kirche erst noch bevor? Auf welcher Grundlage können Caritas, Pastoral und kirchliche Bildungseinrichtungen künftig arbeiten? All diesen Fragen werden die weiteren Überlegungen im Detail nachgehen.

Der Umgang mit trans Menschen in der Kirche ist jedoch kein spezifisch deutsches Thema. Wo steht die katholische Kirche in Deutschland im Konzert der weltkirchlichen Stimmen zu diesem Thema? Und wo steht das römische Lehramt? Die Weltsynode im Oktober 2023 in Rom hat das Thema in ihrem Abschlussdokument unter den „offenen Fragen" subsumiert, die in der Weltkirche kontrovers behandelt werden und noch einer eingehenden Untersuchung bedürfen. Bemerkenswert ist, dass man dabei deutlich zwischen „geschlechtlicher Identität" und „sexueller Orientierung" trennt. Damit wird signalisiert, dass man trans Menschen als eine eigene Zielgruppe der theologischen Reflexion und pastoralen Praxis wahrnimmt.[143] Dass beide Themen unverbunden neben anderen Fragen wie beispielsweise der Künstlichen Intelligenz stehen und lediglich als zwei von mehreren kontroversen Fragen aufgezählt werden, hat unter queeren Menschen für Enttäuschung gesorgt. Einmal mehr geraten ihre Anliegen und Belange neben den „großen" Themen der Weltkirche an den Rand.[144] Immerhin gibt das Papier auch zu verstehen, dass es an dieser Stelle nicht nur

142 Vgl. *Synodalforum IV*, Handlungstext *„Umgang mit geschlechtlicher Vielfalt"*, Zweite Lesung auf der Fünften Synodalversammlung vom 9.–11. März 2023.

143 Vgl. Weltsynode 2023/26. *Generalversammlung der Bischofssynode.* Erste Sitzung vom 4.–29. Oktober 2023, *Zusammenfassende Synthese* vom 28.10.2023, Teil III, Kap. 15 (g).

144 Der amerikanische Jesuit P. James Martin, der auf Wunsch von Papst Franziskus als Fürsprecher für queere Menschen an der Weltsynode teilgenommen hat, kritisierte das Abschlusspapier mit den Worten, dass es die große Bedeutung des Themas in allen Beratungen nicht angemessen zum Ausdruck bringe. Vgl. https://www.katholisch.de/artikel/48188-deutliche-kritik-an-weltsynoden-text-von-lgbt-seelsorger-james-martin

um einzelne Aspekte der kirchlichen Sexualmoral, sondern um anthropologische Grundfragen geht, die einer ganz neuen Bewertung durch die Kirche bedürfen. Die Frage nach der geschlechtlichen Identität zielt auf die Substanz der kirchlichen Lehre vom Menschen.

Australien und Amerika trennt mehr als ein Ozean

Wie weit die Lehrmeinungen in der Weltkirche gegenwärtig noch auseinandergehen, zeigt der Vergleich zwischen vier unterschiedlichen Bischofskonferenzen. Die zuletzt in Europa, in den USA und in Australien veröffentlichten Dokumente haben ganz unterschiedliche Zielsetzungen und auch verschiedene inhaltliche Schwerpunkte. Sie sind methodisch mehr oder weniger differenziert und kommen auch in ihrem Ergebnis je nach Anlass und Zielgruppe zu völlig konträren Schlussfolgerungen. Der Forderung nach umfassender Anerkennung *durch* die Kirche und nach gleichberechtigter Teilhabe *in* der Kirche steht die rigide Forderung nach Unterlassung aller medizinischen Maßnahmen gegenüber, die letztlich darauf hinausläuft, dass jeder Mensch sich so anzunehmen hat, wie er von Natur aus ist. Zwischen diesen beiden Polen oszilliert ein diffuses Verständnis von Pastoral, das mal Ausdruck einer traditions- bzw. moralorientierten Abschottung und mal Impuls für eine entschiedene, unvoreingenommene Zuwendung zum Menschen ist.

Deutschland: Ja zur Vielfalt in der Kirche

Ende 2019 startet in Deutschland der „Synodale Weg".[145] Der Reformdialog, der von der Deutschen Bischofskonferenz und dem Zentralkomitee der deutschen Katholiken (ZDK) gemeinsam getragen wird, macht es sich zur Aufgabe, von dem Hintergrund des Missbrauchs-Skandals in der katholischen Kirche Wege zur Reform innerkirchlicher Strukturen aufzuzeigen. Machtausübung und Gewaltenteilung, das Priesterbild, die Rolle der Frau und das Thema Sexualität sind die Schwerpunkte des Prozesses, der 2023 zum Abschluss kommt. Im Kontext Sexualität werden trans- und intergeschlechtliche Identitäten zum Thema gemacht.[146] Grundlagen- und Hand-

145 Zur Bewertung des Prozesses aus Sicht der theologischen Ethik vgl. den Sammelband: Hilpert/Sautermeister, Abgrund.

146 Vgl. *Synodalforum IV*, Handlungstext *„Umgang mit geschlechtlicher Vielfalt"*, Zweite Lesung auf der Fünften Synodalversammlung vom 9.–11. März 2023.

lungstexte nehmen nicht nur eine Neubewertung der Sexualität im Hinblick auf sexuelle Lust, Beziehungsgestaltung und Familiengründung vor, sondern stellen auch die Frage nach dem Umgang mit geschlechtlicher Vielfalt in der Kirche.[147]

Inter- und transgeschlechtliche Menschen entziehen sich einer eindeutigen Zuordnung als Mann oder Frau. Sie machen darauf aufmerksam, dass es nicht nur zwei strikt getrennte Geschlechter, sondern unterschiedliche Varianten gibt. Biologie, Humanwissenschaften und Gender-Forschung halten zwar nach wie vor an der Zweipoligkeit der Geschlechter fest, verstehen aber die Zuordnung eher im Sinne einer Skala zwischen „männlich" und „weiblich". An die Stelle eines strikt binären Schemas tritt der fließende Übergang, der Trans- und Intergeschlechtlichkeit als mögliche Varianten ein- und nicht ausschließt. Diesem Perspektivenwechsel kann sich die Kirche nicht länger verschließen.

Für den Umgang mit geschlechtlicher Vielfalt hat der Synodale Weg einen umfangreichen Forderungskatalog entwickelt. Entsprechend dem weltlichen Recht müssen inter- und transgeschlechtliche Menschen die Möglichkeit haben, im Taufregister ihren Personenstand, d.h. den Geschlechtseintrag und den Vornamen, zu ändern. Die Forderung steht nicht zufällig am Anfang der Liste. Sie hat höchste Priorität, denn von diesem Eintrag hängt der kirchenrechtliche Status der Getauften mit seinen Rechten und Pflichten ab. Der Eintrag entscheidet über die Möglichkeit der Eheschließung, den Zugang zu einer Ordensgemeinschaft oder zum Priesteramt. Die Synodalen fordern für trans Menschen in der Kirche den Zugang zur Eheschließung oder zumindest zu Segensfeiern, den Eintritt bzw. Verbleib in einer geistlichen Gemeinschaft und auch die Zulassung zur Weihe. Darüber hinaus wird die Übernahme als Mitarbeiterin oder Mitarbeiter in den kirchlichen Dienst verlangt. In der pastoralen Arbeit geht es darum, die Gemeinden für die Anliegen und Bedürfnisse dieser beiden Gruppen zu sensibilisieren. Die pastorale Ausbildung soll daher entsprechend ausgerichtet werden.

Die Einführung einer geschlechtersensiblen Sprache sollte im Sinne einer permanenten Bewusstseinsbildung den gesamten Prozess flankieren. Mit dem unmissverständlichen Ausschluss von Konversionstherapien sowohl für homo- und bisexuelle Menschen als auch für transidente Personen sollte die Kirche ein Zeichen der Anerkennung und des Respekts ge-

147 Vgl. Kreidler-Kos, Sichtbarkeit, 236–241.

genüber der geschlechtlichen Identität jeder einzelnen Person setzen. Aus theologischer Sicht ist die „normative naturrechtspositivistische Geschlechteranthropologie" auf der Grundlage von Gen 1,27 („Als Mann und Frau schuf er sie.") zu revidieren, weil sie nicht mehr den aktuellen Erkenntnissen der modernen Bibelwissenschaften entspricht.

Australien: Ja zum Menschen

Der deutsche Handlungstext „Umgang mit geschlechtlicher Vielfalt" lehnt sich an ein Papier der katholischen Bischöfe Australiens an.[148] Unter der Überschrift „Created and Loves – A guide for Catholic schools on identity and gender" wurde es im September 2022 veröffentlicht.[149] Der Titel des Papiers gibt bereits die theologische Grundlinie des Textes wieder. Von Gott geschaffen und geliebt – sind auch und gerade transgeschlechtliche Menschen. Als Geschöpf und Ebenbild Gottes haben sie in gleicher Weise wie alle anderen Menschen Anteil an der Würde der Gotteskindschaft.

Als von Gott geschaffene und geliebte Menschen lieben wir einander und schenken wir uns gegenseitig die Liebe Gottes. Diese theologische Grundidee der Leitlinien ist moraltheologisch anspruchsvoll. Sie verbindet anthropologische, soteriologische und ekklesiologische Aspekte. Dabei ist sie zugleich unkompliziert und einfach nachzuvollziehen. Sie will Verantwortliche in katholischen Schulen und Bildungseinrichtungen aus dem Glauben an den liebenden Gott stärken und ermutigen und ihnen Orientierung für ihr pädagogisches Handeln geben.

Der theologischen Grundlegung geht eine sachliche Analyse humanwissenschaftlicher Forschungsergebnisse voraus.[150] In Verbindung damit verweisen die Bischöfe auf den besorgniserregenden Anstieg von jungen Menschen, die an einer Geschlechtsinkongruenz leiden. Sie betonen die große Unsicherheit von medizinischer und pädagogischer Seite, im Hinblick auf jede einzelne Person die individuell passende Behandlungsform zu finden. Dass die betroffenen jungen Menschen zwingend Hilfe und Unterstützung brauchen, daran besteht für die Bischöfe kein Zweifel.

Im Hinblick auf einen möglichst diskriminierungsfreien Alltag in der Schule formulieren die Leitlinien ganz konkrete Maßnahmen. Dazu zählt

148 Vgl. *Australian Catholic Bishops Conference, Created and Loved.* A Guide for Catholic schools an identity and gender, Canberra 2022.

149 Vgl. den Text: https://drive.google.com/file/d/1X11WeuMYfHeyMwVmMQMivzMZUnI6rOQQ/view

150 Vgl. https://www.katholisch.de/artikel/41017-keine-neue-sexualethik-ohne-beschaeftigung-mit-geschlechtsidentitaeten

die Verwendung einer korrekten Sprache im Hinblick auf Namen und Pronomen, laufende Gespräche und Begleitung der Lernenden und ihrer Eltern, Einrichtung von „Community of Care"-Gruppen, unter der Überschrift „Achtung der Menschenrechte" Berücksichtigung des Themas Transidentität im Lehrplan, im Schulsport, besonders bei Wettkämpfen, und in der Schulseelsorge, sorgfältige Vorbereitung von Klassenfahrten und Veranstaltungen, Verhalten in Umkleidekabinen und Toiletten, Bereitstellung einer Unisex-Toilette und eines Badezimmers als geschützte Bereiche, flexible Handhabung von Schuluniformen und Kleiderordnung, Sorge für korrekte Schulunterlagen, Einhaltung des Datenschutzes, laufend aktuelle Informationen für die Lehrkräfte über die aktuelle Gesetzgebung und Bildungsrichtlinien sowie Fortbildungen für das gesamte schulische Personal.

Die Bischöfe machen darauf aufmerksam, dass eine Geschlechtsinkongruenz bei einem heranwachsenden Menschen nicht zwangsläufig zu einer hormonellen und operativen Transition führt. In der Mehrheit der Fälle kehren die Betroffenen nach einer bestimmten Zeit zu ihrem ursprünglichen Geschlecht zurück. Vor diesem Hintergrund bevorzugen die Bischöfe ein „biopsychosoziales Modell" der Behandlung, das auch das soziale Umfeld, die Familie und die in ihr wirkenden Dynamiken einbezieht im Unterschied zu Pubertätsblockern und sonstigen hormonellen Eingriffen. Das Fehlen von Langzeitstudien und damit verbunden das mangelnde Wissen über Langzeitfolgen dieser Medikamente ist der Grund für die Zurückhaltung der Bischöfe in diesem Punkt.

Zugleich verweisen sie auf die traditionelle Lehre der Kirche, nach der es nicht erlaubt ist, einen grundsätzlich gesunden Körper vorsätzlich zu schädigen. Sie sieht in jedem Menschen Gottes gute Schöpfung (good creation). Mit allen seinen körperlichen, emotionalen, kognitiven und seelischen Anlagen ist er von Gott gewollt und bedingungslos geliebt. In der katholischen Schule ist dieses Menschenbild maßgebend. Es verpflichtet die Lehrenden dazu, immer und zuerst den Menschen in den Blick zu nehmen. Sein Wohlergehen, sein Wachsen und Reifen sind das primäre Ziel der ganzen Schulgemeinschaft.

Die Leitlinie der Bischofskonferenz Australiens ist davon geprägt, jungen transidenten Menschen in der katholischen Schule ein optimales Umfeld für ihre persönliche Entwicklung zu verschaffen. Dass es dabei zu Spannungen zum traditionellen Verständnis vom Menschen kommen kann, wird nicht verschwiegen. Aber die konsequente Ausrichtung am Wohl der Person führt ausgehend von den praktischen Anforderungen an den Alltag in den Schulen zu ganz konkreten Schritten und Maßnahmen. Die US-Bischöfe gehen demgegenüber den umgekehrten Weg. Auch sie beschäftigen sich ausführlich mit dem christlichen Menschenbild. Am Ende steht jedoch keine Handlungsempfehlung, sondern ein kategorisches Nein.

USA: Nein zur medizinischen Behandlung

Im März 2023 verbietet die US-amerikanische Bischofskonferenz katholischen Krankenhäusern bei Patientinnen und Patienten, die an einer Geschlechts-Dysphorie leiden, die Durchführung von geschlechtsangleichenden Maßnahmen. Die Erklärung mit dem Titel „Doctrinal Note on the Moral Limits to Technological Manipulation of the Human Body" (Lehrmäßige Anmerkung zu den moralischen Grenzen der technologischen Veränderung des menschlichen Körpers)[151] soll, so die Bischöfe, den katholischen Einrichtungen des Gesundheitswesens moralische Kriterien an die Hand geben, anhand derer sie erkennen können, welche medizinischen Eingriffe das wahre Wohl der menschlichen Person fördern und welche schädlich sind.[152]

Man erkennt an, dass die moderne Medizin vielfältige chemische und chirurgische Möglichkeiten bietet, Krankheiten zu heilen und das Aussehen des Körpers zu verändern. Zugleich wird davor gewarnt, die moderne Technologie bringe auch Eingriffe hervor, die der wahren Entfaltung der menschlichen Person schaden könnten. Als Beispiel dafür werden Behandlungsmethoden der „Gender-Dysphorie" oder „Gender-Inkongruenz" aufgeführt. Diese Eingriffe zielen nach Ansicht der Bischöfe darauf ab, die Geschlechtsmerkmale eines Patienten gegen die des anderen Geschlechts auszutauschen oder zu simulieren. Da solche Eingriffe „die Grundordnung der menschlichen Person als eine innere Einheit von Leib und Seele mit einem Körper, der sexuell differenziert ist, nicht respektieren", stellt die Konferenz fest, dass katholische Gesundheitsdienste sie nicht durchführen dürfen, noch dürfen sie sich an der Entwicklung solcher Verfahren beteiligen.

Medizinische Eingriffe sind aus der Sicht der Bischöfe dann erlaubt, wenn von einem kranken Organ eine Bedrohung für den ganzen Körper ausgeht. Unter diesen Umständen sei eine „Reparatur" erlaubt, die ggf. auch in einer Amputation bestehen könne. Auch Schönheitsoperationen

---

151 Vgl. *Committee on Doctrine United States Conference of Catholic Bishops, Doctrinal Note on the Moral Limits to Technological Manipulation of the Human Body* vom 23. *Committee on Doctrine United States Conference of Catholic Bishops* vom 23. März 2023. – Verfügbar: https://www.usccb.org/resources/Doctrinal%20Note%202023-03-20.pdf

152 Vgl. dazu die kritische Einordnung von Ernst, Geschlechtsangleichungen, 591–601.

sind für die Bischöfe ethisch unbedenklich. Bei geschlechtsangleichenden Maßnahmen gehe es im Unterschied dazu nicht um eine Verbesserung der gesundheitlichen Situation, denn hier sei der Mensch ja an sich gesund. Sie seien ein Zweck an sich und damit moralisch nicht vertretbar, sondern vielmehr schädlich für den Körper und somit auch für die Person. Eine solche Schädigung ist unerlaubt und zwar nicht nur aus der Sicht der katholischen Kirche, sondern auch aus der Perspektive des Hippokratischen Eides. Eines seiner Grundprinzipien ist das Nicht-Schaden, das für alle medizinisch Tätigen eine unbedingte ethische Verpflichtung sei. Katholische Einrichtungen des Gesundheitswesens haben die Aufgabe, Leiden zu lindern. Dies könne aber nur mit legitimen Mitteln geschehen, denn nur sie seien geeignet, die Würde der Person in angemessener Form zu wahren. Legitim sind Mittel dann,

- wenn sie die gottgewollte Ordnung, wonach Leib und Seele untrennbar zusammengehören, respektieren,
- wenn sie anerkennen, dass diese Ordnung der Person eingeschrieben und endgültig ist,
- wenn sie darin die größere „Ordnung der Welt" erblicken, die Gottes Willen und seinem Plan für die Menschheit entspricht.

Bei der Unterscheidung, was der Mensch zu tun und was er zu unterlassen habe, sei der Respekt vor der „Ordnung der Welt" das entscheidende Kriterium. Der Körper sei eben kein Objekt, über das Menschen unbegrenzt verfügen könnten. Weder als Patient noch als Arzt oder als Forscher habe der Mensch ein unbegrenztes Recht, den Körper nach seinen Vorstellungen zu verändern.

„Der Körper ist kein Objekt, kein bloßes Werkzeug, das der Seele zur Verfügung steht und über das jede Person nach ihrem eigenen Willen verfügen kann, sondern er ist ein konstitutiver Teil des menschlichen Subjekts, ein Geschenk, das als etwas, das der Person innewohnt, empfangen, respektiert und gepflegt werden muss", heißt es im Papier der US-Bischofskonferenz. Lapidar stellt das Papier fest: In „Bezug auf diejenigen, die sich als transgender oder nicht-binär identifizieren, gibt es eine Reihe von pastoralen Fragen, die angesprochen werden müssen, die aber in diesem Dokument nicht angesprochen werden können."

Der politische Hintergrund der Positionierung ist eine Vorschrift des US-Gesundheitsministeriums, die Diskriminierung in der Gesundheitsversorgung verbietet. Das Ministerium behält sich das Recht vor zu entscheiden, ob es trotz bestehenden Gewissensschutzes religiöse Gesundheitsanbieter zwingen kann, gegen ihre Überzeugungen zu verstoßen. Die katholische Kirche sieht in staatlichen Bestimmungen, die Ärzte und Krankenhauspersonal dazu zwingen, bei Geschlechtsumwandlungen mitzuwirken, einen Verstoß gegen die Religionsfreiheit. Die Ablehnung solcher Eingriffe aus religiösen oder moralischen Gründen stelle keine Diskriminierung von trans Personen dar.[153]

Im Vorfeld des amerikanischen Präsidentschafts-Wahlkampfs hat sich die katholische Kirche positioniert und zwar zugunsten der republikanischen Seite. Bundesstaaten mit republikanischen Regierungen weisen seit einiger Zeit einen signifikanten Anstieg an diskriminierenden transfeindlichen Gesetzen auf. Ihnen haben die Bischöfe mit ihrem Beschluss Rückenwind gegeben. Betroffene und ihre Familien reagierten entsetzt auf das Verbot. LSBTIQ-Lobbygruppen haben im Juni 2023 einen nationalen Alarmruf gestartet.[154] Einer empirischen Untersuchung zufolge erwägen viele trans Menschen und ihre Familien inzwischen ihr Bundesland zu verlassen und in ein anderes zu gehen.[155]

Die Nordische Bischofskonferenz: Ja und Nein

Die Instruktion der US-Bischöfe für die katholischen Gesundheitsdienste lässt die Frage nach der Pastoral für trans Menschen offen. Die katholischen Bischöfe Nordeuropas setzen zur gleichen Zeit in ihrem Hirtenbrief zur österlichen Bußzeit genau an dieser Stelle an.[156] Mit ihrem Schreiben, das die Sexualität in den Mittelpunkt stellt, knüpfen sie an das vierzigtägige Fasten Jesu in der Wüste an und deuten damit bereits am Anfang die Sinnspitze ihrer Überlegungen an. Es geht im Kern um Verzicht, Enthaltsamkeit und Keuschheit als Grundhaltung aller Gläubigen, die keine Ausnahmen vorsieht. Schwule, lesbische, bisexuelle, inter- und transgeschlechtliche Menschen werden nicht eigens erwähnt. Sie sind unausgesprochen miteingeschlossen. Der Bezug zu den LSBTIQ-Gruppen entsteht durch das Motiv des Regenbogens, der als Zeichen des ersten Bundes zwischen Gott und den Menschen (Gen 9,13) für den biblischen Gottesglauben eine ganz besondere Bedeutung hat. Die Bischöfe nutzen seine Symbolik, um sich

153 Vgl. https://www.domradio.de/artikel/us-kardinaele-mit-doppeltem-signal-fuer-transgender

154 https://outreach.faith/2023/06/advocacy-group-issues-nationwide-state-of-emergency-for-lgbtq-people/

155 https://www.zdf.de/nachrichten/politik/usa-republikaner-anti-lgbtq-gesetze-100.html

156 Vgl. *Conferentia Episcopalis Scandiae, Hirtenbrief über menschliche Sexualität* vom 5. Fastensonntag 2023. – Verfügbar: https://www.nordicbishopsconference.org/fileadmin/NBK/pdffiler/Hirtenbriefe/Menschliche_Sexualitaet_2023/NBK_Hirtenbrief_fuer_die_Fastenzeit_DE.pdf

von der Regenbogen-Bewegung abzugrenzen und zwar vor allem im Hinblick auf die Frage nach der Geschlechtsidentität. Sie erklären:

„Wir erkennen alle hochgesinnten Ziele dieser Bewegung an und teilen sie, insofern es sich dabei um die Achtung der menschlichen Würde und die Sehnsucht jedes Einzelnen, wahrgenommen zu werden, handelt. Jede Art von Diskriminierung verurteilt die Kirche, und das schließt Diskriminierung aufgrund von geschlechtlicher Identität oder Orientierung ein. Wir erheben allerdings Widerspruch, wenn durch jene Bewegung ein Menschenbild transportiert wird, das die leibliche Integrität der Person auflöst, als ob das biologische Geschlecht etwas rein Zufälliges wäre. Und wir protestieren dagegen, wenn Kindern solche Ansichten aufgedrängt werden, als wären sie nicht gewagte Hypothesen, sondern nachgewiesene Fakten; wenn sie Minderjährigen auferlegt werden als drückende Last, über die eigene Identität bestimmen zu müssen, ohne dass sie dafür gerüstet sind. Es ist doch eigenartig, wie leicht unsere – sonst so körperbetonte – Gesellschaft den Körper nimmt und sich weigert, dessen Bedeutung für unsere Identität anzuerkennen. Stattdessen soll das Einzige, was Konsequenzen für eine Person beanspruchen dürfe, jene subjektive Eigenwahrnehmung sein, die jeder für sich nach seinem eigenen Bilde hervorbringt."

Im Gegenzug entfalten die Bischöfe das christliche Menschenbild ausgehend von der Gottebenbildlichkeit des Menschen, die Körper, Geist und Seele umfasst. Das Bild Gottes verwirklicht sich auch in der Komplementarität von Mann und Frau, die nach Gottes Willen füreinander geschaffen sind. „Das Gebot, fruchtbar zu sein und sich zu vermehren, hängt von dieser Gegenseitigkeit ab, die durch die eheliche Gemeinschaft geheiligt ist. Die Heilige Schrift bezeugt die Ehe von Mann und Frau als Bild für Gottes Vereinigung mit der Menschheit, die sich in der Hochzeit des Lammes am Ende der Zeit vollenden wird."

Vor diesem Hintergrund sei der Mensch dazu bestimmt, seine Natur so anzunehmen, wie er sie vorfindet. Die Bischöfe räumen ein, dass das schwer sein kann und auch Leiden bedeuten kann, aber es gilt – ohne Alternative. Der Plan Gottes kennt keine Ausnahme und seine Barmherzigkeit gebietet es den Bischöfen, an der Lehre der Kirche unverkürzt und uneingeschränkt festzuhalten. Der Ausschluss von Sakramenten, der in gewissen Situationen angezeigt sei, biete die eine Chance zu einer Vertiefung der Zugehörigkeit zur Gemeinschaft der Kirche. Dass diese Lehre der Kirche in der heutigen Zeit mitunter „Ratlosigkeit" erzeugt, ist den Bischöfen bewusst. Den modernen Zeitgenossen bieten sie *„einen freundschaftlichen Rat an:*

Versucht zuerst, euch mit Christi Forderungen und Verheißungen vertraut zu machen, ihn durch die Lektüre der Heiligen Schrift und im Gebet, durch die Liturgie und das Betrachten der vollen Lehre der Kirche – und nicht nur durch ein paar aufgeschnappte Brocken – besser kennenzulernen. Beteiligt euch am Leben der Kirche. Dadurch erweitert sich nicht nur der Horizont der Fragestellung, mit der ihr aufgebrochen seid, sondern auch euer Geist und euer Herz.

Berücksichtigt zweitens, wie unvollständig ein rein innerweltlicher Zugang zum Thema Sexualität zwangsläufig bleiben muss. Er bedarf einer Vertiefung. Wir brauchen ein angemessenes Vokabular, um miteinander über diese wesentlichen Dinge zu sprechen. Wenn wir die sakramentale Dimension der Sexualität, wie sie in Gottes Plan angelegt ist, wiederentdecken, wenn wir der Schönheit der christlichen Keuschheit gewahr werden und der Freude der Freundschaft, die uns zeigt, dass auch in nicht-sexuellen Beziehungen wahrhaft befreiende Intimität zu finden ist – dann haben wir einen wertvollen Beitrag in diesem Diskurs zu leisten. Der Sinn der kirchlichen Lehre ist nicht, Liebe zu beschneiden, sondern zu ermöglichen."

Für diese Liebe haben die Gläubigen vor der Welt Zeugnis abzulegen. Mit einem Zitat aus dem Römischen Katechismus von 1556 (!) endet der Hirtenbrief der Nordischen Bischöfe. Damit machen sie deutlich, die Botschaft der Kirche ist überzeitlicher Natur und damit erhaben über alle aktuellen Trends und Themen. Die Liebe Gottes ist für den Menschen in erster Linie eine Verpflichtung. Er hat sich dem göttlichen Gebot zu beugen und ihm in seiner Lebensführung zu entsprechen.

Das Hirtenschreiben bewegt sich ganz konsequent auf der Linie des Katechismus der Katholischen (KKK) von 1997.[157] Der Vergleich zum theologischen Ansatz der Bischöfe Australiens springt geradezu ins Auge. Diese bekennen einen Gott, der den Menschen mit seiner Liebe zur Nächstenliebe befähigt, ermutigt und ermächtigt. Die Liebe ist der Anfang von allem. Der Mensch – created and loved – empfängt die bedingungslose Liebe Gottes, um sie weiterzuschenken. Auch trans Menschen sind von Gott gewollt, geschaffen und geliebt. Ihr Leiden verlangt nach Unterstützung und Hilfe, nach Unterscheidung und Abwägung, nach Konsequenzen, die im Einzelfall sehr unterschiedlich ausfallen können. Sich darauf einzulassen mit al-

157 Zum Umgang mit der Homosexualität vgl. im Katechismus der Katholischen Kirche (KKK) die Ziffern 2357–2359.

len Risiken und in aller Unzulänglichkeit, das ist Liebe. Sie will sich nicht damit begnügen zu sagen: „Nimm dich so an, wie du bist!“[158]

Ein erstaunlicher Befund

Die vier vorgestellten Dokumente illustrieren das Ringen der Bischöfe um einen Zugang zum Thema Transidentität, der auf der einen Seite dem Menschen mit seinen individuellen Wünschen und Bedürfnissen und auf der anderen dem kirchlichen Lehramt und seiner Sicht auf den Menschen und seine Sexualität gerecht wird. Im Ergebnis steht mal das eine und mal das andere im Vordergrund.

Methodisch gehen die US-Bischöfe und auch die Nordische Bischofskonferenz von den allgemeinen Lehrsätzen der katholischen Anthropologie und Sexualmoral aus und leiten daraus konkrete Handlungsempfehlungen ab. Sie arbeiten im Stile der klassisch naturrechtlichen Deduktion und erwecken damit den Eindruck, als könne die Würde der Person nur auf eine einzige Art und Weise verwirklicht und wirksam geschützt werden. Dass es auch anders geht, zeigen die Bischöfe Australiens, die von den betroffenen Menschen her denken. Die gottgewollte Würde der Person, ihre Schutzwürdigkeit und ihr Recht auf Selbstbestimmung sind für sie Leitprinzipien ihrer Erwägungen. Sie laden zu einem induktiven Vorgehen ein, das Handlungsoptionen aufzeigt und individuelle Lösungen ermöglicht.

Das spannungsreiche, widersprüchliche Bild der bischöflichen Lehrmeinungen ist insofern bemerkenswert, als der Vatikan bereits im Frühjahr 2019 ein eigenes Papier mit Einschätzungen zur Gender-Diskussion veröffentlicht hat.[159] Es war für katholische Schulen gedacht und sollte dort den Verantwortlichen als Dialogimpuls dienen. Die Handreichung wurde allerdings in der Folgezeit kaum rezipiert. Die innerkirchliche LSBTIQ-Community hat kritisiert, dass Betroffene bei der Texterstellung nicht einbezogen worden sind. Mit diesem Defizit sei der Anspruch, einen Dialog zu initiieren, bereits im Vorfeld der Diskussion verfehlt worden.[160] Aus theologischer

---

158 „Jeder Mensch, ob Mann oder Frau, muss seine Geschlechtlichkeit anerkennen und annehmen. Die leibliche, moralische und geistige Verschiedenheit und gegenseitige Ergänzung sind auf die Güter der Ehe und auf die Entfaltung des Familienlebens hingeordnet. Die Harmonie des Paares und der Gesellschaft hängt zum Teil davon ab, wie Gegenseitigkeit, Bedürftigkeit und wechselseitige Hilfe von Mann und Frau gelebt werden.“ (KKK 2333) – „Als Gott den Menschen als Mann und Frau erschuf, gab er beiden die gleiche personale Würde. Mann und Frau haben ihre Geschlechtlichkeit wahrzunehmen und anzunehmen.“ (KKK 2393)

159 Das Papier wurde unter dem Titel *„Als Mann und Frau schuf er sie“* am 2. Februar 2019 von der Kongregation für das katholische Bildungswesen veröffentlicht.

160 Vgl. https://www.katholisch.de/artikel/22020-das-sind-die-hauptprobleme-des-vatikanischen-gender-dokuments

Sicht wurde bemängelt, dass das Papier ein völlig veraltetes Bild der Gender-Studien zugrunde lege und damit am aktuellen Stand der Debatte vorbei argumentiere. Die Chance eines echten, konstruktiven Dialoges sei ungenutzt geblieben.[161]

Ungeachtet dieser Kritik zeigt das Papier, wie man in Rom zurzeit die weltweite Gender-Debatte wahrnimmt und einordnet. Eine zentrale Rolle spielt dabei die Vorstellung, dass künftig jeder nach eigenem Gutdünken, völlig willkürlich und auch mehrfach sein Geschlecht definieren könne. Die mehr oder weniger explizite Unterstellung, dass trans Personen gerade diese Beliebigkeit anstreben und verkörpern, führt in dem Papier der römischen Bildungskommission zu einem ganz klar ablehnenden Votum. Trans Menschen, so soll man das Papier wohl verstehen, sind eine „Erfindung" der Gender-Bewegung. In der Lehre der Kirche sind sie nicht vorgesehen.

Das „letzte Wort" in dieser Frage ist die Erklärung von 2019 jedoch keineswegs. Der Grund dafür ist Papst Franziskus, der mit seinen Interventionen innerhalb und außerhalb der Kirche regelmäßig für Überraschungen sorgt. Auch er ist in seinen Äußerungen sehr widersprüchlich.

Papst Franziskus: Ein Seelsorger für trans Menschen

Zwischen 1990 und 1992 hielt sich der Jesuit Jorge Mario Bergoglio in der argentinischen Provinzhauptstadt Córdoba auf. Genau ein Jahr, zehn Monate und dreizehn Tage wohnte er in der dortigen Jesuitenniederlassung, nachdem ihn seine Ordensoberen aufgrund von ordensinternen Konflikten von Buenos Aires dorthin „strafversetzt" hatten.[162] Im Jahr 2020 schreibt er unter dem Eindruck der Covid-Pandemie über diese Zeit: „Ich feierte die Messe, hörte Beichte und gab geistliche Begleitung, aber ich verließ fast nie das Haus, nur ab und zu, um zur Post zu gehen." Er nennt diese Zeit eine Art Lockdown, eine Selbstisolation. „Und es hat mir gutgetan. Es hat mir geholfen, auf neue Ideen zu kommen: Ich habe viel geschrieben und viel gebetet."[163] Córdoba, eine Stadt mit gut 1,3 Millionen Einwohnerinnen und Einwohnern, war schon damals eine Metropole voller pulsierendem Leben. Ob Papst Franziskus in seiner meditativen Abgeschiedenheit wohl entgangen ist, was sich quasi vor der Haustür im größten Park von Córdoba, im

161 Vgl. die differenzierte Analyse von Behrends, Genderkritik.
162 Vgl. Franziskus, Wage zu träumen, 58.
163 Ebd.

Sarmiento-Park, abspielte? Sollten er oder seine Mitbrüder in der Niederlassung von den trans Frauen, die sich hier nachts prostituierten, um damit ihren Lebensunterhalt zu verdienen, nichts gewusst haben?

„Mit ihnen nachts durch die Straßen ziehen"

Camila Sosa Villada erzählt in ihrem Roman „Im Park der prächtigen Schwestern", der Anfang der neunziger Jahre im Herzen von Córdoba spielt, von einer Gruppe von trans Frauen, die als Prostituierte arbeiten. Sie schließen sich im ihrem täglichen Kampf ums Überleben in einer Gruppe zusammen. „Und gemeinsam feiern sie die Liebe und den Rausch. Im Widerstand gegen eine Gesellschaft, die sie verachtet."[164] Durch das Buch hat Córdoba im Jahr 2021 im deutschsprachigen Raum eine gewisse Bekanntheit erreicht. Camila Sosa Villada ist selbst eine trans Frau, was ihrer Geschichte eine stark autobiografische Prägung gibt.[165] Sollte Jorge Bergoglio und den Jesuiten die Situation dieser Frauen mit ihrer ganzen Not, ihren Gefahren und der Gewalt, der sie an diesem stadtbekannten Treffpunkt ausgesetzt waren, verborgen geblieben sein?

Wir wissen es nicht. Wir wissen aber, dass sich der spätere Papst Franziskus als Erzbischof von Buenos Aires verkleidet und damit inkognito unter eine Gruppe von Müllsammlern (Cartoneros) mischte, um zu sehen, wie sie arbeiten und von den Resten leben, die von den anderen weggeworfen wurden. „Mit ihnen nachts durch die Straßen ziehend, konnte ich die Stadt durch ihre Augen sehen und konnte die Gleichgültigkeit erfahren, unter der sie litten; die Gleichgültigkeit, die zu einer höflichen, stillen Gewalt wird." [166] Es sind biografische Erfahrungen wie diese, die ihn als Bischof geprägt und in seinem Prinzip bestätigt haben, dass Christen an die „Peripherie" gehen müssen, an die Ränder der Gesellschaft, um dort Zeugnis abzulegen für die Liebe Gottes, die keinen Menschen ausschließt und keinen fallen lässt, der dort ist, wo wir ihn am wenigsten erwarten.[167] Vor diesem Hintergrund ist die Aufmerksamkeit zu sehen, die Papst Franziskus trans Frauen schenkt, die als Prostituierte arbeiten.

---

164 Vgl. den Klappentext: Sosa Villada, Park.

165 Vgl. das Interview im Deutschlandfunk: https://www.deutschlandfunkkultur.de/camila-sosa-villada-im-park-der-praechtigen-schwestern-100.html

166 Vgl. Franziskus, Wage zu träumen, 160.

167 Zum programmatischen Begriff der Peripherie bei Papst Franziskus vgl. die Antrittsenzyklika *Evangelii gaudium* von 2013, Ziffer 30 und 63. – Vgl. auch Borghesi, Papst Franziskus, 322–324.

Ein Wohnprojekt für trans Frauen

Der argentinischen Ordensfrau Mónica Astorga Cremona, die ein Wohnprojekt für obdachlose trans Frauen ins Leben gerufen hat, schrieb er in einem persönlichen Brief, Gott „wird dich reichlich entlohnen". Schwester Mónica setzt sich seit 14 Jahren für trans Frauen ein und bietet ihnen mit verschiedenen Projekten eine Alternative zu Obdachlosigkeit, Prostitution und Drogenabhängigkeit. Dort haben die Bewohnerinnen zudem die Möglichkeit, einen Beruf zu erlernen und sich ihren Lebensunterhalt zu verdienen. Die Ordensfrau und Papst Franziskus kennen sich seit mehreren Jahren. Bereits 2009 hatte er ihr als Erzbischof von Buenos Aires seine Unterstützung für die Arbeit mit Transfrauen zugesichert: „Gib diese Arbeit am (gesellschaftlichen) Rand, die dir der Herr gegeben hat, nicht auf. Für das, was du brauchst, zähle auf mich." Papst Franziskus versicherte der Oberin des Konvents der Unbeschuhten Karmelitinnen im westargentinischen Nequén außerdem, dass er für sie beten werde. Auch die Frauen schloss er ausdrücklich in sein Gebet ein.[168] Wenn man die große Bedeutung bedenkt, die Papst Franziskus gerade dem fürbittenden Gebet zuschreibt, liegt in diesen Worten mehr als nur ein tröstlicher Zuspruch. Für ihn ist das die innigste Form der Gemeinschaft untereinander und mit Gott.[169]

Ein Vergnügungspark – am Rande Roms

Eng verbunden ist Papst Franziskus auch zwei Ordensfrauen, die zusammen mit Schaustellerfamilien im Vergnügungspark Ostia Lido in der Nähe von Rom leben. Die Französin Geneviève und die Italienerin Anna Amelia gehören zu den Kleinen Schwestern Jesu. Der Orden ist vom französischen Eremiten Charles de Foucauld (1858–1916) inspiriert. Anders als andere Gemeinschaften leben die Ordensschwestern nicht in Klostergebäuden, sondern oft in einem nichtreligiösen Umfeld. Ihren Lebensunterhalt erwirtschaften sie meist als einfache Arbeiterinnen, etwa in Fabriken oder Dienstleistungsbetrieben. Sie arbeiten am Fließband oder als Putzfrauen.

---

168 Vgl. https://www.katholisch.de/artikel/26567-projekt-fuer-transfrauen-papst-schreibt-ordensfrau-und-ihren-maedels

169 „Die Fürbitte hat einen besonderen Wert, weil sie ein Akt des Gottvertrauens und zugleich ein Ausdruck der Nächstenliebe ist. Manche glauben aufgrund von spiritualistischen Vorurteilen, dass das Gebet eine reine Kontemplation Gottes sein müsse, ohne Ablenkungen, so als ob die Namen und Gesichter der Brüder und Schwestern eine zu vermeidende Störung wären. Die Realität ist dagegen, dass das Gebet Gott gefälliger und heiligmachender wird, wenn wir darin durch die Fürbitte versuchen, das uns von Jesus hinterlassene Doppelgebot zu leben. Die Fürbitte drückt das brüderliche Engagement für andere aus, wenn wir in ihr fähig sind, das Leben anderer aufzunehmen, mit ihren verstörenden Seelennöten und besten Träumen." Papst, Franziskus, *Gaudete et exsultate*, Ziffer 154.

Seit etwa 13 Jahren leben die Schwestern wie die Schausteller in zwei alten Wohnwagen. Sie teilen ihr Leben mit ihnen wie eine große Familie. 2015 besuchte Papst Franziskus überraschend den Freizeitpark und das ungewöhnliche Zuhause der Schwestern.

Schwester Geneviève und der Papst kennen sich noch aus Argentinien, als er Erzbischof von Buenos Aires war. Nach seiner Wahl zum Papst trafen sich die beiden in Rom wieder und blieben in Verbindung. So stellte die französische Ordensschwester gemeinsam mit einem Pfarrer aus der Umgebung Kontakt zum Vatikan her, als die Covid-Pandemie vielen Menschen in der Nachbarschaft die Lebensgrundlage entzog und zwar nicht nur den Schaustellern. Ebenfalls betroffen waren die trans Frauen, die dringend Unterstützung benötigten. Sie konnten pandemiebedingt der Straßenprostitution nicht mehr nachgehen und hatten finanzielle, aber auch gesundheitliche Schwierigkeiten. Papst Franziskus und der päpstliche Sozialbeauftragte, Kardinal Konrad Krajewski, halfen damals der örtlichen Kirchengemeinde und den Betroffenen mit Geldspenden, Corona-Tests und Grippeimpfungen.[170]

Dem Portal Vatican News zufolge unterstützen Papst Franziskus und Kardinal Krajewski seit dieser Zeit die Seelsorge und die Wiedereingliederung der Betroffenen. Am 27. April, am 22. Juni und am 3. August 2022 hat der Papst einige trans Frauen aus der Gemeinschaft von Ostia empfangen. „Die Aufmerksamkeit des Papstes für die Menschen, die in großer Not und Zerbrechlichkeit leben, gibt unvorstellbar große Hoffnung“, sagt Schwester Geneviève. Die trans Menschen seien erstaunt über die herzliche Aufnahme durch Papst Franziskus gewesen, was zum „Funken der Ermutigung für ein neues Leben werden“ könne.[171]

Trans Menschen – in der Mitte der Gesellschaft

Unabhängig von seinem Engagement für trans Frauen in der Prostitution, ist sich Papst Franziskus darüber im Klaren, dass transidente Menschen schon lange in der Mitte der Gesellschaft angekommen sind. Sie erwarten von der Kirche mehr als Almosen. Sie kommen mit Schuldgefühlen und Ängsten, aber auch mit Hoffnungen und einer großen Sehnsucht nach Gemeinschaft. Bei einer Pressekonferenz beschreibt Papst Franziskus seinen

170 Vgl. https://www.katholisch.de/artikel/44567-im-auftrag-des-papstes-ordensfrauen-leben-im-freizeitpark

171 Vgl. https://www.vaticannews.va/de/papst/news/2022-08/papst-franziskus-audienz-empfaengt-gruppe-transsexuell-ostia.html

Kontakt zu einem trans Mann, der ihm in einem Brief seine Kindheitsgeschichte erzählt hat.[172]

„Er war ein Mädchen und hat sehr gelitten, weil er sich als Junge empfand, physisch aber ein Mädchen war. Er hat das seiner Mutter erzählt, als er bereits 22 Jahre alt war, und ihr gesagt, er wolle einen chirurgischen Eingriff machen lassen usw. Und die Mutter hat ihn gebeten, das nicht zu tun, solange sie noch lebe. Sie war schon alt und ist dann bald gestorben. Dann hat er sich operieren lassen. Er ist Angestellter in einem Ministerium in einer Stadt in Spanien. Er ist zum Bischof gegangen und der Bischof hat ihn intensiv begleitet – ein guter Bischof: er ‚vergeudete' Zeit, um diesen Mann zu begleiten. Dann hat der Mann geheiratet. Er hat seine zivile Identität geändert, hat geheiratet und mir in seinem Brief geschrieben, dass es für ihn ein großer Trost wäre, wenn er mit seiner Frau kommen könnte – er, der zuerst eine Frau, jetzt aber ein Mann war. Und ich habe sie empfangen. Sie waren sehr froh.

In dem Viertel, wo er wohnte, gab es einen alten, achtzigjährigen Priester, den ehemaligen Pfarrer, der die Pfarrei aufgegeben hatte und dort in der Gemeinde seinen Dienst für die Schwestern tat ... Und es gab den neuen [Pfarrer]. Wenn der neue ihn sah, beschimpfte er ihn auf offener Straße: ‚Du kommst in die Hölle!' Als er [dagegen] dem alten begegnete, sagte dieser: ‚Seit wann bist du nicht zur Beichte gegangen? Komm, komm, damit ich deine Beichte höre und du zur Kommunion gehen kannst!' – Verstanden?

Das Leben ist das Leben, und man muss die Dinge nehmen, wie sie sind. Sünde ist Sünde. Die Tendenzen oder hormonelle Gleichgewichtsstörungen verursachen viele Probleme, und wir müssen aufpassen, dass wir nicht sagen: ‚Ist alles das Gleiche, lassen wir's uns wohl sein!' Nein, das nicht. Aber jeder Fall muss aufgenommen, begleitet, untersucht, klärend unterschieden und integriert werden. Das ist es, was Jesus heute tun würde. Bitte sagen Sie nicht: ‚Der Papst heiligt die Trans!' Bitte sehr! Denn ich sehe schon die Titel der Zeitungen vor mir ... Nein, nein.

Gibt es noch irgendeinen Zweifel über das, was ich gesagt habe? Ich möchte unmissverständlich sein. Es ist ein Problem der Moral. Es ist ein Problem. Es ist ein menschliches Problem. Und man muss es lösen, so gut man kann, immer mit der Barmherzigkeit Gottes, mit der Wahrheit – wie

172 Vgl. https://www.vatican.va/content/francesco/de/speeches/2016/october/documents/papa-francesco_20161002_georgia-azerbaijan-conferenza-stampa.html

wir im Fall der Ehe gesagt haben, indem man die *Amoris laetitia* ganz liest, aber immer so, immer mit offenem Herzen."[173]

Leitlinien für die kirchliche Trans-Pastoral

Mit der Geschichte, die Papst Franziskus den Journalisten erzählt, gibt er nicht nur über seine persönliche pastorale Grundhaltung, sondern auch über Leitlinien für die Trans-Pastoral der katholischen Kirche Auskunft. Er lässt keinen Zweifel daran, wie er sich einen Umgang mit trans Menschen vorstellt, der dem Auftrag des Evangeliums entspricht.

Papst Franziskus nimmt sehr genau wahr, wo das Leben des Mannes mit der kirchlichen Lehre, insbesondere ihrem Menschenbild, ihrem Verständnis von Ehe und Familie und ihrer Sexualmoral kollidiert. Er betont: „Es ist ein Problem der Moral." Die Kirche ist herausgefordert, sich diesen Widersprüchen zu stellen und sich nicht hinter den Mauern eines festgefügten Lehrgebäudes zu verstecken.

Der Papst sieht auch das widersprüchliche Verhalten der Seelsorger. Er nimmt wahr, dass eine Pastoral, die sich an der Moral orientiert, lieblos und verletzend wird, und dass nur eine Pastoral, die sich im Einzelfall über die Moral hinwegsetzen kann, einfühlsam genug ist, um der individuellen Lebenssituation eines Menschen gerecht zu werden. Er sagt: „Es ist ein menschliches Problem." Er sagt nicht: „Der Mensch ist das Problem!"

Papst Franziskus spricht nicht vom „Sünder", sondern von der Sünde. Er will die Sünde nicht relativieren. Und es liegt ihm auch fern, trans Menschen per se „heiligzusprechen". Mit dem Stichwort „Sünde" bringt er Gott ins Spiel. Wenn der Jesuit Franziskus von Sünde spricht, dann im Sinne des hl. Ignatius von Loyola und seiner „Theologie der Sünde". Sie besagt nichts anderes, als dass das Erbarmen Gottes größer ist als jede Sünde.[174]

Die Barmherzigkeit Gottes ist der Antrieb, nach Lösungen zu suchen, auch wenn das Problem unüberwindlich erscheint. Die Zulassung wiederverheirateter Geschiedener zum Kommunionempfang, auf die Papst Franziskus an dieser Stelle mit seinem Hinweis auf *Amoris laetitia* anspielt, war bei der Familiensynode 2015 ein ähnliches unüberwindliches Hindernis. Am Ende verständigte sich die Bischofssynode darauf, statt weiterhin einen rigorosen Ausschluss von den Sakramenten zu praktizieren, eine wohlwollende Betrachtung jedes einzelnen Falls vorzunehmen und zwar in der

173 Vgl. bes. *Amoris laetitia*, Kapitel 8, 291–312, über die „irregulären Verhältnisse". Dazu Lintner, Beziehungsethik, 230–234.

174 Vgl. Borghesi, Papst Franziskus, 262.

Absicht, die sakramentale Gemeinschaft wiederherzustellen.[175] Inzwischen ist diese Lösung geltendes kirchliches Recht. Warum sollte das, was die Synode von 2015 im Hinblick auf Wiederverheiratete möglich gemacht hat, im Hinblick auf trans Menschen unmöglich sein? Papst Franziskus sagt dazu: Es ist ein Problem und „man muss es lösen, so gut man kann, immer mit der Barmherzigkeit Gottes".[176]

Der einzelne Mensch mit seiner einmaligen, unverwechselbaren Geschichte ist für Papst Franziskus der Schlüssel zur Lösung. Er predigt diese Haltung nicht nur, er lebt sie vor. Sie ist der Grund, warum er nicht zögert, den Mann und seine Ehefrau zu empfangen. Er weicht der persönlichen Begegnung nicht aus. Er nimmt im Gegenteil alle Einzelheiten ihrer Lebensgeschichte ganz sensibel wahr, und zwar die Probleme und Spannungen genauso wie das Glück eines Lebens zu zweit.

Als oberster Hüter des kirchlichen Lehramts kennt Papst Franziskus die Möglichkeiten und Grenzen der katholischen Moral ganz genau. Er sieht auch das Risiko von Willkür und Beliebigkeit in der (Nicht-)Anwendung kirchlicher Normen. „Aber jeder Fall muss aufgenommen, begleitet, untersucht, klärend unterschieden und integriert werden. Das ist es, was Jesus heute tun würde."

Die „verrückte Liebe Gottes"

Papst Franziskus sucht die unmittelbare Nähe zu trans Menschen. Im Rahmen des Weltjugendtages im August 2023 in Lissabon hat Papst Franziskus sich per Podcast an junge Menschen gewandt.[177] Zunächst hörte der Papst ihre Sprachnachrichten, dann sprach er zu ihnen, tröstete sie und machte ihnen Mut.

Giona ist trans, homosexuell und lebt mit einer Behinderung. Er sagte: „Ich habe das Glück gehabt, getauft zu werden. Und ich sehe die Taufe als Boden, der für mich bereitet wurde, wo ein Same aufgehen kann. Wo Glaube wachsen kann, ein Glaube, in dem ich mich als kleine Figur seines Projekts sehen kann. Das hat mir geholfen, mich anzunehmen. (...) Als ich mir bewusst wurde, dass ich trans bin, hätte ich es lieber nicht glauben wollen. Ich habe mich zwischen Glaube und Trans-Identität zerrissen gefühlt, bei-

---

175 Franziskus, Wage zu träumen, 114–115.

176 Vgl. dazu auch das achte Kapitel in *Amoris laetitia*, wo Papst Franziskus von einer Kirche spricht, die bereit ist, „ihr Herz zu öffnen für alle, die an den unterschiedlichsten existenziellen Peripherien leben" (Ziffer 312).

177 Vgl. https://www.vaticannews.va/de/papst/news/2023-07/popecast-podcast-papst-franziskus-wjt-jugendliche-trans-gott.html

des Glieder desselben Körpers – meines Körpers." Er sei trans und gläubig und habe sich für die Liebe entschieden. Papst Franziskus antwortete ihm: „Giona, ich habe deine Geschichte gehört, deinen Weg. Du weißt schon, was ich dir jetzt sagen werde: Der Herr ist immer an unserer Seite; er geht immer mit uns. Er kennt keine Scheu. Auch wenn wir Sünder sind, kommt er zu uns, um uns zu helfen. Der Herr hat keine Angst vor unserer Realität. Er liebt uns so, wie wir sind. Dass ist die verrückte Liebe Gottes!"

Das Lehramt ist kein Monolith!

Fürbitte, Zuspruch, Trost und bei Bedarf materielle Hilfe – Papst Franziskus macht klar, dass trans Menschen darauf ein Recht haben und zwar wie alle anderen Menschen auch. Aber er begnügt sich nicht mit der Einzelfallhilfe, sondern sieht seine Begegnungen mit trans Menschen im größeren Kontext der Zukunft der Kirche. Ihm ist bewusst, dass sich die Lehre der Kirche verändern muss und zwar so, wie sie sich auch in der Vergangenheit immer wieder verändert hat. In einem Gespräch mit einer Gruppe von Jesuiten während seines Portugalbesuchs am 5. August 2023 nannte er als Beispiele den Einsatz von Atomwaffen, die Todesstrafe und die Sklaverei. Diese Sachverhalte seien heute eine Sünde, obwohl frühere Päpste sie akzeptiert hätten. „Das Verständnis vom Menschen verändert sich mit der Zeit und auch das Gewissen des Menschen vertieft sich. Auch die Wissenschaften und ihre Entwicklung helfen der Kirche bei diesem zunehmenden Verstehen." Weiter erklärte der Papst: „Es ist ein Irrtum, die Lehre der Kirche für einen Monolithen zu halten."

In dem Gespräch äußerte sich Papst Franziskus auch zum Thema Homosexualität. Er sagte: „Es ist offensichtlich, dass sich die Wahrnehmung bei diesem Thema im Laufe der Geschichte verändert hat. Aber was mir generell überhaupt nicht gefällt, ist, wenn man die sogenannten fleischlichen Sünden mit dem Vergrößerungsglas betrachtet, wie man das lange Zeit gemacht hat." Die seelsorgerische Begleitung der Menschen erfordere „Sensibilität und Kreativität", so der Papst, der auch von seinen ersten Begegnungen mit trans Menschen erzählte. „Mir ist klargeworden, dass sie sich zurückgewiesen fühlen. Und das ist wirklich hart."[178]

---

178 Vgl. https://katholisch.de/artikel/46712-papst-franziskus-kritisiert-rueckwaertsgewandte-katholiken-in-den-usa

Ein leidenschaftlicher Kämpfer gegen die „Gender-Ideologie"

Durch seine persönlichen Begegnungen ist Papst Franziskus bewusst geworden, dass sich trans Menschen oftmals in der katholischen Kirche nicht willkommen fühlen. Aber ist ihm auch klar, dass seine Äußerungen zu dem, was er „Gender-Ideologie" nennt, eher geeignet sind, die Kluft zwischen der Kirche und den queeren Menschen weiter zu vertiefen statt zu überwinden? Die Schärfe seiner Polemik brüskiert die Betroffenen und will so gar nicht zum Bild des behutsamen und wohlwollenden Seelsorgers passen, das er im unmittelbaren Kontakt mit trans Menschen zeigt.

Die Gender-Theorie – eine „ideologische Kolonialisierung"

Nachdem er im Oktober 2016 auf seiner Pastoralreise nach Georgien und Aserbeidschan zum wiederholten Male das Gender-Thema als schädliche Ideologie gebrandmarkt hatte, wurde er bei der Pressekonferenz auf dem Rückflug von Baku nach Rom von Joshua McElwee, einem Reporter der amerikanischen Tageszeitung National Catholic Reporter, gefragt:

„In der Rede von gestern in Georgien haben Sie – wie in vielen anderen Ländern – über die Gender-Theorie gesprochen und gesagt, dass sie der große Feind, eine Bedrohung für die Ehe ist. Doch ich möchte fragen: Was würden Sie zu einem Menschen sagen, der jahrelang aufgrund seiner Sexualität gelitten hat und wirklich spürt, dass da ein biologisches Problem existiert; dass seine physische Erscheinung nicht mit dem übereinstimmt, was er oder sie als die eigene geschlechtliche Identität ansieht? Wie würden Sie als Hirte und Amtsträger diese Menschen begleiten?"[179]

Papst Franziskus antwortete ihm: „Zuerst einmal: Ich habe in meinem Leben als Priester, als Bischof – auch als Papst – Menschen mit homosexueller Tendenz und auch solche, die ihre Homosexualität praktizierten, begleitet. Ich habe sie begleitet, sie dem Herrn nähergebracht – einige sind dazu nicht fähig, aber ich habe sie begleitet – und nie habe ich jemanden im Stich gelassen. Das ist es, was man tun muss. Man muss die Menschen begleiten, wie Jesus sie begleitet. Wenn jemand, der in dieser Lage ist, vor Jesus tritt, wird dieser ihm sicher nicht sagen: ‚Pack dich fort, denn du bist homosexuell!' Nein.

Was ich gesagt habe, betrifft jene Gemeinheit, die man heute mit der Indoktrinierung der Gender-Theorie begeht. Mir erzählte ein französischer

---

179 Vgl. https://www.vatican.va/content/francesco/de/speeches/2016/october/documents/papa-francesco_20161002_georgia-azerbaijan-conferenza-stampa.html

Familienvater, dass bei Tisch mit den Kindern gesprochen wurde – er katholisch, die Frau katholisch, die Kinder katholisch, allerdings oberflächlich katholisch, aber katholisch – und er seinen zehnjährigen Sohn fragte: ‚Und du, was willst du werden, wenn du groß bist?' – ‚Ein Mädchen!' Und der Vater entdeckte, dass in den Schulbüchern die Gender-Theorie gelehrt wurde. Und das ist gegen die Natur. Man muss da unterscheiden: Es ist etwas anderes, ob jemand diese Tendenz, diese Option hat – und es gibt auch solche, die das Geschlecht wechseln –, oder ob in den Schulen in dieser Richtung gelehrt wird, um die Mentalität zu verändern. So etwas nenne ich ‚ideologische Kolonialisierungen'."[180]

Gender-Theorie – eine Konkurrenz für die Kirche

Das Bild von Transidentität, das er an dieser Stelle zeichnet, ist nicht zutreffend, zumindest aber sehr missverständlich. Kinder lernen ihre geschlechtliche Identität nicht aus Schulbüchern, so wie sie lesen, schreiben oder rechnen lernen. Möglicherweise lernen sie aufgrund der Lerninhalte, die ihnen angeboten werden, eine Sprache für das zu finden, was sie immer schon empfunden haben, aber nicht ausdrücken konnten. Es kann sein, dass das Lehrbuchwissen die Hemmschwelle senkt, die eigenen Gefühle und Gedanken zu formulieren. Dass sich insbesondere Väter mit der Transidentität ihrer Kinder schwertun, kann man immer wieder beobachten. Der Verdacht, das Schulbuch habe das Kind auf „dumme Gedanken" gebracht, liegt nahe, lenkt aber vom eigentlichen Problem ab. Es wird gern verdrängt, um sich der Realität nicht stellen zu müssen. Nicht zufällig wird eine Bildungsarbeit, die Fragen der Geschlechtlichkeit und Sexualität offensiv thematisiert, gerade in traditionell konservativ eingestellten Kreisen als eine „Frühsexualisierung" der Kinder zurückgewiesen.

Aber Papst Franziskus lässt sich nicht in das Schema rechter Aktivisten pressen.[181] Der Papst kritisiert an dieser Stelle nicht, dass es Menschen mit Transidentität gibt, dass einige von ihnen sich geschlechtsangleichender Behandlungen unterziehen und dass sie mit einem Partner oder einer Partnerin möglicherweise in einer gleichgeschlechtlichen Beziehung leben. Seine Kritik richtet sich dagegen, dass Transidentität und Homosexualität zu einer neuen gesellschaftlichen Norm erklärt werden und damit das bestimmen, was in den Schulen zu lehren und zu lernen ist. Hier sind die Verant-

180 Ebd.

181 Zur Definition von rechten und rechtsextremen Positionen in der Kirche vgl. Strube, Anti-Genderismus, 120. – Herbst, Rechte Normalisierung, 408.

wortlichen in den Schulen, in der Bildungspolitik, in den Medien und im kulturellen Bereich im weitesten Sinne angesprochen. Sie alle tragen auf ihre Weise zur „Indoktrination“ der jungen Menschen bei.

Die Antwort des Lehramts: Kompromissloser Widerstand

Der angestrebte „Mentalitätswandel“ zielt auf die Beziehung zwischen Mann und Frau, das Verständnis von Ehe und Familie und damit auf das gesamte Gesellschaftsmodell. Die Gender-Theorie bringt traditionelle katholische Vorstellungen in allen diesen Bereichen unter Druck. Sie wird zunehmend zu einer Konkurrenz, die sich anschickt, tradierte Werte und Normen der Kirche vollständig zu verdrängen. Aber dies ist nur die eine Seite der Debatte.[182]

Wenn man wissen will, wie sachlich und differenziert das Thema „Gender“ in der katholischen Theologie diskutiert wird, lohnt sich ein Blick in den Sammelband „Gender studieren“, den die Osnabrücker Dogmatikerin Margit Eckholt 2017 herausgegeben hat.[183] Gender-Studien rekonstruieren auf der Basis von feministischen Grundannahmen eine jahrhundertealte Geschichte der Unterdrückung, Ungleichbehandlung und Unterordnung der Frauen in Gesellschaft und Kirche – mit dem Ziel, jede Form der geschlechtsspezifischen Ungerechtigkeit zu überwinden und der gleichen Würde von Mann und Frau nicht nur theoretisch, sondern auch lebenspraktisch zum Durchbruch zu verhelfen. Damit verfolgen die feministisch orientierten Gender-Theorien und die kirchliche Sozialverkündigung eigentlich ein und dasselbe Ziel. Faktisch erscheinen sie dem Lehramt jedoch zurzeit als der „größte Feind“ der christlichen Lehre seit dem Ende des Marxismus. Wie konnte es dazu kommen?[184]

Als Papst Johannes XXIII. in seiner Enzyklika *Pacem in terris* 1963 die Gleichberechtigung der Frauen als „Zeichen der Zeit“ bezeichnete, öffnete

182 Vgl. Lintner, Beziehungsethik, 236–237.

183 Vgl. Eckholt, Gender studieren. – Lintner, Beziehungsethik, 465–478. – Die kirchliche Position skizziert darin kritisch: Anuth, Gottes Plan, 172–176. – Vgl. auch Schüssler, Diskriminierung, 167–171. – Hilpert, Ideologie, 19–21.

184 Vgl. die Rolle von Papst Benedikt XVI. als Kardinal Josef Ratzinger, Präfekt der Glaubenskongregation, die Maren Behrends herausgearbeitet hat. Vgl. Behrends, Genderkritik, 7–11. – Mit der aufkommenden Befreiungstheologie in Lateinamerika auf der einen und dem Feminismus auf der anderen Seite befand sich die Kirche in den siebziger und achtziger Jahren in einem doppelten Konflikt. Während das Lehramt der Befreiungstheologie den Boden erfolgreich entziehen konnte, wirkt sich der Konflikt um die Selbstbestimmung und Gleichberechtigung der Frau nach wie vor aus und nimmt in der Genderkritik der Kirche heute nochmals Fahrt auf. – Für diesen Zusammenhang ist nach wie vor die Ratzinger-Biographie von John L. Allen aus dem Jahr 2000 aufschlussreich. Allen stellt fest, „dass der Feminismus für Ratzinger eine Form der Befreiungstheologie für die entwickelte westliche Welt ist“ (194). Vgl. ders. Ratzinger, 169–194.

sich für einen kurzen Moment ein Zeitfenster, das sich aber schon bald wieder schließen sollte.[185] Das II. Vatikanische Konzil übernahm dieses „Zeichen der Zeit" zwar in seiner Pastoralkonstitution *Gaudium et spes*, blieb aber in seinem Kapitel zu Ehe und Familie ganz und gar dem traditionellen Bild von Frau und Mutter verhaftet.[186] Es sollte auch künftig unverändert Bestand haben, denn schon bald brachten mit der Erfindung der „Pille" künstliche Methoden der Verhütung die katholische Ehe- und Sexualmoral unter Druck. Die Debatte um die Straffreiheit der Abtreibung, die von feministischer Seite seit den siebziger Jahren vehement gefordert wurde und in vielen Ländern zu entsprechenden Gesetzesänderungen führte, tat ein Übriges. Die katholische Kirche geriet in die Defensive und zog sich immer mehr auf ihr eigenes Modell von Ehe und Familie zurück.[187] Sie legitimierte es neu im Sinne einer „Theologie des Leibes" und baute dabei auch ihr Bild der Frau nochmals weiter aus.[188] Ihre Bestimmung ist es, wenn nicht „geweihte Jungfrau" oder Ordensfrau zu werden, dann nach dem Vorbild Marias Ehefrau und Mutter zu sein.[189] Daran hält das Lehramt heute unverrückbar fest und vor diesem Hintergrund muss man auch die Gender-Kritik von Papst Franziskus sehen. Die „Gender-Ideologie" ist in seinen Augen ein Angriff auf das Wesen der Frau, der Ehe und der Familie. Sie fordert den kompromisslosen Widerstand der Kirche. Daran lässt er keinen Zweifel aufkommen.

Amoris laetitia (Ziffer 56)

In seinem Nachapostolischen Schreiben *Amoris laetitia* hat er 2016 klar und präzise deutlich gemacht, was er unter „Gender-Ideologie" versteht und warum er sie ablehnt:

„Eine weitere Herausforderung ergibt sich aus verschiedenen Formen einer Ideologie, die gemeinhin Gender genannt wird und die ‚den Unterschied und die natürliche Aufeinander-Verwiesenheit von Mann und Frau leugnet. Sie stellt eine Gesellschaft ohne Geschlechterdifferenz in Aussicht und höhlt die anthropologische Grundlage der Familie aus. Diese Ideologie fördert Erziehungspläne und eine Ausrichtung der Gesetzgebung, welche eine persönliche Identität und affektive Intimität fördern, die von der bio-

185 Ziffer 40. – Vgl. Wollasch, Ethik in Beziehung, 50.
186 Ziffer 9. – Vgl. Wollasch, Ethik in Beziehung, 78–81.
187 Vgl. Anuth, Gottes Plan, 172–176.
188 Zur „Theologie des Leibes" von Papst Johannes Paul II. und ihre Rolle für die Geschlechteranthropologie der Kirche vgl. Schockenhoff, Ausweg, bes. 137–142.
189 Vgl. Anuth, Gottes Plan, 188.

logischen Verschiedenheit zwischen Mann und Frau radikal abgekoppelt sind. Die menschliche Identität wird einer individualistischen Wahlfreiheit ausgeliefert, die sich im Laufe der Zeit auch ändern kann.' Es ist beunruhigend, dass einige Ideologien dieser Art, die behaupten, gewissen und manchmal verständlichen Wünschen zu entsprechen, versuchen, sich als einzige Denkweise durchzusetzen und sogar die Erziehung der Kinder zu bestimmen. Man darf nicht ignorieren, dass ,das biologische Geschlecht (sex) und die soziokulturelle Rolle des Geschlechts (gender) unterschieden, aber nicht getrennt werden [können]'. Andererseits hat ,die biotechnologische Revolution im Bereich der menschlichen Zeugung [...] die technische Möglichkeit geschaffen, den Akt der Zeugung zu manipulieren und ihn von der sexuellen Beziehung zwischen Mann und Frau unabhängig zu machen. Das menschliche Leben und die Elternschaft sind auf diese Weise zu etwas geworden, das zusammengefügt oder getrennt werden kann. Sie unterliegen nun vor allen Dingen den Wünschen des Einzelnen oder des [...] Paares.' Verständnis zu haben für die menschliche Schwäche oder die Vielschichtigkeit des Lebens, ist etwas anderes, als Ideologien zu akzeptieren, die beabsichtigen, die in der Wirklichkeit untrennbaren Aspekte in zwei Teile auseinanderzunehmen. Verfallen wir nicht der Sünde, den Schöpfer ersetzen zu wollen! Wir sind Geschöpfe, wir sind nicht allmächtig. Die Schöpfung geht uns voraus und muss als Geschenk empfangen werden. Zugleich sind wir berufen, unser Menschsein zu behüten, und das bedeutet vor allem, es so zu akzeptieren und zu respektieren, wie es erschaffen worden ist."[190]

Eine Kommunikation auf allen Kanälen

Bei ganz unterschiedlichen Anlässen hat er diese Kritik in der Folgezeit wiederholt und bekräftigt. Er nutzt dabei ganz unterschiedliche Kommunikationskanäle. Bei einer Unterredung mit den polnischen Bischöfen findet sich seine Gender-Kritik[191] genauso wie bei seiner Pastoralreise in den Kaukasus[192] oder nach Ungarn[193], bei Ansprachen an vatikanische Institutionen

---

190 Vgl. https://www.vatican.va/content/francesco/de/apost_exhortations/documents/papa-francesco_esortazione-ap_20160319_amoris-laetitia.html

191 Vgl. https://www.vatican.va/content/francesco/de/speeches/2016/july/documents/papa-francesco_20160727_polonia-vescovi.html

192 Vgl. https://www.vatican.va/content/francesco/de/speeches/2016/october/documents/papa-francesco_20161001_georgia-sacerdoti-religiosi.html

193 Vgl. https://www.vaticannews.va/de/papst/news/2023-04/papst-franziskus-ungarn-politik-europa-migration-orban-krieg.html

wie die Generalversammlung der Päpstlichen Akademie für das Leben[194] oder die Internationale Theologenkommission[195] und nicht zuletzt bei Presse-Interviews wie im März 2023 für die argentinische Tageszeitung „La Nación".[196] Papst Franziskus nutzte diese Gelegenheiten, um die kirchliche Lehre gegen die Gender-Theorien zu verteidigen.

In einem Schreiben an eine italienische Pro-Life-Vereinigung hat die Glaubenskongregation einige dieser Statements in Erinnerung gebracht und damit deutlich gemacht, dass es sich bei den Aussagen des Papstes nicht nur um zufällige Momentaufnahmen oder persönliche Meinungsäußerungen, sondern um lehramtlich verbindliche Grundsätze handelt.[197]

Flankiert werden die Äußerungen des Papstes von Botschaften aus der römischen Kurie. So bestätigte der scheidende Präfekt der vatikanischen Bischofsbehörde Kardinal Marc Quellet im Februar 2023 beim europäischen Synodentreffen in Prag die biblische Lehre von Mann und Frau und ihrer Bestimmung zur Fruchtbarkeit.[198] Ähnlich äußerte sich der vatikanische Nuntius in Deutschland Nikola Eterović im Juni 2023 im Rahmen einer Predigt im Aachener Dom anlässlich der Heiligtumsfahrt.[199]

Die Lehre der Kirche steht auf dem Spiel!

Die Gender-Kritik des Papstes, so verstreut sie auch sein mag, folgt einem klaren inhaltlichen Duktus. Im Fokus steht das Menschenbild der Kirche. Es bildet die Grundlage für die Lehre von Ehe und Familie. Diese wiederum wird als Basis des gesellschaftlichen Zusammenlebens in allen Bereichen gesehen. Dieses als „Plan Gottes" verstandene Modell wird nach Ansicht von Papst Franziskus durch die Gender-Theorie nicht nur kritisch hinterfragt, sondern radikal in Frage gestellt. Damit steht die kirchliche Lehre nicht nur in Teilen, sondern als Ganze auf dem Spiel. Da sie aber die Legitimationsgrundlage allen kirchlichen Handelns bietet, geht es um nicht weniger als um die Existenz der katholischen Kirche – heute und in der Zukunft.

---

194 Vgl. https://www.vatican.va/content/francesco/de/speeches/2017/october/documents/papa-francesco_20171005_assemblea-pav.html

195 Vgl. https://www.vatican.va/content/francesco/de/speeches/2022/november/documents/20221124-cti.html

196 Vgl. https://www.domradio.de/artikel/papst-franziskus-verurteilt-gender-ideologie

197 Vgl. https://de.catholicnewsagency.com/news/9423/vatikan-erinnert-an-verurteilung-der-gender-ideologie-durch-papst-franziskus

198 Vgl. https://www.katholisch.de/artikel/43471-ouellet-betont-bei-synodentreffen-biblische-lehre-von-mann-und-frau

199 Vgl. https://www.katholisch.de/artikel/45501-nuntius-eterovic-bekraeftigt-vatikan-linie-zu-ehe-und-sexualitaet

Der Konflikt erinnert nicht zufällig an die Auseinandersetzung der Kirche mit dem Marxismus. Sie fand ihren Höhepunkt im Streit um die Theologie der Befreiung, der in den achtziger Jahren vorgeworfen wurde, mit der marxistischen Ideologie die Kirche und ihre Gemeinden zu unterwandern, damit die Revolution in die Kirche hereinzuholen und die Utopie einer „klassenlosen Gesellschaft" an die Stelle des Reiches Gottes zu setzen. Im Rahmen der lehramtlichen Gender-Kritik kehren neuerdings die damals geläufigen Begriffe Ideologie, Revolution und Utopie wieder zurück. Beim Kampf der Kirche gegen den Marxismus ging es vor allem um den Atheismus, den man als einen fundamentalen Angriff auf die Grundfesten der Kirche wahrnahm.[200] In der aktuellen Gender-Diskussion ist er kein Thema mehr. Heute geht es um den Menschen, wie er ist und wie er zu sein hat. An dieser Frage scheiden sich die Geister. Wo die katholische Kirche in dieser Debatte steht, daran lässt Papst Franziskus keinen Zweifel aufkommen.

Die „Vernichtung des Menschen als Ebenbild Gottes"

Die Geschlechterdifferenz zwischen Mann und Frau ist für Papst Franziskus gottgewollt (Gen 1,27). Die Ebenbildlichkeit Gottes ist für ihn untrennbar mit der Unterschiedlichkeit der Geschlechter verbunden. Mann und Frau sind beide, jeweils auf ihre Art, Abbild Gottes. Darin liegt ihre Würde begründet. Wer den Geschlechtsunterschied leugnet oder für irrelevant erklärt, negiert zugleich die Würde der Person. Die Auslöschung der Differenz bedeutet die „Vernichtung des Menschen als Ebenbild Gottes".[201]

Eine „Sünde gegen den Schöpfergott"

Als Ausdruck des Schöpferwillens ist die Geschlechterdifferenz der Verfügbarkeit des Menschen entzogen.[202] Eine freie Wahl des eigenen Geschlechts kann es von daher nicht geben. „Wir sind Geschöpfe, wir sind nicht allmächtig. Die Schöpfung geht uns voraus und muss als Geschenk empfangen werden. Zugleich sind wir berufen, unser Menschsein zu behüten, und

---

200 Vgl. Wollasch, Ethik in Beziehung, 183–189.

201 Zitat aus seiner Ansprache an die Bischöfe Polens: https://www.vatican.va/content/francesco/de/speeches/2016/july/documents/papa-francesco_20160727_polonia-vescovi.html

202 Die US-Bischöfe begründen ihr Verbot medizinischer Maßnahmen für trans Menschen mit Papst Franziskus, der in seiner Enzyklika *Laudato si´* (Ziffer 155) geschrieben hat: „Die Annahme unseres Körpers als Geschenk Gottes ist eine wesentliche Voraussetzung dafür, dass wir die ganze Welt als Geschenk des Vaters und als unser gemeinsames Haus annehmen können, während der Gedanke, dass wir absolute Macht über unseren eigenen Körper haben, oft auf subtile Weise zu dem Gedanken führt, dass wir absolute Macht über die Schöpfung haben." Das Motiv des Anerkennens und Annehmens erinnert sicher nicht zufällig an Ziffer 2333 bzw. 2393 des Katechismus der Katholischen Kirche.

das bedeutet vor allem, es so zu akzeptieren und zu respektieren, wie es erschaffen worden ist."[203]

Praktiken und Methoden, die darauf hinauslaufen, die Geschlechterdifferenz aufzuheben oder durchlässig zu gestalten, sind als unzulässige Manipulation der gottgewollten menschlichen Verfassung anzusehen.[204] Sie sind eine „Sünde gegen den Schöpfergott".[205]

„Es gibt einen weltweiten Krieg, um die Ehe zu zerstören"

In der Ehe zwischen Mann und Frau entfaltet der Geschlechtsunterschied zwischen beiden seine volle gottgewollte Bedeutung. Indem beide ein Fleisch werden (Gen 2,24), werden sie zum Abbild Gottes. Mann und Frau sind nicht einfach unterschiedlich, sondern komplementär geschaffen. Die Unterschiedlichkeit ist eine Gegenseitigkeit und sie bedeutet Zusammengehörigkeit. Mann und Frau brauchen einander und sind aufeinander verwiesen. Sie sind dazu erschaffen, betont Papst Franziskus, einander zuzuhören und zu unterstützen. Und er fährt fort: „Ich frage mich zum Beispiel, ob die sogenannte Gender-Theorie nicht auch Ausdruck von Frustration und Resignation ist, die darauf abzielt, den Unterschied zwischen den Geschlechtern auszulöschen, weil sie sich nicht mehr damit auseinanderzusetzen versteht."[206] Mit drastischen Worten erklärt er: „Es gibt einen weltweiten Krieg, um die Ehe zu zerstören."[207]

Gender-Theorie „höhlt die anthropologische Grundlage der Familie aus"

Aber Papst Franziskus sieht nicht nur die Ehe in Gefahr, sondern ebenso und vielleicht noch mehr die Familie. Er beklagt, dass „das Bild der Familie – so wie Gott sie will, bestehend aus einem Mann und einer Frau, ausgerichtet auf das Wohl der Eheleute sowie die Zeugung und Erziehung von

---

203 Zitat aus *Amoris laetitia*, Ziffer 56.

204 Grußbotschaft an die Generalversammlung der Päpstlichen Akademie für das Leben. Vgl. https://www.vatican.va/content/francesco/de/speeches/2017/october/documents/papa-francesco_20171005_assemblea-pav.html

205 Zitat aus seiner Ansprache an die Bischöfe Polens. Vgl. https://www.vatican.va/content/francesco/de/speeches/2016/july/documents/papa-francesco_20160727_polonia-vescovi.html

206 Zitat aus der Generalaudienz am 15. April 2015. Vgl. https://www.vatican.va/content/francesco/de/audiences/2015/documents/papa-francesco_20150415_udienza-generale.html

207 Bei seiner Reise nach Georgien im Jahr 2016 sagte Papst Franziskus im Gespräch mit Priestern, Ordensleuten, Seminaristen und pastoralen Mitarbeitenden: „Du, Irina, hast einen heute großen Feind der Ehe erwähnt: Die *Gender*-Theorie. Es gibt heute einen weltweiten Krieg, um die Ehe zu zerstören. Heute gibt es ideologische Kolonialismen, die zerstörerisch sind: Man zerstört nicht mit Waffen, sondern mit Ideen. Darum muss man sich gegen die ideologischen Kolonialismen verteidigen." Vgl. https://www.vatican.va/content/francesco/de/speeches/2016/october/documents/papa-francesco_20161001_georgia-sacerdoti-religiosi.html

Kindern – durch einflussreiche Gegenentwürfe verzerrt wird, unterstützt von ideologischen Kolonialisierungen".[208] Die sexuelle Beziehung zwischen Mann und Frau ist nach der Lehre der Kirche kein Selbstzweck, sondern verwirklicht ihr natürliches Ziel in der Gründung einer Familie. Wenn die Geschlechterdifferenz aufgehoben wird, verlieren Ehe und Familie ihren Sinn, Sexualität und Elternschaft werden entkoppelt und der Akt der Zeugung wird technisch manipulierbar. Die Gender-Ideologie „stellt eine Gesellschaft ohne Geschlechterdifferenz in Aussicht und höhlt die anthropologische Grundlage der Familie aus".[209]

Der Gegen-Entwurf: Familiy Global Compact

Papst Franziskus lässt es jedoch nicht nur bei seiner Kritik, er arbeitet auch an einem Gegenentwurf – dem Family Global Compact. Am 30. Mai 2023 wurde das weltweite Großprojekt unter Federführung der Päpstlichen Akademie für Sozialwissenschaften und des Dikasteriums für Laien, Familie und Leben in Rom präsentiert. Zuvor hatte Papst Franziskus klar gemacht, dass er nach seinen grundsätzlichen Ausführungen in *Amoris laetitia* von 2016 und nach dem Papier der vatikanischen Bildungskommission von 2019 keine eigene Enzyklika plane.[210] Der Compact ist eine breite Initiative, die viele Institutionen und Personen, insbesondere die katholischen Universitäten, einbindet. Er ist die Antwort auf die globale „ideologische Kolonialisierung" durch die Gender-Theorie. In seiner Grußbotschaft zum Start der Initiative schreibt er:

„Liebe Brüder und Schwestern! Im Apostolischen Schreiben *Amoris laetitia* habe ich betont: ‚Das Wohl der Familie ist entscheidend für die Zukunft der Welt und der Kirche' (Nr. 31). [...] Gemeinsam können die katho-

---

208 Zitat aus dem Jahr 2015 bei einem Treffen mit Equipes Notre-Dame, einer französischen Bewegung für eheliche Spiritualität. Vgl. https://www.vatican.va/content/francesco/de/speeches/2015/september/documents/papa-francesco_20150910_equipes-notre-dame.html

209 Zitat aus *Amoris laetitia*, Ziffer 56.

210 Franziskus erklärte in einem Interview für die argentinische Tageszeitung „La Nación" am 13. März 2023, dass er keine neue Enzyklika schreibe und verneinte auch die Frage, ob er gebeten worden sei, ein Dokument zum Thema Gender zu schreiben. In diesem Zusammenhang bekräftigte er, dass er „immer einen Unterschied zwischen der pastoralen Arbeit mit Menschen unterschiedlicher sexueller Orientierung und der Gender-Ideologie macht". Das seien zwei verschiedene Dinge. Die Gender-Ideologie sei gegenwärtig eine der gefährlichsten ideologischen Kolonisierungen. Sie gehe über die sexuelle Sphäre hinaus. „Warum ist sie so gefährlich? Weil sie die Unterschiede verwässert, und der Reichtum von Männern und Frauen und der gesamten Menschheit besteht in der Spannung der Unterschiede. Sie wächst durch die Spannung der Unterschiede. Die Geschlechterfrage verwässert die Unterschiede und macht die Welt gleich, alles stumpft ab, alles ist gleich. Und das widerspricht der menschlichen Berufung", so der Papst. Vgl. https://www.vaticannews.va/de/papst/news/2023-03/papst-franziskus-itv-la-nacion-argentinien-kirche-reform-gender.html

lischen Universitäten und die Pastoral eine Kultur der Familie und des Lebens besser fördern, die, von den realen Umständen ausgehend, den jüngeren Generationen – in dieser Zeit der Ungewissheit und der mangelnden Hoffnung – dabei hilft, die Ehe, das Familienleben mit seinen Ressourcen und seinen Herausforderungen, die Schönheit, neues Leben zu schenken und zu hüten, wertzuschätzen. Es bedarf also eines verantwortungsvolleren und großherzigeren Einsatzes, ‚der darin besteht, die Gründe und die Motivationen aufzuzeigen, sich für die Ehe und die Familie zu entscheiden, so dass die Menschen eher bereit sind, auf die Gnade zu antworten, die Gott ihnen anbietet' (*Amoris laetitia* 35).

Den katholischen Universitäten kommt die Aufgabe zu, vertiefte theologische, philosophische, juristische, soziologische und wirtschaftliche Analysen von Ehe und Familie zu entwickeln, um deren wirkliche Bedeutung in den zeitgenössischen Denk- und Handlungssystemen zu stützen. Die durchgeführten Studien zeigen, dass die familiären Beziehungen in einem Kontext der Krise stehen, der sowohl durch kontingente Schwierigkeiten als auch durch strukturelle Hindernisse genährt wird, was wiederum mangels angemessener Unterstützung durch die Gesellschaft eine unbeschwerte Familiengründung erschwert. Auch das ist ein Grund dafür, dass viele junge Menschen die Ehe ablehnen und sich für unbeständigere und unverbindlichere Formen von affektiven Beziehungen entscheiden. Die Studien zeigen aber auch, dass die Familie nach wie vor die wichtigste Quelle sozialen Lebens ist und dass es bewährte Praktiken gibt, die es verdienen, auf globaler Ebene geteilt und verbreitet zu werden [...].

Ein großer Teil dessen, was Gott sich für die menschliche Gemeinschaft ersehnt, verwirklicht sich in der Familie. Wir können uns daher nicht damit abfinden, dass sie im Zuge von Ungewissheit, Individualismus und Konsumdenken, die eine Zukunft des auf sich selbst fokussierten Individuums vor Augen haben, zugrunde geht. Die Zukunft der Familie kann uns nicht gleichgültig sein, denn sie ist eine Gemeinschaft des Lebens und der Liebe, ein unersetzliches und unauflösliches Band zwischen Mann und Frau, ein Ort der Begegnung der Generationen, die Hoffnung der Gesellschaft. Wir sollten uns daran erinnern, dass die Familie eine positive Auswirkung auf alle hat, da sie Gemeinwohl schafft: Gute familiäre Beziehungen sind ein unersetzlicher Reichtum nicht nur für die Ehepartner und ihre Kinder, sondern für die gesamte kirchliche und zivile Gemeinschaft."[211]

211 Vgl. https://www.vatican.va/content/francesco/de/messages/pont-messages/2023/documents/20230513-messaggio-family-globalcompact.html

Menschenbild, Ehe und Familie – eine unauflösbare Einheit

Von Anfang an hat Papst Franziskus keinen Zweifel daran gelassen, dass für ihn die Familie im Zentrum aller seelsorgerischen Bemühungen der Kirche stehen muss. Bereits 2013 schreibt er in seiner ersten Enzyklika: „Der postmoderne und globalisierte Individualismus begünstigt einen Lebensstil, der die Entwicklung und die Stabilität der Bindungen zwischen den Menschen schwächt und die Natur der Familienbande zerstört. Das seelsorgliche Tun muss noch besser zeigen, dass die Beziehung zu unserem himmlischen Vater eine Communio fordert und fördert, die die zwischenmenschlichen Bindungen heilt, begünstigt und stärkt.“ (EG 67) Zwei Jahre später hat er mit der Familiensynode das Thema vertieft und in seinem Lehrschreiben *Amoris laetitia* breit entfaltet.[212] Der Kommunionempfang geschiedener und wiederverheirateter Menschen wurde wie schon zuvor in der Synodenaula zum gesamtkirchlichen Reizthema, sodass besorgte Gemüter – wie immer bei solchen Kontroversen – bereits eine neue Spaltung der katholischen Kirche befürchteten. Für einen Moment lang konnte man den Eindruck gewinnen, als habe sich Papst Franziskus von der traditionellen Lehre der Kirche zu Ehe und Familie verabschiedet. Aber das Gegenteil war der Fall. Er hat in den zehn Jahren seines bisherigen Pontifikats die traditionelle Sicht bestätigt und im Hinblick auf heutige pastorale Herausforderungen aktualisiert. Der neue Familiy Global Compact, der in den nächsten Jahren mit Unterstützung der Theologie und der Wissenschaften umgesetzt werden soll, hat keinen anderen Anspruch. Der Compact ist kein Reformprojekt. Eine grundlegende Änderung der kirchlichen Lehre zur geschlechtlichen Identität von Mann und Frau, zur ehelichen Beziehung und Elternschaft wird mit ihm nicht angestrebt.

Vor diesem Hintergrund stellt sich die Frage, was haben queere Menschen im Allgemeinen und trans Personen im Besonderen von der kirchlichen Lehre zu erwarten? Welchen Raum haben ihre besondere Identität und die Art und Weise, wie sie ihre Beziehungen leben? Wie steht es um ihren Kinderwunsch? Und haben Regenbogenfamilien in diesem Zusammenhang einen Platz? Bietet der Familiy Global Compact ihnen eine Perspektive oder schreibt er letzten Endes ein Ideal fest, an dem sie notwendigerweise scheitern müssen? Um zu verstehen, ob und was sie erhoffen

212 Das Dokument löste in der Moraltheologie große Erwartungen aus. Vgl. Goertz/Witting, Wendepunkt, 8.

dürfen, lohnt ein Blick auf die Tradition der lehramtlichen Verkündigung, in der Papst Franziskus fest verankert ist.[213]

Die katholische Ehe-Lehre

Wenn heute im Kontext der Gender-Debatte gern und oft von einem „Kulturkampf" gesprochen wird, dann kann das daran erinnern, dass die Kirche bereits einen Kulturkampf hinter sich hat. 1880 verteidigte Papst Leo XIII. mit seinem Schreiben *Arcanum divinae sapientia* die Ehe als göttliche Institution gegenüber dem Versuch einiger europäischer Staaten, mit Hilfe von zivilen Ehegesetzen den Einfluss der Kirche auf diesem Feld zurückzudrängen.

In *Casti conubii* kommt Pius XI. im Jahr 1930 auf dieses Dokument zurück. Vor dem Hintergrund des aufkommenden Faschismus in Europa erinnert der Papst an die sakrale Dimension der Ehe als Bund von Mann und Frau. Er schärft den Katholiken das Verbot der Mischehe ein, fordert die Zeugungsoffenheit des geschlechtlichen Aktes und damit verbunden das Verbot der Verhütung. Staatliche Eingriffe aus eugenischen Gründen werden strikt zurückgewiesen. Die Sterilisation und insbesondere die Zwangssterilisierung mit dem Ziel, eine Vererbung von Krankheiten zu verhindern, werden ausdrücklich abgelehnt. Die traditionelle Ehe-Lehre, d.h. die Zeugung von Nachkommen als erster und die gegenseitige Hilfe und Treue der Partner als zweiter Zweck der Ehe, werden wieder in Erinnerung gerufen und nochmals bekräftigt.

Dieser lehramtliche Status quo hat sich in der Folgezeit nicht wirklich geändert. Auch das II. Vatikanische Konzil bleibt mit seiner Pastoralkonstitution *Gaudium et spes* ungeachtet einer neuen wohlwollenden Tonlage inhaltlich in dem von der Tradition gesteckten Rahmen.[214] Papst Paul VI. enttäuschte mit seiner umstrittenen Enzyklika *Humanae vitae* (1965) viele Hoffnungen, die sich auf eine Lockerung der kirchlichen Lehre insbesondere im Hinblick auf das Thema Verhütung richteten. Die „Pille" war und blieb für katholische Paare ein Tabu.[215] Das Verbot verhinderte jedoch das Verbotene nicht, sondern führte statt dessen zu einem pragmatischen Umgang mit dieser Frage in der pastoralen Praxis.[216] Über den Einsatz von

---

213 Einen historischen Überblick geben die folgenden Gesamtdarstellungen: Schockenhoff, Kunst zu lieben. – Knop, Beziehungsweise. – Lintner, Christliche Beziehungsethik.

214 Vgl. Wollasch, Ethik in Beziehung, 78–81.

215 Vgl. Angenendt, Sexualität, 217. – Ernst, Korrekturbedarf, 139. – Söding, Biblizismus, 66.

216 Vgl. Ernst, Korrekturbedarf, 135–136. – Vgl. auch Hilpert, Fallstricke, 52. – Vgl. auch Anuth, Plan, 171–173.

Verhütungsmitteln entscheiden Paare heute faktisch in eigener Verantwortung über ihre Familien- und Lebensplanung – was auf paradoxe Weise einem Grundgedanken von *Gaudium et spes* entspricht.[217]

Johannes Paul II. – „Vermächtnis und Hypothek"

Das scholastisch-naturrechtliche Erbe, das *Humanae vitae* bewahren und weitertragen sollte, hatte bereits zum Zeitpunkt der Entstehung der Enzyklika seine Plausibilität verloren. Es musste daher ein neuer, anderer anthropologischer Bezugsrahmen gefunden werden, um die Menschen des ausgehenden 20. Jahrhunderts für das katholische Verständnis von Ehe und Elternschaft zu gewinnen. Johannes Paul II., seit 1978 Oberhaupt der katholischen Kirche, legte mit seiner „Theologie des Leibes" einen solchen Entwurf vor.[218]

Der polnische Papst, Theologe und Philosoph, als Wertethiker ein Spezialist für moraltheologische Fragen, stellte mit seinen Katechesen, die er über viele Jahre der kirchlichen Öffentlichkeit präsentierte, ein „personal" geprägtes Verständnis der Beziehung zwischen Mann und Frau vor. So wie die Einheit von Geist und Leib das Wesen der Person ausmacht, bestimmt die geistig-leibliche Vereinigung von Mann und Frau das Wesen der Ehe. Der Geschlechtsakt zwischen Mann und Frau wird als Ausdruck ihrer personalen, gottgeschenkten Würde verstanden. Durch ihn realisieren sie ihre Ebenbildlichkeit und haben sie Anteil am schöpferischen, Leben schaffenden Wirken Gottes.

Mit seinem personalen Zugang, der die naturrechtlichen Fesseln der Tradition scheinbar mühelos abstreift, gelingt es Johannes Paul II., die praktizierte Sexualität in der Ehe auf eine Art und Weise zu würdigen, ja schon fast zu feiern, wie dies bis zu diesem Zeitpunkt noch kein Papst getan hat. Ein echter Durchbruch im Sinne einer selbstbestimmten und selbstverantwortlichen kirchlichen Sexualmoral war damit allerdings nicht verbunden, im Gegenteil. Die bekannten, am 6. Gebot ausgerichteten Ermahnungen und Verbote – von der Verhütung über die gleichgeschlechtliche Liebe bis hin zur Ehescheidung – konnten nahtlos in das neue Lehrgebäude eingefügt und vielleicht noch rigider als zuvor eingefordert werden. Die Chance, der Beziehung zwischen Mann und Frau eine spirituelle Dimension zu verleihen und dem Wachsen ihrer geistig-leiblichen Gemeinschaft einen Sinnhorizont zu eröffnen, wurde nicht genutzt. Aus dem Sinn

217 Vgl. *Gaudium et spes*, Ziffer 50.
218 Vgl. Goertz, Freiheit, 100–103. – Schockenhoff, Ausweg, 135 und 140.

wird am Ende doch wieder ein Sollen, eine Verpflichtung zur gehorsamen Unterordnung unter die althergebrachte Tradition.

Vor diesem Hintergrund sprechen Stephan Goertz und Magnus Striet im Hinblick auf das Pontifikat von Johannes Paul II. von „Vermächtnis und Hypothek“ und zwar nicht nur für seine Nachfolger, sondern für das ganze Kirchenvolk bis heute.[219]

Das katholische Bollwerk: Kodex, Katechismus und Kompendium

Aber Johannes Paul II. hat nicht nur eine Spiritualität der ehelichen Liebe entwickelt, er hat ihr auch einen normativen Rahmen verschafft. Die Reform von drei großen Regelwerken der katholischen Kirche geht auf seine Initiative zurück. 1983 tritt der neue Codex Iuris Canonici (CIC), das reformierte kirchliche Gesetzbuch von 1917, in Kraft.[220] Im Jahr 1992 approbiert er nach einem mehrjährigen Beratungsprozess in der Weltkirche den Katechismus der Katholischen Kirche (KKK).[221] 2004 erscheint das vom Päpstlichen Rat für Gerechtigkeit und Frieden erarbeitete und Papst Johannes Paul II. gewidmete Kompendium der Soziallehre der Kirche (KSL).[222] Zusammen definieren diese drei großen lehramtlichen Dokumente das, was in der katholischen Kirche Gültigkeit beanspruchen darf, was verbindliche Vorschrift ist und was Klerus und Kirchenvolk zu befolgen haben.

Der Beitrag der katholischen Kirche zur aktuellen Gender-Debatte ist in diesen Papieren zu suchen. Anders gesagt, jeder Wunsch nach einer Änderung der Lehre und jede Hoffnung auf eine Lockerung bestimmter Vorschriften kommt an diesen drei Dokumenten nicht vorbei.

Was sagen sie uns zum Thema geschlechtliche Identität? Wie definieren sie den Umgang der Kirche mit trans Menschen? Findet die Hoffnung auf eine „Kirche für alle“, die Papst Franziskus zuletzt beim Weltjugendtag im August 2023 in Lissabon beschworen hat, hier einen Anhaltspunkt?[223] Der Befund ist ernüchternd. Die Vorstellung, es genüge, den einen oder anderen Abschnitt des Katechismus zu ändern oder hier und da eine Formulierung etwas zu entschärfen, um zu einer „inklusiven“ Kirche zu werden, erweist sich bei genauerem Hinsehen als völlig illusionär. Kodex, Katechismus und Kompendium bilden ein sorgfältig aufeinander abgestimmtes

219 Vgl. Goertz/Striet, Johannes Paul II.
220 Vgl. https://www.codex-iuris-canonici.de/cic83_dt_buchob.htm
221 Vgl. Katechismus der Katholischen Kirche (KKK).
222 Vgl. *Päpstlicher Rat für Gerechtigkeit und Frieden, Kompendium der Soziallehre.*
223 Vgl. https://www.vatican.va/content/francesco/de/speeches/2023/august/documents/20230806-portogallo-voloritorno.html

Normensystem, das einer klaren inhaltlich Systematik gehorcht. Sie bilden ein Bollwerk, das sich nicht durch wenige punktuelle Eingriffe verändern lässt, sondern nur durch ein grundlegend anderes Denken.[224]

Kirchenrechtliche Hürden und Hindernisse

Im Gesetzbuch der katholischen Kirche kommen trans Menschen nicht vor, was aber nicht bedeutet, dass die im CIC geregelten Gegenstände für sie irrelevant wären. Insbesondere der Zugang zu bestimmten Sakramenten ist für trans Menschen enorm erschwert und wirft somit schwerwiegende Fragen auf. Der Tübinger Kirchenrechtler Sven Anuth hat die Hürden und Hindernisse auf der Grundlage einer „Vertraulichen Notiz" der Glaubenskongregation, die mit Datum vom 21.12.2018 von Papst Franziskus approbiert wurde, zusammengestellt.[225] Neben dem Trans-Seelsorger und dem Kämpfer gegen die „Gender-Ideologie" erscheint er hier in einer dritten Rolle, als Kirchenoberhaupt und Glaubenshüter.

Auch Menschen mit Transidentität sind von Gott geliebt. Das hält die Notiz gleich zu Beginn, sozusagen als Vorzeichen vor der Klammer fest. Im Übrigen gilt für sie das, was der Katechismus der Katholischen Kirche im Hinblick auf homosexuelle Menschen vorschreibt. Sie haben ihr biologisches Geschlecht bzw. ihre sexuelle Orientierung ungeachtet der Leiden und Schwierigkeiten, die sich damit verbinden, als ihr persönliches „Kreuz" anzuerkennen und anzunehmen. Andernfalls setzen sie die Gültigkeit ihrer Ehe, ihrer Weihe oder ihrer Ordenszugehörigkeit aufs Spiel und gefährden damit ihren kirchenrechtlichen Status.[226]

---

224 In der katholischen theologischen Literatur wird das Thema Transidentität bisher noch eher am Rande behandelt, aber es zeichnet sich ein Umdenken ab. Am intensivsten hat sich bisher Stephan Goertz dem Thema gewidmet. Vgl. ders., Kontingenz. – Ders., Update. – Ders., Theologien. – Ders., Knackpunkt. – Ders., Geschlechtlichkeit. – Vgl. auch Eckholt, Gender studieren, 34, 44 und 134. – Lintner, Beziehungsethik, 479–481. – Schockenhoff, Kunst zu lieben, 56, 341–347. – Knauß, Unordnung, 127–131. – Klein, Im Anfang, 88–97. – Zur aktuellen Diskussion vgl. auch den Bericht zur Jahrestagung der Association of Bioethicists in Central Europe (BCE) am 20.–21. Oktober 2023 in Wien unter der Überschrift „Der Körper, in dem ich lebe – Geschlechtsangleichung im interdisziplinären Transgender-Diskurs": https://st-theoethik-ktf.univie.ac.at/theologische-ethik-news/detailansicht/news/das-war-die-tagung-der-koerper-in-dem-ich-lebe-geschlechtsangleichung-im-interdisziplinaeren-trans/

225 Vgl. Anuth, Transition, 172–177.

226 Bereits in den neunziger Jahren hat sich der Freiburger Kirchenrechtler Georg Bier mit dem Thema Transidenität befasst; vgl. ders., Psychosexuelle Abweichungen. – Er meldet sich auch in der aktuellen Diskussion immer wieder kritisch zu Wort: https://www.katholisch.de/artikel/29274-kirchenrechtler-nur-ein-bedauerndes-achselzucken-fuer-transsexuelle
Vgl. auch https://www.katholisch.de/artikel/32372-kirchenrechtler-taufeinschraenkung-fuer-transgender-unzulaessig

Zulassung zur Taufe

Für die Taufe, d.h. für die Aufnahme in die katholische Kirche, ist eine Transition an sich kein Problem, allerdings muss im Taufbuch das Geburtsgeschlecht eingetragen werden und es ist zu vermerken, wenn dieses vom aktuellen zivilrechtlichen Geschlecht abweicht.[227]

Empfang der Sakramente

Grundsätzlich können trans Menschen das Sakrament der Eucharistie, der Buße und der Krankensalbung empfangen, allerdings nur dann, wenn dadurch in der Gemeinde kein „Ärgernis“ erregt wird und wenn keine „Verwirrung“ bezüglich der Lehre entsteht. Ist das der Fall, können trans Menschen die Sakramente auch verweigert werden. Der Vorbehalt gilt auch für die Übernahme einer Taufpatenschaft, die Erteilung von Religionsunterricht und die katechetische Tätigkeit. Sie alle können von den Leitungsverantwortlichen mit der genannten Begründung untersagt werden und zwar ohne dass sich die Betroffenen dagegen wehren können. Einen kirchenrechtlichen Anspruch haben sie nicht.

(Un-)Möglichkeit der Eheschließung

Da eine kirchliche Eheschließung nur zwischen Mann und Frau möglich ist und die Kirche den Wechsel des Geschlechts definitiv nicht anerkennt, kann ein trans Mann keine Frau und umgekehrt eine trans Frau keinen Mann heiraten. In beiden Fällen würde eine gleichgeschlechtliche Ehe geschlossen, die sakramental und kirchenrechtlich ungültig ist. Da die Transidentität aber auch unabhängig davon als eine „psychosexuelle Störung“ verstanden wird, die es einem Menschen unmöglich macht, wesentliche „Ehepflichten“ zu erfüllen, können auch bereits bestehende Ehen aus diesem Grund für ungültig erklärt werden. Besteht vor der Eheschließung der begründete Verdacht auf eine Transidentität bei einer Person, haben die Verantwortlichen die Pflicht, die Trauung bis zur definitiven Klärung aufzuschieben bzw. zu verhindern. Das bedeutet, ab dem Outing, spätestens aber mit dem offenen Beginn der Transition dürfen Betroffenen nicht mehr kirchlich heiraten.

---

227 Das Thema Taufspende hat jüngst in der Öffentlichkeit für eine gewisse Aufmerksamkeit gesorgt: https://www.katholisch.de/artikel/48493-glaubensdikasterium-erlaubt-queere-taufpaten-und-trauzeugen Die Meldung fand immerhin ihren Weg in die großen deutschen Medien: https://www.zeit.de/gesellschaft/2023-11/vatikan-transpersonen-taufe-homosexualitaet-papst-franziskus

Reguläre und irreguläre Weihe

Wer eine Frau-zu-Mann-Transition hinter sich hat, kann keine gültige Priesterweihe empfangen, weil dazu ein männliches Geburtsgeschlecht erforderlich ist. Da eine solche Weihe „irregulär" wäre, ist bereits die Weihespendung verboten. Entscheidet sich ein geweihter Kleriker für eine Geschlechtsangleichung, wird dies als „Selbstverstümmelung" betrachtet und seine Weihe wird irregulär. Eine Ausübung des priesterlichen Dienstes ist ihm damit untersagt. Würde er Sakramente spenden, wären diese ungültig.

Mitgliedschaft in einem Orden

Transidentität wird darüber hinaus als Hindernis für den Eintritt in einen Orden verstanden. Man unterstellt, dass die notwendige gesundheitliche Stärke und charakterliche Reife für die Mitgliedschaft in einer geistlichen Gemeinschaft nicht gegeben sei. Ordensangehörige, die eine Geschlechtsangleichung beabsichtigen, müssen mit dem Ausschluss aus dem Orden rechnen. Ein trans Mann in einem männlichen Konvent ist kirchenrechtlich somit nicht denkbar. Aber auch die Frage, ob eine trans Frau Mitglied in einer Schwesterngemeinschaft sein kann, stellt sich erst gar nicht.

Bilanzierend stellt Anuth fest: „Das strikt heteronormative Menschenbild des kirchlichen Lehramts lässt keinen Raum für die positive Würdigung von Geschlechtsidentitäten, die nicht mit dem bei der Geburt zugewiesenen Geschlecht übereinstimmen. Indem sich die Kirche für dieses Menschenbild amtlich auf die Offenbarung und auf Gott selbst beruft, markiert sie es als irreformabel und macht sich immun gegen Kritik. Wird diese dennoch vorgetragen, weist das kirchliche Lehramt sie daher konsequent als gefährliche ‚(Gender-)Ideologie' zurück."[228]

Die Soziallehre – ein „Lehrgebäude"

Das „strikt heteronormative Menschenbild des kirchlichen Lehramts" (Anuth), das den kirchrechtlichen Vorschriften zugrunde liegt und das zugleich das Fundament der Glaubens- und Sittenlehre des katholischen Katechismus bildet, findet eine alte-neue Ausdrucksform im Kompendium der Soziallehre der Kirche. Es ist nur gut zwanzig Jahre alt und damit das jüngste Kind in der „Familie" der lehramtlichen Dokumente, seine inhaltliche Reichweite geht aber weit über den Kodex und den Katechismus hinaus. Mit dem Kompendium legt das Lehramt eine umfassende Darstellung

228 Anuth, Transition, 177.

der kirchlichen Lehre vom „Plan Gottes" vor.[229] Zugleich beschreibt es die Rolle, die der Mensch darin zu spielen hat. Die Gestaltung der gesellschaftlichen Verhältnisse aus dem Geist der biblischen Offenbarung und der katholischen Tradition ist das zentrale Thema.

Die Entstehung des Kompendiums ist insofern bemerkenswert, als die Katholische Soziallehre in den ersten hundert Jahren ihres Bestehens ohne eine solche Zusammenfassung ihrer wesentlichen Inhalte ausgekommen ist. Eine naturrechtliche Grundausrichtung in Verbindung mit den vier großen Sozialprinzipien Personwohl und Gemeinwohl, Solidarität und Subsidiarität war ausreichend, um zu den gesellschaftlichen und politischen Entwicklungen des 20. Jahrhunderts Stellung zu nehmen, und die Päpste haben dies in schöner Regelmäßigkeit getan.[230] In den siebziger und achtziger Jahren ändert sich die Situation allerdings grundlegend. In die Enge gedrückt zwischen der marxistisch ausgerichteten, lateinamerikanischen Befreiungstheologie[231] auf der einen Seite und dem aufkommenden Feminismus, aus dem später die Gender-Debatte[232] hervorgehen sollte, auf der anderen, musste sich das Lehramt strategisch neu aufstellen. Es reagierte mit Disziplinierung und Reglementierung.[233]

Eine streng hierarchische Ordnung

Das Kompendium ist ein streng hierarchisch komponiertes Werk, das die menschliche Person, ihre Würde, ihre Freiheit und ihre Rechte an die Spitze stellt. Es folgen die klassischen Sozialprinzipien, die durch „Grundwerte des gesellschaftlichen Lebens" ergänzt werden. Anschließend werden systematisch die Bedeutung der Familie, der Arbeit, der Wirtschaft, der Politik, der internationalen Gemeinschaft, der Umwelt und des Friedens abgehandelt. Die verschiedenen Themenfelder hatte bis auf die Umwelt schon die Konzilskonstitution *Gaudium et spes* vorgezeichnet. Auch das Thema Ehe und Familie wird vom II. Vatikanum bereits berücksichtigt.[234]

Das Kompendium greift den Zusammenhang von Kirche und Welt, Person und Gemeinwesen, Individuum und Gesellschaft auf. Aber im Unter-

229 Vgl. in: Päpstlicher Rat für Gerechtigkeit und Frieden, Kompendium der Soziallehre, die programmatische Überschrift des ersten Kapitels „Der Plan der Liebe Gottes für die Menschheit".

230 Vgl. Heimbach-Steins, Sozialverkündigung, 128–136.

231 Vgl. Kruip, Theologie der Befreiung, 146.

232 Vgl. Behrends, Genderkritik, 8–9.

233 Vgl. Wollasch, Ethik in Beziehung, 181–199.

234 Vgl. Schlögl-Flierl/Zeelen, Rezeption, 211–213. – Goertz, Freiheit, 88. – Ernst, Korrekturbedarf, 141. – Kreidler-Kos, Sichtbarkeit, 237.

schied zu *Gaudium et spes*, wo man das Zusammenwirken der unterschiedlichen Kräfte als ein hochdynamisches Wechselspiel versteht, in das sich die Kirche mit ihrem spezifischen Beitrag einzubringen hat, bietet das Kompendium ein „Lehrgebäude" an, das ausgestattet mit dem Wahrheitsanspruch von Offenbarung und Tradition die Antworten auf die Fragen der Zeit präzise definiert. Die längste Zeit hat man die Soziallehre als ein „Gefüge offener Sätze" verstanden. Von diesem Selbstverständnis und seiner eher induktiven Logik hat sich Papst Johannes Paul II. um die Jahrtausendwende herum endgültig verabschiedet.[235]

Ich, Du, Wir: Menschenbild, Ehe, Elternschaft

Das Kompendium steht im Dienst der Wahrheit und das hat Folgen, insbesondere für die Frage nach Ehe und Familie. Erst mit *Gaudium et spes* hat dieser Themenkomplex, der ursprünglich in der Moraltheologie beheimatet war, in die Soziallehre Eingang gefunden. Mit der neuen Zuordnung stellte das Lehramt klar, dass man Sexualität, Fruchtbarkeit und Elternschaft nicht länger ausschließlich als individualmoralische Fragen betrachtete, mit denen sich vor allen Dingen die Beichtväter zu beschäftigten haben.[236] Die gesellschaftlichen Debatten u.a. um Verhütung und Abtreibung, Familienplanung und Bevölkerungsentwicklung hatten die gesellschaftspolitische Dimension der Thematik hervortreten lassen. Die Kirche sah sich in ihren Grundüberzeugungen herausgefordert und musste sich öffentlich positionieren.

Was ist katholisch – und was nicht? Darüber gibt das Kompendium letztverbindlich Auskunft. Seine Aussagen über den Menschen, die Ehe und die Elternschaft haben für den Umgang der Kirche mit trans Menschen unmittelbare Relevanz. Sie betreffen das Ich, das Du und das Wir. Sie definieren zugleich den Handlungsspielraum der Caritas, des Bildungswesens und der Pastoral.

Eine klare Botschaft: Es gibt keinen Spielraum!

Eine Stelle im Kompendium ist im Kontext von Transidentität besonders bedeutsam. Es handelt sich um die Ziffer 224, in der zwar allgemein von der „Gender-Theorie" die Rede ist, die aber für trans Menschen unmittelbare Konsequenzen hat. Das Lehramt erklärt:

---

235 Vgl. Wollasch, Ethik in Beziehung, 189–196. – Zum Thema „Lehre" bzw. „Lehrgebäude" und der kritischen Funktion der Theologie vgl. auch Hilpert, Fallstricke, 56–59.

236 Vgl. Angenendt, Sexualität, 206–209.

„Gegenüber denjenigen Theorien, die die Geschlechteridentität lediglich als ein kulturelles und soziales Produkt der Interaktion zwischen Gemeinschaft und Individuum betrachten, ohne die personale sexuelle Identität zu berücksichtigen oder die wahre Bedeutung der Sexualität in irgendeiner Weise in Betracht zu ziehen, wird die Kirche es nicht müde, ihre eigene Lehre immer wieder deutlich zu formulieren: ‚Jeder Mensch, ob Mann oder Frau, muss seine Geschlechtlichkeit anerkennen und annehmen. Die leibliche, moralische und geistige Verschiedenheit und gegenseitige Ergänzung sind auf die Güter der Ehe und auf die Entfaltung des Familienlebens hingeordnet. Die Harmonie des Paares und der Gesellschaft hängt zum Teil davon ab, wie Gegenseitigkeit, Bedürftigkeit und wechselseitige Hilfe von Mann und Frau gelebt werden' (KKK 2333). Aus dieser Sichtweise ergibt sich die Verpflichtung, das positive Recht dem Naturgesetz anzugleichen, dem zufolge die sexuelle Identität als objektive Voraussetzung dafür, in der Ehe ein Paar zu bilden, nicht beliebig ist."

Der Grundsatz ist ganz bewusst als Gegenposition zur Gender-Theorie formuliert. Die Botschaft lässt an Klarheit nichts zu wünschen übrig. Die Kirche kennt an dieser Stelle keine Toleranz. Ihre Lehre duldet in diesem Punkt keine Ausnahme. Für eine trans-freundliche Pastoral ist in diesem größeren theologisch-anthropologischen Rahmen kein Spielraum.

Die Kirche hat gute Gründe, für ihr kategorisches „Nein". Nicht nur einzelne Punkte, sondern der gesamte Sinnzusammenhang ihrer Lehre steht auf dem Spiel, das Zusammenwirken von Person und Gesellschaft und in der Mitte die Familie.[237]

Das christliche Menschenbild und die Frage nach der geschlechtlichen Identität

Dem christlichen Menschenbild widmet das Kompendium gleich im ersten Teil ein eigenes großes Kapitel: Die menschliche Person und ihre Rechte.[238] Die Soziallehre der Kirche versteht den Menschen als eine wesensmäßige Einheit aus Leib und Seele. Mit seiner Körperlichkeit gehört er der materiellen Welt an, seine Spiritualität verweist über das Irdische hinaus auf den Schöpfer der geschaffenen Welt und öffnet damit den Menschen für die Transzendenz. Eine einseitig spiritualistische Sicht des Menschen, die sei-

237 Vgl. Ernst, Korrekturbedarf, 138–140. – Heimbach-Steins, Idealisierung, 301. – Vgl. auch den Gesamtüberblick bei Schockenhoff, Kunst zu lieben, 159–233. – Lintner, Beziehungsethik, 175–236.

238 Vgl. *Päpstlicher Rat für Gerechtigkeit und Frieden, Kompendium der Soziallehre,* Kap. III, bes. Ziffer 127–144.

ne leibliche Verfasstheit abwertet oder sogar leugnet, wird damit ebenso abgelehnt wie eine rein materialistische Sicht des Menschen, die seine spirituellen und religiösen Bedürfnisse negiert.

Transzendenzoffenheit und Einzigartigkeit machen zusammen mit Freiheit und Gleichheit die Würde der menschlichen Person aus. Als Abbild Gottes geschaffen genießt der Mensch einen Vorrang vor allen anderen lebendigen Wesen. Seine Ebenbildlichkeit zeichnet ihn in besonderer Weise aus. Die Freiheit ist ihm von Gott geschenkt, damit er stets das Gute wählt. Ihre Kehrseite ist die Versuchung, das Böse zu tun. Die Sünde, die nichts anderes als die Ablehnung des Schöpferwillens ist, begleitet die Menschheit, so erzählt es die Schöpfungsgeschichte von Anfang an.

Trans Menschen, die von sich sagen, dass ihre körperliche Verfassung ihrer subjektiv wahrgenommenen Identität nicht entspricht, passen nicht in dieses Bild, für das der Zusammenhang von Leib und Seele per se untrennbar ist. Eine Entkoppelung darf nicht sein. Der göttliche Schöpferwille ist auf ein harmonisches Zusammenspiel angelegt. Wenn dieses nicht gelingt, sind die Ursachen dafür im Menschen zu suchen. Er ist es, der sich von der gottgewollten Ordnung abwendet, der das Geschenk seiner Leiblichkeit ablehnt und seinen Körper stattdessen mit medizinischen und sonstigen Mitteln nach eigenem Gutdünken willkürlich manipuliert. Transidentität ist aus dieser Sicht nur mit Kategorien wie Missbrauch der Freiheit, Schuld und Sünde zu erfassen.

Ein Zugang, der die Transition als einen Weg begreift, um eben die Identität zu erlangen, die den anderen Menschen von Gott unverdient und von Anfang an geschenkt wurde, ist nicht vorgesehen. Eine solche Annahme steht vielmehr unter dem Verdacht, ein moralisch fragwürdiges Verhalten theologisch zu legitimieren.

Die Unterscheidung zwischen einem biologischen (sex) und einem sozialen (gender) Geschlecht ist nach diesem schöpfungstheologischen Verständnis nicht nachvollziehbar. Die Sicht der Gender-Studies ist für die Kirche eine fundamentale Infragestellung. „Sie kommt einer kopernikanischen Erschütterung des herkömmlichen christlichen Menschenbildes gleich.“[239]

Die eine Ehe und die Vielfalt der sexuellen Orientierungen

Mit der Erschaffung des Menschen als Mann und Frau kommt eine gottgewollte Differenz ins Spiel. In ihrer Unterschiedlichkeit sind Mann und Frau

239 Lintner, Beziehungsethik, 437.

dazu bestimmt, in der Ehe einander zu ergänzen und zu unterstützen. Sie sind darauf ausgerichtet, ihre Verschiedenheit in der Beziehung zum anderen zu leben, sie zu bereichern und zu erfüllen. Die Beziehung zwischen Mann und Frau hat, so sagt es das Kompendium, eine transzendente, spirituelle, ja mystische Dimension: „Die Beziehung zwischen Gott und dem Menschen spiegelt sich in der Beziehungs- und Gesellschaftsdimension der menschlichen Natur.“[240]

Ungeachtet aller Unterschiede sind Mann und Frau gleichwertig. Beide sind mit der einen transzendenten und personalen Würde ausgestattet, die sie als Ebenbild Gottes ausmacht. In der Einheit ihrer Verschiedenheit haben sie Anteil an der Schöpferkraft Gottes. Indem sie „ein Fleisch werden“ (Gen 2,24; vgl. Mt 5–6), öffnen sie sich für das Geschenk des Lebens, das Gott ihnen anvertrauen will. Die liebende Beziehung zwischen Mann und Frau vertieft die Gemeinschaft zwischen beiden. Sie ist getragen von der Bereitschaft zu Ganzhingabe und Ausschließlichkeit, d.h. zur bedingungslosen, unauflöslichen Bindung an eine einzige Person.[241]

Die kirchliche Lehre geht in Anlehnung an die Schöpfungserzählung von einer klaren Grenze zwischen Mann und Frau aus. Nur der Ehebund kann die Verschiedenheit überwinden und die unauflösliche Gemeinschaft stiften, die der Ehe Verbindlichkeit und Dauerhaftigkeit verleihen. So sehr die Verschiedenheit zwischen Mann und Frau beschworen wird, das eigentliche Ziel ist die Einheit, die unabhängig von allen äußeren Bedingungen Bestand hat. Liebe, Beziehung, Partnerschaft, aber auch die erotische Anziehung, das Begehren und die lustvolle Erfüllung stehen unter diesem Vorzeichen.

Indem Mann und Frau „ein Fleisch“ werden, verkörpern sie im wahrsten Sinne des Wortes die gottgewollte Zuordnung der Geschlechter und werden sie zum Abbild des *einen* Gottes. Die Sexualität wird hier auf eine nicht mehr zu überbietende Weise theologisiert und zugleich auf den Geschlechtsakt zwischen Mann und Frau reduziert. Sie wird gleich in mehrfacher Hinsicht exklusiv verstanden. Nach kirchlicher Lehre ist praktizierte Sexualität nur erlaubt

- zwischen einem Mann und einer Frau, wobei das biologische Geschlecht als Kriterium der Unterscheidung maßgebend ist,
- mit einem einzigen Partner bzw. einer Partnerin und daher auch nur

240 Vgl. *Päpstlicher Rat für Gerechtigkeit und Frieden, Kompendium der Soziallehre,* Ziffer 110.
241 Vgl. *Päpstlicher Rat für Gerechtigkeit und Frieden, Kompendium der Soziallehre,* Ziffer 110–112 sowie 221–223.

im Rahmen einer sakramental geschlossenen Ehe, die monogam und zugleich unauflöslich ist.

Exklusiv ist dieses Verständnis auch und gerade deshalb, weil es alle anderen sexuellen Aktivitäten als unvereinbar mit Gottes Schöpferwillen und daher als „Sünde“ ausschließt. Das betrifft neben der Onanie den vorehelichen und außerehelichen Geschlechtsverkehr, die Sexualität von geschiedenen und wiederverheirateten Menschen, von gleichgeschlechtlichen Paaren, von Menschen in Mehrfachbeziehungen (Polyamorie) und nicht zuletzt von intergeschlechtlichen und transidenten Menschen.

Die Trennschärfe, mit der die katholische Lehre zwischen Mann und Frau unterscheidet, erweist sich im Hinblick auf trans Personen als wirkungslos. Wenn eine trans Frau eine Frau liebt, ist sie dann heterosexuell oder lesbisch? Was sagt sie selbst dazu? Wenn ein trans Mann einen trans Mann liebt, sind die beiden dann homosexuell oder doch eher lesbisch? Und was ist, wenn sich eine trans Person auf der Suche nach einem Menschen, mit dem sie ihr Leben teilen möchte, gar nicht festlegt, weil beides mit leidvoller Erfahrungen besetzt ist, das Frausein ebenso wie das Mannsein? Was ist, wenn sie einfach einen Menschen finden möchte, der sie annimmt, wie sie ist, und mit dem sie hier und jetzt zusammenleben kann? Was bedeuten in so einer Situation Zuschreibungen wie „bisexuell“ oder „pansexuell“? Wer hat das Recht, die sexuelle Orientierung eines Menschen zu definieren?

Das heteronormative Geschlechtermodell der Kirche reduziert diese Komplexität insofern, als es neben Mann und Frau nichts Drittes geben kann und damit jegliche Pluralität im Hinblick auf Sexualität ausgeschlossen ist. Die gesellschaftliche Wirklichkeit von heute sieht jedoch anders aus und das Thema Transidentität, besser gesagt, die Menschen, die davon betroffen sind, konfrontieren die Kirche mit dem Gegenteil der von ihr favorisierten Einheit – mit Vielfalt. Das Phänomen Transidentität entkoppelt die Sexualität vom biologischen Geschlecht und entgrenzt damit die Geschlechterbeziehung. An die Stelle der Heterosexualität tritt nicht einfach die gleichgeschlechtliche Sexualität, sondern eine un-definierbare Vielfalt möglicher sexueller Orientierungen.

Transidentität bedeutet aber nicht nur eine tiefgreifende Infragestellung der kirchlichen Ehe-Lehre und Sexualmoral, sondern auch eine Anfrage an das kirchliche Verständnis von Amt und Weihe. Das Priestertum ist per definitionem ausschließlich biologischen Männern vorbehalten. Wenn nun die Grenze zwischen Mann und Frau fließend wird, kommt das ganze kirchliche Ordnungsgefüge ins Wanken. Das Kirchenrecht, das trans Männer von der Priesterweihe grundsätzlich ausschließt und Klerikern, die eine Transition beabsichtigen, die Befugnisse ihrer Weihe entzieht, erweist sich bisher als wirkungsvolle Stütze dieses Ordnungssystems.[242] Aber ist damit wirklich sicherzustellen, dass sich im Klerus der katholischen Kirche keine trans Menschen befinden? Statistisch gesehen ist dies ziemlich unwahrscheinlich. Angesichts der schwerwiegenden kirchenrechtlichen Konsequenzen werden die Betroffenen in der Regel klug genug sein zu schweigen oder, wenn ihnen das nicht möglich ist, stillschweigend zu gehen. Was bleibt, ist die Einsicht, dass Transidentität ein „gefährliches" Thema für eine Kirche ist, die ihre ganze Organisationsstruktur von der äußerlich sichtbaren, biologischen Unterscheidung zwischen Mann und Frau abhängig gemacht und dieses mit dem göttlichen Heilswillen für die Kirche und die Menschheit legitimiert hat.

Familie: Fruchtbarkeit und Fortpflanzung

Die Kirche bindet die Sexualität nicht nur an die Beziehung zwischen Mann und Frau, sondern auch an deren grundsätzliche Bereitschaft, mit dem Geschlechtsakt ein Kind zu zeugen. Ihr Verständnis von Sexualität ist damit nicht nur exklusiv, sondern auch funktional. Nachkommenschaft war die längste Zeit der primäre Zweck der Ehe, bis man im Zuge des II. Vatikanischen Konzils der Beziehung zwischen den Ehepartnern eine größere Aufmerksamkeit schenkte. Zunehmend wurde realisiert, was die Sexualität für das Wachsen und die Vertiefung der ehelichen Liebe bedeutet.

Von der Elternschaft als vorrangigem Ehezweck, der den Geschlechtsverkehr in der Ehe legitimiert, ist man inzwischen abgerückt, von der grundsätzlichen Zeugungsoffenheit des Aktes jedoch nicht. Ein Paar, das bereits Kinder hat, darf zwar heute auf weitere Kinder verzichten, allerdings stehen ihm dabei nur die sogenannten „natürlichen Methoden" zur Verfügung. Hormonelle, technische und operative Methoden sind nicht zulässig. Beispielsweise die Pille, die Spirale oder auch die Sterilisation sind damit ausgeschlossen.

„Die Familie ist das Heiligtum des Lebens."[243] Die Ehe ist auf die Familie ausgerichtet, was umgekehrt bedeutet, dass es in einer Ehe keinen grundsätzlichen Verzicht auf Kinder geben kann. Eine Ehe ohne Kinder ist nicht vorgesehen und Kinder ohne Ehe erst recht nicht. Auch die Entscheidung,

---

242 Vgl. Anuth, Transition, 176.
243 Vgl. *Päpstlicher Rat für Gerechtigkeit und Frieden, Kompendium der Soziallehre,* Ziffer 231.

unverheiratet zu bleiben und keine Kinder zu haben, ist neben dem beschriebenen Familienideal eine defizitäre Lebensform. Nur der zölibatär lebende Priester und die „Geweihte Jungfrau“ bilden hier eine Ausnahme.[244] Dass sich die betroffenen „Singles“ oftmals unfreiwillig aufgrund ihrer Lebensumstände in dieser Rolle wiederfinden, sei aus Gründen der Fairness an dieser Stelle hinzugefügt.

So wie Mann und Frau mit der Ehe eine unauflösliche Verbindung eingehen, bilden für die Kirche auch Ehe und Familie bzw. Sexualität und Elternschaft einen untrennbaren Zusammenhang. Eine völlige oder teilweise Entkoppelung von Geschlechtsakt und Zeugung ist nicht erlaubt. Das gilt für das Thema Verhütung, aber auch für die aktive Herbeiführung einer Befruchtung mit technischer Unterstützung, wenn sich der Kinderwunsch auf natürliche Weise nicht realisieren lässt. An dieser Stelle erklärt das Kompendium ganz dezidiert:

„Es muss betont werden, dass alle Fortpflanzungstechnologien – die Spende von Sperma oder Eizellen; die Leihmutterschaft; die heterologe künstliche Befruchtung – moralisch nicht zu akzeptieren sind, die die Verwendung der Gebärmutter oder der Geschlechtszellen anderer Personen als der betreffenden Ehepartner vorsehen und damit das Recht der Kinder verletzen, von Eltern geboren zu werden, die dies im biologischen und juristischen Sinne sind, oder die den Akt der Vereinigung von dem der Zeugung trennen, indem sie Labortechniken wie die homologe künstliche Besamung oder Befruchtung anwenden, sodass das Kind eher das Resultat eines technischen Vorgangs als die natürliche Frucht des menschlichen Akts der völligen und totalen Hingabe der Eheleute zu sein scheint. Wenn man darauf verzichtet, sich der verschiedenen Formen der so genannten unterstützten Fortpflanzung, die den ehelichen Akt ersetzt, zu bedienen, bedeutet dies, die ganzheitliche Würde der menschlichen Person – in den Eltern ebenso wie in den Kindern, die sie zeugen wollen – zu respektieren.“[245]

Für trans Menschen und ihre Lebensplanung bedeutet dieses Verbot ein nahezu unüberwindliches Hindernis. Auch wenn trans Menschen hier nicht direkt angesprochen werden, geht es faktisch um ihre ganz konkrete Lebensführung. Die Forderung der Kirche, dass sie ihre Geschlechtsidentität anerkennen und annehmen, bedeutet für sie auch, dass sie auf Partnerschaft, Kinderwunsch und Familiengründung verzichten. Die Methoden

---

244 Vgl. Anuth, Gottes Plan, 188.

245 Vgl. *Päpstlicher Rat für Gerechtigkeit und Frieden, Kompendium der Soziallehre,* Ziffer 235.

und Maßnahmen der heutigen Fortpflanzungstechnologien stehen ihnen – wie im Übrigen allen anderen Katholiken – nicht zur Verfügung. Nach einer hormonalen bzw. operativen Transition sind sie aber oft der einzige Weg zur Elternschaft.

Der schwangere trans Mann und die zeugungsfähige trans Frau haben keinen Platz in der katholischen Anthropologie. Gleichzeitig wird alles, was Fruchtbarkeit und Fortpflanzung unterbindet, als unerlaubt zurückgewiesen. Geschlechtsangleichende Operationen, die mit der Entfernung der inneren und äußeren Geschlechtsorgane einhergehen, sind damit nicht möglich. Und da kompensierende Verfahren wie die Eizellen- und Samenspende sowie die Leihmutterschaft ebenfalls nicht zulässig sind, bietet die Kirche trans Menschen keinen Zugang zur Elternschaft. Sie bleibt dabei, dass trans Personen die geschlechtliche Identität, die bei der Geburt festgestellt wurde, anzuerkennen und anzunehmen haben.[246] Daran hat sich seit dem Erscheinen des Kompendiums vor nunmehr zwei Jahrzehnten nichts geändert. Und es ist völlig offen, ob sich daran in der nächsten Zeit etwas Grundlegendes ändern wird.

Transidentität – dreifache Herausforderung für die Kirche

Das Thema Transidentität konfrontiert die Kirche mit weltweiten gesellschaftlichen Entwicklungen, die mit ihren bisherigen lehramtlichen Positionen unvereinbar sind. Was für die Kirche untrennbar ist, wird in der Realität faktisch entkoppelt. Wo die Kirche nur eine einzige Möglichkeit zulässt, wählen die Menschen zwischen unterschiedlichen Alternativen. Wo die Kirche dem Prinzip der Einheit den Vorzug gibt, feiert die Gesellschaft Vielfalt und Unterschiedlichkeit. Das Phänomen Transidentität wird damit für die Kirche zu einer Zerreißprobe!

Eine Lehre, die von der Realität überholt wird und damit zunehmend an Plausibilität verliert, ist nicht mehr in der Lage, den Menschen Klarheit, Vertrauen, Sicherheit und Orientierung zu vermitteln. Die Auseinandersetzung mit der Transidentität legt dieses theologische, moralische und pastorale Defizit schonungslos offen. Die Aspekte Identität, Sexualität und Fertilität fordern das Lehramt heraus, sein Verständnis vom Menschen, von der Ehe und von der Familie grundlegend zu überdenken. Das macht sie zu einem dreifachen Angriff auf die Kirche.

---

246 Ebd.

Das Prinzip Einheit

Im Kreuzfeuer steht das Prinzip der Einheit, das die gesamte theologische Anthropologie mit ihren drei Dimensionen Ich, Du und Wir durchzieht:

1. Während die kirchliche Lehre die Einheit von *Leib und Seele* betont und daraus die Verpflichtung ableitet, die biologische Geschlechtsidentität bedingungslos anzuerkennen, erfahren trans Menschen leidvoll die Entkoppelung ihrer körperlichen und seelischen Selbstwahrnehmung. Die Tatsache, dass es trans Menschen gibt, widerspricht der Grundannahme, dass Leib und Seele stets in gottgewollter Harmonie existieren. Bei der schmerzhaften Suche nach der Integration von Leib und Seele lässt sie das kirchliche Lehramt im Stich.
2. Dass eine trans Person einen anderen Menschen liebt und heiratet, ganz gleich ob einen Mann oder eine Frau oder eine andere trans Person, sprengt die Logik der Ehe als biologisch bedingte und im Heilsplan Gottes verankerte Verbindung von Mann und Frau. Indem die Kirche der Einheit von *Mann und Frau*, die sich in der geschlechtlichen Vereinigung im Rahmen der sakramental geschlossenen und unauflöslichen Ehe vollzieht, den Vorzug gibt und alle anderen Formen sexueller Beziehungsgestaltung kategorisch ausschließt, bleiben trans Menschen, deren sexuelle Orientierung nicht dem heteronormativen Vorbild entspricht, außen vor.
3. Die Einheit von *Ehe und Familie*, die darin zum Ausdruck kommt, dass der eheliche Geschlechtsakt grundsätzlich für die Zeugung von Nachkommen offen ist, impliziert den Ausschluss aller Methoden und Maßnahmen der modernen Fortpflanzungstechnologien als auch alternativer familialer Lebensformen. Die sogenannten Regenbogenfamilien leben vielfältige Modelle und stellen schon durch ihre Existenz in Frage, dass es einen untrennbaren Zusammenhang von natürlicher Zeugung und Elternschaft gibt.

Indem die Kirche dem Prinzip der Einheit den Vorrang gibt, schließt sie jede Form der Abweichung und jede Alternative im Hinblick auf den Menschen, die Ehe und die Familie per se aus. Pluralität im Hinblick auf geschlechtliche Identität, sexuelle Orientierung und familiale Lebensformen ist theologisch nicht denkbar.

Maximale Verbindlichkeit

Aus Sicht des kirchlichen Lehramts ist die Einheit von *Leib und Seele* genauso unauflöslich wie die Ehe zwischen *Mann und Frau* und die Einheit von *Ehe und Familie.* Menschenbild, Ehe und Familie bilden nicht nur für sich genommen, sondern auch untereinander eine unlösbare Einheit. Damit entsteht eine Triade, die man ganz konkret in Worte fassen kann:

Ich bin als Frau – mit Leib und Seele – auf den Mann ausgerichtet; wir sind – als Frau und Mann – dazu bestimmt, Mutter und Vater von Kindern zu sein und damit den uns zugedachten Beitrag zum Gemeinwohl und zur Zukunft der Gesellschaft zu leisten.

Diese Gedankenfigur, die sich für den Mann analog formulieren lässt, ist eine Kette, aus der man kein Glied herauslösen kann. Das Prinzip der Einheit verleiht dem Konstrukt eine maximale normative Festigkeit und Verbindlichkeit. Umgekehrt gilt, wer die Einheit von Leib und Seele in Frage stellt, gefährdet das Fundament des Ganzen. Und wer die Einheit von Ehe und Familie aufhebt, raubt ihm seinen Zukunftshorizont.

Die unbedingt gültige Einheit setzte man den gesellschaftlichen Auflösungserscheinungen entgegen, die seit den sechziger Jahren die Ehe- und Sexualmoral der Kirche zunehmend unter Druck brachten. Das Prinzip der Einheit, auf allen sozialen Ebenen ins Spiel gebracht, machte aus der kirchlichen Lehre ein uneinnehmbares theologisches Bollwerk. Aus dem Lehrgebäude der Soziallehre wurde schon unter Johannes Paul II. eine „Festung“ gegen den Gender-Zeitgeist.

Das Lehramt in der Sackgasse

Mehr als zwanzig Jahre hält das Kompendium inzwischen dem Ansturm stand. Aber kann das auf Dauer die Lösung sein? Zweifel sind angebracht, denn das Gender-Thema ist zusammen mit der Transidentität längst in der Mitte der Kirche angekommen. Trans Menschen werden seelsorgerisch betreut, finden sich in kirchlichen Kitas und Schulen und nehmen Angebote der Caritas in Anspruch. Und sie arbeiten inzwischen in kirchlichen Einrichtungen und in der Pastoral. Sie erteilen Religionsunterricht und übernehmen Geistliche Begleitung.

Lehramtliche Verlautbarungen wie die Broschüre der Kongregation für das katholische Bildungswesen für Schulen und Bildungsinstitutionen aus dem Jahr 2019[247] werden von den Verantwortlichen, wenn überhaupt, ohne großes Interesse zur Kenntnis genommen und zur Seite gelegt.[248] Für die praktische Arbeit haben sie keine Relevanz. Auf das christliche Menschen-

247 Vgl. *Kongregation für das katholische Bildungswesen, Als Mann und Frau schuf er sie.*
248 Vgl. https://www.katholisch.de/artikel/22020-das-sind-die-hauptprobleme-des-vatikanischen-gender-dokuments

bild mag man zwar nicht ganz verzichten, aber die Ehe- und Familienmoral der Kirche ist in der praktischen Bedeutungslosigkeit verschwunden.[249] Steckt das Lehramt allen Bekenntnissen und Belehrungen zum Trotz in einer Sackgasse? Es sieht so aus und das obwohl es an Reforminitiativen in der Vergangenheit nicht gefehlt hat.[250]

Misstrauen und Ressentiments

Sollte man, da die kirchliche Praxis längst neue Wege geht, das römische Lehramt nicht einfach sich selbst überlassen? Der Eindruck mag naheliegen. Aber würde das passieren, dann wären die Auswirkungen fatal. Mit ihrem kategorischen Nein zu allem, was die kirchlich verordnete Einheit in Frage stellt, anders gesagt, mit ihrer konsequenten Ablehnung von geschlechtlicher und sexueller Vielfalt verurteilt sich die Kirche selbst zur Sprachlosigkeit und zwar nicht nur auf der obersten Ebene des Lehramts, sondern auf allen Ebenen. Sie wird unfähig, an politischen, kulturellen und wissenschaftlichen Diskursen teilzunehmen. Und sie ist ihrerseits nicht mehr in der Lage, den unterschiedlichen gesellschaftlichen Gruppen und Akteuren ein glaubwürdiges Dialogangebot zu unterbreiten.

Die Erstellung von „vertraulichen Notizen", die nicht das Licht der Welt erblicken dürfen, weil man das „Päpstliche Geheimnis" wahren muss, ist zumindest in diesem Punkt weder hilfreich noch vertrauensbildend.[251] Ein solches Vorgehen weckt Misstrauen und bestätigt Vorurteile und Ressentiments. Die interne und externe Öffentlichkeit nimmt der Kirche eine solche Geheimdiplomatie nicht mehr ab.

Eine dramatische Sprachlosigkeit

Viel schwerer wiegt aber, dass das Lehramt mit seiner kompromisslosen Positionierung die Debatte über das Leben in seiner ganzen Vielfalt radikalen Kräften am rechten und linken Rand der Gesellschaft überlässt. Es ist fatal, wenn sich Bischöfe und andere Verantwortliche in der Kirche mit militanten Gruppen unter den sogenannten „Lebensschützern" identifizieren, statt sich kompromisslos von ihnen abzugrenzen. Ebenso problematisch ist es, wenn sie dort, wo unter dem Vorzeichen „Reproduktiver Selbst-

---

249 Vgl. Ernst, Korrekturbedarf, 135–136. – Vgl. auch Hilpert, Fallstricke, 52. – Vgl. auch Anuth, Plan, 172.

250 Vgl. den Überblick bei Hilpert, Vorgeschichte, 33–35.

251 Vgl. Anuth, Transition, 174.

bestimmung" eine völlige Entgrenzung aller familialen und sozialen Beziehungen propagiert wird, sprachlos bleiben.

Mit den drei Themenfeldern Identität, Sexualität und Fertilität verbinden sich ganz unabhängig von der Sicht der katholischen Kirche gravierende individualethische und sozialethische Fragen. Wenn die skizzierte Entgrenzung weiter voranschreitet und danach sieht es zurzeit aus, dann wird sich die Menschheit über neue moralische Parameter verständigen müssen. Internationale Institutionen wie die UNO und EU sind unter dem Vorzeichen der „Reproduktiven Selbstbestimmung" bzw. „Reproduktiven Gerechtigkeit" schon längst in die Diskussion eingestiegen.[252] Sucht die Kirche als dritter Global Player den Dialog mit ihnen oder beschränkt sie sich auf ihr kategorisches Nein?

Der Mensch als Produkt und Ware

Die Menschheit muss herausfinden, wie unter der Bedingung vielfältiger geschlechtlicher Identitäten ein verantwortungsbewusster Umgang mit dem eigenen Körper aussehen kann. Medizinethische Probleme stehen dabei neben medienethischen und pädagogisch-ethischen Fragen.

Die Gesellschaften müssen sich darüber verständigen, wie sie sich einen verantwortungsbewussten Umgang mit sexueller Orientierung vorstellen. Polygamie, Polyamorie, Pornografie, Prostitution, Pädophilie u.v.m. müssen auch und gerade in einer freiheitlichen, vielfältigen Gesellschaft einer ethischen Bewertung unter Wahrung der universalen Würde aller Menschen unterzogen werden.[253]

Darüber hinaus stellt sich die Frage, was ein verantwortungsbewusster Umgang mit der Fertilität bedeutet. Abtreibung ist dabei ein zentrales ethisches Thema, aber keineswegs das einzig bedeutsame. Moderne Fortpflanzungstechnologien werfen viele ethische Fragen auf.[254] Insbesondere die globale Kommerzialisierung des ganzen Sektors verlangt nach klaren ethischen Grenzziehungen, die verbindlich umgesetzt werden müssen. Nur dann ist sichergestellt, dass Leihmutterschaft nicht eine „Dienstleistung" unter anderen und Eizellen und Spermien nicht ein „Naturprodukt" wie andere auch werden. Nur dann wird verhindert, dass der Mensch selber am Ende zu einer Ware wird.[255]

---

252 Vgl. oben S. 94 ff. Transidentität und gesellschaftlicher Wandel.
253 Zu den notwendigen Abgrenzungen vgl. Lintner, Beziehungsethik, 550–562.
254 Vgl. Walser, Bioethik als Austragungsort, 146–152.
255 Vgl. Hilpert, Ethik, 180.

Kein „Anything goes"!

Zwischen idealistischen Einheits-Spekulationen und utopischen Entgrenzungs-Phantasien liegt ein breites Spektrum an realistischen Alternativen und ethisch vertretbaren Wahlmöglichkeiten. Das Gegenteil von „No go" heißt nicht „Anything goes"! Wenn die Kirche ihren ureigenen Auftrag überzeugend wahrnehmen will, kommt sie nicht umhin, die vielfältigen Optionen des zwischenmenschlichen Zusammenlebens gemeinsam mit den Menschen wahrzunehmen und auszuloten. Personwohl und Gemeinwohl, Solidarität und Subsidiarität sind für sie ein Kompass, der sich seit mehr als hundert Jahren bewährt hat. Warum sollte er heute nicht mehr funktionieren?

Die Menschen in der Kirche, die sich selber in der sogenannten „Mitte" verorten, die für vielfältige, queere Lebensformen Verständnis haben, ohne deshalb schon gleich die Familie abschaffen zu wollen, die es noch immer nicht aufgegeben haben, auf eine Öffnung der kirchlichen Ehe- und Sexualmoral zu hoffen, die darauf schon seit Jahrzehnten warten und trotzdem der Kirche noch nicht den Rücken gekehrt haben – sie alle bleiben bisher ohne eine überzeugende Antwort auf ihre Fragen. Das, was die Kirche ihnen mit ihrem Kirchenrecht, ihrem Katechismus und ihrem Kompendium der Soziallehre anbietet, empfinden sie – zu Recht – als unbarmherzig und lieblos. Sie finden sich mit ihren religiösen und ethischen Überzeugungen darin nicht wieder.

Statt geheimer Verhandlungen brauchen wir in der Kirche einen offenen und zugleich öffentlichen Dialog. Es geht darum, die Geschichten von queeren Menschen generell und insbesondere von trans Menschen anzuhören, ihre Lebenswege kennenzulernen und die Gründe für ihre Entscheidungen nachzuvollziehen. Es geht darum, sie zu fragen, ob sie Alternativen gesehen haben und welche Lösungen es aus ihrer Sicht gab. Dann erschließen sich Gründe und Motivationen, die eine „Reißbrettmoral" niemals liefern kann.[256]

Drei Wege zur Erneuerung

Will die katholische Kirche nicht weiter an Glaubwürdigkeit und Überzeugungskraft verlieren, muss das Lehramt eine Entscheidung treffen. Wenn

256 Vgl. Demmer, Wahrheit, 88 und 106.

man die Ziffer 235 im Kompendium der Soziallehre der Kirche unverändert beibehalten will, dann sollte man das ehrlich und in aller Offenheit der Weltkirche mitteilen. Dann sollte man auch beim laufenden weltweiten Synodalen Weg keine Hoffnungen wecken, die am Ende zwangsläufig zu Enttäuschungen führen müssen.[257] Dann sollte man nach dem Vorbild der US-amerikanischen Bischöfe auch in anderen Ländern den Krankenhäusern die Begleitung und Hilfeleistung im Hinblick auf trans Menschen verbieten und in dieses Verbot gleich alle anderen kirchlichen Einrichtungen und Dienste einbeziehen. Leisten sie nicht alle im Gegensatz zur Ziffer 235 der Nicht-Anerkennung und der Nicht-Annahme der geschlechtlichen Identität Vorschub? Die US-amerikanische Diözese Cleveland[258] hat mit Wirkung vom 1. September 2023 diesen Schritt bereits vollzogen.[259]

Man müsste sich wohl weltweit auf ein solches Szenario einstellen, wenn es nicht von Papst Franziskus andere Signale gäbe. Wiederholt hat er deutlich gemacht, dass ihn sein Kampf gegen die Gender-Theorie nicht davon abhalten kann, dem einzelnen trans Menschen Aufmerksamkeit und Wertschätzung zu zeigen.[260] Er trennt ganz bewusst zwischen pastoraler Zuwendung und gesellschaftspolitischer Debatte. Papst Franziskus gibt der individuellen Person den Vorrang vor der Theorie und ist dabei einem Prinzip treu, das er bereits zu Beginn seines Pontifikats in seinem Lehrschreiben *Evangelii gaudium* formuliert hat: Die Wirklichkeit ist wichtiger als die Idee (EG 231).

Dazu passt seine kürzlich ausgedrückte, mehr als deutliche Kritik an bestimmten konservativen Kreisen in den USA.[261] Seine Art und Weise, wie er trans Menschen empfängt und mit ihnen umgeht, aber auch wie er über sie gegenüber Dritten spricht, das alles vermittelt einen Eindruck davon, wie er sich den Umgang mit ihnen in der Kirche insgesamt vorstellt. Mit seinem Verhalten ist er ein Vorbild für eine mögliche Öffnung der Lehre. Er zeigt Ansatzpunkte für eine Erneuerung und weist damit nicht nur einen, sondern gleich drei Auswege aus der Sackgasse.

---

257 Vgl. https://www.katholisch.de/artikel/46089-lgbtq-vertreter-wir-muessen-samen-in-der-weltsynode-saeen

258 Vgl. https://s3.documentcloud.org/documents/23945123/parish-and-school-policy-on-issues-of-sexuality-and-gender-identity.pdf

259 Vgl. https://www.newwaysministry.org/2023/09/21/cleveland-dioceses-new-gender-policy-is-dangerous-say-catholic-protestors/

260 Vgl. oben S. 114 ff. Papst Franziskus: Ein Seelsorger für trans Menschen.

261 Vgl. https://katholisch.de/artikel/46712-papst-franziskus-kritisiert-rueckwaertsgewandte-katholiken-in-den-usa

1. Die Begegnung mit Jesus von Nazareth: Die Art und Weise, wie er die Menschen seiner Zeit wahrgenommen und wie er sich ihrer angenommen hat, ist für Papst Franziskus eine Quelle der Inspiration und zugleich eine Verpflichtung zur Nachfolge. Sein Motto lautet ganz einfach: „Wie Jesus!“[262]
2. Die Überzeugung, dass die Lehre der Kirche nicht schon von vornherein alle Antworten auf die Fragen der heutigen Zeit bereithält: Im klugen Abwägen zwischen Norm und Einzelfall müssen ihre Inhalte immer wieder neu erschlossen und entfaltet werden. „Die Vision einer Doktrin der Kirche als Monolith ist falsch“, sagt der Papst.[263]
3. Die Ermahnung, dass die Lehre der Kirche nicht rückwärtsgewandt gehütet und bewahrt, sondern in der Auseinandersetzung mit der Wirklichkeit ständig neu belebt und vergegenwärtigt werden muss: Tradition ist nur dann eine lebendige Ressource für die Zukunft der Kirche, wenn sie weitergedacht wird und neue Konzepte hervorzubringen vermag. Von der Theologie fordert er dementsprechend „kreative Treue zur Tradition“.[264]

Jeder der drei Impulse ist eine Einladung, sich darauf einzulassen, ihn zu durchdenken und weiterzuentwickeln. Was das dann im Einzelnen bedeuten kann, sollen die folgenden Überlegungen zeigen.

„Wie Jesus!“

Jesus tritt in den Evangelien nicht als Gesetzeslehrer auf, sondern als Wanderprediger und Heiler. Er legte den Menschen, die er auf seinem Weg traf, nicht die Thora und mit ihren vielfältigen Ge- und Verboten aus, sondern er erzählte ihnen in Geschichten und Gleichnissen von der kommenden Gottesherrschaft. Jesus ist kein Moralprediger und kein Unheilsprophet, sondern einer, der die „Verlorenen des Hauses Israel“ sucht, um sie zurück in das Gottesvolk zu holen (Lk 19,10).[265]

---

262 Vgl. https://www.vatican.va/content/francesco/de/speeches/2016/october/documents/papa-francesco_20161002_georgia-azerbaijan-conferenza-stampa.html

263 An die Mitglieder der Internationalen Theologischen Kommission am 24. November 2022: https://www.vatican.va/content/francesco/de/speeches/2022/november/documents/20221124-cti.html

264 Vgl. ebd.

265 Die „Verlorenen“ sind das Thema von drei Gleichnissen: der gute Hirte und das verlorene Schaf (Lk 15,4–7), der verlorene Groschen der Hausfrau (Lk 15,8f) und der verlorene Sohn (Lk 15,11–32). Von den „verlorenen Schafen des Hauses Israel“ spricht auch Mt 15,24.

Der barmherzige Samariter (Lk 10,25–37)

Die „Pharisäer und Schriftgelehrten" waren die Gesprächspartner, die Jesus mal freundlich, mal feindlich gesinnt gegenübertraten. Mit seiner Geschichte vom Barmherzigen Samariter führt der Evangelist Lukas seine Leser in so eine Gesprächssituation.[266] Jesus schaut hin, hört zu, fragt und gibt Antwort. Das ist sein Stil und so könnte auch die Kommunikation in der Kirche aussehen. Die von Lukas geschilderte Szene hält den Frommen seiner Zeit einen Spiegel vor. Damals wie heute kann sich die Kirche darin wiedererkennen.[267]

Die Geschichte ist so geläufig, dass die Pointe schnell erzählt ist. Auf dem Weg zwischen Jerusalem und Jericho wird ein Mann überfallen und ausgeraubt. Die Verbrecher lassen ihn „halbtot" liegen. Es gehen Leute vorbei, die den hilflosen Mann jedoch nicht beachten, sondern seinem Schicksal überlassen. Als der Samariter an den Ort kommt, hat er Mitleid und nimmt sich des Mannes an. Er versorgt seine Wunden, bringt ihn in eine sichere Unterkunft und kümmert sich auch dort noch um die weitere Versorgung des Verletzten.

Nicht auf die Opferrolle reduzieren

Die Analogie zu den Gewalterfahrungen, die in der heutigen Zeit trans und andere queere Menschen immer wieder machen müssen, ist beklemmend. Man kann die Geschichte von Barmherzigen Samariter sicherlich als Aufforderung an die Christen verstehen, sich solidarisch und mit tatkräftiger Unterstützung an ihre Seite zu stellen. Allerdings ist bei dieser Interpretation Vorsicht geboten, denn trans Menschen wollen – wie die meisten anderen Menschen auch – nicht in eine Opferrolle gedrängt oder gar darauf reduziert werden. Man macht es sich also zu einfach, wenn man die Sinnspitze der Geschichte allein in der Forderung nach barmherziger Zuwendung sehen würde.

Religiöse und moralische Autoritäten

Die Botschaft der kleinen Geschichte ist wesentlich differenzierter, als auf den ersten Blick zu erkennen ist. Die Personen, die vorübergehen, sind ein Priester und ein Levit, Amtsträger am Jerusalemer Tempel. Sie schauen weg, machen sich nicht schmutzig an dem vermutlich blutverschmierten

266 Papst Franziskus stellte die Geschichte 2019 in den Mittelpunkt seiner Enzyklika *Fratelli tutti*, vgl. Ziffer 56–86.

267 Vgl. Wollasch, Ethik in Beziehung, 125–128 und 379–380.

Mann, dessen Herkunft sie nicht kennen. Sie bleiben nicht stehen, nehmen sich keine Zeit für ihn und wenden auch kein Geld für irgendwelche Hilfeleistungen auf. Sie fühlen sich nicht angesprochen und darin unterscheiden sie sich nicht von vielen anderen Zeitgenossen, damals wie heute.

Der Priester und der Levit sind, und das ist entscheidend, religiöse und moralische Autoritäten. Sie sind vertraut mit den heiligen Schriften und sie kennen das Gesetz ganz genau. Sie müssen wissen, dass die Nächstenliebe das höchste Gebot ist, sozusagen der Ankerpunkt für die Zehn Gebote und die 613 Vorschriften der Thora, die daraus abgeleitet wurden. Ihnen muss klar sein, dass die Pflicht zur Nächstenliebe vor allen Dingen dann zum Tragen kommt, wenn es darum geht, Menschenleben zu retten. Nichts und niemand kann sie davon dispensieren. Über diesen unbedingten, universalen Anspruch – das Menschenrecht auf Leben zu schützen und zu erhalten – haben sie sich hinweggesetzt. Das macht ihr Verhalten so über alle Maßen skandalös, dass auch der fromme Jude, mit dem Jesus über diesen Vorfall spricht, nicht anders kann, als dem „unzuverlässigen" Samariter den Vorrang vor seinen Glaubensbrüdern einzuräumen. Er und nur er hat sich zum Nächsten gemacht und damit das getan, was gottgefällig ist und dem Heilswillen für die Menschen entspricht.

Wer ist mein Nächster?

Wer mein Nächster ist, das hängt eben nicht davon ab, wer mir gerade mehr oder weniger zufällig begegnet, sondern allein von mir selbst. Ich entscheide, ob ich den Anruf einer Situation hören möchte oder nicht, ob ich mich auf den anderen einlasse und sein Schicksal in diesem Moment teilen will oder nicht. Nächstenliebe ist mehr als die möglichst gründliche Kenntnis des Gesetzes. Es reicht nicht aus, sich mit einem präzisen Wissen über Ge- und Verbote zu begnügen, um dann die anderen darüber zu belehren, in der Hoffnung, dass sie sich an die Vorschriften halten werden. Es reicht nicht, sie zu tadeln, wenn sie versagen, sie zu verurteilen oder auch zu bestrafen.

Nächstenliebe ist die grundsätzlich positive Haltung, die ich gegenüber dem anderen einnehme und die mich zum Handeln drängt.[268] Ohne das praktische Tun sind Wissen und Haltung letztlich wertlos. Wegschauen ist keine Option und Nichtstun auch nicht. Papst Franziskus hat dies 2020 in seiner Enzyklika *Fratelli tutti* in aller Klarheit zum Ausdruck gebracht:

268 Zu den vielfältigen biblischen und ethischen Dimensionen vgl. Söding, Nächstenliebe, 342–371.

„Die Erzählung – sagen wir es deutlich – liefert keine Lehre abstrakter Ideale und beschränkt sich auch nicht auf die Funktionalität einer sozialethischen Moral. Sie zeigt uns eine oft vergessene wesentliche Charakteristik des menschlichen Seins: Wir sind für die Fülle geschaffen, die man nur in der Liebe erlangt. Es ist keine mögliche Option, gleichgültig gegenüber dem Schmerz zu leben; wir können nicht zulassen, dass jemand ‚am Rand des Lebens' bleibt. Es muss uns so empören, dass wir unsere Ruhe verlieren und von dem menschlichen Leiden aufgewühlt werden. Das ist Würde." (*Fratelli tutti,* Ziffer 68)

Der Umgang mit trans Menschen in der Kirche

Zwei Gedanken aus dieser Geschichte können für den Umgang in der Kirche mit trans Menschen richtungsweisend sein.

Die Kirche hat erstens den Auftrag, sich den Menschen wie der Samariter unabhängig von Nationalität, Kultur, Religion, Bildung, Besitz und eben auch Geschlechtsidentität und sexueller Orientierung hilfreich, einfühlsam und Leben spendend zuzuwenden. Der Samariter fragt nicht nach der Person. Er prüft nichts nach und bewertet nichts. Das einzige, was er beurteilt, ist die Situation. Und sie sagt ihm, dass dringender Handlungsbedarf besteht.

Zweitens, Lukas arbeitet bewusst mit der Provokation, dass in dieser Geschichte religiöse Autoritäten zum Stein des Anstoßes werden. Obwohl sie es besser wissen, halten sie sich heraus und überlassen die Hilfeleistung den anderen. Damit unterlaufen sie den Anspruch der eigenen Lehre. Sie werden unglaubwürdig und geben ein Ärgernis. Wer hier einen vordergründigen Antijudaismus vermutet, verkürzt die Botschaft des Evangeliums. Lukas erzählt von den Anfängen der jungen Kirche. Gegen die Versuchung, sich auf eine vermeintlich „reine Lehre" zurückzuziehen, waren die Christen zu keinem Zeitpunkt immun. Das Thema prägte die Kirche in den ersten Jahrhunderten und es prägt sie bis heute. Ein Beispiel dafür liefern die katholischen Bischöfe der USA, die im März 2023 allen katholischen Einrichtungen des Gesundheitswesens die Behandlungen von trans Menschen aus religiösen Gründen verboten haben.[269] Die Botschaft Jesu ist jedoch eine andere. Sie heißt: Handle! (Lk 10,37)

Ob den US-Bischöfen klar war, dass sie mit ihrer Entscheidung der ohnehin zunehmenden Gewalt gegen trans Menschen im öffentlichen Raum

---

269 Vgl. oben S. 104ff. Australien und Amerika trennt mehr als ein Ozean. – Vgl. auch https://www.katholisch.de/artikel/44254-priester-levit-oder-samariter-wo-stehen-die-katholischen-kliniken

Vorschub leisten? Haben sie das billigend in Kauf genommen? Papst Franziskus ist für solche Tendenzen durchaus sensibel. In *Fratelli tutti* schreibt er:

„Manchmal betrübt mich die Tatsache, dass die Kirche trotz solcher Motivationen so lange gebraucht hat, bis sie mit Nachdruck die Sklaverei und verschiedene Formen der Gewalt verurteilte. Durch die Weiterentwicklung von Spiritualität und Theologie haben wir heute keine Entschuldigung mehr. Trotzdem gibt es immer noch jene, die meinen, ihr Glaube würde sie ermutigen oder es ihnen zumindest erlauben, verschiedene Formen von engstirnigen und gewalttätigen Nationalismen zu unterstützen, von fremdenfeindlichen Einstellungen, von Verachtung und sogar Misshandlungen von Menschen, die anders sind. Der Glaube muss zusammen mit der ihm innewohnenden Menschlichkeit ein kritisches Gespür gegenüber diesen Tendenzen lebendig halten und dazu beitragen, schnell zu reagieren, wenn sie sich einzunisten beginnen. Daher ist es wichtig, dass die Katechese und die Predigt auf direktere und klarere Weise die soziale Bedeutung der Existenz, die geschwisterliche Dimension der Spiritualität, die Überzeugung der unveräußerlichen Würde jedes Menschen und die Beweggründe, um alle zu lieben und anzunehmen, einbezieht." (*Fratelli tutti*, Ziffer 86)

Papst Franziskus hat Recht. Hinzufügen ist nur, dass sich nicht nur die Katechese und die Predigt, sondern auch das Lehramt in diesen Lernprozess einzubringen hat. In Sachen Sklaverei, Todesstrafe und auch im Hinblick auf den sogenannten „gerechten" Krieg hat die Kirche in der Vergangenheit viel dazugelernt.[270] Im Hinblick auf Geschlechtsidentität und Sexualität steht diese Entwicklung noch aus.

Die Lehre ist kein Monolith!

Bei seinen zahlreichen Heilungen tritt Jesus selbst als „Samariter" auf, der sich den Kranken und daher oftmals Armen und Ausgestoßenen zuwendet und sie zurück in die Gemeinschaft holt. Zu ihm kommen Besessene, Aussätzige, Gelähmte, Blinde, Stumme oder Menschen mit Wassersucht und Epilepsie.[271] Die körperlichen und seelischen Gebrechen sind so vielfältig wie die Menschen, die ihn umgeben. Die Heilung der gekrümmten Frau (Lk 13,10–17) fällt durch ihre besonderen Rahmenbedingungen auf. Sie findet am Sabbat mitten in der Synagoge während eines Gottesdienstes statt. Was für ein Skandal! Was Lukas hier erzählt, ist mehr als die Schilderung

270 Vgl. Nothelle-Wildfeuer, Fratelli tutti.
271 Vgl. u.a. Lk 4,31–37; 4,38–41; 5,12–16; 7,1; 5,17–26; 8,26–39.

der vorbildlichen Barmherzigkeit Jesu, es ist ein Lehrstück, wie Jesus das Verhältnis von Nächstenliebe und Sabbat bzw. Nächstenliebe und Gesetz versteht.

Eine Heilung am Sabbat in der Synagoge

Die Szene beginnt ganz unspektakulär. Jesus besucht am Sabbat den regulären Gottesdienst und lehrt dort. Die Stimmung kippt, als er unter den Anwesenden die gekrümmte Frau erblickt. Jesus unterbricht seine Ansprache, legt ihr spontan die Hände auf und in diesem Augenblick ist sie von ihrem Leiden erlöst. Für Jesus hängen Wort und Tat untrennbar zusammen. Das Wort braucht die Tat, um seine Glaub-Würdigkeit zu beweisen. Im konkreten Handeln erweist seine Botschaft von der heilbringenden Gottesherrschaft ihre volle Wirkungskraft. Jesus verkündet mit Worten und mit Taten. Für ihn ist Reden und Tun ein und dasselbe. Aber seine Umgebung sieht das anders. Mit der Heilung sorgt er für einen Eklat und der Synagogenvorsteher ist entsetzt. Er ist dafür zuständig, dass die „heilige Ordnung“ des Gottesdienstes nicht gestört wird. Er hat für die Einhaltung der Vorschriften zu sorgen, und ganz besonders für die Heiligung des Sabbats. Wer am Sabbat arbeitet, entweiht ihn. Das darf unter keinen Umständen zugelassen werden. Lukas stellt fest:

„Der Synagogenvorsteher aber war empört darüber, dass Jesus am Sabbat heilte, und sagte zu den Leuten: Sechs Tage sind zum Arbeiten da. Kommt also an diesen Tagen und lasst euch heilen, nicht am Sabbat!

Der Herr erwiderte ihm: Ihr Heuchler! Bindet nicht jeder von euch am Sabbat seinen Ochsen oder Esel von der Krippe los und führt ihn zur Tränke? Diese Frau aber, die eine Tochter Abrahams ist und die der Satan schon seit achtzehn Jahren gefesselt hielt, sollte am Sabbat nicht davon befreit werden dürfen?“ (Lk 13,14–16)

Strenge Observanz lässt keine Spielräume für Abweichungen. Dass der Sabbat ursprünglich einmal ein Fest des Lebens und der Freiheit war, davon bleibt in diesem Gottesdienst nichts mehr übrig. Durch die strenge Ordnung wird das befreiende Geheimnis des Sabbats in sein Gegenteil verkehrt. Eine neue Sklaverei scheint die frühere zu ersetzen.

Befreiung zur Rückkehr in die Heilsgemeinschaft

Jesus reagiert mit aller Schärfe: „Ihr Heuchler!“ Er spricht den Synagogenvorsteher nicht direkt an, sondern wendet sich gleich an die ganze Gemeinde. Am Beispiel der Haustiere zeigt Jesus, dass der Sabbat den Schutz und die Förderung des Lebens nicht außer Kraft setzt. Muss das, was für Ochs und Esel gilt, nicht noch viel mehr für den Menschen gelten? Aber Jesus geht noch einen Schritt weiter und führt den Sabbat auf seinen ursprünglichen Sinn zurück. Wenn der Sabbat die Befreiung des Volkes Israel aus Ägypten feiert, dann gibt es keinen besseren Tag für die Befreiung der Frau aus der Gewalt des Dämons als den Sabbat und keinen besseren Ort als die Synagoge, wo in der Lesung der Schrift die Erinnerung an den Exodus immer wieder erneuert wird.

Indem Jesus die Frau den Anwesenden als „Tochter Abrahams" vorstellt, holt er sie in die Schicksalsgemeinschaft Israels als Volk Gottes hinein. Er gibt seiner Heilung eine heilsgeschichtliche Dimension. Der Bund mit Abraham, den Gott gegenüber Israel am Sinai feierlich bestätigt hat, ist der größere Bezugsrahmen, in den Jesus die Heilung der Frau stellt. Jesus tritt an dieser Stelle als einer auf, der den unbedingten Heilswillen Gottes gegenüber Israel vollzieht. Die Mitglieder des Volkes Gottes, so könnte man den größeren Sinn der gesamten Handlung beschreiben, haben die Knechtschaft hinter sich gelassen und sie haben nun eines gemeinsam – den aufrechten Gang.

Die Frage nach dem Sinn des Sabbats

Unter den Juden ist die Einhaltung der Sabbatruhe ein Streitthema. Götzendienst und Mord sind für fromme Juden unter keinen Umständen und mit nichts zu rechtfertigen. Dahinter steht das Leben als höchster Wert überhaupt. Es zu schützen und zu erhalten, hat die oberste Priorität. Aber was gilt für den Sabbat? Ist diese Verpflichtung so groß, dass sie sogar Vorrang vor dem Sabbatgebot hat? Für Jesus ist klar, der Schutz des Lebens kann und muss die Sabbatruhe außer Kraft setzen, wenn es auf diese Weise gelingt, ein Menschenleben zu retten. Und nicht nur dies, auch die Heilung eines Menschen hat Vorrang, weil er durch sie die Lebens-Qualität zurückgewinnt, die Gott ihm zugedacht hat und die ihm durch seine Krankheit vorenthalten wird.

Die Geschichte im Lukas-Evangelium illustriert den Ausspruch, den Markus kurz und prägnant in den Ausspruch fasst: „Der Sabbat wurde für den Menschen gemacht, nicht der Mensch für den Sabbat." (Mk 2,27) Nicht nur der Sabbat, sondern das ganze Gesetz, kann man sinngemäß hinzufügen.

Wenn der Mensch nur noch für den Sabbat da ist, wird diese Heilsdimension verdunkelt. Wenn wertvolle Lebensqualität geopfert werden muss, damit „Recht und Ordnung" nicht gestört werden, geht die befreiende Kraft der Botschaft verloren.

Jesus stellt an dieser Stelle die Sinnfrage. Der Sabbat ist in den Augen Jesu kein Selbstzweck. Es geht nicht nur um die möglichst korrekte Befolgung der Vorschriften. Der Sabbat ist nicht der Sinn, sondern er *hat* einen Sinn und das ist die Gottesherrschaft, das Reich der Freiheit und des Friedens, zu dem das Gottesvolk unterwegs ist. Gott will an und mit Israel vollenden, was er in der Zeit der Väter begonnen hat. Das ist die Zukunft seines Volkes. Diesen Sinnhorizont kann der Sabbat eröffnen, wenn man ihn nicht selber zum Sinn macht, wenn man Sinn und Sollen nicht vertauscht und den Sinn nicht durch das Sollen ersetzt. Genau das jedoch ist mit dem jüdischen Gesetz im Laufe der Zeit passiert und Jesus legt, sehr zum Missfallen seiner Zeitgenossen, den Finger auf diese Wunde.

Sinn und Sollen in der Kirche von heute

Die Frage ist aktuell wie eh und je. Sinn wirkt befreiend, motivierend, er weckt Energien, erzeugt Begeisterung und Aufbruchsstimmung. Wer aber den Sinn zum Sollen macht, raubt ihm seinen Elan, bremst ihn aus und legt ihn lahm. Wenn das geschieht, wird man vorsichtig. Man will nicht versagen und wird versuchen, Fehler zu vermeiden. Man reagiert ängstlich und verzagt, vielleicht aber auch perfektionistisch, pedantisch und unduldsam.

Es sieht so aus, als wäre die Kirche mit ihrer Lehre von der Leiblichkeit des Menschen in dieselbe Falle getappt. Sie könnte mit ihrer Auffassung von der menschlichen Würde, die sich in der Einheit von Körper, Geist und Seele ausdrückt, der medialen Vermarktung und Kommerzialisierung der Sexualität entgegentreten. Sie könnte mit ihrer trinitarischen Konnotation sogar für einige gläubige Menschen, sicherlich nicht für alle, eine spirituelle Bereicherung sein. Die Lehre der Kirche könnte dies alles, wenn ihr nicht eine rigide Normativität jeglichen Charme und Anreiz nehmen würde.[272]

Sinnorientierung und Disziplinierung sind unvereinbar und das Lehramt hat sich bisher im Hinblick auf die Leiblichkeit für die Disziplinierung entschieden. Dass die kirchliche Lehre vom Menschen eine Lehre für den Menschen ist und dass „Personwohl" auch Wohlergehen, Wohlfühlen, Freude und Glück bedeutet, ist kaum noch wahrnehmbar. Das ist ein Verlust für den Glauben und er betrifft alle Gläubigen, die queeren und trans Menschen unter ihnen jedoch ganz besonders.

272 Zur Theologie des Leibes, die ihre Herkunft nicht zufällig Predigten, Katechesen und Meditationen verdankt, vgl. Schockenhoff, Ausweg, 143. – Vgl. auch Lintner, Beziehungsethik, 195–204.

Amoris laetitia: Veränderung ist möglich!

So wie die Zeitgenossen Jesu dem Sabbatgebot eine absolute Priorität eingeräumt haben, scheint sich in der Lehre der Kirche heutzutage alles um das 6. Gebot zu drehen. Ganz gleich ob Anthropologie, Ehe und Familie oder Gesellschaft, die Lehre steht und fällt scheinbar mit der Frage nach der Sexualität. Ist sie damit noch eine, die für die Menschen da ist? Oder sind die Menschen nur noch für sie da?

Die Frage muss sich so oder so ähnlich den teilnehmenden Bischöfen der Familiensynode im Herbst 2015 gestellt haben, als die Frage zur Diskussion stand, ob geschiedene und wiederverheiratete Gläubige zur Kommunion zugelassen werden können. Papst Franziskus beschreibt 2020 im Rückblick die Debatte und macht deutlich, wie unversöhnlich die Positionen einander gegenüberstanden. Die einen beharrten auf der Einhaltung der Unauflöslichkeit der sakramentalen Ehe und bewerteten daher die neue eheliche Verbindung als dauerhaften Ehebruch, der unvermeidlich den Ausschluss von der Kommuniongemeinschaft nach sich zieht. Die anderen verwiesen darauf, dass die Menschen, die in ihren Beziehungen scheitern und deren Familien zerbrechen, die Gemeinschaft der Kirche ganz besonders brauchen und sie ihnen daher nicht vorenthalten werden darf. Die Lösung, auf die man sich schließlich einigte, gab in Teilen beiden Seiten Recht, forderte aber auch von beiden ein Entgegenkommen.[273]

Unter dem Eindruck, dass die strikte Einhaltung der kirchlichen Ehe-Lehre geeignet ist, in bestimmten Situationen für die Betroffenen neues Leid zu erzeugen und dass sie daher den Betroffenen nicht wirklich zugemutet werden kann, sprach man sich für eine Lösung im Einzelfall aus. Danach ist es zulässig, dass ein Seelsorger, der die Betroffenen begleitet und ihre persönlichen Verhältnisse gut kennt, ihnen die Kommunion spendet, wenn er dies für angemessen und pastoral verantwortbar hält.[274] Diese Regelung, die von Papst Franziskus zunächst nur in einer Anmerkung seines Nachsynodalen Schreibens *Amoris laetitia* festgehalten wurde, ist inzwischen geltendes kirchliches Recht.[275]

Man kann daraus lernen, dass im bestehenden System Öffnungen notwendig und Änderungen möglich sind. Nicht alle kirchlichen Normen sind

273 Vgl. Franziskus, Wage zu träumen, 114–116.
274 Vgl. Lintner, Beziehungsethik, 230–234 sowie 537–539.
275 Vgl. https://www.katholisch.de/artikel/15702-auslegung-von-fussnote-351-lehramtlich-bestaetigt

absolut gültig. Oder um es mit Papst Franziskus zu sagen: Die Lehre ist kein Monolith!

Von der Gesinnungs- zur Handlungsethik

Der umstrittene Kommunionempfang ist ein Beispiel dafür, dass die Kirche durchaus in der Lage ist, individuelle Lösungen zu finden, ohne gleich alles in Frage zu stellen, was Grundlage des kirchlichen Lebens ist. Entscheidend ist, dass sie das Einzelschicksal stets im Blick behält. Vor diesem Hintergrund stellt sich die Frage: Warum sollte das, was bei geschiedenen und wiederverheirateten Gläubigen möglich ist, nicht auch bei queeren und trans Menschen und ihren ganz besonderen Lebenslagen möglich sein?

Die Tragweite der Entscheidung, die Papst Franziskus nach der Familiensynode 2015 getroffen hat, wird deutlich, wenn man sie nicht nur als eine Fußnote in einem päpstlichen Schreiben ansieht, sondern im größeren historischen Kontext der Moraltheologie betrachtet. Für einen Moment verabschiedet sich das Lehramt von seiner strengen gesinnungsethischen Orientierung, die nur das kirchliche Regelwerk kennt, und lässt sich auf die Logik dessen ein, was der Sozialethiker Konrad Hilpert „Handlungsethik“ nennt.[276]

Handlungsethik befasst sich mit der Umsetzung von Normen im weitesten Sinne, d.h. von allgemeinen Werten und Prinzipien über Regeln und Richtlinien bis hin zu konkreten Handlungsaufforderungen. Sie hat zwei Seiten. Eine Normerfüllung „ohne Sinn und Verstand“, die auf die Betrachtung von möglichen Handlungsfolgen verzichtet, aber auch den Erfüllungsbedingungen keine Beachtung schenkt, die ausschließlich auf eine korrekte Ausführung der Norm bedacht ist, ist eine unangemessene Engführung des handlungsethischen Ansatzes. Sie wird als Legalismus bezeichnet und ist als Fehlform zu betrachten, denn die Norm wird dabei unverhältnismäßig überhöht. Sie wird zum Selbstzweck.

Auf der anderen Seite steht eine ethische Reflexion, die danach fragt, ob und wie die Norm im Einzelfall erfüllt werden kann und muss. Welche Rahmenbedingungen die Umsetzung ermöglichen und begünstigen oder aber erschweren, wenn nicht gar ganz verunmöglichen. Die Norm verliert dabei nichts von ihrer Gültigkeit, sie kann aber im Einzelfall außer Kraft gesetzt werden.

---

276 Vgl. Hilpert, Ethik, 40–42.

„Schlupfloch der Barmherzigkeit"

Die antike Rechtsphilosophie nannte dieses Vorgehen, das man mit dem Streben nach Angemessenheit oder Billigkeit übersetzen kann, Epikie.[277] Das Problem unzulänglicher positiver Gesetze führte Platon zu der Überlegung, der Gesetzgeber habe in einem solchen Fall die Pflicht, für eine Umsetzung des Gesetzes im Sinne des Naturrechts zu sorgen. Platon sieht die Lösung des Problems somit nicht in einer bedingungslosen Unterwerfung unter das Gesetz, sondern in seiner Überbietung durch das Naturrecht. Dieser Ansatz macht aus der Epikie ein Korrekturprinzip, das die Intention eines Gesetzes bestätigt und es zugleich offen hält für Veränderung und Weiterentwicklung.

Aristoteles verlässt den rechtsphilosophischen Rahmen und verortet die Epikie in seiner Ethik unter den Tugenden. Was im Einzelfall „recht und billig" ist, was als angemessen oder adäquat gelten kann, das ergibt sich nicht von allein, sondern setzt Denken und Einsicht voraus. Weil die Übertragung der Norm auf den Einzelfall keinem logischen Automatismus gehorcht, sind gedankliche Anstrengungen notwendig, müssen Wissen und Lebenserfahrung einbezogen werden und ist auch der Austausch mit anderen ein ganz wesentlicher Faktor. So entsteht für Aristoteles jene „Klugheit", die auf der einen Seite Voraussetzung für die Epikie ist und die auf der anderen Seite mit jeder Entscheidung weiterwächst und reift.

Thomas von Aquin hat die antike Lehre von der Epikie aufgegriffen und in den Kontext der christlichen Theologie integriert. Er macht dabei Anleihen am römischen Recht, bezieht die biblische Botschaft mit ein und knüpft schließlich an die Tugendlehre des Aristoteles an. Die Klugheit, lat. aequitas, wird immer dann gebraucht, wenn es darum geht, der „größeren" Gerechtigkeit zum Durchbruch zu verhelfen. Weil die Gerechtigkeit das positive Recht, auch das kirchliche, überbietet, kann sie im Einzelfall eine Rechtsnorm außer Kraft setzen. Der kirchlich gewährte Dispens, der eine jahrhundertealte Tradition hat, ist dafür ein Beispiel. Zutreffend bezeichnet der Dogmatiker und Kurienkardinal Walter Kasper die Epikie daher als ein „Schlupfloch der Barmherzigkeit".[278]

Mit der Epikie, die man gleichzeitig als Methode und Haltung bzw. Tugend betrachten kann, verfügt die Ethik über ein Instrument, Werte und Normen im Hinblick auf ihre Anwendbarkeit zu prüfen. Die Frage nach

277 Vgl. grundlegend Virt, Normen. – Zur Aktualität in sozialen Einrichtungen, bes. Krankenhäusern vgl. Proft, Epikie. – Wollasch, Ethik in Beziehung, 343–347.

278 Vgl. Kasper, Barmherzigkeit, 177.

den Bedingungen ihrer Realisierbarkeit führt gleichzeitig dazu, sie kritisch zu hinterfragen und möglicherweise auch zu verändern. Die Epikie liefert damit ein reflexives Instrumentarium, das geeignet ist, um den und die Einzelne vor unrealistischen Anforderungen bzw. vor einer Überforderung zu schützen, ohne den normativen Anspruch von Werten und Zielen von vornherein der Beliebigkeit preiszugeben. Die Norm und der Einzelfall stehen in einer Wechselbeziehung, die zu kennen und zu gestalten für eine human ausgerichtete Ethik von hohem Interesse ist. Die Epikie ermutigt dazu, Normen zu reflektieren und zu interpretieren und dabei vor allen Dingen die Faktoren zu beachten, die in der Person liegen.

Das Kompendium der Soziallehre von 2006 übernimmt den Begriff der Klugheit und verweist dabei auf die Lehre des Thomas von Aquin. Sie wird insbesondere den Gläubigen an Herz gelegt. Sie soll ihnen insbesondere bei der Ausübung ihres „Weltauftrags" als Orientierung dienen.[279] Mit *Amoris laetitia* zeigt sich eindrucksvoll, dass sie auch in der Kirche geeignet ist, den Umgang miteinander neu und menschenfreundlich zu gestalten.

Moraltheologie als Wegbegleitung

Aber die Epikie ist nicht nur ein rechtsphilosophisches und tugendethisches Prinzip. Sie hat, und darauf kommt es Papst Franziskus im Zusammenhang von *Amoris laetitia* besonders an, auch eine pastorale Dimension. Dem begleitenden Seelsorger schreibt er eine Schlüsselrolle zu. Er trägt mit den Betroffenen gemeinsam die Verantwortung für die Zulassung zum Sakrament. Die Abwägung geschieht in einem dialogischen, geistlichen Prozess, der das Ziel hat, die Einzelnen oder auch das Paar immer tiefer hineinzuführen in das Geheimnis der Liebe Gottes, der ihr Leben trägt und hält.

In seinem Buch „Die Wahrheit leben" hat der Moraltheologe Klaus Demmer Grundlinien einer solchen Wegbegleitung aufgezeigt. Sittliche Normen, das ist für Demmer unstrittig, haben eine entlastende Funktion. Sie basieren auf der Lebenserfahrung von Generationen. In ihnen verdichtet sich ein Lebenswissen, das nicht stets neu herausgefunden werden muss. Sie können Auskunft darüber geben, was sich im Zusammenleben von Menschen in der Vergangenheit bewährt hat und somit auch für die Zukunft richtungweisend sein kann.[280]

---

279 Vgl. *Päpstlicher Rat für Gerechtigkeit und Frieden, Kompendium der Soziallehre,* Ziffer 548, Anm. 1147.

280 Vgl. Demmer, Wahrheit, 22.

Allerdings erschöpft sich sittliches Handeln nicht in Normanwendung. Es lässt sich nicht einfach auf die Normerfüllung oder auf die Vermeidung einer Normüberschreitung reduzieren. Abgesehen davon, dass äußerlich korrektes Verhalten nichts über die dahinterliegende Gesinnung verrät, macht ein solches Verständnis den Menschen zu einem Rädchen im ethischen Getriebe. Freiheit und Verantwortung, die den Menschen als Person ausmachen, sind dabei nicht relevant. Deshalb betont Demmer ausdrücklich:

„Sittliche Praxis erschöpft sich nicht im Ableisten von Einzelverpflichtungen, der Mensch ist nicht das Epiphänomen eines geschlossenen ethischen Systems, das Normerfüllung einfordert, den Handelnden selbst aber aus dem Auge verliert."[281]

Normen sind kein Zweck an sich, sondern sollen dazu beitragen, dass Leben gelingen kann. Sie sind für Demmer „das Ergebnis bedachter Lebensgeschichten", die innerhalb einer sozialen Gemeinschaft kommunikativ geteilt worden sind und Anerkennung gefunden haben. Darauf beruht ihre Geltung und dies ist solange der Fall, bis sich neue Bedingungen einstellen, die ein Überdenken und Weiterdenken erforderlich machen. Der Vorgang der Auslegung der Norm im Hinblick auf die Praxis ist eine Wechselbeziehung, die in beide Richtungen offen für Veränderung ist.

Normen ordnen sich dem letzten Sinn und Zweck des Handelns unter. Sie sind auf das Ziel eines gelingenden, glücklichen und erfüllten Lebens ausgerichtet und beziehen aus ihm ihre Sinnhaftigkeit. Für Christen ist das letzte und endgültige Ziel ihrer Existenz die Gemeinschaft mit Gott. Sie ist kein Zustand, der sich erst „am Ende der Zeiten" erfüllt, sondern als finale Bestimmung des Menschen bestimmt sie die Gegenwart *und* die Zukunft der Glaubenden und damit ihren ganzen Lebensweg.

Die Gemeinschaft mit Gott zu erhoffen, zu erfahren und zu erleben, wie sie immer mehr zum tragenden Grund des eigenen Lebens wird, das ist ein lebenslanger Prozess. Es ist ein Weg, den Gott dem Menschen bereits eröffnet hat, längst bevor sich dieser selbst zum ersten Mal die Sinnfrage stellt. In ein solches Selbst-Bewusstsein muss der Mensch hineinwachsen. Dazu braucht er Bildung, Beratung, Betreuung, Begleitung – Wegbegleitung im wahrsten Sinne des Wortes.[282]

281 Vgl. Demmer, Wahrheit, 11. – Zur Epikie vgl. ebd. 59, 132 und 173–177.
282 Vgl. Hilpert, Ethik, 102–106, bes. 103.

Epikie – eine pastorale Basiskompetenz

Eine Ethik, die sich auf Normerfüllung, auf abstrakte Werte und ethische Einzelfragen zurückzieht, wird diesem Anspruch nicht gerecht. Sie verliert nicht nur ihre lebenspraktische Relevanz, sondern verrät geradezu ihren ureigenen Auftrag, nämlich dazu beizutragen, dass menschliches Leben gelingen kann und seine Erfüllung findet.

Dies wird immer dann zu einer pastoralen Herausforderung, wenn sich Menschen in ihrer Lebensführung sehr deutlich vom kirchlichen Ideal entfernen. Geschiedene und wiederverheiratete Menschen, Alleinerziehende, Paare ohne Trauschein oder eben homosexuelle und lesbische Menschen wie auch trans Personen, sie alle passen nicht in das klassische Schema der Gemeindepastoral, das nicht nur theoretisch, sondern auch lebenspraktisch vom heteronormativen Familienmodell geprägt ist. Wie unterschiedlich die Behandlung sein kann, die insbesondere trans Menschen durch ihre Seelsorger erfahren, hat Papst Franziskus selber eindrücklich beschrieben.[283]

Klaus Demmer macht deutlich, dass Moraltheologie und Pastoral kein Gegensatz sein müssen. Entscheidend ist, dass trans Menschen zuerst einmal als Geschöpf Gottes, als sein Kind und Ebenbild wahrgenommen werden, dass man sie so sein lässt, wie sie sind. Und dass man ihnen außerdem zugesteht, dass sie moralische Subjekte sind, die wie alle anderen auch mit Freiheit und Verantwortung ausgestattet sind. Ihr Gewissen verpflichtet sie, von dieser Freiheit selbstbestimmt im Interesse ihrer Mitmenschen Gebrauch zu machen, und ruft sie auf, darüber vor Gott und untereinander Rechenschaft abzulegen.

Billigkeit statt Beliebigkeit

Vor diesem Hintergrund zeigt sich, dass Epikie mehr ist als eine punktuelle Korrekturmaßnahme für unzulängliche Normen. Sie steht für ein bestimmtes Menschenbild und eine Haltung, die von Zurückhaltung, Rücksichtnahme, Einfühlungsvermögen und Nachsicht geprägt ist. Die Einsicht in die Grenzen des Machbaren bestimmt Haltung und Verhalten, sowohl gegenüber sich selbst als auch gegenüber dem anderen. Man kann sie mit vielen weiteren Zuschreibungen in Verbindung bringen, beispielsweise nachgiebig, großzügig, hochherzig, souverän, geduldig, flexibel und tolerant.

Damit steht die Epikie aber zugleich unter dem Verdacht, zu gutmütig, zu großzügig oder zu nachsichtig zu sein. Man sieht das Risiko, dass sie

283 https://www.vatican.va/content/francesco/de/speeches/2016/october/documents/papa-francesco_20161002_georgia-azerbaijan-conferenza-stampa.html

Normen in unzulässiger Weise aufweicht, „faule Kompromisse" macht, der Beliebigkeit Tür und Tor öffnet. Sie wird mit Willkür, Schlauheit, Listigkeit, Cleverness und dergleichen in Verbindung gebracht. Man fürchtet, mit dieser Haltung würden sittliche Normen – weltliche und kirchliche – unter der Hand abgeschafft. Man wirft ihr vor, moralische Grenzen zu nivellieren und der Beliebigkeit das Wort zu reden. Das Gegenteil ist der Fall. Barmherzigkeit hat mit Beliebigkeit nichts zu tun!

Die aristotelische Epikie oder auch die Klugheit im Sinne eines Thomas von Aquin fragt nach der Billigkeit – ein Wort, das im modernen Sprachschatz so gut wie nicht mehr vorkommt. Wir kennen vielleicht noch die Redewendung, dass etwas „recht und billig" ist, und machen damit deutlich, dass jemandem etwas zugutekommt, worauf er eigentlich keinen rechtlichen Anspruch hat. In diesem Verständnis schimmert noch durch, dass die Epikie als Billigkeit der jeweils „größeren" Gerechtigkeit zum Durchbruch verhelfen möchte. Sie verfügt damit sehr wohl über einen normativen Zielhorizont, der sie vor dem Abgleiten in die Unverbindlichkeit bewahrt. Aber sie besteht darauf: Gerechtigkeit gibt es nicht ohne den Menschen, über seinen Kopf hinweg oder an ihm vorbei. Kurz gesagt, das Menschengerechte ist das Menschenmögliche. Der Mensch ist das Maß!

Grundhaltung einer queeren Pastoral

Epikie kann Pastoral verändern. Sie kann aus einer auf Instruktion und Observanz ausgerichteten Unterweisung eine maßvolle und menschenfreundliche Anleitung zur Übernahme von Selbstverantwortung machen. Da sie sich nicht von vornherein an ein bestimmtes Maß der Normerfüllung bindet, kann sie einladend, wertschätzend und inklusiv sein, ohne dabei dem von vielen gefürchteten „Zeitgeist" zu huldigen. Sie wird auch nicht der schrankenlosen Entgrenzung aller möglicher Praktiken das Wort reden, sondern aufzeigen, wo Grenzen notwendig sind, weil andernfalls Freiheit und Würde gefährdet sind.[284]

Eine solche Seelsorge brauchen Menschen, deren geschlechtliche Identität und sexuelle Orientierung nicht den bestehenden kirchlichen Normen entsprechen. In den USA gibt es bereits digitale Netzwerke, die über Plattformen im Internet neue Wege gehen. Pastorale Begleitung, spirituelle Impulse, Informationen über queerfreundliche und -feindliche Entwicklungen

284 Vgl. Hilpert, Ethik, 82–84.

in Kirche, Gesellschaft und Politik, Erfahrungen von Betroffenen, gegenseitige Stärkung und Unterstützung, alles dies fließt hier zusammen.[285]

Papst Franziskus begleitet diese Initiativen mit großer Sympathie. Mit einem der Initiatoren, dem Jesuitenpater James Martin SJ, pflegt er einen regen Kontakt und er hat ihn bewusst als Vertreter einer queeren Pastoral zur Weltsynode 2023/2024 nach Rom eingeladen.[286] Pater Martin steht für einen Typus Seelsorger, der keine Berührungsängste hat, mit queeren Menschen in Beziehung zu treten. Er ist in der Lage, zwischen der kirchlichen Tradition und der Lebenswelt der Menschen von heute Brücken zu bauen. Von ihm kann man lernen, was Papst Franziskus meint, wenn er sagt: Die Lehre ist kein Monolith!

„Kreative Treue zur Tradition"

Am 24. November 2022 empfängt Papst Franziskus bei einer Audienz die Mitglieder der Internationalen Theologenkommission, das offizielle Beratungsorgan des Dikasteriums für die Glaubenslehre und des Papstes. Das Gremium hat unter anderem den Auftrag, eine Gender-Stellungnahme vorzubereiten und dabei auch die Veränderung des Menschen durch medizinische und andere Eingriffe zu behandeln. Der Papst ermahnt die Mitglieder der Kommission bei ihrer Prüfung der „anthropologischen Fragen, die derzeit zu Tage treten und die von entscheidender Bedeutung für den Weg der Menschheitsfamilie sind [...], auf das Wort Gottes, den Glaubenssinn des Gottesvolkes, das Lehramt und auf die Gaben des Geistes zu hören". Dies solle geschehen „in der Unterscheidung der Zeichen der Zeit für die Fortentwicklung der Apostolischen Tradition und mit Hilfe des Heiligen Geistes".

Der Papst formuliert an dieser Stelle einen Appell an die Theologie, die biblische und lehramtliche Überlieferung im Hinblick auf aktuelle Herausforderungen neu zu denken und weiterzuentwickeln. Sie könne dazu beitragen, das christliche Menschenbild im Hinblick auf die heutige Zeit zu aktualisieren, zu klären und zu vertiefen. In diesem Sinne ermutigt der Papst die dreizehn Theologinnen und Theologen aus allen Kontinenten, die unter der Leitung von Kurienkardinal Victor Manuel Fernandez arbeiten, zu einer „kreativen Treue zur Tradition".[287]

---

285 Vgl. https://outreach.faith/ und https://www.newwaysministry.org/

286 Vgl. https://www.katholisch.de/artikel/47285-jesuit-und-buchautor-james-martin-setzt-auf-wandel-in-der-kirche

287 Vgl. https://www.vatican.va/content/francesco/de/speeches/2022/november/documents/20221124-cti.html

Gerade die Gender-Thematik wirft nicht nur politische und ethische, sondern grundlegende anthropologische Fragen auf. Kann das Wort Gottes dazu etwas sagen? Ja, aber nicht unmittelbar im Sinne einer Instruktion, sondern eher als Inspiration. Die Evangelien erzählen, wie Jesus Menschen begegnete und sich ihnen zuwendete. Christliche Anthropologie findet in der Art und Weise, wie er die Beziehungen zu seinem Mitmenschen gestaltete, ihre theologische Begründung und ihren ethischen Maßstab.[288]

Jesus lebt Beziehung

Neben der Heilung der gekrümmten Frau überliefert der Evangelist Lukas noch eine andere bemerkenswerte Heilungsgeschichte. Es handelt sich um die Szene, wie Jesus in der Nähe von Jericho einen blinden Mann sehend macht. Der Evangelist beschreibt Jesus nicht nur als den „Sohn Davids" und gottgesandten Wunderheiler, sondern er zeigt, wie er zu seinen Mitmenschen in Beziehung tritt. Wenn die Kirche in ihrem Umgang mit queeren und insbesondere trans Menschen „wie Jesus" sein will, kommt sie an dieser kleinen Episode nicht vorbei. Sie schildert ein Beziehungsmodell, das nach wie vor Aktualität besitzt. Diese Momentaufnahme des jesuanischen Wirkens hat es verdient, in „kreativer Treue zur Tradition" weitergedacht zu werden.

Der Straßenlärm macht den blinden Bettler darauf aufmerksam, dass in seiner Nähe gerade etwas Bedeutsames passiert. Als er die Umstehenden danach fragt, erklären sie ihm, dass Jesus von Nazareth vorübergehe.

„Da rief er: Jesus, Sohn Davids, hab Erbarmen mit mir! Die Leute, die vorausgingen, befahlen ihm zu schweigen. Er aber schrie noch viel lauter: Sohn Davids, hab Erbarmen mit mir! Jesus blieb stehen und ließ ihn zu sich herführen. Als der Mann vor ihm stand, fragte ihn Jesus: Was willst du, dass ich dir tue? Er antwortete: Herr, ich möchte sehen können. Da sagte Jesus zu ihm: Sei sehend! Dein Glaube hat dich gerettet. Im selben Augenblick konnte er sehen. Da pries er Gott und folgte Jesus nach." (Lk 18,38–43)

Nachdem der blinde Mann zuerst in der Menge unterzugehen drohte, ist es ihm gelungen, die Aufmerksamkeit des Wanderpredigers aus Nazareth auf sich zu ziehen. Jesus muss klar gewesen, was dieser armselige Mensch von ihm erwartete – Heilung. Aber Jesus reagiert nicht auf die Blindheit des Mannes. Angesichts einer Situation, die glasklar zu sein scheint, stellt er die

288 Grundlegend für die Verhältnisbestimmung von biblischer Botschaft und ethischer Reflexion: Breitsameter/Goertz, Bibel und Moral.

Frage: „Was willst du, dass ich dir tue?“ Die Frage ist überraschend, denn genau genommen ist sie überflüssig. Als rhetorische Frage mag sie noch durchgehen. Aber hätte Jesus sie sich nicht sparen können?

Mit der Frage lenkt der Evangelist die Aufmerksamkeit auf die Beziehung zwischen Jesus und dem Menschen, der ihn angesprochen hat. Die Heilung muss noch warten. Es geht Lukas zunächst nicht um die Wundertat, die Jesus vollbringen wird, sondern nur um die Begegnung, in die sein heilsames Handeln eingebettet ist. Jesus spricht mit dem Mann, den die anderen zum Schweigen bringen wollten. Er nimmt ihn wahr und nimmt sich Zeit für ihn. Er lässt ihn an sich herankommen und gibt ihm damit im wortwörtlichen Sinne Raum. Jesus reduziert den Mann nicht auf seine Blindheit. Er ist für ihn nicht einfach „der Blinde“, sondern ein Mensch, der leidet, gleichzeitig aber Hoffnungen, Wünsche, Sehnsüchte und einen Willen hat. Seiner erbärmlichen Existenz und seines penetranten Auftretens zum Trotz hat der Mannes seine Würde nicht verloren. Er hat wie alle anderen ein Recht auf ein selbstbestimmtes Leben. Jesus nimmt beides wahr – die Bedürftigkeit und die Würde. Er gibt mit seiner Frage dem Menschen die Chance, „Ich“ zu sagen. Wann hat diesen blinden Mann zuletzt jemand gefragt, was er braucht? Was er sich wünscht? „Herr, ich möchte sehen können!“

Der kurze Dialog, der nur aus zwei Sätzen besteht, enthält eine vielschichtige Beziehungsdynamik. Jesus handelt machtvoll, aber nicht am anderen Menschen vorbei. Er bringt seine ganze Vollmacht als der Gesandte Gottes ins Spiel, aber er macht sich zugleich klein, begibt sich auf Augenhöhe und teilt die Perspektive des blinden Mannes. Jesus respektiert den anderen in seiner Bedürftigkeit und in seiner Freiheit, die er trotz aller Bedürftigkeit nicht verliert. Die liebevolle Zuwendung zum anderen, die Möglichkeiten und Grenzen, Stärken und Schwächen, Macht und Ohnmacht wahrnimmt, ist der Kern des Heilshandelns Jesu, das Menschen verändert, sie heilt und wieder in die Gemeinschaft mit Gott und untereinander hereinholt. In diesem Handeln bricht die Königsherrschaft Gottes an – die große Verheißung für Juden und Christen, damals und heute.

Was sagt die Tradition?

Das Beziehungsmuster, das Lukas in der Begegnung Jesu mit dem blinden Mann ausgestaltet, durchzieht sein ganzes Evangelium. Ethisch gesehen spiegelt sich hier die Doppelstruktur einer Anerkennung, die den Menschen in seiner Freiheit und ihrer Bedingtheit wahrnimmt. Nicht zufällig prägt sie die christliche Sozialverkündigung von Anfang an. So führte das sogenannte „Arbeiterelend“ des 19. Jahrhunderts konsequent zur Frage der Mitbestimmung und Mitentscheidung im Betrieb. Die Konzilskonstitution *Gaudium et spes* hat diese sozialethische Doppelstruktur vor dem Hintergrund der Menschenrechte im Detail ausgebreitet und zu einem gesamtgesellschaftlichen Programm gemacht.[289]

Gaudium et spes

Der Aufbau der Gesellschaft, wie ihn die Kirche versteht, beginnt im zwischenmenschlichen Bereich. Im anderen ein „anderes Ich“ zu erkennen, bedeutet, ihn als gleichwertiges Gegenüber anzuerkennen und ihm die gleichen Rechte zuzusprechen, die ich für mich in Anspruch nehme.[290] In dieser Formulierung klingt das biblische Gebot, den anderen zu lieben wie sich selbst, an (Mk 12,29; Mt 22,34–40; Lk 10,25–29). Aber die Stelle erinnert auch an die Aufforderung zum Rollentausch aus dem Matthäus-Evangelium: „Alles, was ihr wollt, dass euch die Menschen tun, das tut auch ihnen!“ (Mt 7,12) Was die geforderte Achtung des anderen Menschen und die Sorge für menschenwürdige Lebensbedingungen im Einzelnen umfasst, beschreibt das Konzil in einer umfangreichen Liste. *Gaudium et spes* betont mit Nachdruck:

„Heute ganz besonders sind wir dringend verpflichtet, uns zum Nächsten schlechthin eines jeden Menschen zu machen und ihm, wo immer er uns begegnet, tatkräftig zu helfen, ob es sich nun um alte, von allen verlassene Leute handelt oder um einen Fremdarbeiter, der ungerechter Geringschätzung begegnet, um einen Heimatvertriebenen oder um ein uneheliches Kind, das unverdienterweise für eine von ihm nicht begangene Sünde leidet, oder um einen Hungernden, der unser Gewissen aufrüttelt, „durch die Erinnerung an das Wort des Herrn: ‚Was ihr einem der Geringsten von diesen meinen Brüdern getan habt, das habt ihr mir getan‘ (Mt 25,40).“[291]

Die Pastoralkonstitution aktualisiert mit dieser Aufzählung die aus dem Matthäus-Evangelium bekannten „Werke der Barmherzigkeit“ und geht noch einen Schritt weiter. Das Leben, die Unantastbarkeit der Person und ihre Würde dürfen niemals verletzt werden. Ausgeschlossen ist alles, „was [...] zum Leben selbst in Gegensatz steht, wie jede Art Mord, Völkermord, Abtreibung, Euthanasie und auch der freiwillige Selbstmord; was immer

289 Vgl. dazu die Analyse: Wollasch, Ethik in Beziehung, 44–112.
290 Vgl. *Gaudium et spes*, Ziffer 27.
291 Ebd.

die Unantastbarkeit der menschlichen Person verletzt, wie Verstümmelung, körperliche oder seelische Folter und der Versuch, psychischen Zwang auszuüben; was immer die menschliche Würde angreift, wie unmenschliche Lebensbedingungen, willkürliche Verhaftung, Verschleppung, Sklaverei, Prostitution, Mädchenhandel und Handel mit Jugendlichen, sodann auch unwürdige Arbeitsbedingungen, bei denen der Arbeiter als bloßes Erwerbsmittel und nicht als freie und verantwortliche Person behandelt wird."[292]

Der Mensch als freie und verantwortliche Person – an dieser Leitidee sind alle Hilfs- und Fördermaßnahmen auszurichten. Sie sind nicht nur dazu da, die notwendigen materiellen Bedürfnisse abzudecken, sondern dienen auch der Entfaltung der Persönlichkeit. Soziale Rechte und Freiheitsrechte gehören zusammen. Daran lässt *Gaudium et spes* keinen Zweifel:

„Es muß also alles dem Menschen zugänglich gemacht werden, was er für ein wirklich menschliches Leben braucht, wie Nahrung, Kleidung und Wohnung, sodann das Recht auf eine freie Wahl des Lebensstandes und auf Familiengründung, auf Erziehung, Arbeit, guten Ruf, Ehre und auf geziemende Information; ferner das Recht zum Handeln nach der rechten Norm seines Gewissens, das Recht auf Schutz seiner privaten Sphäre und auf die rechte Freiheit auch in religiösen Dingen."[293]

Mit der konsequenten Anerkennung der sozialen und freiheitlichen Grundrechte hat die Kirche des Konzils den Anschluss an den modernen Menschenrechtsdiskurs gefunden. Nach jahrhundertelanger Skepsis und Zurückhaltung waren sie erst wenige Jahre zuvor erstmals in einer päpstlichen Enzyklika erwähnt worden. Papst Johannes XXIII. hat sie 1963 in *Pacem in terris* als ein humanes Ethos gewürdigt, das geeignet ist, die Menschen und die Völker weltweit zu verbinden. Zugleich stellte er klar, dass die Kirche die Freiheitsrechte nicht isoliert betrachtet, sondern im Kontext von sozialen Pflichten sieht, die jedem Menschen auferlegt sind. Das Recht auf die Entfaltung der eigenen Freiheit wird mit der Verantwortung verknüpft, die Freiheit des anderen zu schützen und ihm zur Entfaltung seiner Würde zu verhelfen.[294]

Papst Johannes XXIII. bringt damit ein beziehungsethisches Element zur Geltung, das die Rezeption der Menschenrechte durch die Soziallehre der Kirche bis in die Gegenwart bestimmt. Das Konzil machte sich die

292 Ebd.
293 *Gaudium et spes*, Ziffer 26.
294 Vgl. Papst Johannes XXIII., *Pacem in terris*, Ziffer 6–13.

Grundrechte zu eigen, weil es in ihnen Prinzipien der eigenen Sozialverkündigung wiedererkennen konnte. In das Gefüge von Solidarität und Subsidiarität, Gemeinwohl und Personwohl ließen sich die Menschenrechte als inhaltlich konkretisierte Normen nahtlos integrieren. Von daher versteht sich, dass das Kompendium der Soziallehre fast vierzig Jahre später die Menschenrechte im ersten Teil in einem eigenen Kapitel aufgreift und daraus im zweiten Teil Konsequenzen im Hinblick auf Politik, Kultur, Ökologie und Weltfrieden zieht.[295]

Die Kehrtwende

Beim Thema Ehe und Familie konnte diese anthropologisch fundierte, sozialethische Anerkennungslogik allerdings keine Wirkung entfalten. Schon *Gaudium et spes* hat an dieser Stelle auf die traditionelle katholische Sexualmoral zurückgegriffen und die Chance, die eheliche Liebe als wechselseitiges Geschenk der Freiheit zu verstehen, nicht genutzt.

Liebe ist Anerkennung der Freiheit des anderen und zwar einer Freiheit, die begrenzt, verletzlich und endlich ist. In *Gaudium et spes* kann man diese Dimension im Motiv des „Ehebundes" zwar erahnen, aber eine inhaltliche Rolle spielt sie nicht. Freiheit als eine, die sich dem anderen schenkt und die dem anderen Freiheit ermöglichen will, gibt es nicht.[296]

Die Pastoralkonstitution wie auch das Kompendium der Soziallehre geben einem anderen anthropologischen Modell den Vorzug. Sie bestehen auf der mit Gen 1,27 schöpfungstheologisch begründeten Differenzkonstruktion der Einheit zwischen Mann und Frau. In den Ziffern 36 und 37 führt das Kompendium biblische Geschlechteranthropologie ein, um sie dann im zweiten Teil gleich als erstes Kapitel unter der Überschrift „Die Familie: Lebenszelle der Gesellschaft" zu entfalten. Die Grundaussage, wonach die Familie das erste und prägende soziale Beziehungsnetz eines Menschen darstellt und damit das Fundament einer Gesellschaft bildet, darf zwar als pädagogisch und soziologisch unstrittig gelten und passt daher in den Duktus der christlichen Sozialverkündigung, die schöpfungstheologische Herleitung des heteronormativen Geschlechtermodells wirkt jedoch wie ein Fremdkörper in der ansonsten beziehungsethisch geprägten Soziallehre der Kirche.

295 Vgl. ebd., Ziffer 152–159.
296 Vgl. Wollasch, Ethik in Beziehung, 78–81.

Das heteronormative Menschenbild

Dass sich die untrennbare Verbindung von Menschen-, Familien- und Gesellschaftsbild inzwischen als moral- und pastoraltheologische Sackgasse erwiesen hat, wurde bereits oben ausführlich dargestellt und muss an dieser Stelle nicht wiederholt werden.[297] Auf ein anderes Problem ist jedoch hinzuweisen. Das strikt heteronormative Geschlechtermodell hat nicht nur im Innern der Kirche mehr und mehr an Zustimmung und damit an Relevanz verloren, die extreme Engführung der katholischen Anthropologie bereitet der Kirche inzwischen auch nach außen zunehmend Probleme. Mit ihrer Position, die unterschiedliche geschlechtliche Identitäten, sexuelle Orientierungen und familiale Lebensformen kategorisch ausschließt, ist sie heute im Hinblick auf den aktuellen Menschenrechtsdiskurs nicht mehr sprachfähig. Sie ist dabei, die Anschlussfähigkeit zu verlieren, die mit Johannes XXIII. und *Gaudium et spes* mühsam errungen wurde. Die Menschenrechte waren seit dieser Zeit eine tragfähige Brücke zwischen Kirche und Welt. Sie ermöglichten ihr, „Kirche in der Welt von heute" zu sein.

Aber die Menschenrechte haben sich weiterentwickelt und verändert. Seit den neunziger Jahren spielen das Recht auf sexuelle Selbstbestimmung und reproduktive Gesundheit für die Vereinten Nationen und ihre Organisationen eine verstärkte Rolle. Im Zusammenhang mit den Grundrechten der Frau wurden Mehrfachbenachteiligungen, die man heute unter dem Stichwort „Intersektionalität" diskutiert, verstärkt wahrgenommen. In diesem Zusammenhang nahm man auch die Ausgrenzung und Diskriminierung von queeren Menschen in den Blick. Menschenrechtsverletzungen und ihre Verhinderung in diesem Bereich sind seit dieser Zeit ein Schwerpunkt der Politik der UN auf allen Ebenen.

Eine Frucht der internationalen Anstrengungen sind die 29 Yogyakarta-Prinzipien zur Anwendung der Menschenrechte in Bezug auf sexuelle Orientierung und geschlechtliche Identität, die im November 2006 verabschiedet wurden.[298] Im gleichen Jahr ist das Kompendium der Soziallehre in deutscher Sprache erschienen, doch ist das schon alles, was die beiden Dokumente verbindet. Die Positionen könnten unterschiedlicher nicht

---

297 Vgl. oben S. 147 ff. Transidentität – dreifache Herausforderung für die Kirche.

298 Vgl. *Hirschfeld-Eddy-Stiftung (Hg.), Die Yogyakarta-Prinzipien.* Prinzipien zur Anwendung der Menschenrechte in Bezug auf die sexuelle Orientierung und geschlechtliche Identität. Schriftenreihe der Hirschfeld-Eddy-Stiftung Bd. 1, Berlin 2008. – Dies., *Die Yogyakarta-Prinzipien Plus 10.* Zusätzliche Prinzipien und staatliche Verpflichtungen zur Anwendung internationaler Menschenrechte in Bezug auf sexuelle Orientierung, Geschlechtsidentität, Geschlechtsausdruck und Geschlechtsmerkmale in Ergänzung der Yogyakarta-Prinzipien, Schriftenreihe der Hirschfeld-Eddy-Stiftung Bd. 4, Köln/Berlin 2020.

sein. Vielleicht liegt hier der Grund, warum sich Papst Franziskus im Hinblick auf Menschenrechte deutlich kritischer zeigt als seine Vorgänger.[299] Aber ist der Graben, der die katholische Kirche und die Vereinten Nationen trennt, tatsächlich so tief? Ist er am Ende gar unüberwindlich?

Kein Rückzug in den Elfenbeinturm

Die beziehungsethische Grundintention der kirchlichen Soziallehre kann wie schon in der Vergangenheit auch im Hinblick auf die SOGIESC-Strategie der UNO und ihre Umsetzung in den Staaten weltweit eine Brücke sein.[300] Die Alternative wäre, dass sich die Kirche unter Hinweis auf die Religionsfreiheit in den Elfenbeinturm ihrer Lehre zurückzieht. Bereits jetzt wird in Gerichtsprozessen darum gestritten, ob das Recht auf Religionsfreiheit Vorrang vor den Rechten queerer Menschen hat, als wäre beides ein Gegensatz. Die Kirche kann bei solchen juristischen Auseinandersetzungen gewinnen oder verlieren. Aber wie auch immer ein solcher Prozess ausgehen mag, ihren Verkündigungsauftrag kann sie auf diese Weise nicht erfüllen.[301]

„Verantwortungsvolle Kreativität"

Damit ihr das wieder gelingt, muss die Kirche Wege suchen, das Zusammenspiel von Körper, Geist und Seele neu zu denken. Die Abkehr von den eng gefassten materialen sexualethischen Normen der traditionellen Lehre und die erneute Hinwendung zu den Sozialprinzipien der Sozialverkündigung, zu Freiheit und Verantwortung können einen produktiven Prozess der Rückbesinnung und Neuorientierung eröffnen.

So schreibt das Kompendium in Ziffer 9 über die Grundsätze der Katholischen Soziallehre und die christliche Anthropologie, die sie zum Ausdruck bringen: Es „ist gebührend darauf zu achten, dass der Lauf der Zeit und die Veränderungen der sozialen Verhältnisse es erforderlich machen, immer wieder neu über die verschiedenen hier vorgelegten Themen nachzudenken, um die neuen Zeichen der Zeit zu deuten".

---

299 Vgl. seine Ansprache an das Diplomatische Corps: An die beim Heiligen Stuhl akkreditierten Mitglieder des Diplomatischen Korps beim traditionellen Neujahrsempfang am 9. Januar 2023: https://www.vatican.va/content/francesco/de/speeches/2023/january/documents/20230109-corpo-diplomatico.html

300 Die Abkürzung SOGIESC steht für sexuelle Orientierung, Geschlechtsidentität, Geschlechtsausdruck und Geschlechtsmerkmale (sexual orientation, gender identity, expression and characteristics).

301 Vgl. https://www.newwaysministry.org/2023/09/23/florida-catholic-bookstore-wins-right-to-discriminate-against-lgbtq-customers/

An diesen Gedanken anknüpfend heißt es in Ziffer 53: „Derselbe Heilige Geist, der das Volk Gottes leitet und gleichzeitig das Universum erfüllt, gibt auch der verantwortungsvollen Kreativität der Menschen und der Gemeinschaft der Christen von Zeit zu Zeit aktuelle Lösungen ein – einer Gemeinschaft von Christen, die Teil der Welt und der Geschichte und deshalb offen ist für das Gespräch mit allen Menschen guten Willens, die gemeinsam nach den auf dem weiten Feld der Menschheit ausgesäten Keimen der Wahrheit und Freiheit suchen."

Das andere christliche Menschenbild

Der Mensch, so versteht ihn die Katholische Soziallehre und damit steht sie fest auf dem Boden der biblischen Genesis-Geschichte, ist Geschöpf Gottes und das verbindet ihn mit allen anderen Lebewesen. Er ist außerdem Kind Gottes und das wiederum verbindet ihn mit allen Menschen auf der Erde. In diesem Sinne spricht die Kirche gern von der einen, großen Menschheitsfamilie.[302] Und dann ist der Mensch noch Abbild Gottes, was ihn auf einzigartige Weise mit Gott seinem Schöpfer und Vater verbindet. Er ist das von Gott geliebte Geschöpf, das Leiblichkeit und Geistigkeit in sich vereint und daraus seine transzendente Würde bezieht.

Den Sinn seiner Existenz bezieht der Mensch aus seiner Bestimmung zur Gemeinschaft mit Gott. In seiner Liebe zum Nächsten antwortet er auf die zuvorkommende Liebe Gottes, die ihn ins Dasein gerufen hat und sein Leben von Anfang an trägt und hält. Der Mensch ist einzigartig und frei, sein Leben zu gestalten. Er ist den anderen Menschen gleich an Würde und er ist mit ihnen auf vielfältige Weise verbunden. Relationalität ist das Wesensmerkmal seiner Existenz, die er in der untrennbaren Wechselbeziehung von Individualität und Sozialität verwirklicht.

Man kann dieses Menschenbild schöpfungstheologisch unter Hinweis auf das Buch Genesis begründen, aber man sollte die katholische Anthropologie nicht, wie es jetzt gerade im Kampf gegen die Gender-Theorien getan wird, auf diesen einen Ansatz verkürzen.[303] Die christliche Anthropologie lebt von der Vielfalt. Man kann das christliche Menschenbild *inkarnatorisch* begründen: Gott wurde Mensch und stellte damit eine einzigartige Liebesbeziehung zur ganzen Menschheit her. Der Mensch, der in vielfälti-

302 Vgl. *Gaudium et spes*, Ziffer 2, 3, 26, 29, 33, 37 und öfter.

303 Vgl. als Beispiel das Grußwort, das Erzbischof Dr. Nikola Eterović, Apostolischer Nuntius in Deutschland, zur Herbst-Vollversammlung der Deutschen Bischofskonferenz in Wiesbaden-Naurod am 25. September 2023 gehalten hat; https://www.dbk.de/fileadmin/redaktion/diverse_downloads/presse_2023/2023-09-25_Grusswort-Apost.-Nuntius-HVV-Wiesbaden.pdf

gen Beziehungen lebt, ist Thema der *Soteriologie*: Erlösung ist Heilshandeln Gottes am Menschen und damit Beziehung. *Eschatologisch* gesehen ist der Mensch als Teil des Gottesvolkes auf dem Weg zur Gottesherrschaft. In ihr werden die Beziehungen der Menschen zu Gott und untereinander ihre Vollendung finden. Die Reduktion des christlichen Menschenbildes auf Gen 1,27 ist theologisch und religiös bzw. spirituell eine Verarmung.[304]

Die Frage nach Möglichkeiten und Grenzen

Der Mensch ist für die Katholische Soziallehre, dies wird wiederholt betont, ein soziales, d.h. ein Beziehungswesen.[305] Seine Freiheit verwirklicht er als eine Freiheit mit und für andere.[306] Er lebt sie als verantwortungsvolle Zuwendung zu seinen Mitmenschen, denen er auf zweifache Weise verbunden ist.[307] Auf der einen Seite erlebt er bei ihnen Begrenzungen, Einschränkungen und Bedürfnisse. Er reagiert darauf – im Idealfall – mit einer Haltung der Aufmerksamkeit, Fürsorge und Empathie und nimmt die Bedürftigkeit des anderen als Aufruf zum ganz praktischen, solidarischen Hilfehandeln. Auf der anderen Seite nimmt er den Wunsch nach Selbstbestimmung und Autonomie wahr und begegnet ihm mit Respekt und Toleranz. Er fördert ihn, wo es notwendig ist, mit subsidiärer Assistenz oder „Hilfe zur Selbsthilfe".[308]

Beziehungsethik im Sinne der Katholischen Soziallehre lotet die Stärken und Schwächen des anderen aus.[309] Ihr Kompass sind die Sozialprinzipien Subsidiarität und Solidarität. Sie rechnet mit Möglichkeiten und Grenzen des anderen und fragt vor diesem Hintergrund danach, wie sie ihm am besten gerecht werden kann. Sie respektiert die Freiheit des anderen und nimmt zugleich deren Begrenzungen wahr. [310] Sie ist eine Ethik, die Freiheit gewähren will, weil sie selber in Freiheit begründet ist.

Aber Beziehung ist keine Einbahnstraße. Die Frage nach den Bedingungen, die dem anderen ein größtmögliches Maß an Lebensqualität eröffnen, wirft mich auf meine eigenen Möglichkeiten und Grenzen zurück. Was ist

---

304 Vgl. aus exegetischer Sicht Söding, Biblizismus, 64.

305 Das Kompendium betont durchaus die Bedeutung der zwischenmenschlichen Beziehungen. Vgl. *Päpstlicher Rat für Gerechtigkeit und Frieden, Kompendium der Soziallehre,* u.a. Ziffer 4, 35, 52, 58 und 61.

306 Zur Freiheit vgl. ebd. Ziffer 19, 63, 66 und 68.

307 Zur Verantwortung vgl. u.a. Ziffer 16, 43 und 55.

308 Vgl. Wollasch, Ethik in Beziehung, 31–35.

309 Zur Beziehungsethik aus der Sicht der Moraltheologie vgl. Lintner, Beziehungsethik, bes. 532–539. – Lintner spricht von einer relationalen Verantwortungsethik. Sie ist mit dem hier entfalteten sozialethischen Ansatz kompatibel. – Vgl. auch Merks, Beziehungsethik, 29–34. – Ernst, Korrekturbedarf, 146–152. – Aus theologisch-sozialethischer Sicht: Vogt, Verantwortung, 166–168. – Vgl. im Hinblick auf Transidentität bes. Goertz, Geschlechtlichkeit, 106.

310 Vgl. Wollasch, Normenkodizes, 205–207. – Dies., Ethik in Beziehung, 28, 32–35.

möglich? Was kann ich leisten? Bin ich wirklich bereit, mich mit allen zur Verfügung stehenden Mitteln für das Wohl des anderen einzusetzen? Will ich im Rahmen meiner Möglichkeiten Verantwortung übernehmen?

Die Realität konfrontiert mich mitunter sehr schnell mit den Grenzen der eigenen Möglichkeiten. Nicht nur die Freiheit des anderen hat Grenzen, sondern meine eigene Freiheit ebenso. Kann ich mir meine Grenzen eingestehen? Kann ich das Gefühl der Ohnmacht oder auch partiellen Machtlosigkeit aushalten?

Am Ende – eine Frage des Gewissens

Beziehungsethik spürt den Möglichkeiten und Grenzen nach, die ich beim anderen und bei mir selbst erlebe. Sie basiert auf der ethischen Grundannahme, dass der Mensch eine Anerkennung verdient, die beides umfasst. Eine paternalistische, primär fürsorgende Ethik, die den Menschen auf seine Bedürfnisse reduziert, endet früher oder später in der Bevormundung und sogar Entmündigung der Person. Eine Ethik, die der Selbstentfaltung und Autonomie Vorrang gibt, leistet offen oder verdeckt dem „Recht des Stärkeren" Vorschub. Beide verfehlen auf ihre Weise die Würde des Menschen und seine Ganzheitlichkeit. Er ist ein Wesen, das leiblich und geistig, individuell und sozial geprägt ist. Beziehungsethik greift diese Bipolarität auf und eröffnet damit der Person einen Zugang zum anderen und zu sich selbst.

Die Frage, ob ich für den anderen wirklich alles getan habe, was in meiner Macht stand, ob ich meiner Verantwortung wirklich im vollen Umfang gerecht geworden bin, kann ich nur selbst beantworten. Sie ist eine Gewissensfrage und keiner kann sie mir abnehmen. Keiner kann sich anmaßen, sie zu beurteilen. Mit ihr stehe ich allein vor mir selber und vor Gott. Wo mich meine eigenen Grenzen legitimerweise davon entbunden haben, praktisch tätig zu werden, und wo ich aus Bequemlichkeit und Desinteresse den Rückzug angetreten und mich für „nicht zuständig" erklärt habe, das muss ich mit mir selber ausmachen. Mein Gewissen wird es mir sagen, wenn ich es danach frage.[311]

Beziehungsethik rechnet mit der Freiheit des Gewissens. Sie blendet Fehler und Schuld nicht aus, aber sie lebt von dem Optimismus, dass ein einmal erkanntes Versagen der Ausgangspunkt für eine Umkehr, eine neue Zuwendung zum anderen sein kann. Schuld macht Freiheit nicht unmöglich, sondern fordert sie heraus, sich ganz neu zu orientieren.

---

311 Vgl. Schockenhoff, Wesen und Funktion, 285–299. – Vgl. auch Lintner, Beziehungsethik, 534–536.

Macht und Ohnmacht – Lebenswirklichkeit von trans Menschen

Aber was hat das alles mit der Lebenswirklichkeit von trans Menschen zu tun? Ist dieses ethische Denken geeignet, der Lebenswirklichkeit von transidenten Menschen näher zu kommen und ihnen mit ihren ganz spezifischen Möglichkeiten und Grenzen gerecht zu werden? Wenn man ihnen Schritt für Schritt nachspürt, findet sich die Antwort.

Anerkennung von Verletzlichkeit und Bedürfnissen

In ihrer Abhängigkeit von materieller, sozialer und gesundheitlicher Sicherheit unterscheiden sich trans Menschen grundsätzlich nicht von anderen. Auch für sie gilt, dass sich Bedürfnisse im Kindesalter spezifisch anders darstellen als in der Pubertät oder im Erwachsenenalter. Bedürfnisse kann man erkennen und beschreiben, aber man sollte dabei nicht übersehen, dass sie ihre eigene Dynamik haben, die es nicht zulässt, sie einmalig und abschließend zu definieren. Die Bedürftigkeit eines kleinen Kindes ist natürlich um ein Vielfaches größer als die eines erwachsenen Menschen, aber sie nimmt mehr und mehr ab, um dann im zunehmendem Alter wieder zuzunehmen.

Bei trans Menschen kommt zu dieser existenziellen Grunderfahrung das Leiden an ihrer besonderen Situation hinzu. Der Widerspruch zwischen äußerlich wahrnehmbarer und innerlich wahrgenommener Geschlechtlichkeit kommt als belastender Faktor zu allen anderen Herausforderungen hinzu, verbindet sich damit und verschwimmt darin. Körperliche und psychische Erkrankungen treten im Kontext von trans Identität in verschärfter Form auf, die es wahrzunehmen gilt, auch und gerade, wenn man Transidentität nicht von vornherein als pathologisch gelten lassen will.

Dass trans Menschen darüber hinaus vielfältigen Formen von verbaler, seelischer und körperlicher Gewalt ausgesetzt sind und dass sie damit oftmals in der Unsichtbarkeit verschwinden, alles das gehört ebenfalls zu ihrer Marginalisierung dazu. Selbst innerhalb der queeren Community ist ihre Vulnerabilität größer als die von anderen Gruppen, obwohl diese ebenfalls von Diskriminierung und Ausgrenzung betroffen sind. Dass überproportional vielen trans Menschen der Suizid als einzige Antwort auf die immer wieder erlebte Gewalt erscheint, wirft auf diese Situation nochmals ein ganz besonders grelles Licht.[312] Die hohe Vulnerabilität von trans Men-

312 Internationale Studien gehen davon aus, dass ca. 50 bis 70 % der trans Menschen schon Suizidgedanken hatten; ca. 25 bis 35 % der Personen haben schon einen Suizidversuch unternommen.

schen hat ein beziehungsethisch sensibler Ansatz als erstes wahrzunehmen und als Basis aller weiteren Überlegungen anzuerkennen. Trans Menschen haben das Recht, mit ihrer Verletzlichkeit und ihren Bedürfnissen wahrgenommen und anerkannt zu werden.

Anerkennung von Selbstbestimmung und Autonomie

Trans Menschen sind nicht nur Notleidende, Hilfsbedürftige oder Opfer von Gewalt. Sie haben – mehr oder weniger ausgeprägt – Fähigkeiten und Talente, Kompetenzen und Potenziale. Das Spektrum ist breit. Materielle, soziale, kognitive, kreative und emotionale Ressourcen gehören dazu. Sie versetzen sie in die Lage, ihr Leben nach den eigenen Vorstellungen zu gestalten. Sie eröffnen einen Handlungsspielraum für eine selbstbestimmte und freie Lebensführung.

Lebensbedingungen sind oftmals vorgegeben und nicht veränderbar, trotzdem habe ich die Freiheit, mich zu ihnen zu verhalten. Ich kann ihnen – zumindest innerlich – zustimmen oder sie ablehnen. Für die geschlechtliche Identität gilt dies in ganz besonderem Maße. Sie wird als etwas Vorgegebenes erlebt, das vielen Menschen nicht einmal bewusst ist. Wenn biologisches und soziales Geschlecht als übereinstimmend erlebt werden, gibt es keinen Grund, diese elementare Grunderfahrung zu hinterfragen. Erst wenn sich in mir die Inkongruenz verdichtet, wenn ich spüre, dass bei mir etwas anders ist, ja, dass ich anders bin als die anderen, dann wird geschlechtliche Identität zum Thema und irgendwann zum Problem.

Betroffene sagen, dass sie keine Wahl haben, ihr Geschlecht zu wählen. Es kränkt sie, wenn man ihnen vorwirft, sie würden mit ihrem Geschlecht nur spielen, es taktisch einsetzen und beliebig manipulieren. Beide, Kongruenz und Inkongruenz der geschlechtlichen Identität sind vorgeben, aber nur die Inkongruenz zwingt dazu, eine Entscheidung zu treffen: Kann ich mich mit meiner Inkongruenz versöhnen, mit ihr gesund und glücklich leben und zwar auf Dauer, mein ganzes Leben lang? Es mag Menschen geben, die das bejahen können. Man wird von ihnen nicht viel hören und sehen. Sie gehen unter in der Menge deren, für die geschlechtliche Kongruenz selbstverständlich und „normal" ist.

Die anderen, die mit ihrer Geschlechtsinkongruenz nicht leben können, die der unauflösliche Widerspruch zerreißt, in die Depression oder sogar den Suizid treibt, können diese innere Zustimmung nicht geben. Ihre Ent-

---

Vgl. *Antidiskriminierungsstelle des Bundes* (Hg.), *Benachteiligung* von Trans* Personen, insbesondere im Arbeitsleben, Expertise von Jannik Franzen und Arn Sauer, Berlin 2010, 52.

scheidung für die Transition ist nicht das Resultat einer freien Wahl, sondern beruht auf der Einsicht, keine andere Wahl zu haben. Ihnen ein bedingungsloses Akzeptieren ihrer geschlechtlichen Identität abzuverlangen, verbietet der Respekt vor der Würde der Person.

Festzuhalten bleibt, die Geschlechtsidentität des Menschen ist nicht wählbar. Nicht einmal die Frage, ob ich sie annehme oder nicht, kann ich frei und nach Belieben entscheiden. Wenn der Leidensdruck übergroß wird, tendiert meine Wahlfreiheit gegen Null. In den meisten Fällen ist es der Weg in die Transition, der den Betroffenen neue Lebensmöglichkeiten erschließt und ihnen ein freies, selbstbestimmtes Leben wieder möglich macht. Ob sie diesen Weg bis hin zur vollständigen Geschlechtsangleichung gehen, nur die hormonelle Behandlung wählen oder ob auf beides verzichten und nur die soziale Transition vollziehen, ist dabei unerheblich. Trans Menschen haben das Recht, mit ihrem Wunsch nach Selbstbestimmung und Autonomie wahrgenommen und respektiert zu werden.

Verantwortung für Menschen und Beziehungen

Im Spannungsfeld von Macht und Ohnmacht, Möglichkeiten und Grenzen leben trans Menschen nicht als isolierte Einzelwesen, sondern eingebunden in vielfältige soziale Bezüge, angefangen bei der eigenen Familie und Verwandtschaft über den Freundeskreis, die Schule, den Arbeitsplatz die Nachbarschaft u.v.m. In diesem sozialen Gefüge nehmen sie einen Platz ein und spielen sie eine Rolle. Hier treffen sie auf andere Menschen, die wie sie mit individuellen Bedürfnissen und Potenzialen unterwegs sind. Sie sind ihrerseits auf Anerkennung angewiesen. In dieser Wechselbeziehung kommt die Verantwortung ins Spiel.[313] Man kann sie als die soziale Seite der Freiheit verstehen, einer Freiheit, die sich eben nicht in größtmöglicher Unabhängigkeit von allen Bindungen und Verpflichtungen vollzieht, sondern in der Bereitschaft, den anderen mit seiner Freiheit und ihren Begrenzungen anzuerkennen und anzunehmen. Je nach Lebensalter wird man diese Verantwortung unterschiedlich einschätzen müssen. Bei einem erwachsenen, reifen Menschen ist sie umfassender ausgeprägt als bei jungen, heranwachsenden Menschen. Aber auch Kinder und Jugendliche sind durchaus in der Lage, ein Bewusstsein ihrer Verantwortung für andere zu entwickeln. An diese Fähigkeit kann der beziehungsethische Ansatz an-

313 Vgl. Lintner, Beziehungsethik, 480.

knüpfen. Trans Menschen sind verantwortlich für die Menschen in ihrem Umfeld und für die Beziehungen, die sie zu ihnen unterhalten.

Identität: Die Beziehung zu den Eltern

Am Beispiel der Eltern-Kind-Beziehung lässt sich das erläutern. Man sollte meinen, dass Eltern die Ersten sind, die ihr Kind in seinem Leiden an seiner Geschlechtsinkongruenz aufnehmen und seinem Wunsch nach einer Transition mit Verständnis und Respekt begegnen. Das gelingt in vielen Fällen, aber ebenso oft ist die Transidentität der Anlass für schwere Konflikte und Zerwürfnisse. In solchen Situationen kann es hilfreich sein, die Gefühle der Ratlosigkeit, Angst und Ohnmacht wahrzunehmen, mit denen Eltern konfrontiert sind, wenn sich ihr Kind outet. Sie brauchen Zeit, um zu lernen und zu verstehen, was sich für sie und die Familie ändert. Sie brauchen Mut und Kraft, um die neue familiäre Situation gegenüber Dritten zu vertreten und bei Angriffen zu verteidigen. Sie brauchen ein gewisses Maß an Sicherheit, dass der eingeschlagene Weg für ihr Kind wirklich der richtige ist, wohl wissend, dass es eine letzte Sicherheit nicht gibt. Fragen, Zweifel und selbst Kritik sind nicht automatisch „transphob“. Vorsicht und Zurückhaltung sind nicht per se diskriminierend, auch wenn sie für die Betroffenen in dem Moment schwer auszuhalten sind.

Wenn Eltern für ihre Gefühle der Unsicherheit und Ohnmacht Raum bekommen, kann daraus eine bewusste, wissentliche und willentliche Entscheidung für ihr Kind erwachsen. Andernfalls verhärten sich die Fronten und der Konflikt eskaliert zum Schaden aller Beteiligten. Eine Garantie, dass am Ende „alles gut wird“, gibt es nicht. Eine wertschätzende Haltung kann man nicht erzwingen, allenfalls korrektes äußeres Verhalten oder die Unterlassung von verletzenden Verhaltensweisen. Die liebevolle Annahme des anderen, so wie er ist, wird stets geschenkt.

Sexualität: Die Beziehung zur Partnerin oder zum Partner

Trans Menschen haben nicht nur ein Recht auf ihre geschlechtliche Identität, sondern auch das Recht auf eine freie Partnerwahl und sie machen in ihren sexuellen Beziehungen Gebrauch davon. Dass dabei vielfältige sexuelle Orientierungen zum Zuge kommen können, kann man als moralisch verwerflich verurteilen. Allerdings bringt man sich damit um die Möglichkeit, eine ethische Orientierung zu vermitteln.

Beziehungsethik arbeitet von daher nicht mit einem bereits im Vorfeld feststehenden Werturteil, sondern versucht die sexuelle Beziehung als wertschätzende, achtsame, sinnerfüllte und lustvolle Beziehung zu verstehen. Wer sie so sieht, wird sie nicht auf Spaß und Sport, Unterhaltung oder Kommerz reduzieren, sondern als eine Form der Begegnung zwischen Menschen verstehen, die eine zutiefst humane und ethische Dimension hat. Gerade in sexuellen Beziehungen ist die Frage von Macht und Ohnmacht höchst bedeutsam.

Verantwortlich gelebte Sexualität ist darauf angewiesen, dass sich die Beteiligten immer wieder vergewissern, mit welcher Haltung sie einander begegnen. Wo ist der andere verletzlich? Wo ist er schutzlos? Ist er abhängig von mir? Wie wichtig ist mir seine sexuelle Selbstbestimmung? Respektiere ich die Grenzen, die er in unserer Beziehung zieht? Um wie geht er mit mir um? Mit meiner Verletzlichkeit und meinem Schutzbedürfnis? Aber auch meinen Wünschen und Neigungen? Werde ich angenommen und respektiert?

Die Fragen sind nicht spezifisch auf trans Menschen zugeschnitten. Dazu besteht sachlich auch gar kein Grund. Sie leben ihre sexuellen Beziehungen wie alle anderen Menschen und unterstehen damit auch demselben moralischen Anspruch.

Fertilität: Die Beziehung zum Kind

Kinderwunsch und Familiengründung sind für trans Menschen eine besondere Herausforderung. Der Gedanke, dass trans Frauen biologisch gesehen zeugungsfähig sein können und trans Männer dementsprechend gebärfähig sind, ist für viele Menschen schwer zu ertragen. Dass trans Frauen andere Frauen sexuell belästigen könnten, ist eine Sorge, die in diesem Zusammenhang immer wieder auftaucht. Dazu ist jedoch zu sagen, dass sexualisierte Gewalt immer ein ethisches und juristisches Problem ist und nicht primär dann, wenn sie von trans Frauen verübt wird. Die Fokussierung auf sie erweckt daher ganz stark den Eindruck, dass es hier darum geht, transidente Menschen an sich als Gefahr für die Allgemeinheit zu stigmatisieren.

Unabhängig davon haben trans Menschen, die sich Kinder wünschen und eine Familie gründen möchten, mit erheblichen Hürden und Problemen zu tun. Sie sind im Gesundheitswesen Vorbehalten und Diskriminierungen ausgesetzt, die teilweise durch Unsicherheiten und Unwissenheit ausgelöst werden. Aber auch ethische Bedenken spielen eine Rolle und müssen ernst genommen werden. Die Tatsache, dass auf dem Weg der Kryokonservierung oder der Samen- und Eizellenspende, der künstlichen Befruchtung oder weiterer fortpflanzungstechnischer Eingriffe bis hin zur

Leihmutterschaft eine Schwangerschaft herbeigeführt wird, wirft ethisch schwerwiegende Fragen auf. Viele dieser Probleme sind bis jetzt noch unzureichend gelöst. Bis wann werden die Fragen zufriedenstellend beantwortet sein? Kann man vor diesem Hintergrund trans Menschen den Wunsch nach einer Familie verweigern?

Auch der beziehungsethische Ansatz kann die grundlegenden ethischen Fragen nicht abschließend beantworten, aber er kann das Augenmerk auf die Vulnerabilität der Beteiligten lenken und das sind in diesem Fall insbesondere die Kinder.[314] Wo wird willkürlich über ihre Existenz und ihre Zukunft verfügt? Wo ist ihr Recht auf Leben, Unversehrtheit und Wohlergehen in Gefahr? Wo werden sie zu Objekten der Selbstverwirklichung ihrer Eltern, der wissenschaftlichen Erforschung und der kommerziellen Gewinnerzielung? Der Schutz des ungeborenen Lebens ist für eine humane Ethik unhintergehbar.[315]

Was ist „machbar"? Was ist verantwortbar und was nicht? Wo erschließen neue technische Möglichkeiten Familien ein Mehr an Lebensqualität und Lebensglück und wo sind die Grenzen des Verantwortbaren erreicht? Die konsequente Ablehnung aller fortpflanzungstechnischen Maßnahmen muss genauso begründet und verantwortet werden wie ein Ja zu einzelnen Maßnahmen in bestimmten Fällen. Verantwortung bewegt sich immer in einem Zwischenraum: Ihre Option ist weder das gefällige „Anything goes" noch das kategorische Nein.

Mit ihrer strikten Ablehnung manövriert sich die Kirche zunehmend ins Abseits, denn sie kann weder den technischen Fortschritt aufhalten noch seine globale Verbreitung verhindern. Unter dem Vorzeichen der „Reproduktiven Selbstbestimmung" bzw. „Reproduktiven Gerechtigkeit" werden in den Staaten weltweit die Weichen für neue familiale Modelle gestellt. Die katholische Kirche tut sich damit schwer. Ihr normatives Verständnis von Ehe, Elternschaft und Familie wird nicht mehr als Beitrag zu einem Dialog über die Zukunft der Gesellschaft und der Menschheit verstanden, sondern als ein Klammern an Vorstellungen, die aus der Zeit gefallen sind.

Könnte man sich dazu durchringen, dem katholischen Modell seinen unbedingten Charakter zu nehmen und es als einen Sinnhorizont anzubieten, der den Wettbewerb mit anderen familialen Lebensformen nicht scheut, hätte man wieder einen Platz im vielstimmigen Konzert der Positionen, Konzepte und Meinungen. Viele von ihnen haben ihre gesellschaftliche Be-

314 Vgl. Walser, Bioethik als Austragungsort, 151.
315 Vgl. Schockenhoff, Funktion und Wesen, 288–290.

währungsprobe erst noch vor sich. Die Kirche könnte in den Dialog das einbringen, was sich in der Vergangenheit bereits bewährt hat.

Perspektiven für trans Menschen in der Kirche

Identität, Sexualität und Fertilität sind drei Bereiche, die für trans Menschen und ihre Lebensgestaltung von zentraler Bedeutung sind. Der beziehungsethische Ansatz kann ein Weg sein, die oben skizzierte Entgrenzung in diesen drei Bereichen auf ein ethisch vertretbares Maß zurückzuführen, in dem er die Achtung der Menschenwürde, die Wahrung der Freiheit und die Wahrnehmung von Verantwortung für den anderen als unverzichtbare moralische Grundbedingungen für jedes zwischenmenschliche Miteinander festschreibt.[316]

Beziehungsethik beschränkt sich jedoch nicht auf diese drei Anwendungsfelder. Sie kann analog am Arbeitsplatz, bei Freizeitaktivitäten in Gruppen und Vereinen, im Umgang mit Freunden, Bekannten und Nachbarn helfen, Beziehungen zu verstehen und zu gestalten.

Trans Menschen unterscheiden sich an dieser Stelle übrigens nicht von anderen Menschen. Sie brauchen keine Sonder-Ethik, denn sie stehen wie alle unter dem Anspruch der Freiheit, Gleichheit und Verantwortung. Beziehungsethik ist eine per se inklusive Ethik.

Der Ansatz, der, wie gezeigt wurde, tief in der Soziallehre der Kirche verwurzelt ist, wird für trans Menschen dann an Attraktivität und Glaubwürdigkeit gewinnen, wenn sie erleben, dass sie in der Kirche mit ihren Bedürfnissen und Problemen auf der einen Seite und ihrem Wunsch nach Freiheit und Selbstbestimmung auf der anderen akzeptiert und angenommen werden. Unter diesem Vorzeichen können sie sich – vielleicht – darauf einlassen, diese doppelte Anerkennung zum Kompass ihres eigenen Handelns zu machen.

Wenn trans Menschen erleben dürfen, dass man ihnen in den Bildungseinrichtungen der Kirche, in den Diensten und Einrichtungen der Caritas

---

316 „Die zu Beginn zitierte Formel des Katechismus (Jeder Mensch, ob Mann oder Frau, muss seine Geschlechtlichkeit anerkennen und annehmen [KKK 2393]) entpuppt sich als Formel zur Verhinderung der Anerkennung und Annahme von Vielfalt und Diversität im Bereich von Sexualität und Geschlechtlichkeit. Sie geht von einer sexualethischen Pflicht des Individuums gegenüber einer bestimmten mit der Zweigeschlechtlichkeit der Spezies verbundenen Differenz zwischen weiblichen und männlichen Körpern aus. In einer Ethik der Autonomie lautet die Norm: Du sollst jeden Menschen als Person achten und die seine Würde schützenden Rechte anerkennen und respektieren, ungeachtet seiner sexuellen Orientierung oder Geschlechtsidentität. Nicht die Anatomie des anderen Körpers setzt meiner (sexuellen) Selbstbestimmung Grenzen, sondern die Freiheit der anderen Person." Goertz, Geschlechtlichkeit, 106. – Vgl. auch Lintner, Beziehungsethik, 484.

und in der Pastoral diese Anerkennung entgegenbringt, wird Kirche für sie zu einem Ort, wo sie Selbstachtung entwickeln und in der Achtung der anderen praktisch leben können.

Das beziehungsethische Denken bedeutet von daher nicht nur für trans Menschen, sondern auch für die Kirche selber einen Gewinn. Sie wird nicht nur ganz von selber zu einem safe space, sondern darüber hinaus zu einem Ort der Zugehörigkeit und der Gemeinschaft. Auf diese Weise lebt und wächst in ihr die communio des Volkes Gottes.

Der Ansatz ist biblisch inspiriert vom Lukas-Evangelium und seiner leidenschaftlichen Parteinahme für die Menschen, die am Rande stehen. Sie zurückzuholen in die Heils-Gemeinschaft Israels, das hat Jesus als das Zentrum seiner Mission verstanden. Am Umgang der Kirche mit trans Menschen zeigt sich, dass das Thema nach wie vor aktuell ist.

Acht Gründe, die für eine Beziehungsethik sprechen

Zusammenfassend ist daher festzuhalten: Für den Umgang der Kirche mit trans Menschen ist der beziehungsethische Ansatz eine Chance,

- weil er keine Sonder-Ethik für trans Menschen konstruiert, sondern per se ein inklusiver Ansatz ist,
- weil er sich auf Prinzipien stützt und nicht auf materiale Normen, deren inhaltliche Anteile sich jederzeit als wissenschaftlich oder praktisch überholt erweisen können,
- weil er eine sexualmoralische Engführung der Transgeschlechtlichkeit vermeidet und damit der Frage nach der Geschlechtsidentität in angemessener Weise Raum gibt,
- weil er konsequent davon ausgeht, dass Menschen in Beziehungen leben, die gelingen oder misslingen können und dass letztlich davon ihr Lebensglück abhängt,
- weil er damit rechnet, dass sich Freiheit, Verantwortung und Solidarität in konkreten Beziehungen entfalten und nicht jenseits davon in theoretisch gedachten Räumen,
- weil er Freiheit nicht nur als Wahlfreiheit zwischen dem Guten und dem Bösen versteht, sondern als Gestaltungsauftrag für die Lebensbedingungen von Menschen, die mehr oder weniger gut, noch gut oder nicht mehr gut sein können,
- weil er dem Menschen die Möglichkeit gibt, der inneren Stimme ihres Gewissens zu folgen, die Ausdruck des moralischen Subjekts, der Freiheit und personalen Würde ist,

- weil er die Zugehörigkeit zur Gemeinschaft des Volkes Gottes nicht von Regelbefolgung und Zielerreichung abhängig macht.

Eine Kirche für alle?

Das Bild der bisherigen lehramtlichen Verkündigung ist extrem widersprüchlich. Das gilt für die weltkirchlichen Positionen ebenso wie für die lehramtlichen Dokumente der römischen Kurie. Dem Eindruck, dass für trans Menschen in der katholischen Kirche grundsätzlich kein Platz ist, stehen auf der anderen Seite Äußerungen von Papst Franziskus gegenüber, die zu einer Öffnung und Modifizierung der kirchlichen Lehre einladen. Drei mögliche Wege einer Erneuerung wurden im Rahmen der bisherigen Überlegungen dargestellt und entfaltet. Dabei wurde deutlich, dass die katholische Kirche durchaus ein Raum sein kann, der trans Menschen Sicherheit und Zugehörigkeit bietet.

Todos, todos, todos!

In diesem Zusammenhang hat der lautstarke Ruf „todos, todos, todos“, der beim Weltjugendtag in Lissabon im August 2023 immer wieder zu hören war, die Medien und die Öffentlichkeit aufhorchen lassen. Mit diesem Ruf haben die jungen Menschen ihren Wunsch und ihre Erwartung verbunden, dass sich die Kirche für die Gleichberechtigung von Frauen und von Menschen aus der LSBTIQ-Community öffnet. Sollte dieser Weltjugendtag schon eine Art Durchbruch sein? Auch für trans Menschen? Papst Franziskus hat bereits auf seinem Rückflug nach Rom diesbezügliche Hoffnungen enttäuscht.[317] Die deutsche Journalistin Anita Hirschbeck von der Katholischen Nachrichten-Agentur stellte ihm die Frage:

„Heiliger Vater, in Lissabon haben Sie uns gesagt, dass in der Kirche Platz für ‚alle, alle, alle‘ ist. Die Kirche ist für alle offen, aber gleichzeitig haben nicht alle die gleichen Rechte und Möglichkeiten, in dem Sinne, dass zum Beispiel Frauen und Homosexuelle nicht alle Sakramente empfangen können. Heiliger Vater, wie erklären Sie diese Unschlüssigkeit zwischen ‚offener Kirche‘ und ‚Kirche, die nicht für alle gleich ist‘?“

Für Papst Franziskus besteht an dieser Stelle kein Widerspruch. Er löste die Spannung auf, indem er erklärte:

317 Vgl. Apostolische Reise nach Portugal: Pressekonferenz mit dem Heiligen Vater auf dem Rückflug nach Rom am 6. August 2023; vgl. den Link in Anm. 223.

„Die Kirche ist offen für alle, dann gibt es Gesetzgebungen, die das Leben innerhalb der Kirche ordnen. Und wer sich innerhalb der Kirche befindet, unterliegt der Gesetzgebung ... [...] Jeder begegnet Gott auf seinem eigenen Weg, innerhalb der Kirche, und die Kirche ist eine Mutter und führt einen jeden auf seinem Weg. [...] Eine andere Sache ist der Dienst in der Kirche, das ist die Art und Weise, die Herde voranzubringen, und eines der wichtigen Dinge ist es, im Dienst, die Menschen Schritt für Schritt auf ihrem Weg zur Reife zu begleiten."[318]

Regeln sind veränderbar

Die Auskunft hinterlässt eine gewisse Ratlosigkeit. Die Unterscheidung zwischen Innen und Außen, Gläubigen und Amtsträgern, Offenheit und Bindung ist nicht wirklich hilfreich. Vor allem führt sie in der Praxis der pastoralen Begleitung nicht weiter. Ich stelle mir vor, ich hätte zu Stephanie gesagt:

„Du bist in der katholischen Kirche willkommen und man hilft dir gerne, aber wenn du wirklich dazugehören willst, dann musst du dich anpassen. Für trans Frauen gelten Regeln und die musst du akzeptieren. Als erstes musst du dein biologisches Geschlecht anerkennen und annehmen."

Es ist klar, wie sie reagiert hätte. Sie hätte dankend abgelehnt und ich hätte nicht überrascht sein dürfen. Eine Kirche, die Zugehörigkeit an derartige Bedingungen knüpft, wird nicht als liebevolle Mutter empfunden. Das zu glauben, ist eine Illusion.

Ich kann mir nicht vorstellen, dass dies der Sinn der Aussage von Papst Franziskus gewesen sein soll. Redet er so mit den Menschen, die zu ihm in die Audienzen kommen? Wohl kaum. Stattdessen betont er immer wieder, dass es darauf ankomme, zuerst den Menschen zu sehen. Und auch an dieser Stelle erklärt er ja, dass Gott mit jedem Menschen eine ganz besondere Geschichte – eine Liebesgeschichte hat.[319]

Ich frage mich von daher, ob man die Logik von Offenheit und Bindung, die er hier formuliert, nicht umkehren muss. Es ist unstrittig, dass jede Organisation Regeln braucht. Die Aufbauorganisation und die Abläufe, die Verteilung von Ressourcen und die Ausübung von Aufgaben, die Verteilung von Zuständigkeiten und Beauftragung der Verantwortlichkeiten müssen verbindlich geregelt sein. An dieser Stelle gibt es keinen Unterschied zwischen Kirche und Welt. Aber Regeln stehen im Dienst der Orga-

---

318 Ebd.

319 Vgl. zum Stichwort „alle" auch *Amoris laetitia*, Kapitel 8, bes. Ziffer 296–297 und 312.

nisation. Wenn die Kirche eine „Kirche für alle" sein will, müssen ihre Regeln so beschaffen sein, dass sie diesen Anspruch an sich selbst auch erfüllen kann. Und wenn das nicht möglich sollte, dann kann und muss sie die Regeln ändern.

Das gilt in erster Linie für die Vorschrift, die transidente Menschen verpflichtet, ihre subjektive geschlechtliche Identität zu verleugnen und stattdessen ihr biologisches Geschlecht anzuerkennen.[320] Es gibt trans Menschen, die ihre biologische Geschlechtsidentität annehmen können, und solche, denen das nicht möglich ist. Nicht auf das Wollen, sondern das Können kommt es an. Einen Zwang zur Anerkennung darf es von daher nicht geben. Diese Vorschrift ist nicht menschenwürdig.

Das Leiden wahrnehmen

Trans Menschen können ihre Geschlechtsidentität nicht verändern, aber die Kirche kann ihre Vorschriften und Normen ändern. Und in diesem Fall sollte das so schnell wie möglich geschehen! Aber auch andere kirchenrechtliche Vorschriften, die trans Menschen von Sakramenten, Diensten und Ämtern ausschließen oder der willkürlichen Behandlung durch kirchliche Amtsträger ausliefern, sind nicht zulässig und dürfen somit keinen Bestand haben.[321] Das Lehramt muss stattdessen das Leiden der trans Menschen wahrnehmen und alles unterlassen, was diesem noch weiter Vorschub leistet.[322]

Die Kirche sollte nicht die sein, die trans Menschen noch tiefer in die Verzweiflung treibt. Im Gegenteil, sie sollte umgekehrt die Menschen aufnehmen und unterstützen. Ob und wie jemand seine Transition gestaltet, liegt in seiner eigenen Verantwortung. Wie auch immer er entscheidet, es ist eine Gewissensfrage, die ihm keiner abnehmen kann. Aufgabe der Kirche ist es, die Menschen ergebnisoffen zu begleiten. Nicht mehr und nicht weniger! Das Evangelium weist der Seelsorge und dem Lehramt den Weg – es kommt darauf an, ihn zu gehen.[323]

---

320 Analog zu homosexuellen Menschen gilt für transidente Menschen die Ziffer 2333 bzw. 2393 im Katechismus der Katholischen Kirche. Vgl. Anuth, Transition, 174.

321 Zum Begriff „Ärgernis" vgl. Anuth, Transition, 175.

322 Vgl. die theologische Perspektive einer leidempfindlichen Moraltheologie, Lintner, Beziehungsethik, 516–518.

323 Vgl. Werbick, Ekklesiologie, 239–243.

5 Handeln: Die Kirche – ein Netz, das Halt gibt

Über theologische und kirchenpolitische Fragen habe ich mit Stephanie nicht gesprochen. Sie hat nicht danach gefragt und es gab für mich keinen Grund, sie über die prekäre Situation von trans Menschen in der katholischen Kirche aufzuklären. Stephanies Familie hat in sehr kritischen Zeiten gute Erfahrungen mit Menschen in der Kirche gemacht. Da war der Berater in der Partner-/Familien- und Lebensberatung (PFL), der in einer sehr frühen Phase mit seinen Erfahrungen und seinem Überblick Sicherheit und Stabilität vermitteln konnte. Mit einer Pastoralreferentin war die Familie seit Jahren befreundet. Sie hatte die Mutter und ihre zwei Kinder schon beim frühen Tod des Vaters begleitet. Sie kannten sich so gut, dass man nicht mehr viel Worte brauchte, um sich zu verstehen.

In den Gesprächen mit Stephanie und ihrer Mutter wird mir klar, dass die soziale und pastorale Begleitung von trans Menschen nichts Neues ist. Sie findet bereits statt, allerdings eher still und leise, unspektakulär, im Hintergrund. Ich muss sie nicht neu erfinden, sondern einfach nur finden.

Netzwerkarbeit

Nach mehr als zwanzig Jahren in der verbandlichen Arbeit der Caritas auf Bundes- und Diözesanebene habe ich ein umfangreiches Netzwerk aufgebaut. Ich bin zuversichtlich, dass ich schon bald viele Kontakte knüpfen werde, die mir bei meinen Recherchen weiterhelfen. Ich frage bei verschiedenen Bundesfachverbänden des Deutschen Caritasverbandes in Freiburg/Br. an, wo man zwar freundlich reagiert, sich aber inhaltlich nicht weiter positioniert. Die Stiftung Katholische Freie Schule in der Diözese Rottenburg Stuttgart, die Trägerin von über neunzig katholischen Schulen ist, zeigt sich sehr aufgeschlossen und startet für das Projekt eine Umfrage bei den Schulleitungen. Parallel dazu führt auch der Diözesancaritasverband für die Diözese Rottenburg-Stuttgart bei seinen Trägern und Leitungsverantwortlichen eine Umfrage durch. Das Formular ist bewusst niederschwellig und datenschutzkonform. Es enthält keinen umfangreichen Fragebogen, sondern nur meine Kontaktdaten.

Ernüchterung

Das Ergebnis ist ernüchternd. Die Rückmeldungen lassen sich in beiden Fällen an einer Hand abzählen. Ich bin überrascht. Das Bild entspricht nicht der Realität. Wenn sich allein bei der Caritas in Deutschland ca. 1 Mio. Menschen beruflich oder ehrenamtlich engagieren, dann kann es aller Wahrscheinlichkeit nach nicht sein, dass darunter keine trans Menschen sind. Es gibt sie, aber sie sind als Mitarbeitende offenbar ebenso unsichtbar wie als betreute Menschen. Mit den bewährten innerverbandlichen Methoden der Erhebung von Zahlen, Daten und Fakten lassen sich diese Menschen offensichtlich nicht erfassen. Trotz meiner langjährigen Erfahrungen lag ich dieses Mal offensichtlich falsch.

Ich frage mich, wo der Grund für diese allgemeine Zurückhaltung liegen mag? Was macht es den Verantwortlichen in den Einrichtungen so schwer, auf das Thema zu reagieren? Transidentität ist ein Tabu in unserer Gesellschaft. Warum sollte das an dieser Stelle anders sein? Hinzukommt, dass Sexualität in der Kirche ohnehin ein Stressthema ist. Man hat es im Herbst 2022 mit der Reform des kirchlichen Arbeitsrechts gerade hinter sich gelassen. Ist die Frage nach Transidentität unter den Mitarbeitenden vor diesem Hintergrund überhaupt noch zulässig? Und wenn ja, ist es klug, sich als Arbeitgeber und sozialer Dienstleister für trans Menschen anzubieten, wenn die Kirche Transidentität offiziell ablehnt? Wie hätte ich reagiert, als ich noch Geschäftsführerin und Mitglied im Vorstand eines Einrichtungsfachverbandes der Caritas war? Vermutlich wäre ich ebenfalls sehr zurückhaltend gewesen. Und im Übrigen gibt es auf der Führungsebene ohnehin jede Menge „drängendere“ Themen.

Ich kenne jemanden, der einen Menschen kennt …

Parallel zu den Umfragen spreche ich Menschen persönlich an. Die Kontakte sind eher zufällig. Wenn es sich ergibt, erzähle ich vom meiner Aufgabe als „Unabhängige Ansprechpartnerin“. Manchmal erlebe ich im ersten Moment Befremden und Berührungsängste, aber häufiger Offenheit und Interesse. Ich beobachte, dass meine Gesprächspartnerinnen und Gesprächspartner in der Regel nicht selber betroffen sind, aber beim Überlegen kennen sie häufig mindestens einen Fall von Transidentität in ihrem näheren oder ferneren Umfeld. Was sich statistisch nicht präzise erfassen und belegen lässt, erschließt sich mir auf diese Weise unmittelbar: Das Thema Transidentität ist nicht einfach ein „Hype“ in den Medien oder ein politisches Top-Thema, es ist wirklich in der Mitte der Gesellschaft angekommen.

Marginalisierung teilen

Allerdings reagieren nicht alle positiv auf das Projekt. Ich errege mit dem Thema Aufmerksamkeit und man fragt sich: „Hat die das denn nötig?“ Es ist anrüchig, eher peinlich und weckt Schamgefühle: „Warum gibt die sich dafür her?“ Es lässt Konflikte aufbrechen und weckt Aggressionen. Ich erlebe das alles in Form von Unverständnis, Abwehr und Blockaden. Was mich am meisten irritiert, sind sehr freundliche Zusagen zur Kooperation, die dann doch nicht erfüllt werden. Man lässt mich „ins Leere“ laufen. Ganz langsam lerne ich, wer sich mit dem Thema auseinandersetzen will, oder anders gesagt, wer sich dem Thema aussetzen will und wer nicht.

Auch die Erfahrungen, die ich mit öffentlichen Veranstaltungen mache, hinterlassen einen zwiespältigen Eindruck. Beim Talk am Dom im Stuttgarter Haus der Katholischen Kirche erlebe ich ein vollbesetztes Haus mit einem höchst aufmerksamen Publikum. Der Abend steht unter der Überschrift „Queer und katholisch – eine Zerreißprobe“. Einige Wochen zuvor, als es an demselben Ort um Regenbogen-Familien ging, kamen nur zwei interessierte Personen. Ab und zu werde ich in die Sitzungen von Gremien eingeladen. Mal habe ich das Gefühl, vor einem Tribunal zu stehen, mal spüre ich eine Welle von Wohlwollen und Sympathie.

Auf diese Weise bekomme ich nach und nach einen emotionalen Zugang zu denen, die sich Tag für Tag für trans Menschen engagieren und vermutlich Ähnliches erleben. Sie teilen die Marginalisierung ihrer Zielgruppe. Es ist ein Thema, das in der Caritas gut bekannt ist. Menschen, die in der Sozial-Psychiatrie, Suchtkrankenhilfe oder in der Haftentlassenen- und Wohnungslosenhilfe arbeiten, kennen das Phänomen aus ihrer eigenen beruflichen Erfahrung sehr genau. Wer marginalisierten Menschen nahe sein will, findet sich selber am Rande wieder.

Das Schneeballprinzip funktioniert

Aber es gibt keinen Grund zur Resignation, denn das Schneeballprinzip funktioniert. Ich treffe auf Menschen, die für und mit trans Personen arbeiten, und erlebe bei ihnen eine große Aufgeschlossenheit und den starken Wunsch nach Information, Austausch und Vernetzung. Wie die trans Menschen kämpfen auch sie gegen Vereinzelung, Unsichtbarkeit und Ohnmacht. Sie werden zumeist kaum wahrgenommen, am ehesten noch in ihrem Team und von der Leitung, aber schon auf der nächsten Führungsebene spielt ihr Thema keine Rolle mehr. Auch diese Beobachtung ist nicht streng empirisch ermittelt, eher eine flüchtige Wahrnehmung, aber sie gibt mir zu denken.

Die Vorgesetzten wissen nicht, was ihnen entgeht. Ich erlebe hoch professionelle und engagierte Mitarbeitende, auf die sie stolz sein könnten.

Mein Weg führt mich in das kirchliche Bildungswesen, in Dienste und Einrichtungen der Caritas und in die Pastoral. Sie alle sind „Orte von Kirche". Sie gehören zusammen und können gemeinsam Großartiges für die Menschen leisten. Ich durfte mir davon bei vielen intensiven Gesprächen am Telefon, bei Videokonferenzen und bei Besuchen vor Ort ein Bild machen.

Momentaufnahmen

Von den Eindrücken, die ich gewonnen habe und die mich zum Nachdenken angeregt haben, werde ich anschließend berichten. Ich biete keine minutiöse Dokumentation der Termine, sondern eher Momentaufnahmen, Impressionen und Impulse. Die Darstellung ist assoziativ und fragmentarisch. Sie enthält einzelne Mosaiksteine, kein vollständiges Bild.

Die Menschen, mit denen ich gesprochen habe, sind hochmotiviert und mit ihrer Arbeit völlig identifiziert. Von daher ist auch meine Beschreibung ihres Engagements grundsätzlich positiv. Sie ist in gewisser Weise einseitig, aber das bedeutet keine generelle „Heiligsprechung" des kirchlichen Bildungswesens, der Caritas und der Pastoral. Dafür besteht kein Anlass. Ich bin realistisch. Die Einrichtungen und Angebote sind nicht per se transfreundlich. Es gibt sicherlich auch negative Erfahrungen, die ich nicht leugnen möchte. Ich beschreibe hier nur, was ich erlebt habe und wie man mir begegnet ist. Ich erzähle, wie Menschen reagiert haben, die mein Grundanliegen teilen, dass trans Menschen in Zukunft in der Gesellschaft und in der Kirche dazugehören.

Die einzelnen Begegnungen, die ich ausgewählt habe, vermitteln eine Ahnung, wie einmal das Gesamtbild aussehen könnte: Wenn sich Bildungswesen, Caritas und Pastoral vernetzen und ihre Dienstleistungen zusammenführen, wenn sie für Betroffene und ihre Familien in der Politik anwaltschaftlich tätig und wenn sie in die Gesellschaft hinein Solidarität stiftend wirksam werden. Dann wird die Kirche zu einem Netz, das trans Menschen auffängt, ihnen Halt, Sicherheit und Zugehörigkeit vermittelt. Das ist mein Traum und dafür wurde dieses Buch geschrieben.

Anonymität

Alle Namen der Beteiligten mussten für dieses Buch geändert werden. Auch die Institutionen, mit denen ich Kontakt hatte, werden bewusst nicht namentlich genannt. Die Anonymisierung erfolgt zum Schutz der betroffenen Personen und wurde mit allen Mitwirkenden im Vorfeld vereinbart. So soll vermieden werden, dass Menschen oder Einrichtungen verunglimpft und an den Pranger gestellt werden können. Gleichzeitig gibt es aber auch keine „Leuchttürme", die es verdient hätten, öffentlich gewürdigt zu werden, weil ihre Arbeit Vorbildcharakter hat und anderen Orientierung auf dem unbekannten Terrain der Transidentität Orientierung geben kann. Da die Zahl der Beteiligten überschaubar und somit die Gefahr der Erkennbarkeit sehr hoch ist, werden auch Orte nicht genannt. Regionen werden erwähnt, wenn es zum besseren Verständnis der Zusammenhänge notwendig ist. Nur so viel sei an dieser Stelle verraten. Meine Recherchen beschränkten sich nicht ausschließlich auf die Diözese Rottenburg-Stuttgart, sondern führten mich auch in die Diözesen Mainz, Trier, Speyer, Eichstätt und Hildesheim und nach Nordrhein-Westfalen. Den Kolleginnen und Kollegen in der Konferenz der Beauftragten für die Queer-Pastoral der DBK verdanke ich wertvolle Hinweise und Impulse aus den übrigen deutschen Diözesen.

Nochmals Dankeschön!

Allen sage ich an dieser Stelle nochmals ein herzliches Dankeschön! Manche werden sich vielleicht in den folgenden Schilderungen wiedererkennen und andere nicht. Auch diejenigen, die ich nicht ausdrücklich erwähne, haben mir mit ihren Geschichten wertvolle Hintergrundinformationen gegeben und mir Resonanzräume für meine Gedanken eröffnet. Sie alle haben dieses Buch überhaupt erst möglich gemacht.

Kita, Schule, Ausbildung – trans sein in Bildungseinrichtungen

Im Landesverband Katholischer Kindertagesstätten Diözese Rottenburg-Stuttgart e.V. sind ca. 1.100 katholische Kitas organisiert. Sie betreuen insgesamt um die 60.000 Kinder. Das Thema Transidentität kann dort also nicht unbekannt sein. Meine erste Anfrage richtet sich daher an einen großen Stuttgarter Träger von mehreren Einrichtungen. Im Haus werden Kinder aus vielen unterschiedlichen Kulturen und Religionen betreut. Das Thema Vielfalt wird nicht nur in der Konzeption großgeschrieben, sondern auch in vielen Projekten eingeübt und praktiziert. Auf der Vorstandsebene ist aktuell kein Fall bekannt, aber man ist sehr aufgeschlossen und gibt die

Frage an die Kita-Teams weiter. Es gibt in den Einrichtungen offenkundig kein betroffenes Kind. Aber die Erziehenden sind sich unsicher und geben ihre Fragen an mich zurück. Wie erkennt man, ob bei einem Kind wirklich eine Störung der Geschlechtsidentität vorliegt und was heißt überhaupt „Störung"? Was ist anders? Ab wann ist etwas nicht mehr „normal"?

Sie beobachten, dass Eltern ähnlich unsicher sind wie sie, dies aber nur sehr selten zeigen. Bei Vätern erleben sie mitunter die Sorge, ihr Sohn könne „schwul" sein. Väter sehen es eher als die Mütter skeptisch, wenn das Kind aus ihrer Sicht zu viel Spaß am Verkleiden hat. Latent wird die Erwartung spürbar, die Erziehenden möchten das doch gefälligst unterbinden. Bei Mädchen ist die Sorge offenbar weniger ausgeprägt. Ich frage mich, warum? Wie auch immer, das Thema birgt ein Konfliktpotenzial zwischen der Einrichtung und den Eltern. Was ist ein „richtiger" Sohn oder eine „richtige" Tochter? Wie muss er oder sie sein? Und noch wichtiger: Wie darf er oder sie auf keinen Fall sein?

Kita: „Ich bin das Einschwein!"

Mein Weg führt mich aus der schwäbischen Metropole in den ländlichen Raum nach Mittelfranken. Inzwischen habe ich Kontakt zum Bundesverband der katholischen Kindertagesstätten (KTK) in Freiburg aufgenommen, der mit ca. 8000 Einrichtungen nochmals eine neue Größenordnung beschreibt. Die Verantwortlichen sind ebenfalls sehr offen und während wir noch überlegen, wie man gleichzeitig diskret und offensiv auf die Träger der Kitas zugehen kann, meldet sich eine Referentin. Sie kennt eine Einrichtung, die aktuell ein Kind und seine Familie begleitet. Die Leiterin ist bereit, mir darüber zu berichten. So lerne ich also Frau Landauer kennen und wir verabreden uns zu einer Videokonferenz. Die Einrichtung liegt in einer evangelisch geprägten Region und auch der Junge, um den es geht, stammt aus einer evangelischen Familie. Namen spielen keine Rolle. Wir sprechen über „das Kind" und darüber, wie es als Mädchen in der Kita seinen Platz findet.

„Mädchenhaft" – na und?

Das Team kennt die Familie sehr gut, denn auch die beiden älteren Schwestern haben die Kita besucht. Die Eltern engagieren sich im Elternbeirat. Sie sind darüber hinaus bei den Pfadfindern und in der örtlichen Kirchengemeinde aktiv. Man hat zu ihnen einen guten und vertrauensvollen Kontakt.

Das Kind kommt mit drei Jahren in die Kita. Das Erscheinungsbild ist zierlich, eher mädchenhaft, was durch lange, lockige Haare nochmals unterstrichen wird. Es trägt anfangs schon Kleider, aber immer mit einer Hose darunter. Die Erziehenden wundern sich darüber anfangs noch nicht. Kleidung ist für alle Kinder ein spannendes Feld zum Experimentieren und die meisten lieben es, sich zu verkleiden. Das Kind ist ungefähr vier Jahre alt, als die Erziehenden bemerken, dass es zögert, wenn es darum geht, sich beim Spielen einer Gruppe zuzuordnen. Wenn es auf die Toilette gehen will, muss jemand kommen und die Toilette „bewachen". Zuhause wird jetzt eine bestimmte Vehemenz spürbar. Es will selber bestimmen, was es in der Kita anzieht. Die Haare müssen von nun an zu Zöpfen geflochten werden.

Die anderen Kinder reagieren befremdet und gehen auf Distanz. Das führt bei dem Kind zwar zu einer gewissen Verunsicherung, aber eher in Bezug auf die anderen, nicht auf sich selbst. „Ich bin halt, wie ich bin." Sätze wie dieser machen den Erziehenden klar, dass es dem Kind inzwischen nicht mehr nur um ein Ausprobieren von unterschiedlichen Rollen geht. Es sucht und findet Worte für sein eigenes Selbstverständnis und grenzt sich damit ganz deutlich von den anderen Kindern ab. Das Kind erlebt sich als „anders" und zögert nicht, das auch zu benennen. Gleichzeitig zieht es sich jetzt aus bestimmten Aktivitäten ganz zurück. Das Team nimmt diese Tendenz sehr deutlich wahr und ist beunruhigt.

Ein überraschender Durchbruch

Ein Projekt mit einem Improvisationstheater und vielen Fabeltieren bringt eine überraschende Wendung. Als die Rollen verteilt werden, ist für das Kind klar: „Ich bin das Einschwein!" An einer bestimmten Stelle in der Geschichte, wo alle das geheimnisvolle, wunderschöne Einhorn erwarten, taucht plötzlich ein kleines rosa Schweinchen mit einem goldenen Horn auf.[324] In dieser Figur erkennt sich das Kind wieder und es spielt seine Rolle mit großer Begeisterung. Seine Freude wirkt ansteckend. Das Einschwein wird zum Sympathieträger und alle haben ihren Spaß daran.

Aber das Ganze ist eben doch mehr als ein Spiel. Am Ende sagt das Kind: „Ich muss so sein." Das Team muss sich mit dieser inzwischen unumstößlichen Realität auseinandersetzen. Den Fachkräften wird klar, dass sie dem Kind im Alltag keine Sonderrolle geben wollen. Sie werden sein

324 Die Figur geht auf die Berliner Kinderbuchautorin Anna Böhm zurück. Vgl. das Video auf Youtube: https://www.youtube.com/watch?v=jb_Sxjs9rto

Anders-Sein nicht forcieren, sondern nur dann zum Thema machen, wenn es für das Kind selbst gerade bedeutsam ist. Wichtiger ist ihnen, immer wieder aufmerksam auszuloten, was es gerade braucht. Es soll sich wohlfühlen, Sicherheit gewinnen und Vertrauen entwickeln, dass es auf seine Art wertgeschätzt wird und keine Kränkungen und Verletzungen zu befürchten hat. Wenn es ihm gutgeht, kann es seine Lernthemen verfolgen, seinen Neigungen nachgehen und sich gut entwickeln.

Die Perspektive der Kinder

Aber auch die Kinder in der Gruppe brauchen jetzt eine besondere Aufmerksamkeit. Das Theaterspiel hat ihnen viele Berührungsängste genommen. Daran kann das Team nun anknüpfen. Die Botschaft heißt: Bei uns dürfen alle so sein, wie sie sind! Mit den Erziehenden entdecken die Kinder ihre eigene Lebenswelt und die vielfältigen Erfahrungen, die sie damit machen. Migrationshintergrund, Armut, Krankheit und Behinderung werden auf kindgerechte Weise zum Thema. Am Ende steht für die Kinder fest: Keiner kann etwas dafür, dass er so ist, wie er ist!

Die Erziehenden entschließen sich ganz bewusst, die Fragen der Kinder zuzulassen, und mit ihnen gemeinsam auf die Suche nach Antworten zu gehen. Sie geben damit der Kinderperspektive Raum und gestehen zugleich ein, dass sie nicht auf alle Fragen eine Antwort wissen. Das entlastet sie und die Kinder haben damit kein Problem. Sie lernen, dass alle unterschiedlich und gerade darin gleich sind, dass jeder irgendwann mal Unterstützung braucht und man deshalb solidarisch ist. Und noch eines ist ihnen ganz wichtig: Jedes Kind ist, so wie es ist, ein Kind Gottes. Gott bestraft die Menschen nicht dafür, dass sie „anders" sind. Er liebt alle gleich.

Dringend gebraucht: Begleitsysteme!

Von Anfang an sind die Eltern und die Erziehenden in einem intensiven Austausch. Es entlastet das Team, dass die Familie den Prozess ihres Kindes annimmt und es engagiert, behutsam und liebevoll begleitet. Umgekehrt schätzen die Eltern die pädagogischen Impulse des Teams und zwar gerade in der ersten Zeit, als vieles noch unklar, verwirrend und angstbesetzt ist. Es dauert eine geraume Zeit, bis die Eltern in der nächsten Großstadt, 60 km entfernt, einen geeigneten Kinderpsychotherapeuten finden, der das Kind und die Familie gezielt unterstützen kann. Die ländliche Region bietet so gut wie gar kein Hilfesystem. Dabei wären nicht nur die Eltern, sondern auch die Erziehenden darauf dringend angewiesen.

Ihr pädagogischer Kompass muss ihnen über weite Strecken genügen und der heißt: Was will das Kind? Was braucht das Kind? Geht es ihm gut? Fühlt es sich wohl? Wer diese Fragen ernstnimmt, kommt nicht umhin, das Kind immer wieder zu befragen. Die Antworten können sehr überraschend sein. Man sollte die Einsichten der Kinder, das zeigt sich hier ganz deutlich, nicht unterschätzen.

Drei Jahre war die Einrichtung für das Kind ein Ort, an dem es so sein durfte, wie es ist. Es ist immer gerne in die Kita gekommen. Im Sommer 2023 hat das Mädchen die Kita verlassen und wurde eingeschult. Wie mag es ihm in der Schule ergehen? Wir kommen auf die Frage wieder zurück.

Resümee

Rückblickend resümiert Frau Landauer, dass die drei Jahre mit dem trans Kind die Einrichtung zwar gefordert, aber auch weitergebracht haben. Das Team hat von der intensiven Auseinandersetzung mit seiner eigenen Arbeit sehr profitiert. Der Bericht von Frau Landauer enthält vier Aspekte, die auch für andere Einrichtungen und Dienste bedeutsam sein können und die daher nochmals eigens hervorzuheben sind.

Professionalität

Für Leitung und Team war die Betreuung eines transidenten Kindes Neuland. Die spezifische Professionalität der frühkindlichen Bildung erscheint mir aber besonders gut geeignet, sich auf die Belange eines trans Kindes einzustellen. Elementarpädagogik denkt konsequent vom Kind aus, schaut nicht auf Defizite, sondern auf Potenziale, die es entfalten kann. Sie macht das Kind nicht zum Objekt der Betreuung, sondern gibt altersgerecht seiner Selbstbestimmung Raum, ohne gleichzeitig die spezifischen Bedürfnisse aus den Augen zu verlieren. Ein trans Kind ist in erster Linie ein Kind wie alle anderen auch. Indem die Fachkräfte die Kinder für Vielfalt und Unterschiedlichkeit in der Gruppe sensibilisieren, arbeiten sie ohne viele Worte inklusiv und zugleich partizipativ. Sie nehmen außerdem – religionssensibel – Themen wie Sünde und Schuld sowie Angst vor Strafe auf, ohne dabei die Kinder konfessionell zu vereinnahmen. Ihr religionspädagogischer Ansatz ist im besten Sinne des Wortes ökumenisch.

Geschlechtergerechte Erziehung

Die Einrichtung arbeitete immer schon mehr oder weniger geschlechterbewusst. Man versuchte bestimmte Stereotype in der Sprache, aber auch in der pädagogischen Praxis nach Möglichkeit zu vermeiden. Aber erst die unmittelbare Begleitung mit dem trans Kind schärfte die Aufmerksamkeit dafür, was Geschlechtergerechtigkeit im Alltag wirklich bedeutet. Die Gruppenbildung, die Auswahl von Spielen, die optische und haptische Gestaltung von Spielzeug, aber auch Verhaltensweisen, Kleidung, Haare oder Schmuck wurden erstmals ganz bewusst wahrgenommen und reflektiert. In der frühkindlichen Pädagogik existieren viele unterschiedliche geschlechterorientierte Ansätze, mit denen sich ein Team auseinandersetzen muss. Es steht damit zugleich vor der Frage, wie es seinen Bildungsauftrag versteht.

Bildungsauftrag

Die Frage, ob sexuelle Bildung in Kitas sinnvoll und notwendig ist oder ob man nicht umgekehrt die jungen Kinder davon eher fernhalten sollte, ob sie nicht geradezu vor solchen Bildungsinhalten geschützt werden müssen, wird in der Gesellschaft augenblicklich kontrovers diskutiert. Frau Landauer und ihrem Team hat sich diese Frage gar nicht gestellt. Sie waren mit einer Situation konfrontiert, in der sie handeln mussten und zwar im Interesse aller Kinder. Schweigen, wegschauen oder unterdrücken war zu keinem Zeitpunkt eine Option.

Umgekehrt ist es pädagogisch auch nicht sinnvoll, die Kinder mit beliebigen Themen zu konfrontieren, in der Absicht sie schon frühzeitig über Diskriminierung aufzuklären. Ein solches Denken geht nicht vom Kind aus, sondern ist eher indoktrinär. Die Fachkräfte und Frau Landauer nutzten die gegebene Situation und führten die Kinder behutsam an Aspekte wie Benachteiligung, Marginalisierung und Stigmatisierung heran. Geschlechtliche Identität und sexuelle Orientierung werden dann zum Thema, wenn sich die Kinder damit beschäftigen und danach fragen. Sie brauchen dazu keine spektakulären Events, im Gegenteil. Der Besuch einer Drag Queen in der Kita ist für die Kinder vielleicht aufregend, er ist aber aus pädagogischer Sicht wertlos, wenn er nicht mit einem sinnvollen Konzept sexueller Erziehung und Bildung hinterlegt ist. Kinder brauchen Erwachsene, die sich offen, vorurteilsfrei und authentisch mit ihnen auseinandersetzen. Auf diese Weise wird Bildung – auch sexuelle Bildung – möglich.

Zusammenarbeit mit den Eltern

Die Zusammenarbeit mit den Eltern verlief von Anfang an völlig unproblematisch, da beide Seiten mit dem Wohlergehen des Kindes ein gemeinsames Ziel verfolgten. Sie konnten sich gegenseitig bestärken, ergänzen, aber auch entlasten. Beide Seiten übernahmen gemeinsam die Verantwortung für die folgenschwere Weichenstellung, die in den drei Kita-Jahren vollzogen wurde. Alle Beteiligten mussten dafür Bereitschaft, Vertrauen, Energie und Zeit aufbringen. Der Aufwand hat sich gelohnt. Aber die Entwicklung hätte auch ganz anders verlaufen können. Wenn Eltern die Transidentität ihres Kindes nicht akzeptieren können oder wenn im Team große Vorbehalte dagegen bestehen, kann Erziehungspartnerschaft nicht gelingen, stattdessen sind Konflikte vorprogrammiert. Trotzdem ist die Familie das erste und wichtigste Beziehungsgefüge des Kindes. Es gibt kein pädagogisch verantwortliches Handeln an den Wünschen und Bedürfnissen der Eltern vorbei. Das gilt in Kitas generell und im Hinblick auf trans Kinder in ganz besonderer Weise.

Schule: „Kein Ort, um sich zu outen"

Meine Zusammenarbeit mit der Stiftung Katholische Freie Schule der Diözese Rottenburg-Stuttgart beginnt vielversprechend. Mein Anschreiben mit meinen Kontaktdaten wird umgehend an mehr als neunzig Schulen versendet. Mehrere Schulen, darunter ein Schulzentrum, ein Berufliches Gymnasium und eine Soziale Fachschule reagieren sofort. Dann ist Funkstille.

Mit Herrn Zimmermann, dem Direktor des Schulzentrums, treffe ich mich im Rahmen einer Videokonferenz. Schon seit längerer Zeit beschäftigt sich die Schule im Rahmen von Projektwochen mit dem Thema „Frieden stiften" und bearbeitet dabei auch Fragen, die den gesellschaftlichen Zusammenhalt betreffen, u.a. Queer-Feindlichkeit, Vorurteile und Mobbing. Für die Schule hat dies viel mit ihrer Profilbildung als katholische Einrichtung zu tun. Der Marchtaler Plan ist für sie wie für alle kirchlichen Schulen in der Diözese verbindlich. Der Mensch steht im Mittelpunkt, heißt es darin. Für Herrn Zimmermann versteht es sich von selber, dass damit auch die Anerkennung von geschlechtlicher Identität und sexueller Orientierung gemeint ist. Die Realität ist allerdings komplizierter, denn nicht alle Mitglieder des Kollegiums sehen das genauso. Die Schüler und Schülerinnen wissen das und halten sich zurück. Und wenn es zu einem Outing kommt, sind da auch noch die Eltern, die ins Boot zu holen sind. „Katholische Schulen sind kein Ort, um sich zu outen", hat vor Jahren einmal ein Schüler bei seinem Abgang von der Schule gesagt. Der Direktor wünscht sich, dass dies an seiner Schule irgendwann mal anders ist.

Was Herr Zimmermann meint, wird mir durch ein zufälliges Gespräch mit der Leiterin in einem anderen Schulzentrum klar. Wir sprechen über seelische und verbale Gewalt im Unterricht und über Möglichkeiten, wie man sie verhindern kann. Ich erzähle in diesem Zusammenhang von meinem Projekt und frage sie, ob an ihrer Schule, die immerhin fast eintausend Schülerinnen und Schüler hat, das Thema Transidentität eine Rolle spielt. Ich denke dabei an die Gewalterfahrungen, die Betroffene gerade im Kontext ihres Outings oftmals machen müssen. Es gibt an der Schule keinen Fall, erklärt sie mir. „Wir sind hier in der Gegend traditionell katholisch, also eher konservativ." Und fast entschuldigend fügt sie noch hinzu: „Deshalb schicken die Eltern ihre Kinder wohl auch zu uns."

Die beiden Schulen bilden die Bandbreite ab, wie Gesellschaft und Politik mit dem Thema Transidentität umgehen. Beide katholischen Schule haben mit dem Marchtaler Plan einen gemeinsamen kirchlich geprägten Bildungsplan und kommen trotzdem im Alltag zu völlig unterschiedlichen Ergebnissen.

Schulen im Kreuzfeuer

Die Schulen, und das gilt nicht nur für die katholischen, stehen im Augenblick massiv unter Druck. Sie stehen mitten in dem gesellschaftlichen Konflikt, der mit Schlagworten wie „Trans-Terror" oder „Gender-Wahnsinn" auf der einen und Faschismus-Vorwürfen auf der anderen Seite mitunter schon fast militante Züge annimmt. In der Presse finde ich einen Artikel über eine katholische Mädchenschule, die unsensibel und desinteressiert auf das Outing einer Person reagiert, sodass der Weg für den trans Mann bis zum Abitur zäh und quälend wird.[325] Aber ich lese auch Artikel über Schulen, deren Lehrer inkompetent und überfordert sind oder die mit bestimmten Lernmaterialien die Kinder zur Transition einladen.[326] Ich nehme Elterninitiativen wahr, die für die Rechte ihrer trans Kinder kämpfen[327], und Eltern, die eine verfehlte Bildungs- und Kirchenpolitik dafür verantwortlichen machen, dass sich immer mehr Kinder und Jugendliche als trans outen.[328] Die Schulen sind im Kreuzfeuer konservativer und progressiver Kräfte und müssen sich gegenüber massiver Kritik behaupten. Man wirft ihnen vor,

325 Vgl. https://www.zeit.de/zett/queeres-leben/2020-01/als-transmann-auf-einem-maedchengymnasium-ich-hatte-angst-von-der-schule-zu-fliegen
326 Vgl. das Dossier der Tagespost zum Schwerpunkt Transgender: https://www.die-tagespost.de/kultur/bildung/trans-trifft-schule-art-239222
327 Vgl. https://www.trans-kinder-netz.de/der-verein.html
328 Vgl. https://www.besorgte-eltern.net/

- Transidentität zu verharmlosen, zu schnell zu bestätigen und damit zu verstärken,
- die Eltern absichtlich auszugrenzen, um sich deren Erziehungs- und Wertvorstellungen zu entziehen,
- kein Konzept für den rechtlich vorgeschriebenen und juristisch korrekten Weg einer Namensänderung zu haben,
- über zu wenig fundiertes Fachwissen zu verfügen, nicht kompetent und damit auch nicht argumentationsfähig zu sein,
- queerfreundliche Initiativen seitens der Kultusministerien und Schulbehörden unkritisch zu übernehmen und die Schüler mit den Inhalten sich selber zu überlassen.

Die Kritik enthält wichtige Problemanzeigen, man macht es sich jedoch zu einfach, wenn man dabei stehen bleibt. Wie komplex die Realität an Schulen wirklich ist, darüber erfahre ich viel in meinem Gespräch mit Frau Sommerberg.

Lucas Leidensweg

Frau Sommerberg ist an ihrer Schule die offizielle Ansprechpartnerin für queere Schülerinnen und Schüler. In einem kleinen Team hat sie ein Projekt gegen Queer-Phobie gestartet. Dabei sind sie stundenweise in jede Klasse gegangen. Sie waren überrascht, wie stark sich die einzelnen Klassen in ihren Haltungen unterscheiden und wie breit das Spektrum von deutlicher Sympathie bis hin zu krasser Ablehnung ist.

Sie berichtet mir von Luca. Als seine Klassenlehrerin ist sie in einer besonderen Rolle und die ist ihr auch durchaus bewusst. Er ist im 9. Schuljahr und neu in der Klasse. Mit dreizehn hat er sich geoutet. Er war zu dieser Zeit in der 7. Klasse. Die Klasse reagierte mit Ablehnung und auch aus der Elternschaft wurde massiv interveniert. Die Situation eskaliert in der 9. Klasse. Eine Klassenfahrt wird seinetwegen abgesagt. Seine Leistungen fallen so sehr ab, dass er die Klasse wiederholen muss. Die neue Klasse steht ihm aufgeschlossen gegenüber, ebenso die Elternschaft. Die in diesem Schuljahr übliche Klassenfahrt kann ohne Probleme durchgeführt werden.

Allerdings ist Luca Frau Sommerberg gegenüber sehr verschlossen. Auf die Frage, wie er sich die Unterbringung bei der Klassenfahrt vorstellt, antwortet er: „Ist mir egal." Den Fragen, welche Toilette er aufsuchen oder welcher Gruppe er sich im Sport zuordnen will, weicht er aus. Über sich selbst spricht er so gut wie gar nicht.

Sein neuer Name ist ihm wichtig, aber da es bisher keine offizielle Namensänderung gibt, steht im Zwischenzeugnis noch immer sein Mädchenname. Frau Sommerberg ahnt, wie sehr ihn das kränkt. Eine Freiheit hat sie sich immerhin genommen. An der Stelle, wo Platz für besondere Aktivitäten ist, hat sie geschrieben: „Er hat an ... teilgenommen." Sie verfolgt ihn aufmerksam, aber sie respektiert die Grenze, die er setzt. Mit dem Vater ist kein Gespräch möglich. Er ist nicht erreichbar. Für ihn ist Luca noch immer „seine Tochter Alina".

Die Geschichte von Luca gibt mir einen Einblick in die Rolle der Klassenlehrerin, die sich nicht darin erschöpft, stundenweise ein Fach zu unterrichten und Stoff zu vermitteln. Sie ist Organisatorin der Klassenfahrt, Vertreterin der Schule als Institution und Vertrauensperson – wenn die andere Person das denn will. Luca zieht hier ganz klar eine Grenze. Das kann kränkend sein, aber er hat dazu das Recht. Ich nehme aber auch das Umfeld wahr. Nicht nur die Mitschüler haben einen großen Einfluss auf das Geschehen, auch die Elternschaft, die im Hintergrund agiert.

Leonies Traumwelt

Frau Sommerberg erzählt noch von einem zweiten Fall, der scheinbar ähnlich liegt, aber einen ganz anderen Verlauf nimmt. Leonie hieß bis vor kurzem Leon. Ihr Outing hat alle komplett überrascht. Von einem Tag auf den anderen erklärte sie ihren Namenswechsel und forderte ihn auch ab sofort von allen vehement ein. Ansonsten gewährt sie wie Luca keine Einblicke in ihr Innerstes und sie sucht auch keinen Kontakt. Sie ist noch weniger präsent, als sie es zuvor schon war.

Mit den Eltern war man in der Vergangenheit schon in Kontakt. Leonie hatte viele Fehl- und Krankheitstage und musste daher eine Klasse wiederholen. Die Lehrer hatten den Eindruck, dass sie sich nachts ganz in eine Parallelwelt im Internet zurückzog und daher am Morgen im Unterricht mitunter gar nicht ansprechbar war. Ihr Leben fand in einer Traumwelt statt. Sie sprach von daher auch fließend Englisch, was ihr aber für die Schule so gut wie nichts nützte.

Als die Schule auf die Eltern zuging, wirkten diese zuerst offen und kommunikativ, aber bald gab es Schwierigkeiten. Es half auch nicht, dass man zu den Gesprächen die Kollegin aus der Schulsozialarbeit hinzuzog. Die Eltern warfen der Schule „Kindeswohlgefährdung" vor, machten eine Meldung bei der Schulbehörde und kündigten an, ihr Kind von der Schule zu nehmen. Den Leidensdruck ihres Kindes, einen möglichen Therapiebedarf, das Risiko von Depressionen und andere psychische Folgeerscheinungen einer unterdrückten Geschlechtsinkongruenz lassen sie nicht an sich heran. Sie machen allein die Schule für alles verantwortlich. Sie hoffen, dass der Wechsel der Schule alle Probleme lösen wird. Für Frau Sommerberg „fühlt sich das an wie ein Scheitern".

Ich frage mich, was das für eine Traumwelt war, in der Leonie schon lange vorher gelebt hat. Die Beschreibung erinnert mich an Stephanie, die unter ihrem weiblichen Namen ebenfalls schon lange im Internet gelebt hatte, bevor sie sich gegenüber ihrer Mutter outete. Aber auch das Verhalten der Eltern wirft Fragen auf. Warum ist die Beziehung irgendwann gekippt? Was ist falschgelaufen? Was hätte man anders, besser machen können? Frau Sommerberg beschäftigen diese Fragen sehr. Hätte sie darauf Antworten, könnte sie sich vorbereiten, denn der nächste Fall wird kommen. Da ist sie sich ganz sicher.

Luca nervt ...

Frau Sommerberg blickt inzwischen auf ein knappes Jahr als Klassenlehrerin von Luca zurück. Kurz vor dem Ende des Schuljahres melden sich bei ihr vier Mädchen aus seiner Klasse. Sie haben mit Luca Probleme. Er ist laut und übergriffig, kann mächtig austeilen, ist dabei selber aber sehr empfindlich und fordert wertschätzendes Verhalten ein. Sie beobachten diese Entwicklung ungefähr seit Weihnachten. Sie wollen nicht „petzen", aber die Stimmung in der Klasse ist schlecht. Was sollen sie tun?

Eine einfache und zugleich so schwierige Frage. Um sie zu beantworten, müsste man ergründen, was Luca so aggressiv macht. Macht ihm die soziale Transition Stress? Oder denkt er, dass er auf diese Weise „männlicher" wirkt? Man wird ihn fragen müssen, denn alles andere wäre pure Spekulation. Aber auch die Mitschülerinnen und Mitschüler verdienen Aufmerksamkeit, denn die Schule ist nicht nur ein Ort der individuellen Erziehung und Bildung, sondern auch des sozialen Lernens. Wie gehen die anderen mit dem Outing bzw. der Transition um? Bei meinen Gesprächen komme ich mehrfach auf dieses Thema zurück. Eine Mutter erzählt, dass es ihre zwei Söhne „nicht verstehen, warum die Mädchen immer bevorzugt werden". Eine andere erklärt mir, ihr Sohn habe keine Lust, sich dafür zu entschuldigen, dass er ein Junge sei. „Sollen die Mädchen doch machen, was sie wollen." Aussagen wie diese sind nur Momentaufnahmen, aber sie können für eine Stimmung sensibilisieren, die an den Schulen und in den Klassen herrscht. Für Lehrkräfte liegt darin eine große Herausforderung.

Erst bisexuell, dann trans

Bei der Schilderung der Spannungen, die sich in der Klasse von Luca neuerdings zeigen, denke ich an Mia, die ich wenige Wochen zuvor kennengelernt habe. Sie ist 16 Jahre und geht in die 10. Klasse eines Gymnasiums. Als wir uns treffen, ist sie eher entspannt, aber sie hat eine schwierige Phase hinter sich.

In ihrer Klasse gibt es einen Mitschüler, der sich vor gut einem Jahr als trans geoutet hat. Vor ungefähr drei Jahren, kam Denis – damals noch als Mädchen – auf sie zu und erklärte ihr, er sei bisexuell. Sie fragte sich damals, warum er ihr das überhaupt sagen musste, schließlich waren sie gar nicht näher befreundet. Sie kannten sich einfach aus dem Schulalltag. Ihr ist nie so richtig klargeworden, warum er ihr diese intime Botschaft anvertraut hat. Es hatte für sie keine Bedeutung bis zu dem Zeitpunkt, als er ihr erklärte, er sei trans. Sie selber hatte damit kein Problem. Was ihr aber sehr zu schaffen machte, war die Reaktion seiner Eltern.

Denis traf in seinem Elternhaus auf massive Ablehnung und es kam zu heftigen Auseinandersetzungen, die er ihr im Detail erzählte. Sie sieht, wie die Situation zunehmend eskaliert, registriert seine Verzweiflung und bekommt „Angst, dass er sich was antut". Sie telefonieren regelmäßig, sie verfolgt ihn ständig in Gedanken und ist erleichtert, wenn sie von ihm ein Lebenszeichen bekommt. Sie ist von der ganzen Situation vollständig besetzt, fühlt sich verantwortlich für ihn und weiß zugleich, dass sie ihm letztlich nicht wirklich helfen kann. Als der Druck für sie zu groß wird, vertraut sie sich einer Lehrerin an. Das Gespräch entlastet sie und nach und nach gelingt es ihr, eine gewisse Distanz aufzubauen. Gleichzeitig scheinen sich die Dinge bei Denis zuhause etwas zu entspannen. Die akute Suizidgefahr besteht nun offenbar nicht mehr.

Ihre Klasse hat anfangs sehr wohlwollend und einfühlsam auf Denis' Outing reagiert. Eine Lehrerin habe ihn besonders betreut, aber auch die anderen waren immer sehr behutsam. Denis bekam eher zu viel als zu wenig Aufmerksamkeit. Mit dem neuen Schuljahr kamen neue Lehrer, die von Denis' Transition nichts wussten oder vielleicht auch nicht wissen wollten. Auf jeden Fall, war sie kein Thema mehr. Denis war ein Schüler wie die anderen auch. Man konnte ihm anmerken, dass ihm die neue Normalität nicht gefiel. Er fängt an sich zu inszenieren, will auffallen und sucht die Nähe zu den Lehrerinnen und Lehrern. Auch als Mädchen war er schon manchmal ziemlich schwierig. Er war schon immer direkt, rücksichtslos und zugleich schnell beleidigt, fühlte sich unverstanden und gemobbt. Diese Züge treten wieder stärker hervor. Mia hatte trotzdem ein gutes Verhältnis zu ihm, aber sie hat ihn immer auch kritisch gesehen. Die anderen in der Klasse gehen inzwischen auf Distanz zu ihm, aber keiner will etwas zu ihm sagen, denn man will ja schließlich nicht als transphob gelten. Man schweigt lieber, dann bekommt man auch keine Probleme.

Mia macht sich Gedanken

Mia ist sehr sensibel und beobachtet genau. Sie hat Fragen, Zweifel, Sympathie und Kritik, aber äußert sie nur sehr vorsichtig. Vieles wird nur angedeutet oder bleibt ganz ungesagt. Sie will über niemanden etwas Negatives sagen und keinen verletzen. Und transphob ist sie ganz gewiss nicht. Aber das, was gerade läuft, das ist nicht gut. Mit wem soll sie darüber reden?

In wenigen Wochen endet das Schuljahr und ihre Klasse wird sich auflösen. Ab der Oberstufe im Herbst wird sie nur noch Kurse besuchen, die aus allen Klassen zusammengewürfelt sind. Vereinzelt gab es schon Treffen, wo sie sich mit anderen Mitschülerinnen und Mitschülern traf. Sie war erschrocken, als sie mitbekam, dass es in der Parallelklasse eine „rechte Clique" gibt. Queerfeindliche Sprüche sind hier ganz selbstverständlich. Im nächsten Schuljahr wird Denis mit ihnen in einem Kurs sein. Wie wird er damit umgehen? Wie werden die Lehrer damit umgehen? Mia macht sich Sorgen.

Mir zeigt die Geschichte von Denis, wie in der Pubertät die Fragen nach geschlechtlicher Identität und sexueller Orientierung ineinander übergehen. Mia ist ein attraktives Mädchen. Fühlte er sich zwischenzeitlich zu ihr hingezogen? Für sie war die Beziehung ganz offensichtlich nie etwas anderes als eine Freundschaft. Wir beide vertiefen das Thema daher nicht weiter. Aber die Frage steht für mich im Raum. Denis erlebt auf jeden Fall in diesen Jahren eine Identitätskrise und ist damit zunächst allein. Er sucht die Unterstützung von Mia, aber in der Beziehung zwischen den beiden sind die Rollen keineswegs eindeutig verteilt. Bedürftigkeit und Souveränität changieren ständig. Mia ist nicht nur die Hilfsbereite, die sich einsetzt und ständig zur Verfügung steht, sie kommt auch an Grenzen, wo sie selber Hilfe braucht, weil sie dabei ist, sich vollständig zu verzehren. Und Denis ist auch nicht nur der Hilflose und Unverstandene, den alle im Stich lassen. Er agiert in der Beziehung zu ihr durchaus souverän und zielorientiert und zeigt dieses Verhalten auch in der Klasse und gegenüber den Lehrkräften. Sie werden von Mia sehr zurückhaltend beschrieben, aber sie lässt keinen Zweifel, was sie von ihnen erwartet. Bei aller Aufmerksamkeit, die sie Denis zukommen lassen, dürfen sie die übrigen Schülerinnen und Schüler nicht aus dem Blick verlieren. Das ist für Mia eine Frage der Gerechtigkeit. Und sie müssen sich auch dann noch für Denis einsetzen, wenn es schwierig wird. Ihre Klasse, die sehr lange mitfühlend und solidarisch war, hat es den Lehrerinnen und Lehrern leichtgemacht. Werden sie auch dann noch für Denis Partei ergreifen, wenn erst die aggressiven Sprüche aus der Clique kommen?

Luca, Leonie, Denis: Was ich mitnehme

Trans Kinder und Jugendliche stehen in der Schule vor großen Herausforderungen, aber umgekehrt sind auch die Mitschülerinnen und Mitschüler sowie die Lehrkräfte sehr gefordert. Ich durfte in meinen Gesprächen diesbezüglich viel Aufmerksamkeit, persönliche Initiative und Einsatzbereitschaft erleben und das hat mich sehr bewegt.

Schulen pauschal mit Kritik zu überziehen, erweist sich in dieser Situation als wenig hilfreich, aber auch queere Aktionspläne, die inzwischen an vielen Stellen umgesetzt werden, holen den komplexen, individuellen Fall nie ganz ein. Entscheidend ist der „gute Wille“ bei allen Beteiligten, aber auch der hat Grenzen. Die Betreuung eines trans Kindes kann schnell zu einem Kampf an vielen Fronten werden. Man kann sie daher nicht einer einzelnen Person überlassen nach dem Motto: „Queerness? Dafür ist bei uns Frau Sowieso zuständig!“

Der Unterschied zwischen Identität und Sexualität

Schulen müssen das Thema Queer-Freundlichkeit und insbesondere Umgang mit Transidenität institutionell verankern und zwar so, dass die einzelnen Personen entlastet werden, die Organisation insgesamt aber Verbindlichkeit ausstrahlt und Vertrauenswürdigkeit erlangt. Das Beispiel Schule zeigt mehr als andere Felder, dass Transidentität anders als Homosexualität nicht nur ein persönliches Thema ist, das allein unter dem Gesichtspunkt „Selbstbestimmung“ abgehandelt werden kann. Wenn sex und gender das biologische und das soziale Geschlecht unterscheiden, dann sollte man diese soziale Dimension nicht auf Autonomie, Selbstverwirklichung und Eigenverantwortung verkürzen.

Ob eine Schülerin Jungen oder Mädchen begehrenswert findet, ob sie sexuelle Beziehungen zum anderen Geschlecht, zum eigenen oder zu beiden pflegt, ist für die Schule zunächst völlig irrelevant. Es bleibt der Klasse oder auch den Lehrenden vielleicht nicht ganz verborgen, welche

Präferenzen eine Person hat, aber die sexuelle Orientierung gehört der Intimsphäre an und steht damit gerade im öffentlichen Raum unter besonderem Schutz. Intervention ist dann gefragt, wenn Schülerinnen und Schüler wegen ihrer sexuellen Orientierung verbal oder wie auch immer angegriffen werden.

Sex, Gender und das Interesse der Öffentlichkeit

Bei der geschlechtlichen Identität liegen die Dinge anders. Hier gibt es ein öffentliches Interesse, das nicht einfach unter Hinweis auf die Intimsphäre zurückgewiesen werden kann. Institutionen können sich nicht in die Utopie einer „geschlechterlosen" Gesellschaft flüchten, sondern bewegen sich in einem rechtlichen Rahmen, der – ob man will oder nicht – nach wie vor binär oder auch heteronormativ codiert ist. Die Spielräume, diesen Rahmen zu überschreiten, sind wie das Beispiel Namensnennung in der Schule zeigt, sehr klein. Wer sie trotzdem überschreitet, setzt sich dem Vorwurf der willkürlichen Überschreitung aus, was schlimmstenfalls dienstrechtliche Folgen haben kann.

Die Unterbringung bei einer Klassenfahrt oder die Benutzung der Gemeinschaftsdusche beim Sport, das alles sind keine Geschmacksfragen und sie lassen sich auch nicht unter Hinweis auf persönliche Wert- und Moralvorstellungen abschließend klären. Solche Motive spielen zwar in die Problematik mit hinein, können letztlich aber nicht ausschlaggebend sein. Manchmal kann und muss man einen rechtlichen Rahmen ändern, aber das liegt dann nicht im Ermessen einer einzelnen Person, sondern ist das Ergebnis von demokratischen Prozessen. Dieses demokratische Grundverständnis zu erlernen, ist eine der wichtigsten Aufgaben der Schule.

Transidentität nicht verharmlosen!

Dass in der Debatte um LSBTIQ-Rechte die Dimensionen privat und öffentlich oftmals nicht eindeutig getrennt werden, zieht ein folgenschweres Missverständnis nach sich. Geschlechtsinkongruenz wird dann wie eine sexuelle Orientierung behandelt und man überlässt sie vollständig der Intimsphäre der Betroffenen. Sie zu befragen oder gar zu hinterfragen, wird als übergriffig zurückgewiesen. Man fordert eine strikt affirmative Haltung. Der Gedanke an einen psychologischen oder psychiatrischen Hintergrund und entsprechenden Therapiebedarf wird als Pathologisierung abgelehnt. Die Betroffenen werden gegenüber jeglicher Anfrage von außen immunisiert bzw. immunisieren sich selber, was im Umkehrschluss bedeutet, dass nur noch Forderungen bleiben, die von der Familie, den Schulen und anderen Institutionen unhinterfragt umzusetzen sind.

Dass damit eine Eigendynamik entfacht und gefördert wird, die sich später kaum mehr aufhalten lässt, liegt auf der Hand. Wenn der Prozess einmal in Gang gesetzt ist, wird es schwer, ihn zu stoppen oder auch umzukehren. Das wäre aber dringend notwendig, wenn man ernst nimmt, dass 70 bis 80 Prozent der Kinder und Jugendlichen irgendwann zu ihrem Geburtsgeschlecht zurückkehren.[329] Die Inkongruenz ist für sie nur eine vorübergehende Phase im Rahmen einer pubertären Identitätskrise. An dieser Stelle haben Lehrkräfte, die regelmäßig im persönlichen Kontakt zu den Schülerinnen und Schülern stehen, eine große Verantwortung.

Wer Geschlechtsinkongruenz wie eine sexuelle Orientierung behandelt, vernachlässigt damit die schwerwiegenden lebenslangen Folgen einer Transition, besonders dann, wenn sie sich als Fehler erweist. Beides miteinander zu vermischen, bedeutet eine verantwortungslose Verharmlosung der Problematik und darüber müssen sich Lehrkräfte und Schulen im Klaren sein.

Was die Schule tun sollte ...

Die Schnittstelle von Individuum und Institution ist somit ein ganz entscheidender Punkt dafür, wie die Schule mit einer Geschlechtsinkongruenz bei einer Schülerin oder einem Schüler umgeht. Die folgenden Punkte wollen einige Hinweise geben, wie sich eine Schule aufstellen sollte, die das Wohlergehen ihrer trans Schülerinnen und Schüler im Blick hat, die ihre Rechte respektieren und ihren Bedürfnissen entsprechen will.

1. Den Prozess offenhalten

Schülerinnen und Schüler, die sich als trans outen, sind in erster Linie Kinder bzw. Jugendliche. Wenn Lehrende die Geschlechtsinkongruenz aufmerksam wahrnehmen und mit Wohlwollen behandeln, ohne das Kind auf diese besondere Facette seiner Persönlichkeit zu reduzieren, halten sie ihm die Möglichkeit offen, irgendwann zu seinem Ursprungsgeschlecht zurückzukehren oder aber den Weg der Transition fortzusetzen. Der Balanceakt zwischen Verstärken und Unterdrücken mag anspruchsvoll sein. Aber es gibt dazu keine ethisch verantwortungsvolle Alternative.

329 Vgl. oben S. 72 ff. Mädchen und Jungen in der Pubertät.

2. Das gesamte soziale Gefüge beachten

Die Beziehung zwischen Lehrenden und Lernenden ist eine Zweierbeziehung im Kontext vieler anderer Beziehungen. Mitschülerinnen und Mitschüler können den Prozess positiv oder negativ beeinflussen und erfordern daher ihrerseits pädagogische Aufmerksamkeit. Auf Wahrgenommen-werden und Wertschätzung und haben alle das gleiche Recht. Hinzukommt, wo die Einführung von Queer-Aktionsplänen von außen im Bildungsprozess eher einen Fremdkörper darstellt, kann die einfühlsame Beschäftigung mit der Geschichte einer Mitschülerin oder eines Mitschülers für alle Beteiligten zu einem fruchtbaren sozialen Lernprozess werden. Bei Anzeichen von verbaler oder physischer Gewalt (Mobbing) gegen einzelne Schüler ist jedoch von Anfang an ein konsequentes Eingreifen nötig.

3. Verbindliche Regeln für die Namensnennung

Je nachdem, ob bereits eine amtliche Namensänderung erfolgt ist oder die Änderung noch aussteht, ergeben sich für die Schule unterschiedliche rechtliche Verpflichtungen. Bezüglich der Namensnennung sollte es daher für das Kollegium und die übrigen Mitarbeitenden an der Schule einheitliche Regelungen seitens der Schulleitung geben. Damit ist die Frage nach dem Vorgehen dem individuellen Belieben entzogen und die Betroffenen werden vor Willkür und Kränkung geschützt. Mit einer transparenten Kommunikation kann man vermitteln, dass diese Regelungen keine Einschränkungen bezwecken, sondern Verbindlichkeit und Verlässlichkeit intendieren und damit Wertschätzung gegenüber allen Beteiligten zum Ausdruck bringen.

4. Die Eltern einbeziehen

Die Frage nach der Namensnennung birgt im Hinblick auf die Beziehung der Lehrenden zu den Eltern ein erhebliches Konfliktpotenzial. An dieser Stelle wird deutlich, wie sich die Eltern zur Geschlechtsinkongruenz ihres Kindes verhalten. Wird sie von den Eltern abgelehnt, steht die Schule vor einem Dilemma. Folgt sie den Wünschen der Schülerin oder des Schülers, werden die Eltern dieses mit großer Wahrscheinlichkeit als Vertrauensbruch und unzulässigen Eingriff in ihre Erziehungsverantwortung deuten. Schließen sie sich den Wünschen der Eltern an, vernachlässigen sie unter Umständen ihre Fürsorgepflicht im Hinblick auf das Kind und verstärken seinen Leidensdruck. Der pauschale Vorwurf der Kindeswohlgefährdung, der in solchen Situationen gern wechselseitig erhoben wird, ist weder konstruktiv noch zielführend. Die Schule braucht an dieser Stelle eine verbindliche Verfahrensregelung. Es erscheint sehr sinnvoll, neutrale Personen als Vermittler in die Kommunikation einzubeziehen. Je nach Konflikt ist an die Schulsozialarbeit oder die Schulseelsorge oder gleich an externe Personen mit Mediations-Erfahrung zu denken. Grundsätzlich ist sicherzustellen, dass die unmittelbare Beziehung zwischen Lehrenden und Lernenden strikt geschützt wird. Das Kind befindet sich in einer doppelten inferioren Rolle, und zwar sowohl im Hinblick auf die Eltern als auch auf die Schule. Es ist dringend zu vermeiden, dass es „zwischen die Fronten" kommt.

5. Den Bildungsauftrag demokratisch gestalten

Ausgehend von Initiativen auf internationaler und nationaler Ebene gehen immer mehr Bundesländer dazu über, die Schulen zur Einführung von Queer-Aktionsplänen zu verpflichten. Aufklärung über die Rechte queerer Menschen und die frühzeitige Sensibilisierung für die vielfältigen Formen von Diskriminierung und Gewalt ist aus menschenrechtlicher Sicht zu begrüßen. Das grundsätzlich positive Votum entbindet die Schule und die einzelnen Lehrenden jedoch nicht davon, Methoden und Inhalte in ein stimmiges Lehr- und Lernkonzept zu übertragen. Punktuelle Aktionen wie Workshops, die ausschließlich von externen Referenten gestaltet werden, sind nicht geeignet, einen Lernprozess in Gang zu setzen, an dessen Ende eine grundlegend positive Haltung stehen soll. Sie werden von den Lernenden eher als angeordnete Maßnahmen empfunden, die man mehr oder weniger gelangweilt absitzen muss und die sich nicht wirklich von Lernstoffen unterscheiden, deren Relevanz sich auch nicht unbedingt erschließt.

Auch eine ausgeprägt affirmative Didaktik, die Fragen, Zweifeln und Kritik wenig bis keinen Raum gibt, ist kaum geeignet, dem Anliegen der Nicht-Diskriminierung auf überzeugende Weise zum Durchbruch zu verhelfen. Wo der demokratisch legitimierte Staat Rechte von Minderheiten und marginalisierten Gruppen zum Thema macht, muss dies zwingend in einem von Offenheit, Respekt und Toleranz geprägten Klima geschehen. Ebenso müssen Lehr- und Lernmaterialien eine selbstständige, kritische und kreative Aneignung ermöglichen, wenn sich die Schule nicht dem Vorwurf der Ideologisierung und Indoktrinierung aussetzen will. Der Vorwurf der Queer-Feindlichkeit darf nicht als Argument missbraucht werden, eine selbstbestimmte Auseinandersetzung der Lernenden mit der Thematik zu unterdrücken. Das wäre undemokratisch und würde dem Bildungsauftrag der Schule zuwiderlaufen. Sie hat umgekehrt die demokratische Qualität des Bildungsprozesses in allen seinen Lernformaten sicherzustellen. Konkret wird sie nicht daran vorbeikommen, sich mit externen Referenten, ihren Inhalten und Methoden im Vorfeld intensiv auseinanderzusetzen.

6. Qualifizierung und Vernetzung ausbauen

Für die Lehrenden hat dieses Vorgehen übrigens den Vorteil, dass sie sich quasi ganz von selbst über die Thematik der queeren Rechte kundig machen und dadurch wiederum für die Lernenden zu ernstzunehmenden Dialogpartnerinnen und -partnern werden. Inwiefern sie selbst vertiefende Fortbildungen benötigen, müssen sie selbstverantwortlich entscheiden. Angesichts der verbreiteten Unwissenheit im Hinblick auf das Thema Transidentität besteht hier jedoch ein hoher Handlungsbedarf. Denkbar, aber bisher an Schulen wenig verbreitet, sind weitere Qualifizierungsformate wie Inhouse-Seminare, Supervision und Team-Supervision oder leitfragengestützte kollegiale Beratung. Die Geschlechtsinkongruenz eines Kindes ist zu wichtig, als dass man sie bei Tür-und-Angel-Gesprächen unter den beteiligten Fachlehrerinnen und -lehrern abhandeln könnte. Als weiteres Element ist auf die kollegiale Vernetzung unter den Schulen selbst zu verweisen. Nicht jede Schule muss bei Null anfangen. Mit jedem Fall von Geschlechtsinkongruenz nehmen die Erfahrungen in den Schulen zu. Es wäre sehr zu wünschen, dass sie andere daran partizipieren lassen.

Zurück zu Stephanie

An dieser Stelle denke ich wieder an Stephanie. Sie outete sich erst, als sie schon 28 Jahre war. Aber das Gefühl, „dass da was nicht stimmt", trieb sie schon seit dem Beginn ihrer Pubertät um. Sie hat sich in ihrer Schulzeit nicht geoutet, aber das Thema war für sie schon spürbar und es wirkte sich aus. Auch sie zog sich in eine digitale Parallelwelt zurück, auch ihre schulischen Leistungen wurden zusehends schlechter und zwar so schlecht, dass am Ende selbst der unterste Abschluss, den die Schule zu bieten hat, gefährdet war. Ihre Mutter hat mit allen Mitteln dafür gekämpft, dass ihre Tochter – die damals noch ihr Sohn war – nochmals eine Chance bekommt.

Trans Kinder und Jugendliche in der Schule brauchen Aufmerksamkeit, nicht zu viel und nicht zu wenig. Aber man muss auch an die Schülerinnen und Schüler denken, die ihre Geschlechtsinkongruenz tief in sich verborgen halten. Es geht nicht darum, Kinder und Jugendliche zur Transition einzuladen oder gar aufzufordern. Im Gegenteil, es kommt darauf an, dieses Thema heute nicht mehr von vornherein auszuschließen. Noch vor wenigen Jahren konnten sich die Erziehenden darauf zurückziehen, dass sie es nicht besser gewusst haben. Heute sind wir einige Schritte weiter.

Lehrende und Eltern sollten dabei an einem Strang ziehen. Erziehungspartnerschaft ist kein Thema nur für Kitas, sondern ebenso für die Schule. Beide haben übrigens eine ganz spezielle Gemeinsamkeit, die sie verbindet: Sie sind in der Regel *nicht* die ersten, denen Kinder und Jugendliche von ihren Gefühlen und Gedanken erzählen. Das machen sie bei ihren Peers. Das mag schwer sein für Eltern, die ihr Kind liebevoll begleiten und schützen wollen, aber sie müssen es wohl oder übel zulassen, denn es gehört nun einmal zu jeder gesunden pubertären Entwicklung dazu. Das Recht auf die eigene geschlechtliche Identität ist keine Frage des Alters.

Die Eltern und die Peers

Bei meinen Gesprächen nehme ich wahr, dass Eltern sehr unterschiedlich auf die Geschlechtsinkongruenz ihrer Kinder reagieren. Zwischen Akzeptanz und Wohlwollen auf der einen Seite und vehementer Ablehnung auf anderen öffnet sich ein breites Spektrum. Es fällt nicht schwer nachzuvollziehen, warum Eltern geschockt reagieren, wenn ihr Kind von sich sagt: „Ich bin trans." Ängste und Abwehr haben gute Gründe, wenn man bedenkt, was auf ihr Kind und damit die ganze Familie in der Zukunft zukommt. Man sollte solche Reaktionen, hinter denen sich viel Fürsorge und Liebe verbergen kann, nicht von vornherein moralisierend bewerten. Auch Hilflosigkeit kann ein Grund sein, warum Eltern einfach „dicht machen" und nichts mehr von dem Thema hören wollen.

„Wenn du volljährig bist ..."

Bei einem Termin in einer Einrichtung warte ich noch auf meinen Gesprächspartner, als mich seine Mitarbeiterin leise anspricht. Sie hat bei der Terminvereinbarung mein Projekt wahrgenommen und nun erzählt sie mir, dass ihre Tochter sechzehn ist – und trans. Der Vater verweigert zuhause jede Diskussion. Er hat ihr erklärt: „Wenn du achtzehn bist, kannst du machen, was du willst."

Er ist auch für seine Frau nicht ansprechbar. Das Thema wird für die Familie zu einer Zerreißprobe, denn für die Mutter ist klar, dass ihre Tochter auch mit achtzehn noch immer ihr Kind ist. Wird sie sich entscheiden müssen? Sie sieht sehr traurig aus und wirkt erschöpft. Auch Diskussionen, die *nicht* stattfinden, können sehr zermürbend sein.

Sünde und Schuld

In der politischen Arbeit der Jugendverbände spielen LSBTIQ-Rechte eine große Rolle und da liegt es für mich nahe, zu den Verantwortlichen im Bund der Katholischen Jugend (BDKJ) Kontakt aufzunehmen. Frau Linderer ist selber in der kirchlichen Jugendarbeit aufgewachsen und ist dem Feld bis heute treu geblieben. Sie ist verheiratet und hat zwei kleine Kinder. Als Theologin ist sie im Verband für seelsorgerische Themen zuständig. Das Thema Transidentität ist ihr kürzlich in der Kita ihrer Kinder begegnet. Im Verband ist es einer ihrer besonderen Arbeitsschwerpunkte.

Sie macht mich auf das Stadt-Land-Gefälle aufmerksam, das mir schon bei meinen Schul-Recherchen begegnet ist. „Das katholische Oberland ist nicht Stuttgart!" Mit diesem Satz bringt sie auf den Punkt, dass es in vielen ländlich geprägten Regionen keinerlei Unterstützungs- und Beratungsstrukturen für queere Menschen und ihre Familien gibt, obwohl sie auch dort dringend notwendig wären.

Sie weist aber auch noch auf einen zweiten Punkt hin. Die Vorstellung, dass alles, was nicht der kirchlichen Morallehre entspricht, eine Sünde ist, die keine Toleranz verdient, besteht auch heute immer noch in vielen Köpfen. Auch wenn kaum noch jemand beichten geht und auch das Thema Schuld so gut wie ganz aus Gottesdiensten und Predigten verschwunden ist, gibt es eine volkskirchliche Tradition, die an den Moralvorstellungen des Katechismus nach wie vor festhält. Wenn dieses Denken in den Gremien der Kirchengemeinde dominiert, haben Vielfalt und Diversität es sehr schwer. Solange es eine „Sünde" ist, trans zu sein, und solange Transidentität für die ganze Familie eine „Schande" bedeutet, sind Kirchengemeinden kein Ort für queere Jugendliche.

Von allen fallengelassen

Ich höre von einer Großmutter, die ihren Sohn durch einen Suizid verloren hat, als seine Kinder, zwei Mädchen, noch ganz klein sind. Die Kinder wachsen bei der Mutter auf und als die größere von beiden erwachsen ist, outet sie sich als trans. Die Großmutter verbietet ihr, ins Haus zu kommen. Sie will sie im Dorf nicht mehr sehen. Die „Schande" ist für sie kaum auszuhalten und im Gespräch mit Nachbarinnen kennt sie kein anderes Thema. Sie will keinen Enkel. Man kann der Frau zugutehalten, dass die Transition für sie eine extreme Verunsicherung ist, die ihr moralisches Wertesystem komplett auf den Kopf stellt. Aber kann das eine Rechtfertigung dafür sein, den jungen Mann zu verstoßen?

Nie und nimmer!

Die Jugendseelsorgerin berichtet mir, dass Fälle wie dieser keine Einzelfälle sind. Der soziale Druck, der in kleinen kirchlichen und auch politischen Gemeinden auf die Familien ausgeübt wird, ist enorm groß. Es ist für Eltern sehr schwer, ihm standzuhalten und sich zu ihrem homosexuellen Sohn oder ihrer lesbischen Tochter zu bekennen. Bei trans Kindern und Jugendlichen fehlt außerdem vielfach das Wissen, um was es eigentlich geht. Transidentität wird dämonisiert. Man will „solche Menschen" nicht in der Gemeinde haben. Von ihrer Familie und der Gemeinschaft, in der sie aufgewachsen sind, fallen gelassen und ausgestoßen zu werden, ist für die Betroffenen oftmals unerträglich. Kurzschlussreaktionen sind in solchen Situationen keine Seltenheit.

„Schreiben Sie, dass Eltern, die von sich sagen, sie seien Christen, ihre Kinder nie und nimmer verstoßen dürfen! Trans sein ist keine Sünde und auch mit Schuld hat es nichts zu tun!" Meine Gesprächspartnerin hat Recht. Jesus hat die Ausgestoßenen nicht ihrem Schicksal überlassen, sondern sie zurückgeholt in die Gemeinschaft. Das hat ihm Unverständnis und Ablehnung eingebracht. Trotzdem gilt, für Christen ist sein Vorbild der Maßstab.

Junge Erwachsene

Die Entwicklung von Kindern und Jugendlichen ist gerade in der Pubertät voller Dynamik. Eine Geschlechtsinkongruenz erhöht diese Komplexität nochmals und macht das Thema für alle Beteiligten sehr herausfordernd. Bei jungen Erwachsenen entspannt sich die Situation etwas und es treten neue Fragen in den Vordergrund.

Ein Berufliches Gymnasium

Ich treffe Herrn Härter, den Leiter eines Beruflichen Gymnasiums. Die Schülerinnen und Schüler bereiten sich nach der 10. Klasse in der Oberstufe auf ihren Schulabschluss vor. Wenn parallel dazu eine Transition stattfindet, ist das für die Betroffenen und auch die Lehrenden sehr anspruchsvoll, aber es kann gelingen. Von zwei Fällen dieser Art erzählt mir Herr Härter. Er berichtet mir von den Ereignissen sehr lebhaft, aber gleichzeitig gelassen und unaufgeregt. Er hat familiäre Beziehungen in die USA, wo das Thema Transidentität gesellschaftlich nochmals eine ganz andere Brisanz hat. Das hat seine Wahrnehmung geschärft und hilft ihm, die persönliche Dimension für die Betroffenen deutlicher wahrzunehmen, aber auch die Rolle der Schule klarer zu sehen.

Eileen ist informiert

Eileen war der erste Fall an der Schule und Herr Härter gibt zu, dass er und das Kollegium am Anfang ziemlich nervös waren. Es war Eileen, die über die notwendigen Schritte bestens informiert war und sie konnte bei vielen offenen Fragen die notwendigen Hinweise geben. Für sie war zu diesem Zeitpunkt völlig klar, dass sie ihren Weg gehen würde. Die Klärung der Rahmenbedingungen erwies sich als zeitaufwändig und kompliziert. Der Namenswechsel verzögerte sich. Eine Studienfahrt musste organisiert werden. Damit stellte sich die Frage der Unterbringung. Sie nahm zu dieser Zeit bereits Hormone und mit einem ärztlichen Gutachten war es möglich, dass sie wunschgemäß zusammen mit den männlichen Schülern untergebracht werden konnte.

Miteinander reden

Mit ihr und ihrem Vater konnten die aufkommenden Fragen in aller Sachlichkeit geklärt werden, was nicht heißt, dass der Vater nicht noch lange seiner „hübschen Tochter" nachtrauerte. Die Großmutter war unkomplizierter und wurde zu einem wichtigen Anker in der Vater-Kind-Beziehung. Als sie bei der Studienfahrt einmal zum Schwimmen gingen und Eileen in einem Neoprenanzug erschien, waren die Umstehenden zuerst etwas geschockt. Aber man konnte mit ihr darüber reden. Das nahm vielen ihre Hemmungen und verringerte Berührungsängste. Als sich infolge der Hormontherapie der erste Bartwuchs zeigte, war sie stolz. Eileen ließ nach und nach ihr Mädchen-Leben hinter sich. Sie machte es den anderen leicht, sie auf diesem Weg zu begleiten.

Auf den zweiten Fall reagierte man im Kollegium daher auch schon deutlich ruhiger, schon fast routiniert. Der Schüler hatte entschieden, dass er vor dem Eintritt in den Beruf die Transition abgeschlossen haben wollte. Seine geschlechtsangleichende Operation fiel zwischen die mündliche und die schriftliche Prüfung. Er ließ sich davon nicht abhalten, sondern zog sie durch. Hätte er gefragt, hätten ihm die Lehrenden davon abgeraten, aber er hat sie nicht gefragt. Sie haben daher seine Entscheidung respektiert. Die Aussicht auf den Start in ein selbstbestimmtes Leben hat ihn offenbar motiviert und gab ihm die nötige Energie. Wer hätte besser als er selbst beurteilen können, ob das sinnvoll und richtig ist? Selbstbestimmung bedeutet auch Selbstverantwortung. Das wurde allen Beteiligten spätestens in diesem Moment klar.

Ein Lernprozess

Dass Schülerinnen und Schüler in dieser Altersstufe eine gewisse Reife mitbringen, ihre Geschichte reflektiert haben und darüber offen reden können, erwies sich in beiden Fällen als großer Vorteil für die Lehrenden und die Schule. Dadurch konnte eine Beziehung auf Augenhöhe entstehen, die trotz aller unvermeidlichen Irritationen und Fehler von Wohlwollen und wechselseitiger Wertschätzung geprägt war. Die Transitionen wurden auf diese Weise für alle Seiten zu einem Lernprozess.

Der Schulleiter ist erleichtert, dass beide Fälle einen für alle Beteiligten guten Verlauf genommen haben. Er hat auch schon das Gegenteil erlebt. Eine Lehrkraft der Schule ist als Mutter betroffen. Sie hat ihre Tochter lange Zeit unterstützt. Aber als die Tochter Aktivistin wurde, kamen zwischen den beiden Spannungen auf, die irgendwann immer mehr zunahmen. Inzwischen haben sie keinen Kontakt mehr.

In der Sozialen Fachschule

Trans Menschen werden in den nächsten Jahren verstärkt auch in sozialen Berufen erscheinen und dabei auch bei kirchlichen Arbeitgebern tätig werden. Die jungen Menschen, die heute in sozialen Fachschulen ausgebildet werden, werden in Kitas, Einrichtungen der Jugend- und Behindertenhilfe oder in die offene soziale Arbeit gehen. Ich hatte Gelegenheit, mit einer Lehrerin einer katholischen Sozialen Fachschule ausführlich über ihre Erfahrungen mit queeren Schülerinnen und Schülern zu sprechen.

Biographische Erfahrung sensibilisiert

Frau Schwab ist Religionslehrerin an der Schule. Ihr ist es wichtig, nicht nur religionskundliches Wissen zu vermitteln, sondern auch persönliche Ansprechpartnerin für ihre Schülerinnen und Schüler zu sein. Seit einiger Zeit begleitet sie einen jungen transidenten Mann. Das Verhältnis ist eher lose, aber sie hat den Eindruck, es ist ihm wichtig, sich von Zeit zu Zeit bei ihr zu melden. Sie hat in ihrer eigenen Kindheit erlebt, wie der Vater ihren Bruder abgelehnt hat, weil er „kein richtiger Junge“ war. Das Verhältnis zwischen beiden hat sich, auch als der Vater bereits hochbetagt war, nicht entspannen können. Inzwischen ist der Vater verstorben, aber ihr Bruder lebt mit dieser Hypothek. Über ihre erwachsene Tochter kam sie vor einiger Zeit in Kontakt zu trans Menschen und hat angefangen, sich intensiver mit dem Thema zu befassen. Sie war erstaunt, dass ihr der Zugang gar nicht schwergefallen ist. Sie reflektiert ihre eigene Betroffenheit und ihre Motivation, den Schüler zu begleiten, sehr sorgfältig. Ihre Biographie hat sie sensibilisiert, seine Erfahrungen besser zu verstehen. Aber sie bleibt seine Lehrerin. Das ist ihre primäre Rolle und die ist ihr bewusst.

Ein Markenzeichen

Von einer anderen Sozialen Fachschule habe ich gehört, dass in einem Jahrgang mit insgesamt vier Klassen fünf Personen von sich sagen, dass sie trans sind. Auch an der katholischen Schule werden die Fälle in absehbarer Zeit zunehmen. Die Schulen müssen sich darauf frühzeitig einstellen. Ohne den persönlichen Einsatz von einzelnen Lehrkräften wie Frau Schwab wird sich die Institution nicht weiterentwickeln können. Aber umgekehrt kann sie die Verantwortung für das Thema nicht auf die einzelnen Lehrkräfte abwälzen. An dieser Stelle sind die Schulleitung und das ganze Kollegium gefragt. Organisationsentwicklung, Lehrerfortbildung und individuelle Begleitung der betroffenen Schülerinnen und Schüler bedingen einander und sollten daher „aus einem Guss" sein. Dies gilt grundsätzlich für jeden Schultyp, aber für eine Schule, die Menschen für die soziale Arbeit qualifiziert, ist das schon fast ein Markenzeichen.

Freiwillig und trans

Wie in vielen anderen Diözesen vermitteln und betreuen auch die Freiwilligendienste der Diözese Rottenburg-Stuttgart Menschen aller Altersstufen. Sie kommen in Schulen, Kitas, Behindertenhilfeeinrichtungen und Kliniken zum Einsatz. Meine Gesprächspartnerin, Frau Klinger, ist für die Altersgruppe der 16- bis 27-Jährigen zuständig. Sie bereitet mit den Interessierten den Einsatz vor, besucht sie an ihren Einsatzstellen und führt Kurswochen zur politischen Bildung, aber auch zu selbstgewählten Themen der Kursmitglieder durch.

In ihrer Arbeit ist sie bisher zweimal mit trans Menschen zusammengekommen. Es handelte sich jeweils um trans Männer, die ihre Transition weitgehend abgeschlossen hatten. Beide Personen wurden in Einrichtungen der Behindertenhilfe eingesetzt. Sie verliefen sowohl von der Einsatzstelle als auch von den Kursgruppen her völlig unproblematisch. Auch sie selbst hatte einen guten Kontakt zu beiden. Fragen bezüglich des Namenswechsel und der Unterbringung in Mehrbettzimmern während der Kurswochen konnten einfach geklärt werden. Für sie persönlich habe sich bewährt, nicht mehr zu fragen als notwendig und ansonsten die beiden

Kursteilnehmer genauso wie die übrigen zu behandeln. Sie hatte den Eindruck, dass das für beide völlig in Ordnung war.

Fortbildungsbedarf

Zu Irritationen kommt es jedoch immer wieder, wenn es um den Namenswechsel geht. Wenn ein weiblicher und ein männlicher Name im Raum steht, gibt es Rückfragen aus der Verwaltung. Das zwingt die Betroffenen dann, sich gegenüber den Mitarbeitenden zu outen. Und wenn sie dann auf der anderen Seite auf Unverständnis stoßen, ist das für alle Beteiligten unangenehm. Es gibt gerade in der Kommunikation immer wieder Unsicherheiten und von daher wäre es hilfreich, wenn alle Kolleginnen und Kollegen, auch die in der Verwaltung des Freiwilligendienstes, eine Grundinformation hätten, mit der sie arbeiten können. Fortbildungen und Erfahrungsaustausch wären ein großer Gewinn für alle. Auf dieser Grundlage könnte man dann sich auch mit den Einsatzstellen vor Ort verständigen, wenn es mal Probleme geben sollte. Auf mich wirkt die gesamte Organisation bereits sehr routiniert und professionell. Von daher erstaunt es mich auch nicht, dass man sich wünscht, im Hinblick auf trans Menschen präventiv zu arbeiten. Im Alltag zeigt sich immer wieder, dass sich Probleme schneller einstellen können, als man denkt.

Fluide Geschlechtsidentität?

Mir wurde von einer Person erzählt, die in einer Schule ihren Freiwilligendienst verrichtet. Sie hat sich als trans geoutet und erscheint nun an manchen Wochentagen als Mann und an anderen als Frau. Sie bezeichnet ihre Geschlechtsidentität als „fluide“. In der Schule hat man damit offenkundig kein Problem. Ich frage mich, was wäre, wenn diese Person Schülerin oder Schüler wäre? Oder Lehrkraft?

Beziehungen zwischen Menschen brauchen Vertrauen, Sicherheit, Verlässlichkeit und Stabilität. Können sie unter dem Vorzeichen von Fluidität entstehen? Welche Erfahrungen macht die Person selbst damit? Ist der Freiwilligendienst für sie ein Ort der Erprobung? Eines ist sicher, Beziehungen sind an sich schon ein komplexes Geschehen. Geschlechtliche Fluidität fügt dieser Komplexität noch eine weitere Facette hinzu. Ob Beziehungen unter diesem Vorzeichen auf Dauer gelingen können, hängt von den einzelnen Personen ab. Das beziehungsethische Modell, das oben vorgestellt wurde, ist geschlechtsneutral. Freiheit und Verantwortung binden jede, auch die fluide Person. Sie kann sich fragen, ob sie mit ihrer spezifischen Identität genügend Raum bekommt, um sich zu entfalten. Sie muss sich aber auch fragen lassen, wie viel Sicherheit, Stabilität und Verlässlichkeit sie in ihre Beziehungen einbringen möchte. Wenn sie dazu nicht oder nicht in ausreichendem Maße bereit ist, wird so manche Beziehung scheitern. Das muss nicht, aber es kann der Preis der Fluidität sein.

Keine exklusive Erziehung und Bildung!

Kinder und Jugendliche mit Transidentität werden ihr Leben lang medizinische Behandlungen in Anspruch nehmen müssen, aber sie sind nicht „krank". Sie sind auch nicht zwangsläufig psychisch beeinträchtigt. Es gibt zwar nachweislich Wechselwirkungen, aber keine Automatismen. Es gibt Beispiele dafür, dass Menschen trotz und mit Transidentität ein glückliches und zufriedenes Leben führen können. Diese Chance sollten trans Kinder bekommen!

In Kita, Schule und Ausbildung werden dafür die Weichen gestellt. Darin liegt die Verantwortung kirchlicher Bildungseinrichtungen. Festzuhalten bleibt, Transidentität ist kein Add-on, das von außen zum Erziehungs- und Bildungsauftrag hinzukommt. Sie erfordert erst recht keine besondere, exklusive Erziehung und Bildung. Wenn kirchliche Kitas und Schulen ihren ursprünglich christlichen Bildungsauftrag erfüllen und das Kind als Kind in den Mittelpunkt stellen, erweisen sie jungen, heranwachsenden trans Menschen den größten Dienst.

Caritas: Not sehen und handeln

Wenn trans Menschen die Dienste und Einrichtungen der Caritas in Anspruch nehmen, kann die Geschlechtskongruenz der Grund sein, oftmals sind es jedoch mehrere Gründe, die zusammenkommen. Ich bin daher als nächstes der Frage nachgegangen, wie professionell Tätige in der Jugendhilfe, im Gesundheitswesen, im Beratungsbereich und in der Wohnungsnotfallhilfe mit dem Hilfebedarf von trans Personen umgehen, was sie motiviert und was sie für die ihnen anvertrauten Menschen erreichen möchten.

„Und wenn es falsch ist?"

Als erstes besuche ich eine Jugendhilfeeinrichtung, die bis vor kurzem einen jungen Mann betreut hat. Marvin ist inzwischen volljährig und hat die Einrichtung verlassen. Seine Transition hat er weitgehend abgeschlossen.

Die ersten Schritte dazu hat er in seiner Wohngruppe gemacht. Was dabei in ihrem Team passierte, davon erzählt mir Frau Schneider, die Leiterin der Einrichtung.

Marvin stammt aus schwierigen familiären Verhältnissen. Er wurde schon sehr früh aus der Familie genommen. Der Vater ist im Gefängnis. Er hat die Schwester nachweislich sexuell missbraucht. Marvin hatte eine Neigung zu Depressionen, zeigte selbstverletzendes Verhalten und galt zwischenzeitlich auch als suizidgefährdet. Mit dem Beginn seiner Transition verschwanden die Phänomene zwar nicht sofort und auch nicht vollständig. Aber er blühte ganz deutlich auf. Die anderen Jugendlichen nahmen dies sehr bewusst wahr. Das Klima und das ganze Zusammenleben in der Wohngruppe veränderte sich. Es wurde einfach „leichter".

Konflikte im Team

Marvin outete sich zuerst in der Gruppe. Auf diesem Weg erfuhr das Team der Betreuenden von seiner Transidentität und war zunächst geschockt. Es war das erste Mal, dass sie damit konfrontiert waren. Sie hatten damit keinerlei Erfahrungen, nicht einmal eine genaue Vorstellung davon, um was es eigentlich geht. Gleichgeschlechtliche Neigungen waren unter den Jugendlichen nichts Besonderes, aber Marvin, das war ein anderer Fall. Sein Transsein löste große Unsicherheiten aus. Aber nicht nur das, es kam im Team auch zu Konflikten.

Wie müssen sie vorgehen? Was ist professionell? Bei den Diskussionen im Team zeigen sich ganz unterschiedliche Einstellungen. Eine Kollegin hat mit dem Outing kein Problem, sondern erklärt, dass sie das bei Marvin überhaupt nicht wundert. Eine andere wehrt dagegen ab und erklärt: „Das redet sie sich alles nur ein. Und wir spielen auch noch mit!" Die dritte ist der Ansicht, dass man gar nicht so viel Aufhebens machen sollte, denn dann „verliert sich das von selber wieder". Eine junge Kollegin ist sich unsicher. Sie versteht sich gut mit Marvin und würde gern irgendetwas machen, hat aber Sorge, es könnte falsch sein. Alle sind sich einig, dass sie für Marvin verantwortlich sind. Aber was bedeutet das konkret?

Externe Unterstützung

Sie müssen etwas tun, aber dazu brauchen sie als erstes Basiswissen. Sie wollen sich zunächst einmal Klarheit über die bekannten Begriffe verschaffen, über Queerness, Geschlechtsidentität, -dysphorie, Transsexualität, sexuelle Orientierung etc. Frau Schneider organisiert ein Gespräch mit zwei

Beraterinnen von Pro familia. Sie reden über Transition und Detransition, Therapiebedarf und Pathologisierung. Nach und nach stellt sich eine gewisse Sicherheit ein, aber wirklich handlungsfähig fühlt sich das Team danach noch nicht. Die persönlichen Einschätzungen liegen immer noch weit auseinander.

Frau Schneider schlägt der Gruppe eine Supervision vor und das Team willigt ein. Sie finden eine Frau und einen Mann, die schon längere Zeit als Tandem zusammenarbeiten. Gemeinsam reflektieren sie das kollegiale Verhalten, die Spannungen und ihre Auswirkungen im Alltag. Dabei wird klar, dass sie zuerst ihre Konflikte lösen müssen, bevor sie als Team wieder richtig gut „funktionieren". Als zweiten Schritt macht das Tandem mit dem Team eine Biographie-Arbeit. Welche Haltung habe ich? Woher kommt sie? Was hat mich geprägt? Was bedeutet es für mich, dass ich eine Frau bin? Kann ich mich in einen trans Menschen hineinversetzen? Will ich? Wenn nicht, was bremst mich? Der Rollentausch bringt für das Team die Wendung. Er erlaubt eine spielerische Identifikation. Was wäre, wenn ich ... Die Arbeit ist sehr intensiv. Sie verlangt den Einzelnen ab, dass sie sehr ehrlich sind, mit sich selber und auch untereinander.

Eine große Illusion?

Im Austausch stellen sie zu ihrer eigenen Überraschung fest, dass sie mit ziemlich hohen moralischen Vorstellungen unterwegs sind. Darf man sein Geschlecht selber definieren? Darf man seinen Namen ändern? Darf man seinen Körper manipulieren? Darf man das alles machen? Darf man das den anderen einfach aufzwingen? Darf man ...?

Aber sie stellen noch etwas fest, das sie tief in ihrem professionellen Selbstverständnis trifft. Soziale Arbeit ist Beziehungsarbeit, die von vielen Unwägbarkeiten, Krisen, Brüchen und Widersprüchen geprägt ist. Profis in der Sozialen Arbeit haben gelernt, damit umzugehen. Die Geschlechtsidentität ist bisher eine der ganz wenigen Konstanten im fragilen Beziehungsgefüge zu den Klientinnen und Klienten. Wenn sie auf diese verzichten müssen, trifft das einen Nerv. Sie müssen sich innerlich, kognitiv und emotional, ganz neu organisieren. Marvin ist nicht das Mädchen, für das man ihn immer gehalten hat! Dieses Mädchen habe es nie gegeben, sagt er. Sie haben mit diesem Mädchen gearbeitet und gelebt. Sie dachten, dass sie es gut kennen. War das denn alles eine große Illusion?

Was ist richtig und was falsch?

Bisher waren sie ein gutes Team und das macht es ihnen trotz allem leicht, über Gefühle wie Verunsicherung, Zweifel, Ärger, Angst, Schuld, Scham und Ekel zu sprechen. Aber auch über die Werte, die ihnen eigentlich wichtig sind wie Respekt, Achtsamkeit, Empowerment, Diversität und Vielfalt. Eigentlich wollen sie ja alle, dass es Marvin gut geht und dass er glücklich wird. Aber sie können ihm sein Lebensglück nicht garantieren. Und, was noch wichtiger ist, man kann keinen zu seinem Glück zwingen. Auf die Frage, was für ihn gut ist, gibt es zu diesem Zeitpunkt keine eindeutige Antwort. Was richtig und was falsch ist, kann niemand genau sagen. Aber gibt die Sorge, etwas falsch zu machen, ihnen das Recht, ihm den Weg zum Glück zu versperren?

Keiner kann zu diesem Zeitpunkt den ganzen Prozess überblicken. Sie können nur Schritt für Schritt vorgehen. Vielleicht heißt ja Verantwortung in diesem Augenblick nichts anderes, als ihn auf dem Weg „nach bestem Wissen und Gewissen" zu begleiten. Sie können Marvin die Verantwortung für sein Leben nicht abnehmen und erst recht nicht vorenthalten. Sie können ihn stärken, sie zu übernehmen. Das ist es, was er zurzeit am allermeisten braucht.

Auf der Suche nach dem eigenen Ich

Im Gespräch mit Frau Schneider verstehe ich, dass die saubere Trennung zwischen der persönlichen und der professionellen Dimension des Handelns, die Menschen in der Sozialen Arbeit schon in ihrer Ausbildung lernen, gerade im Hinblick auf den Umgang mit trans Menschen eine große Herausforderung ist. Umgekehrt sind gerade diese Menschen darauf angewiesen, dass die Profis mit ihren eigenen biographischen Erfahrungen, Werthaltungen und Gefühlen reflektiert umgehen. Klarheit und Sicherheit im Hinblick auf die eigene berufliche Rolle ist unverzichtbar, um sich nicht in innere und äußere Konflikte zu verstricken. Ich bekomme schon bald Gelegenheit, dieses Thema weiterzuvertiefen.

Ist trans Trend?

Der Träger, zu dem die Wohngruppe von Frau Schneider gehört, ist auch in der offenen Jugendhilfe tätig. Ich lerne die Teamleitung einer Beratungsstelle kennen. Sie kommt mit einem Kollegen, der gerade aktuell einen jungen trans Mann begleitet. Die Teamleiterin, Frau Maywald, und ihr Kollege, Herr Normann, sind Sozialpädagogen, die schon einige Jahre für den

Träger tätig sind. „Ist trans ein Trend?", frage ich die beiden gleich zu Beginn. Sie nehmen wahr, dass das Thema auch in ihrer Einrichtung zwar in aller Munde ist, aber eine signifikante Zunahme von Betroffenen beobachten sie nicht. Es kommen allerdings immer wieder Jugendliche, die sich fragen: „Bin ich trans?" Das ist für sie eindeutig erkennbar – Tendenz steigend. Beide gehen davon aus, dass es eine Dunkelziffer gibt, die man immer in Rechnung stellen muss. Irgendwelche Prognosen würden sie zurzeit jedoch lieber nicht abgeben.

Was ist katholisch?

Die Trägerschaft für die stationären und ambulanten Angebote liegt bei einer Ordensgemeinschaft. Mich interessiert, ob das katholische Profil der Einrichtung für die Beratenden eine Rolle spielt, wenn sie mit trans Menschen arbeiten. Beide reagieren im ersten Augenblick etwas erstaunt, um dann aber sofort klarzustellen, dass sie hier überhaupt kein Problem sehen. Die Ordensgründerin hat sich schon im 19. Jahrhundert um kriminelle junge Frauen gekümmert. Der Orden war immer an den Rändern der Gesellschaft unterwegs und hat soziale Brennpunkte aufgesucht. Wer immer Unterstützung braucht, bekommt sie. Hier wird nicht zuerst bewertet und dann aussortiert. Im Übrigen ist die Transidentität eines jungen Menschen, der zu ihnen kommt und Hilfe braucht, nur ein Aspekt unter vielen. Sie ist weder ein Grund, ihn bevorzugt zu behandeln, noch ihn auszuschließen. Beides wäre nicht nur unprofessionell, es wäre auch unchristlich. Im Gegenteil, sie sind sich ganz sicher, dass ihr Träger hinter ihnen steht.

„Menschenfresser"

Im aktuellen Fall begleitet Herr Normann einen trans Mann von 19 Jahren, der unter einem übergriffigen Vater leidet und von zuhause ausziehen möchte. Einen Ausbildungsplatz haben sie bereits gefunden. Jetzt geht es noch um eine Wohnmöglichkeit in der näheren Umgebung der Firma. Der Sozialarbeiter kennt ein Wohnheim, das ebenfalls von einem katholischen Träger betrieben wird. Herr Normann konnte dort schön öfter junge Männer unterbringen. Dieses Mal ist allerdings etwas für ihn völlig Neues und Verstörendes passiert. Der dortige Leiter hat ihm erklärt: „Das geht hier nicht. Wenn der kommt, wird der hier ‚aufgefressen'. Wir sind noch nicht so weit." Mein Gesprächspartner ist noch immer fassungslos. Gleichzeitig ist er froh, dass das Problem offen angesprochen und er gewarnt wurde. Der junge trans Mann hätte eine solche Konfrontation vermutlich nicht verkraftet. Er leidet infolge der familiären Situation immer noch unter einer posttraumatischen Belastungsstörung. In der Schule wurde er massiv gemobbt. Er hofft, mit dem Beruf einen ganz neuen Start zu schaffen.

Glaubwürdigkeit und Legitimation

Ich frage mich, ob für das Bildungswerk und den Leiter des Wohnheims mit der Ablehnung der Anfrage der Fall schon erledigt ist. Man ist offenkundig im Bilde, dass man Menschen mit eindeutig homo- und transfeindlichen Anschauungen ein Dach über dem Kopf bietet. Auf das Evangelium Jesu Christi und den Sendungsauftrag der Kirche kann sich diese katholische Einrichtung jedenfalls nicht berufen. Sie muss sich auch fragen lassen, ob sie überhaupt noch auf dem Boden der freiheitlich-demokratischen Grundordnung steht, der sie verpflichtet ist. Ich hoffe, den Verantwortlichen ist inzwischen klargeworden, dass sie dabei sind, ihre moralische Glaubwürdigkeit und rechtliche Legitimation zu verspielen, wenn sie queerfeindliche Haltungen und Verhaltensweisen dulden, statt ihnen mit aller Klarheit und Konsequenz entgegenzutreten.

Ein Teufelskreis

Vor einiger Zeit haben meine Gesprächspartnerin und ihr Mitarbeiter in der Beratungsstelle eine Mann-zu-Frau-Transition begleitet. Die Frau, die heute 20 Jahre alt ist, litt ebenfalls unter einer posttraumatischen Belastungsstörung, aber in Verbindung mit einer depressiven Erkrankung mittleren Grades. Eine Hormonbehandlung ist in solchen Fällen äußerst schwierig. Sie setzt normalerweise eine stabile psychische Gesundheit voraus. Die junge Frau war in einer Therapie, bei der sie von der Einrichtung begleitet wurde. Sie akzeptierte schließlich, dass man Medikamente gegen Depressionen nicht zusammen mit solchen Hormonen verabreicht, die eine Produktion von Testosteron hemmen. Ihr wurde bewusst, dass sich ihr Zustand vor einer Hormonbehandlung zuerst stabilisieren muss. Für sie selber ist jedoch klar, dass sie trans ist. Die soziale Transition läuft schon längst, während die medizinische noch völlig offen ist. Diese Ungleichzeitig ist für sie psychisch extrem belastend. Sie wird schnell zu einem Teufelskreis.

Zeit und Raum zur Reflexion

Beide Fälle sind aus Sicht von Frau Maywald und Herrn Normann ganz eindeutige Fälle. Aber nicht immer sind sie sich so sicher wie bei diesen beiden trans Personen. Ich frage sie, was sie von wissenschaftlichen Untersuchungsergebnissen aus der Kinder- und Jugendpsychiatrie halten, nach denen 70 bis 80 % der Jugendlichen zu ihrem ursprünglichen Geschlecht zurückkehren. Ich weise daraufhin, dass die Datenlage diesbezüglich noch sehr dünn ist, daher interessiert es mich einfach, ob sie diese Größenordnung für plausibel halten. Beide stimmen ganz spontan zu. Sie erleben Jugendliche, die sich mit ihrem Transsein sehr schwer tun, Angst vor dem Outing und noch mehr Angst vor dem haben, was danach auf sie zukommt. Und sie beobachten solche, die damit sehr offensiv umgehen, den neuen Namen laut und vernehmlich einfordern.

Als Sozialarbeiterin und Sozialarbeiter bewerten sie das Verhalten grundsätzlich nicht. Beides hat seine Gründe und seine Berechtigung. Als Profis sind sie in jedem Fall offen, akzeptierend und unterstützend eingestellt. Sie bieten mit der Beratung den jungen Menschen einen geschützten Raum, abseits von Schule und Elternhaus, und sie können sich Zeit nehmen zum Zuhören, Nachvollziehen, Nachspüren und Verstehen. In der Beratung können sie von außen einen neutralen Blick auf das Ganze werfen und diese Perspektive bieten sie den jungen Menschen an. Gerade wenn die Frage „Wer bin ich?“ alle Aufmerksamkeit auf sich zieht, ist der Perspektivenwechsel hilfreich, um auf andere Gedanken zu kommen. Ist der „Horror“ der Eltern nicht auch irgendwie verständlich? Vielleicht brauchen sie einfach noch mehr Zeit? Die Beratenden bieten diese Sichtweise nur an. Aber sie erleben nicht selten, dass das Angebot angenommen wird. Der zwanglose, angstfreie Rahmen macht das möglich.

Stressthema: Namenswechsel

Am Wunsch, den „alten“ Namen abzulegen, machen sich gerade zuhause viele Konflikte fest. Gerade weil das Outing als Prozess meistens langwierig und angstbesetzt ist, ist der neue Namen für die Betroffenen so bedeutsam. Er markiert für alle anderen sichtbar und hörbar, dass man eine Etappe hinter sich gelassen und eine neue begonnen hat. Ohne einen neuen Namen hat das Outing letztlich keinen Sinn. Im Freundeskreis ist er meistens schon bekannt und üblich, bevor die Erwachsenen davon überhaupt erfahren. Er wird in diesen Gruppen erprobt und eingeübt. Das Beratungsteam registriert, dass die Schulen auf den Namenswechsel zunehmend aufgeschlossen reagieren. Mit dieser Offenheit verliert das Thema etwas von seiner Konflikthaftigkeit. Es ist nicht länger Schauplatz von unproduktiven Auseinandersetzungen und das ist von Vorteil. Wenn das Thema entschärft ist und nach und nach zur Normalität wird, entscheidet sich irgendwann von selbst, ob die Transidentität von Dauer oder nur eine Phase ist. Weil sie bei den meisten „nur“ eine Phase ist, muss die Begleitung aus Sicht des Teams auf jeden Fall offengehalten werden.

Namenswechsel nach einem Jahr?

Aus dieser Perspektive fällt ein neues Licht auf das geplante Selbstbestimmungsgesetz. Es soll die Möglichkeit eröffnen, einen Namen künftig nach einem Jahr wieder zu ändern. Die Kritik sieht darin eine Einladung oder gar eine Verführung, mit der Namensnennung nach Belieben zu spielen und andere zu manipulieren. Niemand kann so ein Verhalten ausschließen, aber es ist unwahrscheinlich. Erwachsene trans Menschen werden die Prozedur der Namensänderung, auch wenn sie nun bürokratisch vereinfacht wurde, freiwillig nicht mehrfach auf sich nehmen. Wenn mein neuer Name die Geschlechtsidentität markiert, die ich immer schon hatte, dann gibt es überhaupt keinen Grund, ihn möglichst schnell wieder zu ändern. Das Gegenteil ist der Fall. Wichtig ist diese neue Regelung für Jugendliche und junge Erwachsene, die nach einiger Zeit erkennen, dass sie nicht trans sind, sondern dass ganz andere Fragen und Probleme ihre Identitätskrise verursachen bzw. verursacht haben. Der zweite Namenswechsel ist für sie mit Sicherheit nicht weniger schwierig als der erste, daher sollten hier die rechtlichen Hürden nicht zu hoch sein. Vielleicht müssen wir dem Kinderrecht auf eine eigene geschlechtliche Identität eine weitere Facette hinzufügen, das Recht, sich zu suchen und zu finden und sich dabei auch einmal zu verirren.

Empathie und Akzeptanz bei Rückkehr

Es muss eine Rückkehrmöglichkeit geben, wenn sich für die Betroffenen nach einiger Zeit herausstellt, dass sie nicht trans sind. Scham- und Schuldgefühle dürfen kein Grund sein, dass ein junger Mensch an seiner vermeintlichen Transidentität festhält. Da hilft dann kein herablassendes „Das haben wir doch schon immer gewusst!“ In dieser Situation brauchen die Jugendlichen ganz besonders viel Empathie und Akzeptanz. Dann können sie erfahren, dass man sie nicht auf ihr männliches oder weibliches Geschlecht reduziert, sondern dass sie so angenommen sind, wie sie sind. Dann ist die Frage nach dem eigenen Ich wieder offen und kann ganz neu gestellt werden. Sie wird sich im Verlauf des Lebens immer wieder stellen. Erwachsenwerden bedeutet, diese Frage in sich zu entdecken, sie bewusst zu stellen und sich ihr auszusetzen.

Beraten, begleiten, vermitteln

Das Team der Beratungsstelle bietet den Jugendlichen einen geschützten Raum. Es berät sie, begleitet sie und vermittelt ihnen bei Bedarf Arbeitsmöglichkeiten, Wohnraum oder Therapieplätze, ganz gleich ob jemand trans ist oder nicht. Die Transidentität ist ein eigenes Thema, aber sie steht nicht im Mittelpunkt. Es geht darum, dass die jungen Menschen lernen, mit ihr zu leben und nicht für sie. Daher spielt es auch keine Rolle, ob sie von Dauer ist oder eine Phase, also nur ein biographisches Experiment.

Die Begleitung ist grundsätzlich neutral, offen und wertschätzend. Die Anerkennung gilt der Person und insofern auch der Transidentität. Beides ist nicht zu trennen und darf trotzdem nicht vermischt werden. Die Person darf nicht auf ihr Problem reduziert werden. Dass Transsein ein Problem ist, zumindest zeitweise, daran besteht kein Zweifel. Aber die trans Person hat immer auch noch Möglichkeiten, Chancen und Potenziale. Das sind die Ressourcen, auf die die Soziale Arbeit ihre Aufmerksamkeit richtet. Das prägt ihre Beziehung zu den jungen Menschen und damit arbeitet sie im besten Sinne des Wortes beziehungsethisch.

Trans und behindert

Der Wechsel von der Schule in den Beruf ist für junge trans Menschen Chance und Risiko zugleich. Wenn bereits eine Behinderung besteht, werden die Hürden für einen gelingenden Übergang nochmals höher. Berufsbildungswerke (BBW) begleiten Menschen mit einer Behinderung bei ihrem Einstieg in den Arbeitsmarkt oder bei Umschulungen und Weiterqualifizierungen. Sie verbinden berufsbezogene mit medizinischen Hilfen und können daher für die Einzelnen individuelle Maßnahmenpakete anbieten. Im Gespräch mit Frau Lang erfahre ich, wie sich das Haus auf die Begleitung von behinderten trans Menschen einstellt. Frau Lang ist eine Abteilungsleiterin, die im Berufsbildungswerk zugleich für das Case Management zuständig ist. Die angeschlossenen Einrichtungen bieten ein breites Spektrum möglicher Berufe, zwischen denen die jungen Leute wählen können.

Resilienz, Selbstbewusstsein und soziale Kompetenz

In den Umschulungen, die in der Regel zwei Jahre dauern, waren manchmal schon zwei oder drei der Teilnehmenden trans. Auch im aktuellen Kurs ist wieder eine trans Person dabei. die Teilnehmenden sind meistens zwischen 25 und 30 Jahre alt und damit in einem Alter, wo die Transidentität selber nicht mehr unsicher ist, sondern eher die Frage nach geschlechtsangleichenden und kosmetischen Operationen im Vordergrund steht.

Erst kürzlich hat eine trans Frau eine Umschulung zur Kosmetikerin erfolgreich abgeschlossen. Zunächst gab es gewisse Zweifel, ob gerade dieser Beruf für sie geeignet ist. Ihr eigener Gesichtsausdruck ließ zu dieser Zeit noch deutlich männliche Gesichtszüge erkennen. Das könnte für sie zu einem speziellen Stressfaktor werden. Im Verlauf der Umschulung legten sich die Zweifel sehr bald. Die Teilnehmerin absolvierte die Maßnahme mit viel Freude und großem Engagement. Das Team war sich einig, Kosmetikerin ist für sie eindeutig der richtige Job.

Die Kombination von Behinderung und Transidentität bedeutet, dass die Betroffenen gerade auf dem Arbeitsmarkt mit Mehrfachdiskriminierung rechnen müssen. Das BBW hat daher das Ziel, sie nicht nur technisch und inhaltlich zu qualifizieren, sondern mit Resilienz, Selbstbewusstsein und sozialer Kompetenz auch die Persönlichkeitsentwicklung zu stärken.

Mit Fingerspitzengefühl

Man setzt dabei zum einen auf die individuelle Potenzialentfaltung und zum anderen auf ein selbstreflektiertes Auftreten. Kommunikationsverhalten, Aussehen und Kleidung spielen im beruflichen Kontext eine nicht unwesentliche Rolle. Die Teilnehmenden der Kurse werden angeleitet, sich bewusst mit sich selber auseinanderzusetzen, aber sich auch immer wieder in die Rolle ihres Gegenübers zu versetzen. Das sensibilisiert sie dafür, wie sie durch ihr eigenes Auftreten auf der anderen Seite Reaktionen verursachen und zwar positive wie negative. Frau Lang erzählt, dass das Aussehen für trans Menschen ein ganz besonders sensibles Thema ist. Gerade trans Frauen werden häufig ganz besonders kritisch beäugt, ob sie sich passend kleiden.

Ich erinnere mich an eine Frau, die mich nach einer Veranstaltung ansprach. Sie erklärte mir, sie habe ja nichts gegen trans Menschen, aber da sei eine Frau, die immer sehr „aufreizend" herumlaufe und das empfinde sie als Frau als eine Beleidigung. Ich gehe nicht davon aus, dass meine Gesprächspartnerin beleidigt werden sollte. Vermutlich wollte die trans Frau einfach ihre Weiblichkeit unterstreichen, ohne zu realisieren, dass sie damit eine bestimmte Grenze überschritten hat. Aber wo liegt diese Grenze? Die Frage, ob Kleidung angemessen oder unpassend, leger oder nachlässig, dezent oder freizügig ist, hat viel mit dem subjektiven Geschmack der Betrachter zu tun. Es kommt daher auch nicht darauf an, trans Menschen einen bestimmten Dress-Code aufzudrängen, sondern sie eher für die Wirkung zu sensibilisieren, die sie mit ihrem Erscheinungsbild auslösen können. Das anzusprechen, ohne zu bevormunden oder zu verletzen, verlangt viel Fingerspitzengefühl. Frau Lang hat gemerkt, dass sie durch diese Gespräche feinfühliger geworden sei. Gerade im beruflichen Alltag dürfe man dieses Thema nicht unterschätzen.

Gleiches Recht für alle

Für Frau Lang ist es wichtig, dass das BBW über ein großes Team mit einem vielfältigen sozialpädagogischen und psychologischen Know-how verfügt. Das ermöglicht ihr einen kollegialen Austausch, der sie gleichzeitig anregt und entlastet. Darüber hinaus kooperiert das BBW mit Psychotherapeuten und Psychiatern, sodass die Teilnehmenden in jeder Hinsicht gut versorgt werden können.

Grundsätzlich werden trans Menschen behandelt wie alle anderen Kursteilnehmerinnen und -teilnehmer. Im BBW ist jede Geschichte eine besondere Geschichte. Das wahrzunehmen und daraus für das eigene Leben Selbstsicherheit und Souveränität zu beziehen, darin liegt die Chance des Miteinanders in den Kursgruppen. Natürlich gibt es auch hier Konflikte, aber es sind die typischen Gruppenkonflikte. Dass Transidentität ein Grund für Schikanen oder Mobbing gewesen wäre, hat sie bisher nicht wahrgenommen. So etwas würde auch unter keinen Umständen geduldet. Alle haben ein Recht darauf, für ihren Lernprozess optimale Voraussetzungen vorzufinden. Der wechselseitige Respekt ist dabei die Grundbedingung.

Eine ganz normale Sprechstunde

Therapie, Namenswechsel, Hormonbehandlung, geschlechtsangleichende Operationen – für die Betroffenen und ihre Familie stehen die Stichworte für einen langen Weg voller Höhen und Tiefen. Nach einer abgebrochenen Therapie mit 18 Jahren ringt auch Stephanie noch knapp zehn Jahre mit sich, bis sie sich mit 28 endgültig outet. Nach einem halben Jahr Therapie erhält sie außerplanmäßig ihre ersten Hormone. Regulär hätte sie ein Jahr warten müssen. Ihrem Therapeuten verdankt sie, dass diese Zeit verkürzt wurde. Eine Ganzkörperenthaarung auf eigene Kosten hatte sie zu diesem Zeitpunkt bereits hinter sich. Unter dem Einfluss der Hormone beginnt die innere Veränderung, die sie so sehr herbeigesehnt hat und die sie doch zunächst sehr irritiert. Sie bekommt Testosteronblocker, die dazu führen, dass sie sensibler auf äußere Reize reagiert. Sie hört mehr Geräusche als früher, was manchmal schön, mitunter aber auch sehr lästig ist. Dass ihre Nachbarn „so laut" sind, hat sie früher nicht wahrgenommen. Sie erlebt nicht nur das Hören, sondern auch die anderen Sinne auf eine ganz neue, anfangs fremde Weise. Daran muss sie sich erst einmal gewöhnen.

Mit ihrem Arzt, der ihr alle drei Monate eine Hormonspritze verabreicht, kann sie über die neuen Empfindungen offen sprechen. Er erklärt ihr die Zusammenhänge und nach und nach kann sie immer besser damit umgehen. Sie fühlt sich in der Klinik sehr gut aufgehoben. Es handelt sich um ein katholisches Krankenhaus in der Trägerschaft einer Ordensgemeinschaft. Es ist ein Glück für Stephanie, dass sie zufällig dort gelandet ist. Nicht alle trans Menschen finden medizinisches Personal, das einfühlsam mit ihren Problemen umgeht. Ihre Lobrede macht mich neugierig. Als ich sie frage, ob sie einverstanden wäre, wenn ich mit dem Arzt ein Gespräch führen würde, natürlich unter Wahrung der ärztlichen Schweigepflicht, willigt sie sofort ein und stellt den Kontakt zu ihm her.

Ein offenes Angebot

So kommt es zu einem Telefonat mit Herrn Dr. Strasser, einem Experten für Hormontherapien, der auf ganz unterschiedlichen Feldern arbeitet. Die von ihm geleitete Ambulanz behandelt Patientinnen und Patienten mit Diabetes, Schilddrüsenerkrankungen und weiteren spezifischen Störungen der Hormonproduktion im Gehirn. Transidente Menschen kommen seit ungefähr sieben oder acht Jahren in die offene Sprechstunde und bekommen dort ihre vierteljährliche Hormonspritze. Es sind ca. 40 bis 50 Personen, die regelmäßig kommen, darunter jeweils zur Hälfte Frauen und Männer. Minderjährige werden nicht behandelt. Dazu fehlt es aus Sicht von Dr. Strasser in der Klinik an der notwendigen Expertise. Hier sind zuerst Kinder- und Jugendtherapeuten und -psychiater gefragt. Seine Ambulanz konzentriert sich auf erwachsene Menschen, ohne jedoch ein spezielles Behandlungskonzept für trans Menschen zu verfolgen. Sie exklusiv zu behandeln, ist aus seiner Sicht weder nötig noch sinnvoll.

Ärztliche Fürsorgepflichten

Wenn trans Menschen in die Ambulanz kommen, ist die Diagnose in der Regel bereits durch Gutachten gesichert und muss nicht mehr ermittelt werden. Die Ambulanz kann sich darauf verlassen, aber trotzdem wird der Befund nochmals geprüft und im unmittelbaren Gespräch mit den Patientinnen und Patienten besprochen. Auf diese Weise klärt sich für beide Seiten, ob ein Vertrauensverhältnis aufgebaut werden kann, das die Grundlage für die weitere Behandlung ist. Dr. Strasser berichtet, dass manche häufig die Ärzte wechseln, bis sie eine für sich passende Praxis finden. Der Personenkreis ist insgesamt sehr gut informiert und zwar nicht nur in der Region, sondern global. Das Internet ermöglicht mühelos Kontakte in die USA und auf andere Kontinente. Das Netz funktioniert wie eine große Selbsthilfegruppe. Auch Hormone werden über das Internet weltweit gehandelt, legal und illegal.

Ein neues Phänomen ist die Tatsache, dass inzwischen auch geflüchtete Menschen in die Ambulanz kommen. Die Gründe für die Flucht müssen nicht primär oder ausschließlich in ihrer Transidentität liegen. Ihre Flucht hat zumeist eher politische oder religiöse Gründe. Ein türkischer Verein hat sich dieser Menschen angenommen. Ehrenamtlich Engagierte organisieren Dolmetscher für die Betroffenen und begleiten sie in die Ambulanz.

„Die Chemie muss stimmen"

Die trans Menschen, die in die Sprechstunde kommen, haben sich meistens intensiv mit sich und ihrer Vergangenheit auseinandergesetzt. Mit der Hormonbehandlung kommen aber nochmals ganz neue Fragen ins Spiel. Die Antworten darauf müssen gemeinsam gefunden werden. Man muss abwägen, Alternativen überlegen und nächste Schritte planen, ohne zu wissen, wie der Prozess insgesamt weitergehen wird. Manchmal kommen Paare in die Praxis und dann ist plötzlich das ganze Beziehungs- und Familienleben Thema. Oder die Hormontherapie belastet die Arbeitsfähigkeit und es entstehen Probleme im Beruf. Medizinische Beratung und Lebensberatung gehen dann fast nahtlos ineinander über. Aber dafür „muss die Chemie" stimmen. Das ist Dr. Strasser sehr wichtig. Das Vertrauensverhältnis hat zwei Seiten. Er ist verpflichtet, über bekannte Risiken der Behandlung aufzuklären, die Patientinnen und Patienten entscheiden, ob sie diese eingehen wollen. Jeder trägt seinen Teil der Verantwortung für den Behandlungsverlauf.

Drei Fragen

Die Frage, welche Hormone in welcher Zusammenstellung verabreicht werden, bestimmt der Arzt nicht alleine. Eine trans Frau benötigt testosteronhemmende Medikamente. Ob weitere, die Weiblichkeit unterstützende Hormone (Progesteron), verabreicht werden sollen, muss ihr überlassen bleiben. Meistens bewährt es sich, über einige Monate einen Test zu machen. Manchmal beschweren sich trans Frauen, dass sich mit der Umstellung ihres Hormonhaushaltes die Libido verändert. Medizinisch ist dies ein Dilemma, das sich nicht einfach auflösen lässt. Jede Entscheidung bringt neue, unerwünschte Folgen mit sich.

Die Frage, ob die Hormonbehandlung den Patientinnen und Patienten ausreicht oder weiterführende chirurgische Maßnahmen gewünscht sind, steht als nächstes im Raum. Dr. Strasser berichtet, dass sich mit der Gabe der Hormone für viele trans Menschen eine Entspannung einstellt. Der Druck, sich operieren lassen zu müssen, lässt nach. Man wird realistisch und erkennt, dass auch Operationen Grenzen haben und nicht alles leisten können. Der Abschied vom perfekten Bild ihrer selbst ist für die Betroffenen nicht leicht, aber am Ende entlastend.

Als drittes ist die Frage zu klären, ob mittel- und langfristig ein Kinderwunsch besteht. Wenn ja, müssen trans Menschen entscheiden, ob sie Spermien oder Eizellen einfrieren lassen wollen. Da die Krankenkassen solche Maßnahmen nicht bezahlen, sind die finanziellen Folgen für die Betroffenen zu klären. Die Frage stellt sich nicht nur vor geschlechtsangleichenden Operationen, durch die die Fruchtbarkeit irreversibel verschwindet, sondern auch schon vor einer Hormonbehandlung, denn auch sie kann sich negativ auf die Fortpflanzungsfähigkeit auswirken. Häufig sind Patientinnen und Patienten gerade mit diesen Fragen völlig überfordert. Im Ringen um das eigene Ich spielen Partnerschaft und Familiengründung zunächst einmal keine Rolle. Wenn die Gegenwart alle Energien absorbiert, ist es schwierig, sich mit einer „fernen Zukunft" zu beschäftigen.

Aus ärztlicher Sicht dürfen diese Fragen aber nicht ausgeblendet werden. Zumindest die Aufklärung über Chancen und Risiken ist zwingend erforderlich. Ich spüre, dass es für Dr. Strasser in dieser Frage keine Kompromisse gibt. Ihm gelingt es, komplizierte medizinische Zusammenhänge einfach und für mich leicht nachvollziehbar darzustellen. Er spricht ruhig und konzentriert, gibt mir Zeit, in Gedanken zu folgen. Ich verstehe allmählich, warum sich Stephanie in dieser Sprechstunde gut aufgehoben fühlt.

Priester, Levit oder Samariter?

Als ich im Frühjahr erfahren habe, dass die US-amerikanische Bischofskonferenz katholischen Kliniken die Durchführung aller Behandlungen an transidenten Menschen verboten hat, hat mich das sehr verstört. Ich war in Kontakt mit einer trans Frau, die sehr gläubig ist und sich in ihrer Kirchengemeinde in der Jugendarbeit engagiert. Nun stand sie kurz vor ihrer ersten Operation. Man hatte sie umfangreich über Chancen und Risiken aufgeklärt und selbst eine Patientinnenverfügung hatte sie ausgefüllt. Sie war begreiflicherweise sehr angespannt. Wie gern hätte ich ihr etwas Tröstliches mit auf den Weg ins Krankenhaus gegeben, stattdessen platzte diese Nachricht in unser Gespräch. Eine Kirche, die es ablehnt, not-wendige Behandlungen durchzuführen, weist nicht nur die Hilfeleistung am Menschen, sondern den ganzen Menschen zurück. Ich denke an die Geschichte vom barmherzigen Samariter. Priester und Levit halten sich zurück und überlassen es einem anderen, den überfallenen und „halbtoten" Mann zu retten (Lk 10,25–37).[330]

Ich möchte daher von Dr. Strasser wissen, wie die Behandlung von trans Menschen zum katholischen Profil des Krankenhauses passt, das überdies noch in der Trägerschaft einer Ordensgemeinschaft geführt wird. Bereitwillig gibt er mir Auskunft.

Ein katholisches Haus

Da eine Hormonbehandlung nicht ohne Risiken ist, verweigern viele Hausärzte die Verabreichung der Spritzen, die nicht nur unter die Haut, sondern tief in die Muskulatur injiziert werden müssen. Das war der Hintergrund, warum seinerzeit trans Menschen in der Ambulanz der Klinik auftauchten und Hilfe suchten. Das Krankenhaus konnte und wollte ihnen helfen und so entstand das Angebot, das inzwischen immer mehr Menschen in Anspruch nehmen. Die Zahl derer, die in die Ambulanz kommen, nimmt zu, nicht sprunghaft, aber stetig.

Das Angebot ist im wahrsten Sinne des Wortes aus der Not geboren. Eine Grundsatzdiskussion mit dem Träger, ob man trans Menschen behandelt oder nicht, hat es zu keinem Zeitpunkt gegeben. Beim Thema Schwangerschaftsabbruch und Organspende war das anders. Die Hormonbehandlung ist aus seiner Sicht kein medizinethisches Problem. Umgekehrt wäre es jedoch ethisch bedenklich, sie zu unterlassen. Für die Mitarbeitenden in der Klinik sind die trans Menschen in der Sprechstunde inzwischen ein gewohntes Bild. Selbst die hochbetagten Ordensschwestern, die noch hier und da in der Klinik auftauchen, reagieren inzwischen mit Wohlwollen und Sympathie. Sie waren anfangs etwas befangen, aber das hat sich dann irgendwann gelegt.

---

330 Vgl. https://www.katholisch.de/artikel/44254-priester-levit-oder-samariter-wo-stehen-die-katholi schen-kliniken

Den Einzelfall im Blick

Dr. Strasser lässt keinen Zweifel daran, dass für ihn der einzelne Mensch und sein spezifischer Hilfebedarf im Vordergrund steht. Aus der persönlichen Begegnung ergibt sich, was für ihn zu tun ist. Jeder und jede ist ein Einzelfall, der geprüft und abgewogen werden muss. Wenn Maßnahmen geeignet sind, nach einem langen Leidensweg die Lebensqualität für einen Menschen entscheidend zu verbessern und ihm eine Zukunftsperspektive zu eröffnen, dann sind sie ärztlich verantwortbar. Dieses Grundprinzip gilt für die Arbeit in der Ambulanz und analog für Klinken, die geschlechtsangleichende Operationen durchführen. Ein großer Krankenhausträger im Bistum Trier hat diese Frage bereits 2011 der Trägerübergreifenden Ethikkommission der Diözese vorgelegt und um ein Votum gebeten. Die Kommission hat sich in genau diesem Sinne entschieden.[331]

Die grundsätzliche Entscheidung der US-Bischöfe gegen die medizinische Behandlung von transidenten Menschen war also ethisch gesehen nicht alternativlos. Der Blick auf den Einzelfall verbindet Barmherzigkeit und Verantwortung. In den USA hat man sich dagegen entschieden.

Beratungsbedarf

Im Gespräch mit Stephanies Mutter habe ich erfahren, dass es zwischenzeitlich einen Berater von einem Fachdienst der Caritas gab, der für sie und ihre Familie sehr hilfreich war. Es war eine Zeit schwerer schulischer Konflikte, die sich sehr belastend auf das Familienleben auswirkten. Später hat Sabine erfahren, dass dieser Berater schon um 2010 herum mehrere trans Menschen begleitet hat. Stephanie stand damals kurz davor, sich zu outen, zog sich dann aber wieder in sich zurück. Was wäre gewesen, wenn …?

Sozialpädagogisches Kerngeschäft

Als ich mit dem Einverständnis von beiden in der Beratungsstelle nachfrage, ob der Berater für ein Gespräch zur Verfügung steht, erfahre ich, dass er inzwischen im Ruhestand ist. Mich hat überrascht, dass bereits vor mehr als zehn Jahren die Beratung von trans Menschen ein selbstverständlicher Bestandteil des Angebots war. Inzwischen hat die Beratungsstelle eine neue Leiterin. Als sie von meinem Anliegen hört, freut sie sich, dass sich Menschen nach mehr als einem Jahrzehnt noch immer dankbar an die Arbeit der Caritas erinnern. Ich frage sie, welche Rolle das Thema heute in der

331 Das Votum ist unveröffentlicht; es wurde mir freundlicherweise zur Verfügung gestellt. (U.W.)

Familien- und Lebensberatung spielt. Vor dem Hintergrund des medialen Trans-Trends erwarte ich, dass man hier einen sprunghaft ansteigenden Beratungsbedarf registriert. Aber die Leiterin zögert und erklärt mir, dass sie davon in den Teambesprechungen der Beratungsstelle nichts mitbekommen habe. Wäre hier eine auffallende Entwicklung zu verzeichnen, wäre ihr das bestimmt nicht entgangen, aber sie fragt gern in ihrem Team nochmals ganz gezielt nach. Kurze Zeit später sprechen wir wieder miteinander und sie sagt mir, dass es tatsächlich regelmäßig trans Menschen gibt, die auf die Beratungsstelle zukommen. Für die Beraterinnen und Berater ist das ganz selbstverständlich und es gab bisher schlicht keinen Grund, einzelne Fälle im Team zu bearbeiten.

Auf die Frage, wie man mit den Familien von betroffenen Jugendlichen zusammenarbeitet, erklärt sie mir, dass hier die gleichen Grundsätze wie bei anderen Fällen auch gelten. Die Beraterinnen und Berater haben die Familien von Anfang an im Blick, schalten sie aber nicht gegen den Willen der zumeist jugendlichen Klientinnen oder Klienten ein. Stattdessen wird versucht, sie behutsam zu überzeugen, dass eine Einbeziehung der Eltern für alle von Vorteil sein kann. Das Ganze muss natürlich immer fallbezogen gehandhabt werden. Die Beratenden arbeiten ergebnisoffen. Darin besteht das sozialpädagogische Kerngeschäft.

Multiple Problemlagen und ein multiprofessionelles Team

Einen weiteren Einblick in die Beratung von trans Menschen bekomme ich, als ich in eine diözesane Beratungsstelle eingeladen werde, der auch die Telefonseelsorge angegliedert ist. Für das Team bin ich als „Unabhängige Ansprechpartnerin" im weitesten Sinne eine Kollegin und sie sind an meinen Erfahrungen interessiert. Wir diskutieren verschiedene Hypothesen, warum das Angebot so gut wie keine Resonanz findet und sind uns schnell einig, dass die Kirche im Hinblick auf queere Menschen mit ihrer offenkundig ablehnenden Haltung in der Vergangenheit viel Sympathie verspielt hat. Man erwartet von der Kirche nichts mehr. Die Regenbogen-Szene ist bestens vernetzt, die Selbsthilfe funktioniert und darüber hinaus gibt es vielfältige professionelle Angebote von Trägern, die ein queerfreundliches oder zumindest aber neutrales Image haben. Wenn die Kirche auf einmal die queeren Menschen für ihre Seelsorge entdeckt, muss sie sich umgekehrt fragen lassen, ob sie dabei ganz uneigennützig ist. Ist das Pinkwashing? Geht es wirklich um die Menschen oder versucht die Kirche eher, ihr Image zu verbessern?

Wir sprechen dann über die Problemlagen von trans Menschen, denn ihretwegen haben wir ja diesen Termin vereinbart. Sie sind bisher kein Schwerpunkt der Beratungsarbeit, aber man beobachtet sehr genau die wachsende öffentliche Aufmerksamkeit. Im Team sind alle in der Vergangenheit schon mit trans Menschen in Kontakt gekommen. Eine Kollegin hat zurzeit einen Fall in der eigenen Familie und ist damit persönlich sehr intensiv beschäftigt. Ein Kollege war früher Logopäde und hatte trans Frauen in seiner Praxis. Während Testosteron die weibliche Stimme nach und nach tiefer klingen lässt, müssen trans Frauen ihre Stimme aktiv trainieren. Eine Kollegin hat in der Arbeitsvermittlung gearbeitet und kennt von daher die Probleme, die trans Menschen am Arbeitsplatz erwarten. Eine weitere ist Juristin und hat vor einigen Jahren einen Prozess geführt, bei dem es um die Kostenübernahme für eine Haarentfernung durch die Krankenkasse ging, allerdings ohne Erfolg. Bart- und Körperhaare müssen allgemein nach wie vor auf eigene Kosten entfernt werden. Die Kollegin, die zugleich für die Telefonseelsorge zuständig ist, berichtet von den Ausnahmesituationen, in denen Menschen keine Zukunft mehr sehen und wo es zum Suizid nur noch ein kleiner Schritt ist. In den Erfahrungen des Teams spiegeln sich die vielfaltigen Problemlagen, mit denen trans Menschen zu kämpfen haben und die sie oft alleine nicht bewältigen können. Das gilt besonders dann, wenn gleich mehrere Faktoren zusammentreffen und die einzelne Person dadurch völlig überfordert ist.

Ein umfassendes Recht auf Beratung

Das Team hat zwar vielfältige Erfahrungen, aber das genügt den Einzelnen nicht. Sie wünschen sich zum einen qualifizierte Inputs, um sich im Team weiterzubilden, und zum andern den kollegialen Austausch und die Vernetzung mit anderen Beratungsstellen. Parallel dazu werden Angebote für die ehrenamtlich Engagierten in der Telefonseelsorge gebraucht. Die erste Begegnung mit trans Personen ist für sie mitunter verunsichernd oder gar verstörend. Umgekehrt brauchen sie für ihre Arbeit ein hohes Maß an innerer Sicherheit und Souveränität. Das bedeutet, sie brauchen ihrerseits qualifizierte Fortbildung und Begleitung.

Ich gleiche das, was ich in den Beratungsstellen gesehen und gehört habe, mit der Forderung des Deutschen Caritasverbandes und der Deutschen Bischofskonferenz nach einem umfassenden Recht auf Beratung für trans Menschen und ihre Familien ab.[332] Die Realität belehrt mich, wie berechtigt und wie dringlich diese Forderung ist. Zugleich zeigt sie mir, wie breit der Graben ist, der Wunsch und Wirklichkeit voneinander trennt. Dass dieses Recht auf Beratung sich nur dann umsetzen lässt, wenn man ein öffentlich finanziertes, flächendeckendes Beratungsnetzwerk aufbaut, liegt auf der Hand. Dass die Politik daran kein Interesse hat, ist ebenso offensichtlich. Das Recht auf Beratung hat in der ganzen medialen Debatte um das geplante Selbstbestimmungsgesetz so gut wie keine Rolle gespielt. Dass Beratung eine unverzichtbare Vorbedingung dafür ist, dass ich meine Rechte selbstbestimmt wahrnehmen kann, ist politisch – leider – nicht relevant.

Diskriminierung oder Fürsorgepflicht?

Der Sozialdienst Katholischer Frauen (SkF) bietet bereits seit dem frühen 20. Jahrhundert besondere Hilfen für Frauen und Kinder in Not an.[333] Interviews und Artikel im Internet zum Thema Transidentität in der Kirche haben mein Projekt bundesweit bekannt gemacht. Aus Nordrhein-Westfalen bekomme die Einladung, einen Treffpunkt für Frauen in schwierigen Lebenssituationen kennenzulernen. Sie finden hier Unterstützung, „wenn sie keine Wohnung haben, sich heimatlos fühlen oder Fragen haben und nicht weiter wissen", heißt es im Informationsflyer für die Interessentinnen.

Am Eingang begrüßt mich die Leiterin, Frau Berger. Sie zeigt mir das Haus, das Wohnmöglichkeiten und Ruhezonen umfasst, Möglichkeiten zum Duschen und Wäschewaschen, einen Secondhandshop, einen Bereich zum ungestörten Reden, Lesen oder Spielen, PC-Arbeitsplätze, einen Gruppenraum, ein Besprechungszimmer und einen großen Speiseraum. Alles ist hell und freundlich eingerichtet. Kurz vor Mittag herrscht im ganzen Haus ein reges Kommen und Gehen. Der Verein bietet bedürftigen Frauen auch Wohnmöglichkeiten in Einzelappartements oder in Wohngruppen an. Aktuell gibt es zwar keine Wohngruppe, aber das Angebot ist grundsätzlich vorgesehen und soll wieder eingerichtet werden.

Ein Dilemma

Frau Berger hat die Diskussionen um das geplante Selbstbestimmungsgesetz aufmerksam verfolgt. Insbesondere die Debatte um die „Schutzräume"

332 Vgl. die Stellungnahmen des Kommissariats der Deutschen Bischöfe – Katholisches Büro Berlin.
333 Zur historischen Einordnung vgl. Wollasch, Fürsorge.

macht ihr große Sorgen. Würde eine trans Frau in den Treffpunkt kommen, würde das vermutlich gar nicht weiter auffallen. Der Umgang miteinander ist unkompliziert. Man kennt sich nur mit Vornamen. Es gibt keine Formalitäten. Wer die Gemeinschaft mit anderen Frauen sucht, sich einbringt und an die für alle geltenden Spielregeln hält, ist immer willkommen. Ein Problem sieht Frau Berger bei der betreuten Wohngruppe. Hier leben in der Regel mehr oder weniger schwer traumatisierte Frauen zusammen. Sie haben ein ähnliches Schicksal und geben sich gegenseitig Halt. Einige brauchen medizinische oder psychotherapeutische Unterstützung. Das innere Gleichgewicht dieser Menschen ist sehr fragil und die Balance in der Gruppe ist es auch.

Zurzeit bewohnt eine trans Frau ein Einzelappartement. Frau Berger stellt sich vor, wie es wäre, wenn sie diese Frau in einer Wohngruppe unterbringen müsste. Sie hat starke Bedenken. Das Auftreten der Frau ist sehr extrovertiert, hat starke Stimmungsschwankungen und lässt kaum Kritik an ihrer Person zu. In einer Wohngruppe ist sie für Frau Berger nicht vorstellbar. Damit steht die Leiterin aber vor einem grundsätzlichen Problem. Eine trans Frau abzulehnen, könnte als Beispiel für eine krasse Diskriminierung ausgelegt werden, sie aufzunehmen, könnte andere, ohnehin schon extrem belastete Personen, weiter belasten und schlimmstenfalls retraumatisieren. Es ist ein Dilemma, das ganz unabhängig davon, wie sie entscheidet, negative Folgen nach sich zieht. Frau Berger möchte von mir wissen, wie ich mich entscheiden würde.

Wie belastbar ist die Gruppe?

Ich kann ihre Bedenken gut nachvollziehen und würde mich dagegen entscheiden, diese Person in eine Wohngruppe aufzunehmen. Die Begründung dafür wäre aber nicht ihre Transidentität, sondern meine Fürsorgepflicht für Menschen, die sich bereits in der Einrichtung befinden, die besonders verletzlich sind und daher geschützt werden müssen. Die Beurteilung, ob und wie belastbar eine Gruppe ist, muss auch in der Kita, in der Jugendhilfe, Behindertenhilfe und Psychiatrie immer wieder erfolgen. Träger haben hier mit Blick auf die ihnen anvertrauten Menschen einen Ermessensspielraum, den sie zugunsten der schwächsten Glieder zu nutzen haben. Fürsorgepflicht und Diskriminierung können daher nicht gegeneinander ausgespielt werden.

Ich sehe allerdings auch die Verantwortung der Einrichtung, nach einer anderen Lösung, beispielsweise bei einem anderen Träger zu suchen. Die trans Frau hat ein Recht darauf, dass man sie in ihrer Wohnungsnot unterstützt. Alles andere wäre in der Tat eine Diskriminierung. Die Entscheidung jedoch, welches Angebot in diesem Fall geeignet ist, kann und muss der Träger nach eigenem Ermessen treffen. Das Hausrecht gibt ihm außerdem das Recht dazu.

Kein Automatismus

Eine Broschüre des Bundesverband Trans* (bvt) enthält zu dieser Frage eine wertvolle Klarstellung. Im Hinblick auf die Aufnahme oder Nichtaufnahme von trans Personen in Einrichtungen heißt es:

„Es ist wichtig, alle Frauen vor Gewalt zu schützen, unabhängig davon, ob sie lesbisch, bisexuell, heterosexuell, trans*, inter* oder cis sind. Dies erkennt auch die Istanbul-Konvention an, die Deutschland 2017 ratifizierte. In diesem Abkommen wird deutlich, dass beim Abbau von geschlechtsbezogener Gewalt Gruppen nicht gegeneinander ausgespielt werden dürfen, sondern alle betroffenen Gruppen mitgedacht werden müssen. Cis Frauen erfahren vor allem Gewalt durch cis-männliche (Ex-)Partner. Das belegen die jährlich veröffentlichen Statistiken des Bundeskriminalamts deutlich. Gerade für diese cis Frauen sind Schutzräume wie z.B. Frauenhäuser besonders wichtig. Wenn eine Frau Gewalt erfahren hat und zu Hause nicht mehr sicher ist, entscheiden Mitarbeiter*innen der Schutzräume vor Ort, ob diese Person aufgenommen werden kann oder nicht. Auch cis Frauen erhalten nach Gewalterfahrung nicht automatisch Zugang zu Frauenhäusern.“ [334]

An der Entscheidung im Einzelfall führt kein Weg vorbei. Sie muss grundsätzlich ergebnisoffen sein, d.h. sie kann auch eine Ablehnung bedeuten. Aber das gilt nicht nur für trans Menschen, sondern für alle anderen ebenso. Es gibt keinen Automatismus. Die Fachleute und Verantwortlichen in den Einrichtungen haben auch laut bvt das letzte Wort.

Trans Frauen unter Generalverdacht

Aber der Verband warnt nicht nur davor, die berechtigten Interessen schutzbedürftiger Personengruppen gegeneinander auszuspielen, er macht auch auf die prekäre Lage von trans Personen aufmerksam.

„Trotz fehlender Beschwerden aus Ländern mit einem Selbstbestimmungsgesetz wird wiederholt behauptet, dass solch ein Gesetz in Deutsch-

334 Vgl. Bundesverband Trans* (Hg.), Soll Geschlecht jetzt abgeschafft werden? – 12 Antworten auf Fragen zum Thema Selbstbestimmungsgesetz und Trans*geschlechtlichkeit, Berlin 2022, 9.

land cis Frauen gefährden würde, die nach häuslicher oder sexualisierter Gewalt entsprechende Schutzräume aufsuchen. Pauschal wird unterstellt, dass die Gewalt, die von cis Männern ausgehen kann, gleichermaßen von trans* Frauen ausgehen könnte. Dieser Generalverdacht hat viele negative Konsequenzen für trans* Frauen: Ihr ebenfalls hohes Risiko, Gewalt zu erfahren, wird verkannt. Die positiven Erfahrungen von Schutzräumen, in denen bereits trans* Frauen aufgenommen wurden, werden ignoriert. Andere Unterstützungsstrukturen schrecken oftmals davor zurück, sich für trans* Frauen mit Gewalterfahrung zu öffnen und weisen diese bis heute ab."[335]

Kirchliche Einrichtungen, die sich dieser Aufgabe nicht entziehen, legen nicht nur ein glaubwürdiges Zeugnis für die christliche Botschaft ab, sondern formulieren mit ihrer Arbeit zugleich ein dringend benötigtes gesellschaftspolitisches Statement.

Orte gelebter Beziehungsethik

Die aufgeheizte politische Debatte unter dem Vorzeichen „Trans ist Trend" nehmen die Verantwortlichen in den Diensten und Einrichtungen, mit denen ich gesprochen habe, wenn überhaupt, nur am Rande zu Kenntnis. Sie kam dann zur Sprache, wenn sie wie im Fall des betreuten Wohnangebotes die Arbeit ganz unmittelbar betraf. Auch die widersprüchlichen innerkirchlichen Positionen haben für die Praxis keine wirkliche Bedeutung. Der Hilfebedarf der Menschen ist der Kompass, an dem die Fachkräfte und die Führungsverantwortlichen ihr Handeln ausrichten, und die meisten sind sich ganz sicher, dass sie damit auf dem Boden der biblischen Botschaft und der katholischen Kirche stehen. Hätten ich ihnen diese Sicherheit nehmen sollen?

Ich habe mich allerdings gefragt, was wäre, wenn die Dienste und Einrichtungen die Vorgaben der katholischen Sexualmoral konsequent umsetzen würden? Was wäre, wenn sie sich ganz bewusst an deren Menschen-, Familien- und Gesellschaftsbild orientieren würden? Das Bild könnte folgendermaßen aussehen.

Ein realistisches Szenario ...

Die Erzieherinnen im Team von Frau Landauer fordern die Eltern auf, ihr Kind nicht in Mädchenkleidern in die Kita gehen zu lassen und dem Jun-

335 Ebd.

gen am besten auch die Haare kurz zu schneiden. Sie achten darauf, dass er nicht in der Puppenecke, sondern in der Werkstatt spielt, und wenn sich die Kinder verkleiden, dann darf er König, Polizist, Astronaut oder Spiderman werden, aber keine „weibliche“ Figur. In der Schule sorgen Lehrerschaft, Schulsozialarbeit und Schulpastoral dafür, dass betroffene Jugendliche „wieder in die Spur finden“. Es gibt nur Einzelfälle und diese sind selbstverständlich Chefsache. Wenn Eltern nicht kooperativ sind, legt man ihnen nahe, das Kind von der Schule zu nehmen. Die Jugendhilfeeinrichtung sucht für Marvin eine Unterbringung bei einem anderen Träger. In der offenen Jugendarbeit macht man den Jugendlichen klar, dass sie eigentlich ganz andere Probleme haben, dass Selbstzweifel in der Pubertät völlig normal sind und dass sie irgendwann wieder verschwinden. Das Berufsbildungswerk bittet die trans Personen in seinen Kursen, sich möglichst unauffällig zu verhalten. Das sei im Interesse eines ungestörten Lernprozesses aller Teilnehmenden. Dr. Strasser hätte erst gar nicht angefangen, trans Menschen in seiner Ambulanz zu behandeln. Wenn doch, hätte er das irgendwann als Fehlentscheidung erkannt, das Angebot eingestellt und die Patientinnen und Patienten auf die Praxen in der näheren Umgebung verwiesen.

Das Szenario ist von mir nicht frei erfunden. Die US-amerikanische Diözese Cleveland ist diesen Weg bereits gegangen.[336] Andere Diözesen sind ihr zum Glück bisher nicht gefolgt. Ist der Grund dafür die scharfe Kritik von Papst Franziskus an konservativen Kreisen in den USA, die der Papst im August des Jahres sogar in aller Öffentlichkeit formulierte?[337] Oder ist es die Aussicht, staatliche Fördermittel für Schulen und Einrichtungen zu verlieren, wenn die Rechte von trans Menschen durch die Kirche verletzt werden?[338] Die Fragen müssen offen bleiben.

In Deutschland gibt es diese Debatte bisher nicht. Es ist sehr zu wünschen, dass die deutschen Bischöfe bei ihrer bisherigen gemäßigten Linie bleiben und zwar auch dann, wenn sich die Gender-Debatte in Gesellschaft und Kirche in der nächsten Zeit noch weiter zuspitzt. Bisher ist diesbezüglich für mich noch kein Ende in Sicht und die katholische Kirche in

336 Vgl. https://www.newwaysministry.org/2023/09/21/cleveland-dioceses-new-gender-policy-is-dangerous-say-catholic-protestors/

337 Vgl. https://www.vaticannews.va/de/papst/news/2023-08/papst-franziskus-homosexuelle-kirche-offen-fuer-alle-alle-alle.html

338 Vgl. https://www.newwaysministry.org/2023/09/22/u-s-bishops-oppose-federal-non-discrimination-rule-for-social-service-providers/

Deutschland ist gut beraten, sich angesichts der politischen Polarisierung besonnen und überzeugend zu positionieren.

Die Deutsche Bischofskonferenz hat dabei in der verbandlichen Caritas eine verlässliche Partnerin, der sie vertrauen und auf die sie bauen kann. In den Diensten und Einrichtungen der Caritas, die ich kennengelernt habe, konnte ich beobachten, was gelebte Beziehungsethik ist. Hier wird der Ausweg aus der Sackgasse der moraltheologischen Tradition bereits ganz praktisch beschritten. Die Glaubwürdigkeit der Kirche nimmt dadurch keinen Schaden, im Gegenteil, sie gewinnt mehr und mehr an Bedeutung.

... und die gelebte Realität

Die Katholische Soziallehre setzt Menschen voraus, die einander mit ihren Möglichkeiten und Grenzen, Stärken und Schwächen anerkennen und annehmen. Sie geht davon aus, dass sich Menschen solidarisch füreinander einsetzen. Sie rechnet damit, dass sie dem anderen seine Freiheit lassen und dass sie ihn bei Bedarf befähigen, sich frei und selbstbestimmt zu verwirklichen. In dieser Zweipoligkeit der menschlichen Existenz liegt die anthropologische Begründung für die beiden Sozialprinzipien Solidarität und Subsidiarität. Sie sind der Maßstab für den Aufbau einer humanen Gesellschaft, aber sie bestimmen genauso die zwischenmenschlichen Beziehungen in der Familie, im Sozialraum und in Institutionen. Wo Menschen die anderen mit ihren Bedürfnissen und Potenzialen anerkennen und annehmen, können Beziehungen gelingen. Die Anerkennung wird zu einer Einladung und Anleitung, anerkennend zu handeln.[339] Diese Beziehungsdynamik hat viele Gesichter. In der Kita zeigt sie sich anders als in der Schule und in der offenen Jugendarbeit anders als in der Wohngruppe. Man kann sie jedoch, wenn man genau hinschaut, überall entdecken.

Balance von Fürsorge und Selbstbestimmung

Ich denke an die Sozialpädagogin, der sehr genau die familiären Probleme und Belastungen eines Mädchens wahrnimmt, ohne es auf eine bestimmte vorgefertigte Lösung festzulegen. Sie traut ihm zu, sich über seine geschlechtliche Identität immer besser klarzuwerden und irgendwann die Entscheidung zu treffen, ob es bei der Transition bleibt oder ob nicht. Mit der ergebnisoffenen Begleitung hält sie die Balance von Fürsorge und Selbstbestimmung, die für die Beziehungsethik maßgeblich ist. Der Arzt

339 Vgl. Wollasch, Ethik in Beziehung, 294.

steht mit seiner ganzen Kompetenz der Patientin hilfreich zur Verfügung, aber er nimmt ihr die Entscheidung über ihre ganz persönliche Zukunft mit Partnerschaft, Kinderwunsch und Familie nicht ab. Sensibilität für Bedürftigkeit steht nicht für sich allein, sondern braucht, wenn sie nicht in Bevormundung abgleiten will, den Respekt und die Achtung vor den Selbstmitteilungen des anderen. Die Sensibilität ist für mich bei meinen Gesprächen immer ganz deutlich spürbar, aber auch die Bereitschaft, dem Gegenüber mit seinen Erwartungen, Wünschen und Ressourcen so viel Raum wie möglich zu geben.

Helfende Beziehung – umgekehrt

Dann kann es sogar geschehen, dass sich die helfende Beziehung umkehrt. Das ist dann der Fall, wenn beispielsweise Eileen den Lehrkräften oder ihren Mitschülerinnen und Mitschülern Rede und Antwort steht, wenn sie ihnen Informationen gibt und Hintergrundwissen vermittelt, die man sich nicht einfach aus dem Internet herunterladen kann. Oder wenn junge trans Menschen im Freiwilligendienst erleben, dass man ihnen gegenüber in der Einrichtung anfangs etwas fremdelt, dass sie selbst aber mit einer lockeren, unverkrampften Art ihre Umgebung mitnehmen und ihre Mitmenschen anstecken können. Dass es auch den umgekehrten Fall gibt, dass nämlich Menschen sich verweigern und damit auch die, die ihnen helfen wollen, „hilflos" sind, gehört zu den Schattenseiten jeder Beziehung. Solche Situationen erleben und erleiden wir als ein Scheitern unseres Miteinanders. Die Lehrerin, die trotz allem Engagement bei ihrem trans Schüler nicht durchdringt, musste diese schmerzhafte Erfahrung machen. Und doch hat sie die Entscheidung des Kindes respektiert.

Macht und Ohnmacht auf beiden Seiten

Beziehungen leben davon, dass es auf beiden Seiten Freiheit und Unfreiheit, Macht und Ohnmacht gibt. Dies anzuerkennen, bei mir selbst und beim anderen, das ist die große Herausforderung der Beziehungsethik. Verantwortung für den anderen zu übernehmen, heißt, ihm im Rahmen der eigenen Möglichkeiten zur Verfügung zu stehen und ihn damit zugleich zu befähigen, für sich und für andere Verantwortung zu übernehmen. Dieses Wechselspiel gilt für jede bildende, beratende oder betreuende Tätigkeit. Wenn man diese Dynamik kritisch und vor allem selbstkritisch reflektiert, kann man herausfinden, wo Beziehungen gestört sind und wie man sie heilen kann.

Prosozial, solidarisch, inklusiv

Bei der Begleitung von trans Menschen ist diese Reflexion immer dann bedeutsam, wenn sie komplett auf ihre Probleme reduziert oder nur als Opfer der Verhältnisse in ihrem Umfeld gesehen werden. Diese Sicht ist genauso verkürzt und einseitig wie die umgekehrte Perspektive, die ihnen unterstellt, über ihre Transidentität völlig frei und nach Belieben verfügen zu können. Beides geht an der Realität vorbei und wird ihnen nicht gerecht. Die Balance von Fürsorge und Selbstbestimmung ist das Herz der Beziehungsethik. Sie macht sie zu einer prosozialen, solidarischen und inklusiven Ethik.

In der Caritas finden sich Orte gelebter Beziehungsethik. Sie erinnern daran, dass die Praxis kein Anwendungsfall von moralischen Lehrsätzen ist. Das kirchliche Lehramt und die Theologie können davon viel lernen. Eine moralische Lehre, die in einer menschenfreundlichen Praxis verankert ist, muss sich um ihren Wahrheitsgehalt keine Sorgen zu machen. Sie ist frei, im Sinne von *Gaudium et spes* die „Zeichen der Zeit“ wahrzunehmen, zu verstehen und zu deuten.[340]

Pastoral: Ein Lebensfest feiern

Als ich mit Frau Michel das erste Mal über Stephanie spreche, erzählt sie mir von einer Segensfeier, die sie gemeinsam vorbereitet und später zusammen mit Verwandten und Freunden in der Kirche der Heimatpfarrei gefeiert haben. Das „Lebensfest“, wie sie es nannten, fand zwar auf Sonjas Initiative hin statt, aber Stephanie war von Anfang an von der Idee begeistert.

Die Feier fand am Ostermontag in der Taufkapelle der Kirche statt, in der Stephanie getauft worden war, und stand damit unter dem Vorzeichen von Tod und Auferstehung. Stephanie hatte zu diesem Zeitpunkt ihre medizinische Transition abgeschlossen und stand nun am Anfang einer neuen Etappe ihres Weges. Diesen Übergang wollte ihre Mutter unter den Segen Gottes stellen. Der Glauben an seine Wegbegleitung hatte sie bisher getragen und gestärkt und ihm wollte sie sich, ihre Kinder und alle, die sie bis dahin wohlwollend und unterstützend begleitet hatten, auch für die weitere Zukunft anvertrauen. Es ist ein Kreis von ungefähr zwanzig Personen, die Stephanie

340 Vgl. dazu *Gaudium et spes*, Ziffer 44.

persönlich eingeladen hat und die sich am frühen Nachmittag des zweiten Ostertages in der Kapelle treffen.

Die gemeinsame Vorbereitung der Feier gab Stephanie, die von sich selber sagt, dass sie nicht so gläubig ist wie ihre Mutter, die Möglichkeit mit Texten, Symbolen und Handlungen auszudrücken, was sie innerlich bewegte und was sie in diesem Moment mit den anderen teilen wollte. Als ich sie treffe, zeigt sie mir spontan ein Bild auf ihrem Handy mit der Kerze, die einen Schriftzug mit ihrem neuen Namen trägt. Dieses Bild begleitet sie ständig und ich habe den Eindruck, es ist ihr genauso wichtig wie der Name selbst. Wie sehr hat sie um ihr neues Leben gerungen. In diesem Namen verdichtet sich ihr ganzes Leiden, aber auch ihre Hoffnung auf die Zukunft.

Zur Eröffnung entzündet Lea, die Schwester von Stephanie, die Kerze mit dem Namen. Auf die Frage „Wer ist da?" antworten alle Anwesenden nacheinander mit ihren Namen und erzählen dann, was sie mit Stephanie verbindet. Nach einem Lied wird die Geschichte von der kleinen Raupe Nimmersatt und ihrer wunderbaren Verwandlung in einen Schmetterling erzählt. Stephanie liebt diese Kindergeschichte, die für sie eine ganz besondere Bedeutung gewonnen hat. Frau Michel stellt behutsam und mit einfachen Worten einen Bezug zum Ostereignis her, bei dem sie die Gestalt von Maria Magdalena in den Mittelpunkt stellt. Die Begegnung mit dem Auferstandenen verwandelt Maria Magdalena. An die Stelle von Trauer und Schmerz treten Glauben und Hoffnung. Sie findet durch die Begegnung mit Christus das neue Leben, das Gott den Menschen schenken will. Die Segnung, die sich daran anschließt, eröffnet Sonja, indem sie als erste ihre Tochter segnet. Danach wird Stephanie, die nun in der Mitte steht, von allen zusammen gesegnet. Für alle spricht Sonja danach einen Weg-Segen. In Erinnerung an den Emmaus-Weg der Jünger erhalten alle zum Schluss ein Stück von einem vorbereiteten Brot, das bereitsteht und das sie zusammen verzehren. Im Teilen des Brotes wird noch einmal die Gemeinschaft erlebbar, die sie zusammengeführt hat – in der Hoffnung, dass diese sie auch künftig tragen wird.

Ich treffe Stephanie ungefähr ein Jahr später und spüre, wie tief ihr Lebensfest sie beeindruckt hat. Es war für sie kein aufregendes Event wie viele andere, sondern ein einmaliges Ereignis, das in ihr immer noch nachwirkt. Sie hat kein besonders spirituelles Naturell, aber die Erinnerung lässt ihre Augen leuchten und gibt ihr offenkundig nach wie vor viel Kraft. Ich spüre etwas von dem Geheimnis, das wir den „Segen Gottes" nennen und das in der Kirche gegenwärtig so hart umkämpft ist.

Kategoriale Seelsorge

Kirchenrechtlich gesehen hätte das Lebensfest nicht stattfinden dürfen. In Ordnung wäre es gewesen, wenn Frau Michel Sonja erklärt hätte, dass es ihr nicht erlaubt sei, solche Segenshandlungen mit liturgischem Charakter durchzuführen.[341] Sie hätte noch nachschieben können, dass sie damit sogar eine Abmahnung riskiere und damit ihr Arbeitsplatz auf dem Spiel stehe.[342] Das alles wäre im Sinne des Vatikans und der Geheimen Note von 2018[343] ein korrektes Verhalten gewesen. Aber sieht so pastoral verantwortliches Handeln aus?

Frau Michel kommt aus der Seelsorge im Bereich der Behindertenhilfe. Es ist ihr gelungen, mit einfachen Worten, Zeichen und Gesten die bunt zusammengewürfelte Gesellschaft zusammenzuführen, sodass in diesem Kreis für alle Gottes guter Geist spürbar wurde. Sie hat Stephanie und Sonja zugehört und ist ihren Gedanken und Wünschen nachgegangen. Sie spürte, was für die beiden in diesem Augenblick stimmig und passend war. Sie hat sich empathisch, kreativ und mutig darauf eingelassen. Und sie hat nicht alles alleine gemacht, sondern auch die anderen machen lassen. So konnten aus Betroffenen Beteiligte werden. Ich frage mich, ob man eine Behindertenseelsorgerin sein muss, um so wirken zu können. Wie auch immer, so muss aus meiner Sicht Pastoral für und mit trans Menschen sein.

Therèse von Lisieux und Jeannine Gramick

„Am Ende zählt nur die Liebe“, schreibt Papst Franziskus in einem Apostolischen Schreiben vom 15. Oktober 2023 anlässlich des 150. Geburtstages der französischen Heiligen Therèse von Lisieux (1873–1897). Und er erklärt im Hinblick auf das Lehramt und die Theologie:

„Wir müssen diese geniale Einsicht Therèses noch erfassen und die theoretischen und praktischen, lehrmäßigen und pastoralen, persönlichen und gemeinschaftlichen Konsequenzen daraus ziehen. Dazu brauchen wir Kühnheit und innere Freiheit.“[344]

---

341 Vgl. *Kongregation für die Glaubenslehre, Antwort bezüglich der Segnung von Verbindungen von Personen gleichen Geschlechts* vom 15. März 2021. – Die „liturgische“ Segnung eines homosexuellen Paares ist auch nach der Erklärung über die pastorale Sinngebung von Segnungen *Fiducia supplicans* vom 18. Dezember 2023 ausgeschlossen. – Diese Vorgabe dürfte im Hinblick auf trans Menschen analog gelten, auch wenn es nicht um die sakramentale Eheschließung, sondern um die Taufe geht.

342 Vgl. https://www.katholisch.de/artikel/46296-kardinal-woelki-massregelt-pfarrer-nach-segensfeier-fuer-liebende

343 Vgl. Anuth, Transition, 174.

344 Vgl. *Papst Franziskus*, Apostolisches Schreiben *C'est la confiance*, Über das Vertrauen auf die Barmherzigkeit Gottes anlässlich des 150. Jahrestages der Geburt der heiligen Theresia vom Kinde

Diese Kühnheit und innere Freiheit habe ich an Frau Michel erlebt und nicht nur an ihr allein. Wer sich heute in der Kirche Menschen mit Transidentität zuwendet, geht Risiken ein, ob ihm das bewusst ist oder auch nicht. Die Menschen, die ich getroffen habe, haben danach jedoch nicht gefragt, sondern gehandelt. Auch in ihrem Interesse ist sehr zu hoffen, dass mit der Geheimen Note von 2018 das letzte Wort noch nicht gesprochen ist. In diesem Sinne sind die Worte von Papst Franziskus ein Lichtblick.

Bemerkenswert ist nämlich nicht nur sein Schreiben über die heilige Therèse von Lisieux, sondern dass er zwei Tage später, am 17. Oktober 2023, die amerikanische Ordensfrau Jeannine Gramick in der Casa Marta zu einem 50-minütigen Gespräch empfangen hat. Sie ist Mitbegründerin der 1977 in der Erzdiözese Washington ins Leben gerufenen Initiative und heutigen Internetplattform New Ways Ministry, die das Ziel hat, homosexuellen und transidenten Menschen psychologische, spirituelle und materielle Unterstützung zukommen zu lassen.[345] Die Ordensfrau und ihre Initiative wurden seit den achtziger Jahren von der Glaubenskongregation beobachtet und 1999 verurteilt, die Arbeit für die LSBTIQ-Community aufzugeben.[346] In einem handgeschriebenen Brief dankte ihr Papst Franziskus zu Beginn dieses Jahres für ihre Arbeit in der Queer-Seelsorge. Er würdigte, dass sie über fünfzig Jahre in ihrem seelsorgerlichen Dienst „Nähe, Mitgefühl und Zärtlichkeit" zeige und nicht davor zurückschrecke, das Leiden der Menschen zu teilen. Das entspreche dem „Stile Gottes". Die zeitliche Nähe der beiden Ereignisse wird kein Zufall sein. Auch dass beide am Rande der ersten Sitzungsperiode der Weltsynode im Oktober 2023 in Rom stattgefunden haben, wird sich Papst Franziskus im Vorfeld sehr wohl überlegt haben. Mit dem Timing setzte er ein starkes Zeichen sowohl im Hinblick auf den laufenden Prozess der Synode als auch auf die Zukunft der Weltkirche.[347]

In der Seelsorge angekommen

Die kategoriale Seelsorge ist nicht an eine Kirchengemeinde gebunden, sondern richtet sich an bestimmte Zielgruppen wie beispielsweise Men-

---

Jesu und vom Heiligen Antlitz vom 15. Oktober 2023.

345 Vgl. https://www.katholisch.de/artikel/32670-franziskus-dankt-ordensschwester-fuer-50-jahre-queer-seelsorge

346 Aus zeitgenössischer Sicht schildert diese Zusammenhänge der US-amerikanische Journalist und Ratzinger-Biograph John L. Allen; vgl. ders., Ratzinger, 196–213, bes. 196–198.

347 Vgl. auch den persönlichen Bericht von Schwester Jeannine über die persönliche Begegnung mit Papst Franziskus: https://www.newwaysministry.org/2023/10/25/sister-jeannine-gramick-describes-her-meeting-with-pope-francis/

schen mit Behinderung oder mit Migrationshintergrund oder an bestimmte Berufsgruppen wie die Polizei oder das Militär. Beim Treffen der Caritas-Theologinnen und -Theologen des DiCV in der Diözese Rottenburg-Stuttgart im Frühjahr 2023 in Ellwangen treffe ich Seelsorgerinnen und Seelsorger aus der kategorialen Seelsorge. Sie berichten mir von ihren Erfahrungen mit trans Menschen. Hier bestätigt sich für mich das Bild, das ich bereits in Kitas, Schulen und den Einrichtungen der Caritas gewonnen habe. Trans Menschen sind längst auch in der Pastoral angekommen.

Jugendseelsorge

Ein Jugendseelsorger hat einen jungen trans Mann begleitet. Er lernte ihn als Mädchen über eine Jugendgruppe kennen, verfolgte den Prozess über viele Jahre und ist noch heute mit ihm im persönlichen Kontakt. Sie haben viel über den Glauben, die Theologie und die Kirche diskutiert. Nach seiner Transition studierte der junge Mann Theologie und arbeitet heute im kirchlichen Dienst.

Ein anderer Jugendseelsorger arbeitet bei einem großen Caritas-Träger, der in der Jugendhilfe tätig ist. Er bestätigt, dass Transidentität die jungen Leute in den Wohngruppen gerade intensiv beschäftigt. Als ich ihn frage, ob er die trans Jugendlichen aus der Einrichtung seelsorgerisch begleitet, verneint er das. Sie haben offenbar keinen Bedarf. Er ist eher ein Ansprechpartner für die betreuenden Pädagoginnen und Pädagogen, die zu ihm kommen und ihn um Rat bitten.

Schulseelsorge

Eine Schulseelsorgerin, die an einer berufsbildenden Schule zugleich als Religionslehrerin arbeitet, erzählt mir von einem Schüler, der sich ihr gegenüber geoutet hat. Sie ist für ihn eine Person, der er vertraut, sodass er den Mut fand, bei ihr den ersten Schritt seines Outings zu wagen. Ob er noch weitergehen wird, ist für sie offen. Er muss selber entscheiden, wie viel Mut und Kraft er für ein Outing in der Klasse aufbringen kann.

Sie bedauert, dass es in der Schule keine Gesprächskultur zum Thema Queerness gibt. Das Thema war immer ein Tabu. Sie hat die Sorge, dass das Outing des Schülers zu Konflikten führt und eine Spaltung in der Schülerschaft hervorruft. Sie sieht dafür deutliche Anzeichen. Sie hat den Wunsch, dass man im Kollegium eine größere Offenheit und mehr Vertrauen im Umgang miteinander entwickelt. Ein offenes und vertrauensvolles

Klima im Kollegium würde sich sicherlich auch auf die Schülerschaft auswirken.

Krankenhausseelsorge

Mit einem Krankenhausseelsorger spreche ich über die medizinethischen Aspekte von geschlechtsangleichenden Behandlungen und Operationen. Die Vereinbarkeit dieser Maßnahmen mit dem christlichen Menschenbild hat den Träger, der in mehreren Diözesen große Krankenhäuser betreibt, intensiv beschäftigt. Am Ende hat man sich dafür entschieden, die Operationen auf der Basis von sorgfältigen Einzelfallentscheidungen durchzuführen.

Aber darin erschöpft sich die Krankenhausseelsorge natürlich nicht. Die pastorale Begleitung im Umfeld von geschlechtsangleichenden Operationen führt nicht nur an sehr intime Fragen heran, sie konfrontiert die Seelsorgenden ganz unmittelbar mit der Frage nach Leben und Tod. Für trans Menschen, die sich von einer Operation ein ganz neues Leben erhoffen, steht viel auf dem Spiel. Manche entdecken in diesem Moment für sich die Bedeutung von Spiritualität und nehmen die pastorale Begleitung gerne an. Aber auch ohne explizit religiöse Motivation ist eine feinfühlige Seelsorge in dieser Situation ein wichtiger Halt gebender Faktor. Im Krankenhaus holt trans Menschen nicht selten die Erkenntnis ein, wie isoliert und einsam sie sind. Seelsorge hat in diesem Moment vorrangig die Aufgabe, da zu sein und zuzuhören.[348]

Sozialpastoral

Ich treffe auf eine Seelsorgerin, die im Ambulanten Wohnen arbeitet. Sie betreut Menschen, die nur mit sozialarbeiterischer Unterstützung in den eigenen vier Wänden leben können. Sie ist für eine trans Frau zuständig, die als Prostituierte arbeitet und dabei immer wieder mit der Polizei in Konflikt kommt. Wenn es passiert, dass sie aggressiv wird und mit ihren High Heels auf die Beamtinnen und Beamten losgeht, schalten diese den Sozialdienst ein und melden sich bei ihr. Die Seelsorgerin schildert mir diese Vorgänge, ohne sie zu bewerten, eher belanglos, schon fast selbstverständlich. Sie sind ein Bestandteil ihrer täglichen Arbeit. Ich frage sie, wie sie in der Beziehung zu dieser Frau ihre Rolle als Seelsorgerin versteht. Ihre Antwort macht mich nachdenklich. Der Halt, den sie der Frau einfach da-

348 Vgl. auch den Erfahrungsbericht aus der Krankenhauspastoral: Wieberneit, Seelsorge, 323–341.

durch gibt, dass sie für sie da ist, wenn ihr Leben wieder einmal völlig aus den Fugen geraten ist, das ist ihre Art der Seelsorge.

Gefängnisseelsorge

Frau Frank ist eine der ersten Personen, die zu mir Kontakt aufnehmen, als die Diözese im Dezember 2022 in der Presse über mein Projekt informiert. Sie arbeitet in der Seelsorge für männliche Häftlinge in Untersuchungshaft und damit auch für trans Frauen. Solange eine trans Frau über biologisch funktionsfähige Geschlechtsorgane verfügt, ist sie für den Strafvollzug ein Mann und wird dementsprechend im Männergefängnis untergebracht. Die Betroffenen sind damit gleich doppelt isoliert, von der Außenwelt, aber auch innerhalb der Gefängnismauern. Mit wenigen Details macht mir Frau Frank klar, was es heißt, eine trans Frau in U-Haft zu sein. Im Männergefängnis gibt es keinen BH für die Inhaftierten. Außerdem ist es für sie extrem belastend, wenn die Hormonbehandlung länger unterbrochen wird und sich der Bartwuchs wieder einstellt.[349]

Das Personal im Justizvollzug geht mit trans Menschen sehr unterschiedlich um. Manche reagieren ablehnend oder völlig gleichgültig, andere sind rücksichtsvoll und versuchen, bestimmte Härten zu vermeiden. Die Möglichkeiten sind zwar begrenzt, aber oft machen schon kleine Zeichen des Respekts den inhaftierten Menschen das Leben leichter. Sie wirken sich auch auf das Klima unter den Häftlingen positiv aus und tragen somit zu einer Entspannung bei. Frau Frank erzählt mir von einer trans Frau, die noch am Anfang ihrer Transition steht. Sie hat dunkle Haare und einen starken Bartwuchs. Ein Mittel zum Färben der Haare wurde ihr mit der Begründung verweigert, es handle sich um eine gefährliche Chemikalie, die man Häftlingen nicht aushändigen dürfe. Eine kosmetische Haarentfernung ist ohnehin ausgeschlossen. Da das Personal mit dieser trans Person aber grundsätzlich wohlwollend umging, konnte sie sich mit ihrer Situation arrangieren. Sie ließ sich am Ende sogar einen Bart wachsen.

Ich frage auch Frau Frank, was es für sie in solchen Situationen bedeutet, eine Seelsorgerin zu sein. Sie muss nicht lange überlegen. Man kann sich überall dafür einsetzen, dass Lebensbedingungen menschlich und wohlwollend sind, auch und gerade im Gefängnis. Hinzukommt, dass viele erstmals unter den Bedingungen der U-Haft anfangen, über ihr bisheriges Leben nachzudenken. Sie brauchen keine Ratschläge und erst recht keine

349 Vgl. dazu auch das Portrait, das die Gefängnisseelsorge auf ihrer Homepage veröffentlicht hat: https://gefaengnisseelsorge.net/gefangen-als-mann-als-transfrau-im-maennergefaengnis

Sinndeutung für ihre Situation. Sie brauchen einfach einen Menschen, der ihnen zuhört, sie ernstnimmt und sie auf ihren Gedanken-Wegen begleitet.

Trans – in der Kirchengemeinde

Das Lebensfest für Stephanie macht mir deutlich, dass sich die Frage nach der Zulässigkeit von Segensfeiern in der katholischen Kirche nicht auf gleichgeschlechtliche Paare beschränkt. Man möchte den Anschein vermeiden, dass die Pastoral etwas legitimiert, was die Moraltheologie verbietet. In diesem Sinne steht die Lebensform von lesbischen und homosexuellen Paaren auf der gleichen Stufe wie die der trans Menschen. Für beide gilt die Aufforderung, das eigene Mann-Sein oder Frau-Sein unbedingt anzuerkennen, anzunehmen und entsprechend zu leben (KKK 2333 sowie 2393). Die Gemeindepastoral steht damit vor ganz eigenen Herausforderungen.

Segensfeiern – (k)ein Ärgernis

Ein Pfarrer spricht mich an und bittet mich um eine Einschätzung. Zwei Männer in seiner Gemeinde haben im Sommer geheiratet. Ihm war die Eheschließung zwar bekannt, da sich beide in der Gemeinde vielfach engagieren, aber ansonsten wissen wenige Leute darüber Bescheid. Die beiden kamen nun zu ihm mit der Bitte um seinen Segen für ihre Partnerschaft. Für den Pfarrer bestehen an der Aufrichtigkeit der Zuneigung, an der Bereitschaft zur wechselseitigen Treue und Verantwortung füreinander keine Zweifel. Bei so manchem zweigeschlechtlichen Paar, das er traut, hat er in diesem Punkt wesentlich mehr Bedenken. Er könnte eine Segnung dieses Paares mit seinem Selbstverständnis als Seelsorger ohne weiteres in Einklang bringen und wäre dazu auch sofort bereit. Sorgen machen ihm die Wirkungen einer solchen Segensfeier auf die Gemeinde. Es gibt eine kleine, sehr konservative Gruppe, die einen solchen Anlass mit Sicherheit zum Anlass nehmen würde, sich lautstark zu Wort zu melden. Das Geschehen würde damit möglicherweise beschädigt und die Beteiligten verletzt. Aber soll er aus diesem Grund die Segnung verweigern?

Keine „Verwechslungsgefahr"

Wir sprechen über die aktuelle kirchenrechtliche Situation, wonach solche Segensfeiern liturgisch nicht erlaubt sind. Wir sprechen auch über das öffentliche „Ärgernis", das kirchenrechtlich zu vermeiden ist, wofür ein Pfarrer die besondere Verantwortung trägt. Aber er trägt diese Verantwortung ja nicht allein. Ich erzähle von Stephanies Lebensfest und davon, wie es ohne äußere Komplikationen als eine sehr persönliche und authentische Feier gestaltet wurde. Zu keiner Zeit wurde der Eindruck erweckt, dass hier eine zweite Taufe stattfindet. Warum sollte nicht eine Handlung möglich sein, die ohne jede „Verwechslungsgefahr“ mit einer sakramentalen Eheschließung einfach das segnet, was die beiden Menschen zusammengeführt hat und verbindet? „Am Ende zählt nur die Liebe.“

Eine gemeinsame Suche

Die beiden Männer, die den Pfarrer um eine Segnung bitten, sind ihm gut bekannt. Da er ganz offen mit ihnen sprechen kann, liegt es nahe, sie einzubeziehen und mit ihnen gemeinsam nach einer geeigneten Form zu suchen, die dem Segen Gottes Ausdruck verleiht, auch ohne Anstoß zu erregen. Wer wird eingeladen? Wie viel Öffentlichkeit wird gebraucht? Welche Zeichen, Texte und Lieder sind ihnen wichtig? Was ist unverzichtbar und was nicht? Auch für Stephanie und Sonja war die Vorbereitung der Feier eine wichtige Phase, in der sie kreativ sein und sich innerlich auf das Lebensfest einstimmen konnten. Seelsorge für queere Menschen beschränkt sich nicht auf punktuelle Handlungen. Sie ist ein inspirierter und inspirierender Prozess. Am Ende kommt es darauf an, dass Gott seinen Segen in unsere Hände legt, damit wir füreinander ein Segen sind (Gen 12,2).

Tabuthema: Suizid

Im Anschluss an den Talk am Dom in Stuttgart im Herbst 2023 bekomme ich einen Telefonanruf. Philipp, Mitte dreißig, schwul, seit knapp zehn Jahren in einer festen Beziehung, interessiert sich für den Unterschied zwischen kirchlicher Sexualmoral und christlicher Sozialethik. Im Gespräch stellt sich heraus, dass er zwar evangelisch, aber schon lange aus der Kirche ausgetreten ist. Über Freunde ist er vor einiger Zeit mit der katholischen Kirche in Berührung gekommen. Bei der Beerdigung eines Bekannten hat der Pfarrer der Gemeinde ganz unkompliziert den Freunden die Räume der Gemeinde zur Verfügung gestellt. Das hat ihn sehr überrascht. „Ausgerechnet die katholische Kirche!“

Ihn belasten Todesfälle in seinem Freundeskreis. Er hat mehrere Bekannte, die gegenwärtig akut suizidgefährdet sind. Um sie kümmert er sich. Dass eine schwule Beziehung wie bei ihm und seinem Partner nun schon sehr lange hält, ist eher die Ausnahme. Meistens halten sie nur Monate oder wenige Jahre. Aber wenn eine Beziehung zerbricht, sind Trauer und Verzweiflung deswegen nicht kleiner als bei heterosexuellen Paaren.

Vielleicht sind sie sogar noch größer, denn queere Menschen erleben oft mehr Einsamkeit, Isolation und Ausgrenzung als andere. Wenn man schon den Kontakt zur eigenen Familie verloren hat, wiegt der Verlust des Partners vielleicht noch schwerer. Die Suizidrate ist jedenfalls nachweislich bei schwulen Männern deutlich erhöht. Aber es ist ein Tabu, über das man nicht spricht.

Philipp wünscht sich, dass sich die katholische Kirche an dieser Stelle stärker engagiert. Ich erzähle ihm, dass ich in der Pastoral schon mehrfach auf frustrierte Menschen getroffen bin, die mir gesagt haben, die Kirche habe schon vor Jahren die Chance verpasst, eine queere Seelsorge aufzubauen. Aus ihrer Sicht wird eine Pastoral für die LSBTIQ-Community inzwischen nicht mehr gebraucht. Philipp widerspricht dem ganz vehement. Er ist fest davon überzeugt, dass der Glauben einen Menschen tragen kann, wenn er den Boden unter den Füßen verliert. Aber dazu braucht man Mitmenschen, die einen gerade in solchen Momenten begleiten. Mit wenigen Worten hat er damit eine Definition von Pastoral gegeben.

Wird das die Kirche verändern?

Ich frage mich, was eigentlich unser Bild von homosexuellen und lesbischen Menschen bestimmt. Mir wird klar, dass mich das Thema Suizid seit einiger Zeit wie ein Schatten begleitet. Nehmen wir es in unserem Bemühen um eine queere Pastoral ernst genug? Ist uns klar, dass wir gerade hier besonders gebraucht werden? Ich denke an die Mitglieder der Weltsynode, die gerade in Rom erstmals zusammengekommen sind. Was bedeutet es, dass der in Verzweiflung selbst gewählte Tod einer jungen Frau die Menschen dort zum Weinen bringt? Wird das die Kirche verändern?[350]

Queere Pastoral

Zwei Mitarbeiterinnen, die in einem Projekt der Jugend-Pastoral arbeiten, interessieren sich für mein Projekt. Wir diskutieren, wie die Kirche in der Community von queeren Menschen wahrgenommen wird und was sie tun muss, um als ein Ort erkennbar zu sein, der jungen Menschen etwas Sinnvolles für ihr Leben anbieten kann. Für die beiden Frauen, die selbst wenig älter sind als die Zielgruppe, für die sie arbeiten, ist völlig klar: Aufklärung, Empowerment und Sichtbarkeit – das muss auch das Programm der Pastoral sein. Kirche muss die Sprache der jungen Menschen sprechen. Und sie

350 Vgl. https://www.ncronline.org/vatican/vatican-news/story-lgbtq-youths-suicide-led-synod-delegates-cry-radcliffe-reveals

muss sich mit ihrer Gedankenwelt vertraut machen, wenn sie Jugendlichen in ihren Gemeinden eine spirituelle Beheimatung anbieten will. Aus ihrer Sicht sind Segensfeiern gefragt und würden auch angenommen. Ich spüre bei beiden sehr viel Energie und Leidenschaft, was mir sehr sympathisch ist.

Sie wollen wissen, wie ich mich dem Thema Transidentität nähere. Als ich ihnen von den lehramtlichen Positionen zu dieser Frage berichte, sind sie überrascht. Ihnen war nicht bewusst, dass die Hürden, die das römische Lehramt im Hinblick auf die Rechte von trans Menschen in der Kirche aufgebaut hat, so hoch sind. Irgendwann im Verlauf des Gesprächs wird deutlich, dass eine der beiden jungen Frauen selbst in einer gleichgeschlechtlichen Beziehung lebt. Ich frage mich, ob wir schon genügend realisiert haben, dass die klare Unterscheidung von Kirche und Welt, von Drinnen und Draußen an der Wirklichkeit unserer Gemeinden vorbeigeht. Die saubere Trennung besteht vielleicht noch in den Köpfen, aber die Realität hat die Kirche längst eingeholt. In diesem Moment wird mir einmal mehr bewusst, dass in unserer Kirche gerade zwei Welten aufeinanderprallen. Die Segensfeiern sind ein Kristallisationskern für die Frage, wer dazugehört und wer nicht.[351]

Geschlechtergerechte Gemeinde

Was macht eine geschlechtergerechte Gemeinde anders? Was muss eine Gemeinde tun, um sich positiv abzuheben und nicht die üblichen Geschlechter-Stereotypen zu bedienen? Über diese Frage spreche ich mit einer Diözesanreferentin, die schwerpunktmäßig in der Frauenseelsorge arbeitet. Frau Rheinbach begleitet eine Projektgruppe, die dabei ist, Qualitätskriterien für eine geschlechtergerechte Gemeinde zu entwickeln. Die Mitglieder der Arbeitsgruppe sind dabei, Initiativen und Impulse zu sammeln, wo Gemeinden bereits heute schon geschlechtersensibel unterwegs sind. Ausgangspunkt des Vorhabens ist die strukturelle Diskriminierung von Frauen in der katholischen Kirche, die die Initiatorinnen und Initiatoren einfach nicht länger hinnehmen wollen. Die Liste möglicher Ansatzpunkte, die man zusammengestellt hat, ist beeindruckend. Sie reichen von der Zusammenarbeit in Gremien über Sprachregelungen, Gottesdienstgestaltungen bis hin zur Bezeichnung von Räumen, Veranstaltungen und Kooperationen vor Ort. Es sind alles niederschwellige Aktivitäten, die

351 Vgl. dazu auch den Sammelband von Brinkschröder/Ehebrecht-Zumsande/Gräwe/Mönkebüscher/Werner, #OutInChurch.

keine offiziellen Genehmigungen voraussetzen, sondern einfach nur Sensibilität und guten Willen. Inzwischen hat sich das Themenfeld jedoch geweitet. Man hat erkannt, dass nur eine Gemeinde, die auch im Hinblick auf geschlechtliche Vielfalt aufgeschlossen ist, als wirklich geschlechter-*gerecht* bezeichnet werden kann.

Frau Rheinbach möchte wissen, wo ich in diesem Zusammenhang das Thema Transidentität einordnen würde. Man kann sich auf den Standpunkt stellen, dass trans Frauen auf ihre Weise an der Benachteiligung von Frauen in der Kirche partizipieren, aber eine solche Sichtweise würde überspielen, dass sie mit ihrer geschlechtlichen Identität, ihrem Aussehen und Auftreten nochmals ganz eigenen Diskriminierungen ausgesetzt sind und zwar auch in kirchlichen Gemeinden. Umgekehrt sollte dies kein Grund sein, sie als einen „Sonderfall" innerhalb der geschlechtergerechten Gemeinde zu behandeln. Die Herausforderung für eine Kirchengemeinde, insbesondere für Gremien und Gruppen, besteht darin, trans Menschen einfach als Mitglieder der Gemeinde zu betrachten, sie als Schwestern und Brüder im Glauben zu sehen und zwar ganz unabhängig davon, ob sie ehrenamtlich oder hauptamtlich tätig sind.

„Normalisierung"

Mit einer solchen Normalisierung setzen katholische Kirchengemeinden auch ein Zeichen gegen das, was aktuell in der theologischen Forschung unter der Überschrift „Rechter Normalisierung" diskutiert wird.[352] Wie in allen gesellschaftlichen Bereichen ist auch in Kirchengemeinden das Eindringen von rechtem und rechtsextremem Gedankengut nicht ausgeschlossen. Gerade der traditionsorientierte Katholizismus ist für rechte Populisten und ihre Parteien ein willkommener Verbündeter, wenn es um die Bewahrung bestimmter Vorstellungen zur Rolle der Frau in Familie und Gesellschaft geht. Kirchengemeinden sollten sich daher in aller Deutlichkeit von frauen-, gender- und menschenfeindlichen Positionen abgrenzen. Jan-Hendrik Herbst, der zu diesem Thema kürzlich eine Abhandlung erstellt hat, empfiehlt Verantwortlichen in Kirchengemeinden, sorgfältig zu prüfen, wie Veranstaltungen, Informationsmaterialien, Bildungsangeboten, aber auch Katechesen und Predigten gestaltet sind. Die selbstkritische Aufmerksamkeit für die eigene Wortwahl und die persönliche Kommunikation ist dazu der erste Schritt.

352 Vgl. Herbst, Rechte Normalisierung, 405.

Ein anderes Wort für Inklusion

Gleichzeitig ist zu bedenken, dass nicht alle von Regenbogen-Flaggen an Kirchen begeistert sind und dass auch manches Mitglied einer Kirchengemeinde mit dem Gendern der Sprache, zumal im Gottesdienst, nicht viel anfangen kann. Die Offenheit, mit der man heute über die sexuelle Orientierung von Menschen spricht, ist einigen Gläubigen ebenfalls fremd. Jahrhundertelang war dieses Thema in der Kirche ein Tabu. Man sprach darüber nur hinter vorgehaltener Hand oder im Beichtstuhl. Fremdheit, Vorbehalte und Ressentiments sind ein historisches Erbe oder besser eine Hypothek, mit dem Mitarbeitende in der Pastoral behutsam umgehen müssen. Das gilt besonders für spektakuläre Events. Eine Drag Queen im Gottesdienst mag im Internet eine gute Ideen sein, am Sonntag im Familiengottesdienst sind an diesem Punkt Zweifel angebracht.[353] Solche Aktionen bringen in der Regel jede Menge Aufmerksamkeit, aber sie bergen auch ein erhebliches Konfliktpotenzial. Initiativen, durch die sich Menschen provoziert fühlen und die letztlich nur polarisieren, bringen die Akzeptanz von trans und queeren Menschen in der Gemeinde nicht weiter. Die trans Frau als Lektorin oder der trans Mann als Kommunionhelfer können eher dazu beitragen, dass der Umgang mit geschlechtlicher und sexueller Vielfalt auf Dauer immer besser gelingt. Normalisierung verzichtet auf spektakuläre Aktionen zugunsten von gelebter Gemeinschaft im Alltag. Sie ist damit ein anderes Wort für Inklusion.

Männerseelsorge – für trans Männer?

Die Konferenz der Beauftragten für die LSBTIQ-Seelsorge der Deutschen Bischofskonferenz wird von der Arbeitsstelle für Männerseelsorge organisiert.[354] In diesem Zusammenhang lerne ich einen Diözesanreferenten kennen. Ich frage Herrn Binder, welche Rolle in der Männerseelsorge die Integration von trans Männern spielt und ob sie überhaupt ein Thema ist. Außerdem interessiert mich, wie man zu trans Frauen steht, also zu Männern, die sich als trans outen. Kann die Männerseelsorge damit umgehen? Hat sie sich dazu schon positioniert? Herr Binder räumt ein, dass bisher insbesondere homosexuelle Männer im Vordergrund stehen. Ihre Akzeptanz nimmt zwar auch in traditionell volkskirchlich geprägten Kreisen immer mehr zu, aber als Zielgruppe der Pastoral sind sie noch lange nicht

---

353 Vgl. https://www.katholisch.de/artikel/47660-travestiekuenstlerin-lilo-wanders-kommt-als-gast-zu-online-gottesdienst

354 Vgl. https://kath-maennerarbeit.de/

selbstverständlich. Beim Thema Transidentität steht man im Unterschied dazu noch ganz am Anfang. Er gibt mir daher die Frage zurück und möchte wissen, wie ich zu dem Projekt gekommen bin.

Alte Fragen und neue Antworten

Ich erzähle, mit welchen Berührungsängsten ich zu Beginn unterwegs war und dass sich diese in dem Moment gelegt haben, als ich anfing, mich mit meiner eigenen Biographie und meiner Haltung auseinanderzusetzen. Wir machen uns auf die Suche nach den prägenden Erfahrungen unserer Generation und der Generation unserer Eltern. Die 68er und die Sexuelle Revolution, die Themen Homosexualität, Gleichberechtigung der Frau und das Recht auf Abtreibung, sie alle sind nicht neu.[355] Wir fragen uns, was sich verändert hat. In den siebziger Jahren fanden Demonstrationen für die Straffreiheit der Abtreibung statt, heute geht man zum Christopher Street Day (CSD). Die Tochter meines Gesprächspartners ist vierzehn Jahre und wollte in diesem Jahr unbedingt mit ihrer Freundin zum CSD. Sollten die Eltern sie ziehen lassen? Hanna entdeckt gerade ihre Weiblichkeit, während die Freundin sich betont burschikos gibt. Was hat das zu bedeuten? Die Eltern sind sich unsicher. Welche Spielräume können und wollen sie ihrem Kind gewähren? Und wo sind Grenzen, die nicht überschritten werden dürfen?

Es sind die alten Fragen, die sich Eltern zu allen Zeiten gestellt haben, auf die aber immer wieder neue Antworten gefunden werden müssen. Die Rollen von Männern und Frauen, Vätern und Müttern haben sich in den letzten Jahren sehr verändert. Familie existiert nicht jenseits von Raum und Zeit. Was früher Tabu war, ist heute ein offen diskutiertes Thema. Transidentität und gleichgeschlechtliche sexuelle Orientierung galten lange Zeit als pathologisch. Sie werden zurzeit unter dem Vorzeichen der Vielfalt neu bewertet. Verhalten und Haltung der Menschen verändern sich und mit ihnen die Gesellschaft. Hanna und ihre Freundin bewegen sich darin, wollen sich entfalten, erproben ihre Möglichkeiten und suchen nach Orientierung. Die Eltern können und wollen sie davon nicht abhalten. Sie begleiten Hanna und stehen ihr zur Verfügung, wenn sie gebraucht werden. Zum CSD gingen sie am Ende gemeinsam.

Ich frage mich, was wohl wäre, wenn Hanna ihren Eltern irgendwann sagen würde: „Ich bin trans." Für den Vater wäre dies sehr hart. Er würde

355 Vgl. Angenendt, Sexualität, 223-238. – Ausführlich dazu Schockenhoff, Kunst zu lieben, 13–72.

seiner Tochter nachtrauern, aber, da ich bin mir ganz sicher, er würde sein Kind nicht fallen lassen.

Was gebraucht wird

In der Konferenz der LSBTIQ-Beauftragten bekomme ich mit, dass die Familienkommission der Deutschen Bischofskonferenz dabei ist, ein Positionspapier zum Umgang der Kirche mit dem Thema Transidentität zu formulieren. Ich überlege mir, was ich der Kommission raten würde, wenn man mich nach meinen Erfahrungen fragen würde.

Wir brauchen aus meiner Sicht ein Papier, das die Eltern so stärkt und ermutigt, dass sie umgekehrt ihre trans Kinder annehmen, stärken und schützen.[356] Bei dieser Aufgabe müssen ihnen die Gemeindepastoral, die Caritas, die kirchlichen Schulen und Kitas helfen. Für diese große Gemeinschaftsaufgabe sollte sich die Kirche mit ihrer politischen Lobby-Arbeit, ihren Verbänden, Hochschulen, Akademien etc. stark machen. Ich habe den Eindruck, dass die Institutionen sich dieser wichtigen Rolle bisher so gut wie gar nicht bewusst sind. Dafür, dass diese Akteure im Hinblick auf die Rechte und Bedürfnisse von trans Menschen gemeinsam an einem Strang ziehen, brauchen wir Papiere der Deutschen Bischofskonferenz.

Queer-Verbindungen

Am Ende meiner Reise durch das katholische Bildungswesen, die Dienste und Einrichtungen der Caritas und die verschiedenen Bereiche der Pastoral habe ich ein Bild davon gewonnen, was die Kirche trans Menschen an Begleitung und Unterstützung anbieten kann. Sie könnte wirklich ein Netz sein, das trans Menschen und ihren Familien Halt gibt und das Gefühl der Zugehörigkeit vermittelt. Meine Vision kann Wirklichkeit werden und das nicht erst in einer fernen Zukunft. Allerdings müssen dazu bestimmte Vorbedingungen erfüllt sein, die ich an dieser Stelle nochmals benennen und vor allem den Führungsverantwortlichen auf allen drei Feldern ans Herz legen möchte.

356 Mit ihren Angeboten für Familien mit trans Kindern leistet die Projektstelle für die Regenbogenpastoral im Erzbistum München-Freising zurzeit eine wertvolle Pionierarbeit. Vgl. https://www.erzbistum-muenchen.de/ordinariat/ressort-4-seelsorge-und-kirchliches-leben/regenbogenpastoral/113990

Professionalität braucht Pflege

Ich habe in allen drei Bereichen ein hohes Maß an Professionalität angetroffen und eine große Bereitschaft, sich für die Belange von trans Menschen zur Verfügung zu stellen. Aber ich habe auch Belastungen, Grenzerfahrungen und Enttäuschungen wahrgenommen, mit denen die Betroffenen oft allein gelassen werden. Fortbildung, Supervision und kollegiale Beratung kann dabei helfen, mentale Ressourcen zu schonen und immer wieder neu aufzubauen. Sie sollten in der Arbeit für und mit trans Menschen ein Standard sein.

Wertschätzung und Rückendeckung

Die kirchlichen Institutionen können sich auf das professionelle Engagement ihrer Mitarbeitenden verlassen, aber das alleine reicht für ein zuverlässiges Angebot an erzieherischen, sozialen und pastoralen Diensten nicht aus. Individuelle Vorlieben und Interessen oder die eigene Betroffenheit als queere Person sind wichtige Gelingensfaktoren für eine gute Arbeit. Aber die Mitarbeitenden brauchen darüber hinaus die ungeteilte Wertschätzung und Rückendeckung ihrer Vorgesetzten und Trägerverantwortlichen.

Kollegiale Kooperationen nutzen

In den Einrichtungen und Gemeinden sind trans Menschen in der Regel Einzelfälle. Betrachtet man das gesamte System, sind sie aber keineswegs Ausnahmen. Die kollegiale Vernetzung der Kitas und Schulen in den Diözesen und auf der Bundesebene, die Kooperation in den Fach- und Diözesanverbänden der Caritas und die pastoralen Strukturen der Dekanate und Diözesen könnte man zum Erfahrungsaustausch nutzen, sodass nicht mit jedem einzelnen Fall „das Rad neu erfunden" werden muss.

Ressourcen austauschen und teilen

Beratung, Betreuung, Bildung und Erziehung finden in allen drei Bereichen statt, ohne dass dies den Akteuren immer bewusst ist. Wenn die Kirche ein Netz sein will, das trägt, sollte man Ressourcen austauschen und miteinander teilen. Konkret wäre zu fragen, ob die katholische Schule am Ort das Beratungsangebot der Caritas kennt. Oder sind die Eltern mit ihrem trans Kind nicht nur in der Kita, sondern auch in der Familienarbeit der Gemeinde gut aufgehoben? Nutzt die kirchliche Jugendarbeit bei Bedarf das Knowhow der Jugendhilfe der Caritas? Und umgekehrt?

Am Ende bleibt ein „blinder Fleck"

Dass die DBK mit ihrer Kommission für Familienpastoral das Thema Transidentität entdeckt hat, ist sehr zu begrüßen. Aber trans Menschen haben nicht nur eine Herkunftsfamilie, sondern sie gründen ihrerseits Familien. Im Gespräch mit Fachleuten der Stuttgarter Beratungsstelle BerTA[357] habe ich viel über die besonderen Lebenslagen von Regenbogenfamilien gelernt. Die freundlichen und offenen Begegnungen haben mich sehr bereichert und dafür bin ich dankbar.

Trans Menschen werden in Zukunft immer weniger allein auftauchen, sondern ihre Kinder und Angehörigen in die Gemeinden und Einrichtungen mitbringen. Ist für diese Regenbogenfamilien in der Kirche Platz? Sind trans Eltern in katholischen Kitas willkommen? Wie begegnen ihnen die Lehrkräfte an der katholischen Schule?

Finden sie für ihre besonderen Belange ein Beratungsangebot bei der Caritas? Es sieht so aus, als würde aktuell nur in Hamburg eine Beratungsstelle existieren, die sich explizit an Regenbogenfamilien richtet.[358] Fehlt das Angebot oder wird es einfach nur nicht offensiv beworben? Hält man sich mit Dienstleistungen zurück, solange sich die verfasste Kirche nicht explizit dazu bekannt hat, dass auch Regenbogenfamilien im Sinne der Kirche vollgültige Familien sind?[359]

Was ist, wenn ein gleichgeschlechtliches Paar sein Kind taufen lassen möchte? Wenn es zur Kommunion gehen oder gefirmt werden soll? Sind zwei Männer mit einem Kind als Familie in einer Gemeinde denkbar? Es gibt noch viele weitere Fragen, die an dieser Stelle offenbleiben müssen. Eines ist jedoch schon jetzt ganz klar. Die Antworten werden sich nicht ohne die Betroffenen, sondern nur im Dialog mit ihnen finden lassen. Wenn dieser Austausch mit Respekt und Wohlwollen stattfinden kann, ist bereits sehr viel erreicht.

Meine Wünsche für Stephanie

Damit komme ich wieder auf Stephanie zurück. Ich wünsche mir für sie, dass sie eine Frau findet, mit der sie glücklich wird. Vielleicht werden sie auch Kinder haben. Ich wünsche ihr, dass sie in der katholischen Kita verständnisvolle Erzieherinnen und Erzieher findet, dass man ihr in der Schule mit Res-

---

357 Vgl. https://regenbogenfamilien-stuttgart.de/

358 Vgl. https://www.caritas-hamburg.de/hilfe-und-beratung/kinder-jugend-und-familie/erziehungsberatung/beratung-regenbogenfamilien

359 Der Familienbund der Katholiken bekennt sich auf seiner Homepage ausdrücklich auch zu Regenbogenfamilien. Vgl. https://www.familienbund.org/

pekt und Wertschätzung begegnet, dass sie wieder einen kompetenten und einfühlsamen Berater findet, wenn es einmal nötig sein sollte, und dass sie in der Seelsorge noch öfter so wunderbare Menschen erleben darf wie Frau Michel.

Mitarbeiten – in der Kirche

Das kirchliche Engagement im Bildungswesen, in der Caritas und in der Pastoral ist ein Dienst am Menschen. Die Kirche bewegt sich auf allen drei Feldern im Wir-sind-für-dich-da-Modus. Damit leistet sie unendlich viel Gutes, aber die Frage, ob trans Menschen in der Kirche ganz dazugehören, ist damit noch nicht abschließend entschieden. Erst wenn trans Menschen auch in der Kirche mitwirken können, sind sie wirklich angekommen und gehören sie dazu.

Momentaufnahmen

Wie steht es um ihre Mitarbeit? Lässt man zu, dass sie sich ehrenamtlich engagieren? Haben sie Interesse an einem Arbeitsplatz in einer kirchlichen Einrichtung? Sind kirchliche Träger bereit, sie einzustellen? Das Projekt ermöglicht mir nur wenige Momentaufnahmen, aber auch sie sind für mich aufschlussreich. Auf die Pressemeldung der Diözese Rottenburg-Stuttgart reagiert eine trans Frau aus einer anderen Diözese und gratuliert mir zu meinem Projektstart. Sie arbeitet als Pastoralreferentin in einer Nachbardiözese. Eine andere trans Frau wird etwas später durch einen Beitrag im Internet auf mich aufmerksam. Sie arbeitet ehrenamtlich in einer Kirchengemeinde im Ruhrgebiet und interessiert sich für die Erfahrungen in den südwestdeutschen Diözesen. Ansonsten spielt das Thema Mitarbeiten für mich zunächst keine große Rolle.

Caritas in Vielfalt

Nur einmal am Ende eines Besuchs in einer Beratungsstelle der Caritas stellt meine Gesprächspartnerin eher beiläufig fest: „Ich habe übrigens kürzlich eine nonbinäre Person eingestellt. Sie ist sehr kompetent und es passte einfach alles.“ Mit der Anrede hat sie noch manchmal ein Problem, aber der gegenseitigen Sympathie tut das keinen Abbruch.

Mit einer Broschüre „Caritas in Vielfalt“ hat sich der Diözesanverband schon im Mai 2022 zu Themen wie Scheidung und Wiederheirat, Homosexualität und Gleichgeschlechtliche Partnerschaft oder auch Kirchenaustritt geäußert.[360] Er hat damit das vorweggenommen, was ein halbes Jahr später geltendes Arbeitsrecht in der katholischen Kirche geworden ist. Seit November 2022 spielt das Intimleben der Mitarbeitenden für das Arbeitsverhältnis keine Rolle mehr. Damit wurde der Weg frei gemacht für unterschiedliche sexuelle Orientierungen und Lebensweisen. Ausdrücklich bekennt sich die neue kirchliche Grundordnung zur Vielfalt als Bereicherung des kirchlichen Dienstes.[361]

Eine Lücke in der neuen Grundordnung

Mit Recht wurde von der Initiative #OutInChurch[362] jedoch sehr früh bemängelt, dass man die geschlechtliche Identität nicht explizit erwähnt. [363] Damit bleibt offen, ob die neuen Bestimmungen trans Menschen einbeziehen oder nicht. Dass gerade im Hinblick auf diese ohnehin schon vulnerable Gruppe die Rechtsordnung eine Lücke aufweist, ist mehr als bedauerlich. Es bedeutet für die Betroffenen eine eklatante Rechtsunsicherheit. [364] Was dies konkret bedeutet, lässt sich am Beispiel von Theo Schenkel zeigen, einem trans Mann, der als angehender Religionslehrer im Rahmen der #OutInChurch-Dokumentation portraitiert wurde.[365] Er wurde inzwischen in den Dienst der Erzdiözese Freiburg übernommen und ist fest angestellt. In einer deutschen Diözese ist man dem Beispiel des Erzbistums Freiburg gefolgt und hat ebenfalls eine trans Person als Religionslehrer übernommen. In einer anderen dagegen wurde eine Frau aus dem Religionsunterricht abgezogen, nachdem sie sich als trans geoutet hatte.

Willkür statt Recht

Auch in der Konferenz der LSBTIQ-Beauftragten der Diözesen sind Fälle wie diese Gegenstand der Beratungen. Man fragt sich, ob der Beruf des Religionslehrers tatsächlich an seinem Wohnort hängen kann. Die diözesanen Verantwortlichen müssen sich den Vorwurf gefallen lassen, dass sie

---

360 Vgl. https://www.charta28.de/fahrplan/linie-1-vielfaltsgesellschaft/outinchurch

361 Vgl. *Vollversammlung des Verbandes der Diözesen Deutschlands (VDD), Grundordnung des kirchlichen Dienstes* in der Fassung des Beschlusses vom 22. November 2022. – Dies., *Vollversammlung des Verbandes der Diözesen Deutschlands (VDD)*, Erläuterungen zum *kirchlichen Dienst* in der Fassung des Beschlusses vom 22. November 2022.

362 Vgl. Brinkschröder/Ehebrecht-Zumsande/Gräwe/Mönkebüscher/Werner, #OutInChurch.

363 Vgl. Ein Jahr #OutInChurch: „Die Arbeit fängt jetzt erst an" - katholisch.de

364 Vgl. https://www.katholisch.de/artikel/39500-gewerkschaft-und-queere-katholiken-kritisieren-reform-der-grundordnung

365 Vgl. https://www.katholisch.de/artikel/33804-erstmals-erlaubnis-transmann-darf-in-freiburg-religion-unterrichten

Willkür statt Recht walten lassen. Wer glaubt, mit solchen Entscheidungen ein „Ärgernis“[366] vermeiden zu können, übersieht, dass er damit ein neues und noch größeres in die Welt setzt. Es bleibt zu hoffen, dass man nach der geplanten Evaluation der jetzt gültigen Grundordnung diese Rechtsunsicherheit zugunsten einer klaren und eindeutigen Lösung beseitigt.

Ein Fallbeispiel: „Ab heute Lisa!"

Ich verfolge die Diskussion um die neue Grundordnung interessiert, aber ohne das Thema weiter zu vertiefen. Das ändert sich im Sommer kurz vor den großen Ferien, als mich ein Anruf aus einem Verwaltungszentrum der Diözese Rottenburg-Stuttgart erreicht. Jonas, ein Erzieher in der Ausbildung, hat sich in einer Kita als trans geoutet. Nach Absprache mit der Leitung und dem Team hat er den Kindern mitgeteilt: „Ich heiße ab heute Lisa!“ Die Eltern wurden an demselben Tag mit einem Brief von Lisa informiert. Die Kinder hatten mit dem Namenswechsel offenbar kein Problem. Einige stellten Fragen, manchmal wurden Jonas und Lisa noch verwechselt, aber bald war das Thema für die Kinder erledigt. In der Elternschaft gab es allerdings eine große Unruhe. Einige sprachen von Vertrauensbruch, andere von Kindeswohlgefährdung, wieder andere waren verunsichert und fühlten sich von der Einrichtung übergangen.

Was bisher geschah

Von der Trägervertreterin, Frau Bremer, werde ich angefragt, ob ich mir vorstellen kann, in dieser Konfliktsituation als neutrale Person von außen einen Elternabend zu moderieren. Ich sage zu, möchte mir aber zuerst ein Bild machen, was bisher geschehen ist. Zuerst spreche ich mit Frau Sontheimer, einer erfahrenen Kita-Leitung, die im Ort wohnt und seit vielen Jahren mit der Elternschaft vertraut ist. Nachdem sie zuerst völlig überrascht war, hat sie gezielt Informationen für sich und das Team gesucht. Sie hat Kontakt zu Beratungsstellen aufgenommen, das Landesjugendamt informiert und dann gemeinsam mit dem Elternbeirat und in Abstimmung mit Lisa einen günstigen Zeitpunkt für das offene Outing gesucht. Nachdem ich mir den bisherigen Ablauf vorstellen kann, spreche ich mit Lisa und frage sie, wie es ihr damit geht, dass ihr Outing und ihre geplante Transition Thema eines Elternabends sein sollen. Sie erzählt mir, dass sie mit den teilweise heftigen Reaktionen einzelner Eltern nicht gerechnet habe, insgesamt sei

366 Vgl. Anuth, Transition, 175.

jedoch positiv auf ihren Brief reagiert worden. Von daher kann sie sich vorstellen, mit den Eltern ins Gespräch zu gehen. Ihr ist klar, dass sich nur auf diesem Wege die Situation wieder entspannen lässt, aber ich spüre gleichzeitig, dass die Vorstellung, in einer großen Runde mit allen Eltern reden zu sollen, ihr zu schaffen macht.

Erwartungen und Bedürfnisse

Nach und nach klärt sich für mich die besondere Herausforderung dieses Abends. Es sind ganz unterschiedliche Erwartungen und Bedürfnisse im Raum, die bedacht werden müssen. Lisa ist unbedingt vor persönlichen Angriffen zu schützen. Die Eltern müssen die Chance bekommen, ihren Ärger und ihre Sorgen zur Sprache zu bringen, damit sie wieder neues Vertrauen in die Einrichtung fassen können. Die Leitung und der Elternbeirat brauchen eine Gelegenheit, deutlich zu machen, dass sie die von den Eltern massiv kritisierte Kommunikation gut überlegt haben und in einer Dilemma-Situation entscheiden mussten. Fragen zum pädagogischen Vorgehen des Teams müssen besprochen werden. Und es werden Vereinbarungen zum weiteren Vorgehen gebraucht.

Alle müssen zu Wort kommen

Frau Sontheimer hat zu diesem Zeitpunkt schon mit einzelnen Personen gesprochen. Sie vermutet zu wissen, von wo die größten Widerstände kommen. Werden diese Eltern den Mut aufbringen, in der großen Runde ihre Kritik zu äußern? Keiner möchte gern als transfeindlich gelten. Ist vor diesem Hintergrund überhaupt eine offene Aussprache zu erwarten? Wenn die Karten aber nicht aufgedeckt werden, dann ist der ganze Aufwand sinnlos und man sollte den Abend insbesondere Lisa ersparen.

Mit ihr vereinbare ich ein dreistufiges Verfahren, das eine größtmögliche Transparenz herstellen soll, ohne dass jemand dadurch unter Druck gerät. Nach der Begrüßung erhalten alle Anwesenden eine Karte und einen Stift mit der Bitte, kurz die Botschaft zur formulieren, die ihnen an diesem Abend ganz besonders wichtig ist und die nicht ungesagt bleiben darf. Die Karten werden gesammelt und an Pinnwänden für alle sichtbar aufgehängt. Das Ganze bleibt aber anonym. Als zweiten Schritt diskutieren wir offen die benannten Konfliktthemen. Als dritten Schritt gibt es die Möglichkeit für Gespräche unter vier oder sechs Augen. Der Abend hat damit bewusst ein offenes Ende.

Eine großartige Sympathiebekundung

Während Frau Sontheimer den bisherigen Verlauf der Ereignisse erläutert, können die Karten beschriftet werden. Sie werden eingesammelt und dann von mir zusammen mit Lisa einzelnen Themenblöcken zugeordnet. Mir ist bewusst, dass ich mit der Anonymität ein gewisses Risiko eingehe, aber das Ergebnis ist für Lisa eine großartige Sympathiebekundung seitens der Eltern. Ihre persönlichen Qualitäten, ihre sozialen und fachlichen Kompetenzen werden überaus gelobt. Aber die Eltern heben auch hervor, dass Lisa bei den Kindern sehr beliebt ist. Ich gehe davon aus, dass diese Rückmeldungen ehrlich und nicht taktisch sind. Mit dem positiven Echo steht der weitere Abend unter einem guten Vorzeichen. Die Diskussionen werden hart, aber Lisa ist als Person und Erzieherin unumstritten und damit ist die Situation zumindest entschärft.

Ein Dilemma und eine umstrittene Entscheidung

Im Fokus der Kritik steht die Kommunikation der Einrichtung mit den Eltern. Träger, Leitung und Elternbeirat mussten zwischen zwei Übeln wählen und haben sich, so sehen es einige Eltern, für die Kinder und gegen sie entschieden. Mit der zeitgleichen Information wurden die Eltern vor vollendete Tatsachen gestellt, konnten sich nicht auf die Situation einstellen und auf Fragen beispielsweise ihrer größeren Kinder vorbereiten. Sie mussten zeigen, dass sie selbst ahnungslos und überfordert waren. Einige nahmen gerade dies der Leiterin sehr übel.

Der Vorteil war, dass die Kinder im Vorfeld nicht in eine bestimmte Richtung beeinflusst werden konnten. Sie waren unvoreingenommen und unbefangen. Der Wechsel von Jonas zu Lisa fand ohne größere Irritationen oder Konflikte statt und hat sie am Ende nicht besonders beschäftigt. Die Alternative wäre gewesen, die Eltern sehr früh einzubeziehen und damit das Risiko einzugehen, dass sich negative Reaktionen auf die Kinder übertragen und in die Gruppen gelangen, wo sie zu Spannungen unter den Kindern führen. Diese Situation wollte man auf jeden Fall vermeiden, denn sie hätte weder den Kindern noch den Eltern wirklich genützt.

Nicht alle, aber viele Eltern lassen sich auf diese Argumentation ein. Und als die Leiterin und das Team zusagen, den Familien weiterhin mit gezielten Informationen und Gesprächen zur Verfügung zu stehen, glätten sich die Wogen.

Die katholische Kirche als Arbeitgeber

Trotzdem stellen sich die Eltern die Frage, was es mit ihrem Kind macht, wenn es in den nächsten drei oder mehr Jahren mitbekommt, wie sich ein Mann immer mehr in eine Frau verwandelt. Wenn Lisa Hormone nimmt, wird sie weicher und weiblicher werden. Sie hat vor, sich die Barthaare entfernen zu lassen. Vielleicht wird sich auch ihre Stimme verändern. Die Vorstellung beunruhigt einige Eltern sehr und sie bringen das auch zum Ausdruck. Sie haben Sorgen, dass ihr Kind in der Entwicklung seiner eigenen geschlechtlichen Identität verunsichert werden könnte. Das Thema der vermeintlichen sozialen Ansteckung hat bereits die Runde gemacht. Dass es dafür keine wissenschaftlich qualifizierten Beweise gibt, nimmt man zur Kenntnis, aber eine Entlastung bringt dieses Wissen noch nicht.

Als ein Elternpaar deutlich macht, dass es nicht will, dass sein Kind mit einer transidenten Erzieherin in Berührung kommt, muss Klartext geredet werden. Der Arbeitgeber hat nach geltendem Arbeitsrecht keine Grundlage, Mitarbeitende wegen ihrer geschlechtlichen Identität zu entlassen. Auch das kirchliche Arbeitsrecht hat sich inzwischen dieser Rechtslage angepasst. Und im Übrigen, stellt Frau Bremer als Trägervertreterin der katholischen Kirche klar, wäre eine solche Trennung auch nicht mit dem kirchlichen Charakter der Einrichtung und dem Geist des Evangeliums zu vereinbaren. Die Frage führt kurzzeitig zu einer Eskalation. Während die Mehrzahl der Eltern die Sicht von Frau Bremer unterstützt, können einige dieser Haltung gar nichts abgewinnen. Aus ihrer Sicht hat eine katholische Kita die Kinder von Fragen der geschlechtlichen Identität und sexuellen Orientierung so lange wie möglich fernzuhalten. Ansonsten steht sie im Widerspruch zur kirchlichen Lehre.

Eine Frage der pädagogischen Konzeption

Der Konflikt kann an diesem Abend nicht gelöst werden. Ich werbe daher um Vertrauen, dass sich die Leiterin und das Team mit der Unterstützung der Fachberatung und des zuständigen Fachverbandes auf den Weg machen werden, ihr pädagogisches Konzept gerade im Hinblick auf sexualpädagogische Aspekte zu reflektieren und weiterzuentwickeln. Man muss die Transition von Lisa nicht nur als Problem und Gefahr sehen, man kann sie auch in eine geschlechtssensible, inklusive und vorurteilsfreie Erziehung einbinden. Dann wird sie zu einer Chance für die Kinder, die in ihrer Identität nicht irritiert, sondern ganz bewusst gestärkt werden. Mit dieser Einschätzung stehe ich nicht allein. Ich hatte sie im Vorfeld mit dem zuständigen Referenten des Landesjugendamtes abgeklärt. Er bestätigte, dass von einer transidenten Mitarbeiterin keine Gefahr einer „Kindeswohlgefährdung" ausgeht, aber er machte auch deutlich, dass in einem solchen Fall eine erhöhte Aufmerksamkeit auf die pädagogische Konzeption der Kita gerichtet werden muss.

Eine Chance für Inklusion

Transidentität ist bei Kita-Kindern eine Chance für eine inklusive Profilentwicklung der Einrichtung. Das gilt ebenso für die Mitarbeitenden in der Einrichtung. Eine Transition ist, daran lässt der Verlauf dieses Elternabends keinen Zweifel, für alle Beteiligte eine große Herausforderung, aber man kann sie bewältigen. Dafür braucht es allerdings Verantwortungsbewusstsein, Vertrauen und die Bereitschaft zum Dialog.

Profilbildung von Anfang an queer denken

Dass das Sexualverhalten der Mitarbeitenden in der neuen Grundordnung der katholischen Kirche keine Rolle mehr spielt, wurde nicht nur von den Mitarbeitenden, sondern auch von den Vorgesetzten mit großer Erleichterung wahrgenommen. Zunehmend lastete auf ihnen der Druck, im Falle von Arbeitsgerichtsprozessen auf verlorenem Posten zu stehen, was dazu führte, dass die Vorgaben der Glaubens- und Sittenordnung in vielen Fällen, vielleicht sogar mehrheitlich, nicht mehr eingefordert wurden. Nun sollen sich Mitarbeiterschaft, Führungsebene und Aufsichtsorgane gemeinsam mit der Profilbildung der kirchlichen Einrichtung befassen. Von ihr verspricht man sich, dass der Sendungsauftrag der Kirche besser und glaubwürdiger verwirklicht werden kann als mit dem immer fragwürdiger gewordenen Instrument der früheren Grundordnung. Führungstechniken und -methoden, die seit vielen Jahren aus der Managementlehre bekannt sind, sollen den Verantwortlichen dabei helfen, ein klar umrissenes Profil zu präsentieren. Leitbilder, Führungsrichtlinien, Qualitäts-Kriterien und -Standards, Kulturentwicklung und Identity-Strategien stehen zur Verfügung und warten darauf, eingesetzt zu werden.[367]

Dass man sich solcher Instrumente, die sich andernorts bereits bewährt haben, bedient, ist zu begrüßen, aber man darf sie nicht überschätzen. Die instrumentelle Logik beispielsweise eines Leitbildprozesses entbindet die Führungsverantwortlichen nicht davon, im Vorfeld die Frage nach leiten-

367 Vgl. Wollasch, Ethik in Beziehung, 460–468.

den Werten, Prinzipien und Normen zu stellen, die in einer kirchlichen Organisation gelten sollen und müssen. An dieser Stelle kommt die Vielfalt ins Spiel, zu der sich die neue Grundordnung explizit bekennt und die sie ausdrücklich als Bereicherung der Organisationskultur würdigt.

Das Bekenntnis wirft die Frage auf, ob hier die Vielfalt geschlechtlicher Identitäten und sexueller Orientierungen einbezogen oder nur die religiöse, kulturelle und soziale Vielfalt gemeint ist. Die Frage beantwortet sich nicht von selbst, sondern verlangt von den Verantwortlichen eine Entscheidung. Betrachten sie die Profilbildung als Chance, LSBTIQ-Rechte als lebendigen Bestandteil in ihrer Organisationskultur zu verankern oder verschwinden sie, da ja arbeitsrechtlich inzwischen irrelevant, in der Unsichtbarkeit? Dass Letzteres für die Organisation ein Fortschritt ist, muss man bezweifeln. Letztlich wird auf diese Weise nur ein altes Tabu durch ein neues ersetzt.

Wenn Dienstgeber die Profilbildung in ihrer Organisation als Chance ergreifen, eine vielfältige und geschlechtersensible Organisationskultur zu etablieren, nützen sie nicht nur ihren Mitarbeitenden, sondern auch den ihnen anvertrauten Menschen und sie legen darüber hinaus ein glaubwürdiges Zeugnis für Toleranz, Respekt und ein friedliches Miteinander in der Gesellschaft ab.

6 Für eine Kirche, in der trans Menschen dazugehören

„Wozu der ganze Aufwand? Es sind doch nur ganz wenige, die es betrifft." Mit Aussagen wie dieser wird immer wieder das Unverständnis darüber zum Ausdruck gebracht, dass trans Menschen scheinbar unverhältnismäßig viel Aufmerksamkeit erfahren. Ihre mediale Präsenz in Filmen, Zeitungen, Büchern und besonders im Internet wird von vielen als „Hype" wahrgenommen. Die politische Brisanz des geplanten Selbstbestimmungsgesetzes und der beabsichtigten Reform des Abstammungs- sowie des Familienrechts wirkt in der Öffentlichkeit stark polarisierend. Diffuse Ängste und Unsicherheiten verursachen in Verbindung mit Unwissenheit bei vielen ein Gefühl der Überforderung. Das alles sorgt dafür, dass das Thema Transidentität in der Gesellschaft und in der Kirche auf wenig Sympathie stößt.

Vier gute Gründe

Trotzdem gibt es vier gute Gründe, warum sich die katholische Kirche gerade mit diesem Thema auseinandersetzen sollte:

Erstens wissen wir nicht, wie viele Menschen in der Kirche tatsächlich direkt oder indirekt von Transidentität betroffen sind. Über die Schwierigkeiten, sich ein halbwegs zutreffendes Bild zu verschaffen, habe ich bereits berichtet.

Zweitens hat sich die Kirche zu Recht bisher davon distanziert, in erster Linie Mehrheiten – ganz gleich ob gesellschaftliche oder innerkirchliche – zu bedienen. Wenn sie damit anfängt, unterscheidet sie nicht mehr von einer politischen Partei oder einem privaten Verein. Für die Kirche steht der einzelne Mensch im Vordergrund und zwar jeder. Dieser Anspruch ist zwar ambitioniert, aber er wurde bisher noch nie in Frage gestellt.

Drittens ist die Frage nach dem Umgang mit trans Menschen durch die Kirche und in der Kirche ein Brennglas für den Zustand der Kirche selbst. Durch ihre Existenz und Lebensweise konfrontieren trans Menschen die Kirche mit schwerwiegenden theologischen Fragen, insbesondere in den Bereichen der kirchlichen Anthropologie, der Sexualmoral und der biomedizinischen Entwicklung.

Viertens kann die Kirche von und mit trans Menschen lernen, sich immer mehr von ihren Geschlechter-Stereotypen zu lösen, Machtverhältnisse zwischen den Geschlechtern abzubauen, hierarchisches Denken zu überwinden und eine Kirche zu werden, die allen Geschlechtern gerecht wird.[368]

Vor die Wahl gestellt

Die Kirche ist vor die Wahl gestellt. Sie kann der Auseinandersetzung mit trans Menschen aus dem Wege gehen, aber dann holen sie die ungelösten Fragen früher oder später an anderer Stelle ein. Oder sie begreift das Thema Transidentität als Chance und geht darauf in pastoraler Absicht, ohne Berührungsängste und Vorurteile ein. Wenn sie sich dazu entschließen würde, könnten alle gewinnen.

Bei trans Menschen haben die Fragen nach Sexualität und Fertilität zwar aufgrund ihrer Transidentität eine besondere Dringlichkeit, aber für sich betrachtet betreffen diese Themen alle Menschen, die sich der katholischen Kirche zugehörig fühlen. Nicht umsonst sind homosexuelle Neigungen, voreheliche Beziehungen, nicht-natürliche Methoden der Verhütung oder der Umgang mit geschiedenen und wiederverheirateten Gläubigen seit den sechziger Jahren des letzten Jahrhunderts Dauerbrenner im Konflikt zwischen lehramtlichen Verlautbarungen und pastoraler Praxis.

Der Mensch – Ursprung und Ziel

Die Kirche muss sich fragen, ob sie ein Ort der Zugehörigkeit sein will, wo sich trans Menschen als Glieder des Gottesvolkes erleben können und im Sinne des Evangeliums communio erfahren.[369] Sie muss entscheiden, ob sie mehr und anderes sein will als ein sozialer Dienstleister mit flankierenden spirituellen Angeboten, die man grundsätzlich auch anderswo abrufen kann. Wenn sie sich dazu bekennt, stellen sich ihr auf den unterschiedlichen Ebenen des kirchlichen Handelns ganz bestimmte Aufgaben. Sie in Angriff zu nehmen, würde sie verändern, ohne sie jedoch von ihrem eigentlichen Ziel abzulenken:

„Ursprung nämlich, Träger und Ziel aller gesellschaftlichen Institutionen ist und muß auch sein die menschliche Person [...].“ (GS 25,3)

Würde und Wohl der Person sind für die Kirche der Maßstab, den sie an gesellschaftliche Strukturen und Entwicklungen anlegt und an dem sie

368 Vgl. dazu auch Krebs, Gott queer gedacht, 133f. – Vgl. auch Schüssler, Diskriminierung, 178.
369 Vgl. Werbick, Ekklesiologie, 32–37.

sich auch selbst immer wieder messen lassen muss. Menschen mit Transidentität erinnern die Kirche an ihren ganz ursprünglichen Auftrag.

Schlussfolgerungen, Empfehlungen, Hoffnungen

Wie sich dieser konkret gestalten und praktisch umsetzen lässt, sollen die folgenden zehn Punkte verdeutlichen. Ich verstehe sie als Schlussfolgerungen aus den bisherigen Überlegungen und als Empfehlungen für Verantwortliche auf allen Ebenen und in allen Bereichen der Kirche. Zugleich bringe ich damit das zum Ausdruck, was ich mir als Glied des Gottesvolkes ganz persönlich für die Zukunft der katholischen Kirche erhoffe.

I. Als Global Player wirksam werden

Das römische Lehramt muss sich der weltweiten Debatte um LSBTIQ-Rechte, die seit den neunziger Jahren geführt wird, stellen. Für die Kirche als Global Player mit 1,3 Mrd. Mitgliedern weltweit ist die UNO ein unverzichtbarer Dialogpartner. Die Weiterentwicklung der Menschenrechte ist seit Papst Johannes XXIII. ein gemeinsames Projekt der Kirche und der Vereinten Nationen. Es ist zu verhindern, dass das Recht auf Religionsfreiheit gegen das Recht auf sexuelle und reproduktive Selbstbestimmung ausgespielt wird und im Konflikt das eine oder das andere unter die Räder kommt. Die Rechte queerer Menschen haben keinen Vorrang vor der Religionsfreiheit. Aber die Religionsfreiheit darf auch nicht als Vorwand für queerfeindliche Praktiken kirchlicher Institutionen verwendet werden.

Die Kirche sollte es nicht darauf ankommen lassen, dass weltliche Gerichte darüber entscheiden müssen, ob unter dem Vorzeichen der Religionsfreiheit queer-feindliche Praktiken vollzogen werden. Sie sollte stattdessen den Dialog „mit allen Menschen guten Willens“ suchen, um das Menschenrecht auf sexuelle und reproduktive Selbstbestimmung und das Menschenrecht auf Religionsfreiheit auszutarieren. Die Kirche sollte den Freiraum, den ihr die Religionsfreiheit garantiert, nutzen, sich solidarisch auf die Seite queerer Menschen zu stellen und nicht gegen sie. Die in den Jahren 2023/2024 laufende Weltsynode ist dafür ein ganz hervorragender Ort.

II. Die Sexualmoral neu ausrichten

Die traditionelle Lehre der Kirche im Hinblick auf Mann und Frau sowie Ehe und Familie ist ausgehend von Gen 1,27 als theologisch-ethische Verbotsmoral ausgestaltet, die für die individuelle Freiheit und Verantwortung des Paares und für die persönliche Gewissensentscheidung der Einzelnen kaum Raum lässt. Sie lässt keinerlei Handlungsalternativen zu und ist damit nicht mehr anschlussfähig an die sexuellen Orientierungen und Praktiken der Menschen in der heutigen Zeit innerhalb und außerhalb der Kirche.

Die unter dem idealistischen Vorzeichen der „Einheit" vollzogene Engführung der Sexualmoral ist zu überwinden, damit die kirchliche Lehre vom Menschen als einem Wesen mit Körper, Geist und Seele, dem seine Sexualität als ein Geschenk des Schöpfers anvertraut ist, als Sinnhorizont neu entdeckt werden kann.

III. Beziehungsethik als Diskursangebot

Eine Öffnung der traditionellen kirchlichen Sexualmoral bedeutet nicht zwangsläufig den Verzicht auf jegliche normative Einflussnahme durch die Kirche. Ihr Beitrag besteht darin, die Bedeutung einer verantwortlich gelebten und am Wohl des anderen ausgerichteten Sexualität immer wieder neu in Erinnerung zu rufen. Erziehung, Bildung, Beratung und Pastoral finden in neuen beziehungsethischen Modellen von Partnerschaft und Ehe eine Sprache, die in der heutigen Zeit verstanden wird. Queere Beziehungen bilden in diesem Kontext keine Sonderfälle, die eine eigene Ethik erforderlich machen, sondern unterliegen denselben ethischen Maßstäben wie andere Beziehungen auch.

Angesichts gesellschaftlicher Tendenzen, die auf eine völlige Entgrenzung von geschlechtlicher Identität, sexueller Orientierung und biologischer Fertilität zielen, bietet die Beziehungsethik Ansatzpunkte, die Grenzen des medizinisch und technisch Machbaren unter dem Vorzeichen von Freiheit und Solidarität – mit dem geborenen und dem noch nicht geborenen Leben – neu zu definieren.[370]

IV. Ein klares Statement: Keine Gewalt!

Auf diese Weise kann die Kirche das menschliche Leben und seine unantastbare Würde als höchsten Wert in die gesellschaftliche Debatte einbringen, ohne mit einem radikalen Konzept von „Lebensschutz" identifiziert zu werden, das keinen gesellschaftlichen Diskurs und keinen Konsens kennt. Extremen politischen Gruppierungen, die der Ansicht sind, ihre Wertvorstellungen ohne Rücksicht auf demokratische Legitimation und am Rechtsstaat vorbei mit Gewalt durchsetzen zu können, muss eine klare Absage erteilt werden.

---

370 Vgl. Walser, Bioethik als Austragungsort, 151.

Stattdessen müssen die Gewalterfahrungen, die queere Menschen im Allgemeinen und trans Menschen im Besonderen tagtäglich machen, für die Kirche ein Aufruf sein, sich konsequent auf die Seite der Opfer zu stellen. Statt im „Kulturkampf" für die eine oder andere Seite Partei zu ergreifen, sollte sie ihren Auftrag darin erkennen, im Sinne der Seligpreisungen Frieden zu stiften (Mt 5,9).

V. Politische Positionierung

Staatliche Gesetzgebung im Hinblick auf die Rechte queerer Menschen ist nicht nur im nationalen Kontext zu sehen. Politische Prozesse auf EU-Ebene und darüber hinaus sind mit zu bedenken. Die aktuell wieder neu geführte Debatte um die Straffreiheit der Abtreibung und die Zulässigkeit von Eizellenspende und Leihmutterschaft steht in einem globalen Zusammenhang. Diese Fragen verlangen ebenso wie die geplante Neugestaltung des Abstammungs- und Familienrechts von der Kirche eine sozialpolitisch fundierte Positionierung.

Bisher kommen sogenannte Regenbogen-Familien im Konzept von Ehe und Familie der Kirche nicht vor. Gleichwohl sind sie heute schon in Kitas und Schulen, in Beratungsstellen der Caritas und auch in Kirchengemeinden anzutreffen. Die Kirche steht somit einmal mehr vor der Herausforderung, deutlich zu machen, wie sie ihr Familienideal auf der einen Seite mit dem engagierten Eintreten für die Belange *aller* Familien auf der anderen Seite in Einklang bringt. Sie kann die Vielfalt familialer Lebensformen nicht länger ausblenden und sollte sich daher offen und konstruktiv mit ihr auseinandersetzen.

VI. Den Bildungsauftrag annehmen

Politische Institutionen, Interessensverbände, Stiftungen, Hochschulen und Bildungseinrichtungen, aber auch Gewerkschaften und Medien beteiligen sich aktiv an der gesellschaftlichen Debatte über die Rechte queerer Menschen. Auf diese Weise ist in den letzten Jahren eine große Palette an Materialien entstanden, die zur Information, Aufklärung und Bildungsarbeit zur Verfügung stehen. Auf der Grundlage von veränderten Bildungs- und Lehrplänen werden Lernmaterialien erstellt, die in Kitas und Schulen zum Einsatz kommen sollen.

Die Kirche sollte sich in diesen Prozess mit ihren pädagogischen, didaktischen, methodischen und inhaltlichen Kompetenzen aktiv einbringen. Sie dient damit nicht nur den Bildungseinrichtungen in ihrer eigenen Trägerschaft, sondern leistet zugleich einen wertebasierten Beitrag zur Zukunft der sexualpädagogischen und -ethischen Bildung ganz generell.

VII. Vielfalt – institutionell verankern

In die Begleitung und Betreuung von trans Menschen bringen die Fach- und Führungskräfte, die ich in allen Bereichen erlebt habe, viel Professionalität und Leidenschaft ein. Ohne ihren „guten Willen" würde dieses Engagement nicht existieren. Umgekehrt reicht die persönliche Motivation alleine nicht aus, um einen wertschätzenden Umgang in der Organisation verbindlich, d. h. über alle personellen Wechsel hinweg, auf Dauer zu garantieren. Die grundsätzliche Anerkennung von Menschen mit unterschiedlichen geschlechtlichen Identitäten, sexuellen Orientierungen und familialen Lebensformen braucht eine institutionelle Verankerung, die unabhängig von den persönlichen Erfahrungen, Prägungen, Präferenzen und Neigungen der einzelnen Mitarbeitenden besteht.

Die Anerkennung von Vielfalt kann nicht der individuellen Beliebigkeit überlassen bleiben. Von daher sind an dieser Stelle Träger- und Leitungsverantwortliche sowie innerkirchliche Aufsichtsorgane aufgefordert, verbindliche Rahmenbedingungen für ein vielfaltsorientiertes Arbeiten in den Organisationen zu schaffen.

VIII. Profilbildung – queere Menschen mitdenken

Der Arbeitsrechtsreform der katholischen Kirche vom Herbst 2022 ist zu verdanken, dass die sexuelle Orientierung der Mitarbeitenden keine arbeitsrechtliche Relevanz für den Bestand des Arbeitsverhältnisses mehr hat. Disziplinarische Maßnahmen aufgrund eines Verstoßes gegen die Sittenordnung der katholischen Kirche wurden abgeschafft. Der individuelle Ansatz wurde durch eine institutionelle Sichtweise ersetzt, die das Augenmerk auf die kirchliche Profilbildung in Einrichtungen und Diensten lenkt. Sie soll mit Leitbildern, Führungsrichtlinien und anderen geeigneten Instrumenten realisiert werden.

Dieser Perspektivenwechsel ist zu begrüßen, denn er bietet die einmalige Chance, die Wertschätzung der Vielfalt zum Gegenstand der einrichtungsbezogenen Profilbildung zu machen. Die Anerkennung der geschlechtlichen Identität und sexuellen Orientierung ist der Prüfstein, ob man mit der Abkehr von der individuellen Sichtweise des Arbeitsrechts tatsächlich Ernst machen und damit eine neue Form des respektvollen und angstfreien Miteinanders in den Einrichtungen etablieren will. Nicht-Einmischung in die Intimsphäre der Mitarbeitenden ist noch keine Anerkennung. Ohne ein klares Bekenntnis zur Vielfalt bewegt sich die Profilbildung im luftleeren Raum. Anders gesagt, es gibt keine Profilbildung ohne die Mitarbeitenden oder an ihnen vorbei. Profil ist nicht nur das, was alle mittragen können, sondern auch das, was alle trägt.

IX. Professionalität stärken und weiterentwickeln

Die Anerkennung der geschlechtlichen Identität und sexuellen Orientierung hat zwei Seiten. Sie betrifft auf der einen Seite die Mitarbeitenden und auf der anderen die Zielgruppen der Erziehung und Bildung, der Sozialen Arbeit und der Pastoral. Mitarbeitende, die sich in Diensten und Einrichtungen, Schulen, Kitas und Pfarreien für trans Menschen einsetzen, bringen zunächst einmal nichts anderes mit als ihre spezifische berufliche Professionalität. Das gilt völlig unabhängig davon, ob sie sich als Fachkraft in der Kita, als Sozialarbeiter in der Jugendhilfeeinrichtung oder Geistliche Begleiterin in der Seelsorge bewegen. Ihre Professionalität macht sie grundsätzlich handlungsfähig und sogar bis zu einem gewissen Grad unabhängig.

Trotzdem können Mitarbeitende mit ihrer Fachlichkeit angesichts der komplexen Problemlagen, in denen sich trans Menschen mitunter befinden, an Grenzen kommen, sodass sie ihrerseits Unterstützung brauchen. Das können qualifizierte Inputs zu bestimmten Themen sein, aber auch methodische Hilfen zur Selbstreflexion, Rollenklärung, Biographie-Arbeit, kollegialen Beratung, Supervision und vieles andere mehr. Indem Träger- und Leitungsverantwortliche ihren Mitarbeitenden solche Maßnahmen ermöglichen, setzen sie ein Zeichen der Wertschätzung. Sie nehmen ihre Fürsorgepflicht wahr und tragen darüber hinaus ganz von selbst zur Qualitätsentwicklung ihrer Personalführung bei.

X. Rechtssicherheit herstellen

Wenn sich momentan Mitarbeitende im Bildungswesen, in der Caritas oder Pastoral trans Menschen in besonderer Weise zuwenden, dann tun sie das nicht selten aus einer ganz persönlichen Motivation. In der Regel lassen Leitung und Träger sie gewähren, wenn sie davon überhaupt Notiz nehmen. Einen eigenen institutionell abgesicherten Auftrag haben sie häufig nicht.

Auf analoge Weise gilt dies für Mitarbeiterinnen und Mitarbeiter mit Transidentität im kirchlichen Dienst. Wenn sie das Vertrauen des Diözesanbischofs und ihrer Vorgesetzten haben, können sie ihren Dienst erfüllen, aber einen kirchenrechtlich gesicherten Rahmen gibt es für sie nicht.

Solange Transidentität von lehramtlicher Seite als eine persönliche Fehlhaltung behandelt wird, die durch Anerkennung und Akzeptanz der biologischen Geschlechtlichkeit korrigiert werden kann und muss, gibt es keinen Spielraum für die kirchenrechtliche Gleichstellung von trans Personen in der Kirche. Ihre Stellung ist und bleibt prekär. Erst wenn die Kirche von dieser Sichtweise abrückt und ihrerseits Transidentität als etwas anerkennt, das der Schöpfungswillen Gottes zugelassen und uns Menschen anvertraut hat, damit wir achtsam, verantwortlich und liebevoll damit umgehen, erst dann gehören trans Menschen in der Kirche voll und ganz dazu.

Wie geht es weiter?

Am 28. Oktober 2023 hat die in Rom tagende Weltsynode in ihrer Abschlusssitzung einen Text beschlossen, in dem die 350 Synodalen aus allen Kontinenten feststellen: „Manche Themen, etwa in Bezug auf die geschlechtliche Identität oder die sexuelle Orientierung (…) sind auch in der Kirche umstritten, weil sie neue Fragen aufwerfen." Anschließend heißt es in dem Text: „Manchmal sind die vorhandenen anthropologischen Kategorien nicht ausreichend, um die Komplexität dessen zu begreifen, was aus der Erfahrung oder aus der Wissenschaft hervorgeht, und deshalb verlangt das eine weitere Untersuchung. Wir müssen uns die nötige Zeit für diese Reflexion nehmen und die besten Kräfte darauf verwenden und dürfen nicht in vereinfachende Urteile verfallen, die Menschen verletzen oder den Leib der Kirche beschädigen."[371]

Der Limburger Bischof und Vorsitzende der Deutschen Bischofskonferenz Georg Bätzing kommentierte diesen Satz bei einer anschließenden Pressekonferenz: „Wenn die Synode sagt, dass bisherige Formulierungen in der kirchlichen Lehre vom Menschen hier nicht mehr ausreichen und dass sie sich an diesem Punkt, auch mit Unterstützung aus der Wissenschaft, weiter bewegen muss, dann ist das ein enormer Schritt nach vorne." Er betonte, dass eine „überwältigende Mehrheit einer Weltkirche diese Formulierung für sich gewählt und sich zu eigen gemacht hat. Das ist ein großer Schritt für die Weltkirche."[372]

---

371 Vgl. Weltsynode 2023/26. *Generalversammlung der Bischofssynode.* Erste Sitzung vom 4.–29. Oktober 2023, *Zusammenfassende Synthese* vom 28.10.2023, Teil III, Kap. 15 (g). Übersetzung aus dem Italienischen durch die Katholische Nachrichten-Agentur (KNA).

372 Vgl. https://www.katholisch.de/artikel/48175-baetzing-nach-weltsynode-kirche-wuenscht-ueberarbeitung-der-sexualmoral

Ein Jahr lang haben die Synodenmütter und -väter nun Zeit, sich mit den Fragen der geschlechtlichen Identität und sexuellen Orientierung zu befassen, bevor – hoffentlich – am Ende der Weltsynode im Oktober 2024 konkrete Entscheidungen getroffen werden. Vier Wochen lang haben sie sich in Rom im Hinschauen und Hinhören geübt. Nun kommt es darauf an, dass sie in ihren Ortkirchen sehen und hören, was in Kitas und Schulen, in Einrichtungen und Diensten der Caritas und in der Pastoral bereits für und mit trans Menschen geschieht. Eine kirchliche Lehre, die trans Menschen nicht verletzt, ist das eine, eine kirchliche Praxis, die ihnen Zugehörigkeit und Gemeinschaft schenkt, ist das andere. Der Weg dorthin ist noch sehr weit, aber es gibt in den kirchlichen Einrichtungen und in der Pastoral bereits schon heute Menschen, die ihn gehen. Ihr Engagement macht Mut und schenkt Hoffnung!

Literatur – Stellungnahmen – Dokumente[373]

Ahrbeck, Bernd/*Felder*, Marion (Hg.), Geboren im falschen Körper. *Genderdysphorie* bei Kindern und Jugendlichen, Stuttgart 2022.

Allen, John, L., Joseph *Ratzinger*. Aus dem Amerikanischen übersetzt von Hubert Pfau, 2. Auflage, Düsseldorf 2005.

Ammicht Quinn, Regina, *Konkretion*: Sexualität, in: Haslinger, Praktische Theologie, 250–261.

Angenendt, Arnold, Ehe, Liebe und *Sexualität* im Christentum. Von den Anfängen bis heute, Münster 2015.

Antidiskriminierungsstelle des Bundes (Hg.), *Benachteiligung* von Trans* Personen, insbesondere im Arbeitsleben, Expertise von Jannik Franzen und Arn Sauer, Berlin 2010. – Verfügbar: https://www.antidiskriminierungsstelle.de/SharedDocs/downloads/DE/publikationen/Expertisen/expertise_benachteiligung_von_trans_personen.pdf?__blob=publicationFile&v=3

Antidiskriminierungsstelle des Bundes (Hg.), Europaweite Umfrage zu Diskriminierungserfahrungen von LGBTI*-Personen vom 14. Mai 2020. – Verfügbar: https://www.antidiskriminierungsstelle.de/SharedDocs/aktuelles/DE/2020/20200514_FRA_Studie_Diskriminierung_LSBTI.html

Anuth, Bernhard Sven, *Gottes Plan* für Mann und Frau. Beobachtungen zur lehramtlichen Geschlechteranthropologie, in: Eckholt, Gender studieren, 171–188.

Anuth, Bernhard Sven, *Transition*: Lehramtliche Beurteilung und kirchenrechtliche Konsequenzen, in: Brinkschröder/Ehebrecht-Zumsande/Gräwe/Mönkebüscher/Werner, #OutInChurch, 172–177.

Australian Catholic Bishops Conference, Created and Loved. A Guide for Catholic schools an identity and gender, Canberra 2022. – Verfügbar: https://drive.google.com/file/d/1X11WeuMYfHeyMwVmMQMivzMZUnI6rOQQ/view

Bauer, Gero/*Kechaja*, Maria/*Engelmann*, Sebastian/*Haug*, Lean (Hg.), *Diskriminierung* und Antidiskriminierung. Beiträge aus Wissenschaft und Praxis, Bielefeld 2021.

Bier, Georg, *Psychosexuelle Abweichungen* und Ehenichtigkeit. Eine kirchenrechtliche Untersuchung zur Rechtsprechung der Rota Romana und zur Rechtslage nach dem Codex Iuris Canonici von 1983 im Horizont der zeitgenössischen Sexualwissenschaft, Forschungen zur Kirchenrechtswissenschaft 9, Würzburg 1990.

Brandl-Götz, Tanja/*Heidingsfelder*, Julia, Transidentität im *Kindesalter*. Transition gestalten und Coming-out begleiten. – Verfügbar: https://www.socialnet.de/materialien/29664.php

Behrends, Maren, Eine philosophische Auseinandersetzung mit der katholischen *Genderkritik*: Zur Genealogie und Rezeption eines umstrittenen Begriffs, Sozialethische Arbeitspapiere des Instituts für Christliche Sozialwissenschaften 13, Münster 2020, 1–20. – Verfügbar: https://www.uni-muenster.de/imperia/md/content/fb2/c-systematischetheologie/christlichesozialwissenschaften/heimbach-steins/ics-arbeitspapiere/apgenderdokument_final.pdf

Breitsameter, Christof/*Goertz*, Stephan (Hg.), *Bibel und Moral* – exegetische und ethische Zugänge, Jahrbuch für Moraltheologie, Bd. 2, Freiburg/Br. 2018.

Committee on Doctrine United States Conference of Catholic Bishops, Doctrinal Note on the Moral Limits to Technological Manipulation of the Human Body vom 23. März 2023. – Verfügbar: https://www.usccb.org/resources/Doctrinal%20Note%202023-03-20.pdf

Conferentia Episcopalis Scandiae, Hirtenbrief über menschliche Sexualität vom 5. Fastensonntag 2023. – Verfügbar: https://www.nordicbishopsconference.org/fileadmin/NBK/pdffiler/Hirtenbriefe/Menschliche_Sexualitaet_2023/NBK_Hirtenbrief_fuer_die_Fastenzeit_DE.pdf

Borghesi, Massimo, *Papst Franziskus*. Sein Denken, seine Theologie, Darmstadt 2020.

Brinkschröder, Michael/*Ehebrecht-Zumsande*, Jens/*Gräwe*, Veronika/*Mönkebüscher*, Bernd/*Werner*, Gunda (Hg.), *#OutInChurch*. Für eine Kirche ohne Angst, Freiburg/Br. 2022.

*Bundesverband Trans** (Hg.), *Trans* mit Kind*! Tipps für trans* und nicht-binäre Personen mit Kind(ern) oder Kinderwunsch, 2. Auflage, Berlin 2022. – Verfügbar: https://www.bundesverband-trans.de/wp-content/uploads/2022/11/BroschuereDigital_LowRes.pdf

373 Pressemeldungen und aktuelle Informationen von Internetportalen wurden nicht in das Verzeichnis aufgenommen; vgl. dazu jeweils die Links am Seitenende.

Bundesverband Trans* (Hg.), Soll Geschlecht jetzt abgeschafft werden? – 12 Antworten auf Fragen zum Thema Selbstbestimmungsgesetz und Trans*geschlechtlichkeit, Berlin 2022. – Verfügbar: https://www.bundesverband-trans.de/wp-content/uploads/2022/02/soll-geschlecht-jetzt-abgeschafft-werden-_bvt_lsvd_onlineversion.pdf

Bundesministerium für Familie, Senioren, Frauen und Jugend und Bundesministerium der Justiz, Entwurf eines Gesetzes über die Selbstbestimmung in Bezug auf den Geschlechtseintrag und zur Änderung weiterer Vorschriften, Referentenentwurf vom 23. August 2023. – Verfügbar: https://www.bmfsfj.de/resource/blob/224548/4d24ff0698216058eb758ada5c84bd90/entwurf-selbstbestimmungsgesetz-data.pdf

Bundesrat, Entwurf eines Gesetzes über die Selbstbestimmung in Bezug auf den Geschlechtseintrag und zur Änderung weiterer Vorschriften, Empfehlungen der Ausschüsse FJ / AIS / FS / In / R vom 6. Oktober 2023. – Verfügbar: https://www.bundesrat.de/SharedDocs/drucksachen/2023/04010500/432-1-23.pdf?__blob=publicationFile&v=1

Bundesregierung, Mehr Fortschritt wagen. Bündnis für Freiheit, Gerechtigkeit und Nachhaltigkeit, Koalitionsvertrag 2021–2025 zwischen SPD, Bündnis 90/Die Grünen und FDP vom 24.11.2021. – Verfügbar: https://www.bundesregierung.de/breg-de/aktuelles/koalitionsvertrag-2021-1990800

Codex Iuris Canonici, Gesetzbuch der Katholischen Kirche in der Fassung vom 25. Januar 1983. – *Verfügbar: https://www.vatican.va/archive/cod-iuris-canonici/cic_index_ge.html*

Demmer, Klaus, Die *Wahrheit* leben. Theorie des Handelns, Freiburg/Br. 1991.

Deutscher Ethikrat, Intersexualität. *Stellungnahme*, Berlin 2012.

Deutsches Instituts für Menschenrechte, Stellungnahme zum Entwurf eines Gesetzes über die Selbstbestimmung in Bezug auf den Geschlechtseintrag und zur Änderung weiterer Vorschriften (SBGG), Referentenentwurf des Bundesministeriums für Familie, Senioren, Frauen und Jugend und des Bundesministeriums der Justiz vom Mai 2023. – Verfügbar: https://www.institut-fuer-menschenrechte.de/fileadmin/Redaktion/Publikationen/Stellungnahmen/Stellungnahme_Entwurf_eines_Gesetzes_ueber_die_Selbstbestimmung_in_Bezug_auf_den_Geschlechtseintrag_und_zur_Aenderung_weiterer_Vorschriften.pdf

Dinges, Stefan, *Lebensgemeinschaften*, in: Haslinger, Praktische Theologie, 86–98.

Eckholt, Margit (Hg.), *Gender studieren.* Lernprozess für Theologie und Kirche, Ostfildern 2017.

Ernst, Stephan, *Korrekturbedarf* gegenüber der Tradition. Zur notwendigen Weiterentwicklung der lehramtlichen Sexual- und Beziehungsethik, in: Hilpert/Sautermeister, Abgrund, 135–156.

Ernst, Stephan, *Geschlechtsangleichungen.* Theologisch-ethische Anmerkungen, in: Stimmen der Zeit 148 (2023) 591–601.

Europäisches Parlament, Bericht über die Lage im Hinblick auf die sexuelle und reproduktive Gesundheit und die damit verbundenen Rechte in der EU im Zusammenhang mit der Gesundheit von Frauen, Plenarsitzungsdokument A9-0169/2021 vom 21. Mai 2021. – Verfügbar: https://www.europarl.europa.eu/doceo/document/A-9-2021-0169_DE.pdf

Focks, Petra, *Genderbewusste Pädagogik,* 2. Auflage, Freiburg/2021.

Gaudium et spes, Über die Kirche in der Welt dieser Zeit, Pastoralkonstitution II. Vatikanisches Konzils vom 7. Dezember 1965, in: Herders Theologischer Kommentar zum Zweiten Vatikanischen Konzil, Band 1, Die Dokumente des Zweiten Vatikanischen Konzils, Konstitutionen, Dekrete, Erklärungen, Lateinisch-deutsche Studienausgabe, hg. v. Peter Hünermann, Freiburg/Br. 2009, 592–749. – Verfügbar: http://www.vatican.va/archive/hist_councils/ii_vatican_council/documents/vat-ii_const_19651207_gaudium-et-spes_ge.html

Generalversammlung der Vereinten Nationen, Übereinkommen über die Rechte des Kindes vom 20. November 1989. – Verfügbar: https://www.institut-fuer-menschenrechte.de/das-institut/abteilungen/monitoring-stelle-un-kinderrechtskonvention/un-kinderrechtskonvention

Goertz, Stephan, Irritierende *Kontingenz.* Transsexualität als moraltheologische Herausforderung, in: Hilpert, Zukunftshorizonte, 345–358.

Goertz, Stephan/*Witting,* Caroline (Hg.), Amoris laetitia – *Wendepunkt* für die Moraltheologie?, Katholizismus im Umbruch 4, Freiburg/Br. 2016.

Goertz, Stephan, Transsexualität. Ein katholisches *Update*, in: Herder Korrespondenz 5 (2017), 27–30.

Goertz, Stephan, *Theologien* des transsexuellen Leibes, in: Schreiber, Geschlecht in mir, 267–283.

Goertz, Stephan/*Striet*, Magnus (Hg.), *Johannes Paul II.* Vermächtnis und Hypothek eines Pontifikats, Katholizismus im Umbruch 12, Freiburg/Br. 2020.

Goertz, Stephan, *„Freiheit*? Welche Freiheit?" Der eigentümliche Kampf von Johannes Paul II. um die Würde der menschlichen Person, in: Goertz/Striet, Johannes Paul II., 85–113.

Goertz, Stephan, *Knackpunkt* Geschlechtsidentität. Für eine Dualität ohne Polarität. – Verfügbar: https://www.katholisch.de/artikel/41203-knackpunkt-geschlechtsidentitaet-fuer-eine-dualitaet-ohne-polaritaet

Goertz, Stephan, Irreguläre Geschlechtlichkeit?, in: Zur Debatte 2 (2023), 99–106. – Verfügbar: https://kath-akademie-bayern.de/wp-content/uploads/debatte_2023-2.pdf

Heinrich Böll Stiftung/Gunda Werner Institut (Hg.), Queer und schwanger. Diskriminierungserfahrungen und Verbesserungsbedarfe in der geburtshilflichen Versorgung. Policy Paper von Ska Salden und Das Netzwerk Queere Schwangerschaften vom Februar 2022. – Verfügbar: https://www.boell.de/sites/default/files/2022-02/E-Paper_Queer_und_schwanger.pdf

Haslinger, Herbert u.a. (Hg.), Handbuch *Praktische Theologie*. Durchführungen, Bd. 2, Mainz 2000.

Heimbach-Steins, Marianne, Die *Idealisierung* von Ehe und Familie in der kirchlichen Moralverkündigung, in: Hilpert, Zukunftshorizonte, 300–309.

Heimbach-Steins, Marianne/*Becka*, Michelle/*Frühbauer*, Johannes J./*Kruip*, Gerhard (Hg.), *Christliche Sozialethik*. Grundlagen – Kontexte – Themen. Ein Lehr- und Studienbuch, Regensburg 2022.

Heimbach-Steins, Marianne, Kirchliche *Sozialverkündigung*, in: Heimbach-Steins/Becka/Frühbauer/Kruip, Christliche Sozialethik, 120–142.

Herbst, Jan-Hendrik, *Rechte Normalisierung* als Herausforderung für Kirchengemeinden, in: Theologisch-Praktische Quartalsschrift 4 (2023), 404–411.

Hierholzer, Stefan, Kindliche Sexualität als Thema der *Frühpädagogik*, 1–23. – Verfügbar: https://www.kita-fachtexte.de/fileadmin/Redaktion/Publikationen/KiTaFT_Hierholzer_2017_KindlicheSexualitaet.pdf

Hilpert, Konrad, *Zukunftshorizonte* katholischer Sexualethik, Quaestiones disputatae, Bd. 241, Freiburg/Br. 2011.

Hilpert, Konrad, Gerechtigkeitsrelevante Kategorie oder *Ideologie*? Die aktuelle Debatte um das Genderkonzept in Kirche und Theologie, in: Klöcker/Laubach/Sautermeister, Gender, 37–67.

Hilpert, Konrad, *Ethik* glückenden Lebens, Perspektiveröffnungen, Freiburg/Br. 2018.

Hilpert, Konrad/*Sautermeister*, Jochen (Hg.), Kirchliche Sexualmoral vor dem *Abgrund*? Theologische Perspektiven zum Synodalen Weg, Katholizismus im Umbruch, Bd. 16, Freiburg/Br. 2023.

Hilpert, Konrad, Eine *Vorgeschichte*: Reforminitiativen zur kirchlichen Sexualmoral, in: Hilpert/Sautermeister, Abgrund, 15–40.

Hilpert, Konrad, Berufung auf die kirchliche Lehre: *Fallstricke* und theologische Unangemessenheiten, in: Hilpert/Sautermeister, Abgrund, 41–59.

Hirschfeld-Eddy-Stiftung (Hg.), Die Yogyakarta-Prinzipien. Prinzipien zur Anwendung der Menschenrechte in Bezug auf die sexuelle Orientierung und geschlechtliche Identität. Schriftenreihe der Hirschfeld-Eddy-Stiftung Bd. 1, Berlin 2008. – Verfügbar: 080515_yogyakarta_FINAL.indd (hirschfeld-eddy-stiftung.de)

Hirschfeld-Eddy-Stiftung (Hg.), Die Yogyakarta-Prinzipien Plus 10. Zusätzliche Prinzipien und staatliche Verpflichtungen zur Anwendung internationaler Menschenrechte in Bezug auf sexuelle Orientierung, Geschlechtsidenität, Geschlechtsausdruck und Geschlechtsmerkmale in Ergänzung der Yogyakarta-Prinzipien, Schriftenreihe der Hirschfeld-Eddy-Stiftung Bd. 4, Köln/Berlin 2020. – Verfügbar: YK+10_finale.indd (hirschfeld-eddy-stiftung.de)

Kasper, Walter, *Barmherzigkeit*. Grundbegriff des Evangeliums – Schlüssel christlichen Lebens, 2. Auflage, Freiburg 2012.

Katechismus der Katholischen Kirche – Verfügbar: https://www.vatican.va/archive/DEU0035/_INDEX.HTM

Klein, Mara, *Im Anfang* war kein Wort. Die andauernde Menschwerdung von trans* und inter*, in: Lelle/Naglmeier-Rembeck/Spieß, Weihnachten, 88–97.

Klöcker, Katharina/*Laubach*, Thomas/*Sautermeister*, Jochen (Hg.), *Gender* – Herausforderung für die christliche Ethik, Jahrbuch für Moraltheologie, Bd. 1, Freiburg/Br. 2017.

Knauß, Stefanie, Körper und Geschlecht als ein Werden in *Unordnung*, in: Klöcker/Laubach/Sautermeister, Gender, 115–136.

Knop, Julia, *Beziehungsweise*. Theologie der Ehe, Partnerschaft und Familie, Regensburg 2019.

Kommissariat der Deutschen Bischöfe / Katholisches Büro Berlin, Stellungnahme des Kommissariats der Deutschen Bischöfe – Katholisches Büro Berlin zum Referentenentwurf eines Gesetzes über die Selbstbestimmung in Bezug auf den Geschlechtseintrag und zur Änderung weiterer Vorschriften vom 30. Mai 2023. – Verfügbar: https://www.caritas.de/cms/contents/caritas.de/medien/dokumente/stellungnahmen/stellungnahme-zum-en21/stellungnahme_zum_referentenentwurf_eines_gesetzes_ueber_die_selbstbestimmung_in_bezug_auf_den_geschlechtseintrag_und_zur_nderung_weiterer_vorschriften_sbgg_2023.pdf?d=a&f=pdf (Zugriff am 21.10.2023)

Kongregation für das katholische Bildungswesen, Als Mann und Frau schuf er sie. Für einen Weg des Dialogs zur Gender-Frage im Bildungswesen vom 2. Februar 2019, Verlautbarungen des Apostolischen Stuhls 230, hg. v. Sekretariat der Deutschen Bischofskonferenz, Bonn 2021. – Verfügbar:

https://www.dbk-shop.de/de/publikationen/verlautbarungen-apostolischen-stuhls/als-mann-frau-schuf-sie-fuer-weg-dialogs-gender-frage-bildungswesen.html
Kongregation für die Glaubenslehre, Antworten bezüglich der Sterilisation in katholischen Krankenhäusern vom 13. März 1975. – Verfügbar: https://www.vatican.va/roman_curia/congregations/cfaith/documents/rc_con_cfaith_doc_19750313_quaecumque-sterilizatio_ge.html
Kongregation für die Glaubenslehre, Antwort bezüglich der Segnung von Verbindungen von Personen gleichen Geschlechts vom 15. März 2021. – Verfügbar: https://press.vatican.va/content/salastampa/it/bollettino/pubblico/2021/03/15/0157/00330.html#ted
Kongregation/Dikasterium für die Glaubenslehre, Fiducia supplicans. Erklärung über die pastorale Sinngebung von Segnungen vom 18. Dezember 2023. – Verfügbar: *https://www.vatican.va/roman_curia/congregations/cfaith/documents/rc_ddf_doc_20231218_fiducia-supplicans_ge.html*
Korte, Alexander, *Geschlechtsdysphorie* bei Kindern und Jugendlichen aus medizinischer und entwicklungspsychologischer Sicht, in: Ahrbeck/Felder, Genderdysphorie, 43–86.
Krebs, Andreas, *Gott queer gedacht*, Würzburg 2023.
Kreidler-Kos, Martina, „Sich immer noch als sich selbst zu sehen" – *Sichtbarkeit* als gemeinsame Aufgabe, in: Hilpert/Sautermeister, Abgrund, 231–241.
Kruip, Gerhard, Der polnische Papst und die unverstandene *Theologie der Befreiung*. Johannes Paul II. und seine Reaktion auf die lateinamerikanischen Neuaufbrüche nach dem Konzil, in: Goertz/Striet, Johannes Paul II., 144–177.
Kuschel, Karl-Josef, *Martin Buber* – seine Herausforderung an das Christentum, Gütersloh 2015.
Lelle, Antonia/*Naglmeier-Rembeck*, Christoph/*Spieß*, Franca (Hg.), *Weihnachten* kann erst werden, wenn ... Wie die Nacht wieder heilig wird, Freiburg/Br. 2022.
Lintner, Martin M., Christliche *Beziehungsethik*. Historische Entwicklungen – Biblische Grundlagen – Gegenwärtige Perspektiven, Freiburg/Br. 2023.
Lob-Hüdepohl, Andreas, Keine *neue Sexualethik* ohne eine Beschäftigung mit Geschlechtsidentitäten. – Verfügbar: https://www.katholisch.de/artikel/41017-keine-neue-sexualethik-ohne-beschaeftigung-mit-geschlechtsidentitaeten
Maywald, Jörg, *Kinderrechte* in der Kita. Kinder schützen, fördern, beteiligen, Freiburg/Br. 2016.
Maywald, Jörg, *Sexualpädagogik* in der Kita. Kinder schützen, stärken, begleiten, 3. Auflage, Freiburg/Br. 2018.
Merks, Karl-Wilhelm, Von der Sexual- zur *Beziehungsethik*, in: Hilpert, Zukunftshorizonte, 14–35.
Meyer, Lydia, Die *Zukunft* ist nicht binär, 2. Auflage, Hamburg 2023.
Nacke, Bernhard (Hg.), *Orientierung* und Innovation. Beiträge der Kirche für Staat und Gesellschaft. Mit einem Vorwort von Karl Kardinal Lehmann, Freiburg/Br. 2009.
Nothelle-Wildfeuer, Ursula, Würdigung der neuen Enzyklika *Fratelli tutti – Über die Geschwisterlichkeit und die soziale Freundschaft*, vom 4. Oktober 2020. – Verfügbar: https://www.dbk.de/fileadmin/redaktion/diverse_downloads/presse_2020/2020-159c-W%C3%BCrdigung-Prof.-Nothelle-Wildfeuer-%C3%BCber-die-Sozialenzyklika-Fratelli-tutti.pdf
Päpstlicher Rat für Gerechtigkeit und Frieden, Kompendium der Soziallehre der Kirche, 2. Auflage, Freiburg/Br. 2006. (Italienische Originalausgabe: Vatikan 2004) – Verfügbar: https://www.iupax.at/dl/lsppJmoJmMMJqx4KJKJmMJMnMM/Kompendium_der_Soziallehre_pdf
Papst Franziskus, Apostolisches Schreiben *Evangelii gaudium* vom 24. November 2013, Verlautbarungen des Apostolischen Stuhls Nr. 194, hg. v. Sekretariat der Deutschen Bischofskonferenz, Bonn 2013. – Verfügbar: https://www.vatican.va/content/francesco/de/apost_exhortations/documents/papa-francesco_esortazione-ap_20131124_evangelii-gaudium.html
Papst Franziskus, Enzyklika über die Sorge für das gemeinsame Haus *Laudato si'* vom 24. Mai 2015, Verlautbarungen des Apostolischen Stuhls Nr. 202, hg. v. Sekretariat der Deutschen Bischofskonferenz, Bonn 2015. – Verfügbar: https://www.vatican.va/content/francesco/de/encyclicals/documents/papa-francesco_20150524_enciclica-laudato-si.html
Papst Franziskus, Apostolisches Schreiben über den Ruf zur Heiligkeit in der Welt von heute *Gaudete et exsulate* vom 19. März 2018, Verlautbarungen des Apostolischen Stuhls 213, hg. vom Sekretariat der Deutschen Bischofskonferenz, Bonn 2018. – Verfügbar: https://www.dbk-shop.de/media/files_public/46d362e5477e1cda4f109e37933073ac/DBK_2213.pdf
Papst Franziskus, Enzyklika über die Geschwisterlichkeit und die soziale Freundschaft *Fratelli tutti* vom 3. Oktober 2020, Verlautbarungen des Apostolischen Stuhls 227, hg. vom Sekretariat der Deutschen Bischofskonferenz, Bonn 2020. – Verfügbar: https://www.dbk-shop.de/media/files_public/2866c20f6f2fa6c6c9d6f587f628b613/DBK_2227.pdf
Papst *Franziskus, Wage zu träumen*! Mit Zuversicht aus der Krise. Im Gespräch mit Austen Ivereigh, München 2020.

Papst Franziskus, Apostolisches Schreiben *C'est la confiance*, Über das Vertrauen auf die Barmherzigkeit Gottes anlässlich des 150. Jahrestages der Geburt der heiligen Theresia vom Kinde Jesu und vom Heiligen Antlitz vom 15. Oktober 2023. – Verfügbar: https://press.vatican.va/content/salastampa/it/bollettino/pubblico/2023/10/15/0719/01566.html#de

Papst Johannes XXIII., Enzyklika *Pacem in terris*. Über den Frieden unter allen Völkern in Wahrheit, Gerechtigkeit, Liebe und Freiheit vom 11. April 1963, in: Katholische Arbeitnehmer-Bewegung Deutschlands – KAB (Hg.), Texte zur Katholischen Soziallehre. Die sozialen Rundschreiben der Päpste und andere kirchliche Dokumente, mit einer Einführung von O. von Nell-Breuning SJ, 4. Auflage, Kevelaer 1977, 271–320. – Verfügbar: http://w2.vatican.va/content/john-xxiii/de/encyclicals/documents/hf_j-xxiii_enc_11041963_pacem.html

Papst Johannes Paul II., *Redemptor hominis*. Enzyklika zum Beginn seines Päpstlichen Amtes vom 15. März 1979. – Verfügbar: https://www.vatican.va/content/john-paul-ii/de/encyclicals/documents/hf_jp-ii_enc_04031979_redemptor-hominis.html

Schlögl-Flierl, Kerstin/*Zeelen*, Tim, „Wo ist das Leuchten?" Zur Bedeutung der *Rezeption* der Moraltheologie durch das Lehramt, in: Hilpert/Sauermeister, Abgrund, 205–220.

Schneider, Erik/*Haufe*, Karoline, *trans* Kinder* in familiären und institutionellen Bezügen, in: Schreiber, Geschlecht in mir, 107–126.

Schockenhoff, Eberhard, *Wesen und Funktion* des Gewissens aus der Sicht der katholischen Moraltheologie, in: Nacke, Orientierung, 285–299.

Schockenhoff, Eberhard, Die „Theologie des Leibes" – *Ausweg* aus den Sackgassen der lehramtlichen Sexualmoral?, in: Goertz/Striet, Johannes Paul II., 114–143.

Schockenhoff, Eberhard, Die *Kunst zu lieben*. Unterwegs zu einer neuen Sozialethik, Freiburg 2021.

Schreiber, Gerhard (Hg.), Das *Geschlecht in mir*. Neurowissenschaftliche, lebensweltliche und theologische Beiträge zu Transsexualität, Berlin/Boston 2019.

Schüssler, Michael, *Diskriminierung* als Identität? Phänomene von Un/doing Gender in der Kirche, in: Bauer/Kechaja/Engelmann/Haug, Diskriminierung, 165–182.

Schwarzer, Alice/*Louis*, Chantal (Hg.), *Transsexualität*. Was ist eine Frau? Was ist ein Mann? Eine Streitschrift, Köln 2022.

Söding, Thomas, *Nächstenliebe*. Gottes Gebot als Verheißung und Anspruch, Freiburg/Br. 2015.

Söding, Thomas, Geschlechtlichkeit und Gottesebenbildlichkeit. Biblische Orientierung jenseits des *Biblizismus*, in: Hilpert/Sautermeister, Abgrund, 60–74.

Solms, Mark, Die biologischen *Grundlagen* von Geschlecht. Ein empfindliches Gleichgewicht, in: Schreiber, Geschlecht in mir, 3–22.

Sosa Villada, Camila, Im *Park* der prächtigen Schwestern, Berlin 2019.

Streeck-Fischer, Annette, Leben im falschen Körper? *Transgendering* im Entwicklungsprozess von Kindern und Jugendlichen, in: Ahrbeck/Felder, Genderdysphorie, 134–151.

Strube, Rechtspopulistische Strömungen und ihr *Anti-Genderismus*, in: Eckholt, Gender studieren, 105–120.

Swaab, Dick F./*Castellanos-Cruz*, Laura/*Bao*, Ai-Min, *Gehirn* und Geschlecht, in Schreiber, Geschlecht in mir, 23–44.

Synodalforum IV, Handlungstext *„Umgang mit geschlechtlicher Vielfalt"*, Zweite Lesung auf der Fünften Synodalversammlung vom 9.–11. März 2023. – Verfügbar: https://www.synodalerweg.de/fileadmin/Synodalerweg/Dokumente_Reden_Beitraege/SV-V/beschluesse/T10NEU_SVV_10_Synodalforum_IV_-_Handlungstext_Umgang_mit_geschlechtlicher_Vielfalt_-_Zweite_Lesung.pdf

Pirker, Viera, *fluide und fragil*. Identität als Grundoption zeitsensibler Pastoralpsychologie, Glaubenskommunikation Zeitzeichen, Bd. 31, Ostfildern 2013.

Proft, Ingo, *Epikie*. Ein integratives Handlungsprinzip zur Verlebendigung von Leitbildprozessen in konfessionellen Krankenhäusern, Ostfildern 2017.

Virt, Günter, Epikie – verantwortlicher Umgang mit *Normen*. Eine historisch-systematische Untersuchung, Tübinger Theologische Studien, Bd. 21, Mainz 1983.

Vogt, Markus, *Verantwortung*, in: Heimbach-Steins/Becka/Frühbauer/Kruip, Christliche Sozialethik, 170–186.

Voß, Heinz-Jürgen, Die Geschlechter der Geschöpfe. Differenzierte Einsichten zum biologischen Geschlecht (sex), in: Zur Debatte 2 (2023), 10–15. – Verfügbar: https://kath-akademie-bayern.de/wp-content/uploads/debatte_2023-2.pdf

Vollversammlung des Verbandes der Diözesen Deutschlands (VDD), *Grundordnung des kirchlichen Dienstes* in der Fassung des Beschlusses vom 22. November 2022. – Verfügbar: https://www.dbk.de/fileadmin/redaktion/diverse_downloads/VDD-Arbeitsrecht/Grundordnung-des-kirchlichen-Dienstes-22.-November-2022.pdf

Vollversammlung des Verbandes der Diözesen Deutschlands (VDD), Erläuterungen zum *kirchlichen Dienst* in der Fassung des Beschlusses vom 22. November 2022. – Verfügbar: https://www.dbk.de/fileadmin/redaktion/diverse_downloads/VDD-Arbeitsrecht/2022-11-22_Bischoefliche-Erlaeuterungen-zum-kirchlichen-Dienst.pdf

Walter, Alfred, Zwischen allen Stühlen. Transsexuelle *Jugendliche* in der psychotherapeutischen Praxis, in Ahrbeck/Felder, Genderdysphorie, 113–133.

Werbick, Jürgen, Grundfragen der *Ekklesiologie*, Freiburg 2009.

Weltsynode 2023/26. *Generalversammlung der Bischofssynode*. Erste Sitzung vom 4.–29. Oktober 2023, *Zusammenfassende Synthese* vom 28.10.2023. – Verfügbar: https://www.dbk.de/fileadmin/redaktion/diverse_downloads/dossiers_2023/B0751-XX.01.pdf

Wollasch, Andreas, Von der *„Fürsorge* für die Verstoßenen des weiblichen Geschlechts" zur anwaltschaftlichen Hilfe. 100 Jahre Sozialdienst katholischer Frauen (1899–1999), Olsberg 1999.

Wollasch, Ursula, *Ethik in Beziehung*. Profilbildung in sozialen Organisationen, Freiburg/Br. 2023.

Wollasch, Ursula, *Normenkodizes* in Unternehmen und Verbänden. Kundenorientierung – Strategisches Management und Christliche Sozialethik im Dialog, Schriften des Instituts für Christliche Sozialwissenschaften der Westfälischen Wilhelms-Universität Münster, Bd. 40, Münster 1999.

I hope it changed us

“How shall we lift burdens from the weary shoulders of our brothers and sisters today who often feel ill at ease in the Church? It will not be through anything as dramatic as abolishing the Law. Nor will it be through such a fundamental shift in our identity as the admission of the Gentiles.

But we are called to embrace a deeper sense of who we are as the improbable friends of the Lord, whose scandalous friendship reaches across every boundary. Many of us wept when we heard of that young woman who committed suicide because she was bisexual and did not feel welcomed. I hope it changed us. The Holy Father reminded us that all are welcomed: todos, todos, todos.”

Geistlicher Impuls zum Konzil von Jerusalem
von Fr. Timothy Radcliffe OP,
Geistlicher Begleiter der Weltsynode in Rom
am 18.10.2023

https://www.newwaysministry.org/2023/10/19/__trashed/

Die Autorin

Dr. Ursula Wollasch ist katholische Theologin und Sozialethikerin. Sie war über zwanzig Jahre in der verbandlichen Arbeit der Caritas auf Bundes- und Diözesanebene tätig, insbesondere auf den Feldern Behindertenhilfe, Psychiatrie, Jugendhilfe und Kindertagesbetreuung. Sie begleitete zahlreiche Projekte zur Organisationsentwicklung und zur fachlichen Profilbildung von sozialen Einrichtungen, schwerpunktmäßig in den Bereichen Menschenrechte, Inklusion, Partizipation, Gewaltprävention und interreligiöser Dialog. Seit 2020 arbeitet sie freiberuflich als Autorin und Publizistin.